KB089050

사이버 안보의 국제정치학

기본 개념의 탐구

사이버 안보의 국제정치학
기본 개념의 탐구

2024년 5월 17일 초판 1쇄 인쇄
2024년 5월 29일 초판 1쇄 발행

엮은이 김상배
지은이 김상배·윤민우·이중구·손한별·오일석·유인태·차정미·양종민·안태현·송태은·
       정성철·김소정·윤정현

편집   김천희, 한소영
디자인 김진운
마케팅 김현주

펴낸이 윤철호
펴낸곳 (주)사회평론아카데미
등록번호 2013-000247(2013년 8월 23일)
전화 02-326-1545
팩스 02-326-1626
주소 03993 서울특별시 마포구 월드컵북로6길 56
ISBN 979-11-6707-153-8 93340

* 이 저서는 2023년 한국사이버안보학회의 지원을 받아 수행된 연구임.

한국사이버안보학회 총서
01

CYBER SECURITY

사이버 안보의 국제정치학

기본 개념의 탐구

김상배 엮음 | 김상배 윤민우 이중구 손한별 오일석 유인태 차정미
양종민 안태현 송태은 정성철 김소정 윤정현 지음

사회평론아카데미

차례

제1장

사이버 안보의 국제정치학
― 기본 개념의 탐구

김상배 서울대학교 정치외교학부

I. 머리말

최근 들어 크고 작은 사이버 공격이 양적으로 꾸준히 늘어나고 있을 뿐만 아니라, 더 중요하게는 그러한 사이버 공격의 대상과 주체 및 수법이 질적으로도 변화하고 있다. 초기의 사이버 공격이 해커집단이나 테러리스트들의 시스템 교란과 첨단기술 및 기밀 데이터의 탈취 등을 노리고 감행되었다면, 점점 더 국가 행위자를 배후에 두고 활동하는 조직에 의한 다양한 형태의 교란 행위와 금전탈취 목적의 랜섬웨어 공격 및 암호화폐 해킹 등이 늘어나고 있다. 게다가 인공지능을 활용한 사이버 공격의 자동화 또는 자율화 경향이 급부상하는 것도 최근 두드러지게 나타나는 변화이다. 이러한 과정에서 사이버 안보 이슈들은 여타 기술·산업과 사회·경제 및 정보·심리 이슈들과 복잡하게 연계되면서, 이른바 다양한 경제안보와 신흥안보의 위협으로 비화하는 일이 잦아지고 있다. 2022년 초 우크라이나 전쟁의 발발은 사이버전이 물리적 전쟁과 만나면서 지정학적 창발(emergence)의 정점을 찍은 사례이다(김상배 편 2017).

사이버 공격이 양적으로 증가하고 질적으로 다변화되는 만큼 이에 대응하는 국가적 차원의 정책과 전략도 더욱 체계적으로 추진될 필요성이 제기된다. 사이버 안보 분야의 기술역량과 인적자원을 확보하고 정보공유와 민관협력의 시스템을 마련하려는 노력이 가속화되고 있다. 공공 및 군사 영역의 사이버 대응 전략이 점점 더 적극적이고 능동적인 방향으로 치달아 가면서 단순 방어 차원을 넘어서는 공세적 작전의 개념이 출현하고 있다. 사이버 공격의 복잡한 전개에 대응하기 위해 국가전략을 마련하고 추진체계를 정비하며 새로이 법·제도를 마련하는 노력도 펼쳐지고 있다. 아울러 일국적 차원의 대응을 넘어서 국제협력도 강조되고 있다. 그런데 여기서 주목할 것은, 이러한 국제협력이 주로 진영 내 우방국들끼리의 동맹이나 연대의 형태를 띠고 있는 데 비해, 글로벌 차원에서 모든 국가가 수용할 수 있는 보편적 국제규범의 마련은 지지부진하다는 사실이다.

이러한 현실의 변화에 직면하여 국제정치학계의 정책적·학술적 연구도 좀 더 체계적이고 심층적으로 추진될 필요성이 제기되고 있다. 사이버 안보는 이제 명실상부하게 국제정치학의 독자적인 일 분야로 자리를 잡았다. 사이버 안보 이슈가 국제정치의 다양한 이슈와 접맥되면서 사이버 안보의 국제정치학적 논제들을 탐구하는 개념적·실천적 연구가 필요하다. 특히 사이버 안보와 관련된 이슈들은 과거 전통안보를 이해하는 개념적 분석틀로는 제대로 파악되지 않는 새로운 안보 패러다임의 영역에서 발생하는 위협이다. 특히 최근 발생하는 사이버 공격은 일상적 차원에서 이루어지는 기술, 경제, 사회, 문화의 문제인 것 같지만, 어느 순간엔가 양질전화와 복잡한 이슈연계의 과정을 거쳐서 지정학적 논제로 창발하는 문제이다. 이러한 과정에서 사이버 안보는 좁은 의미의 사이버 안보를 넘어서 국제정치 전반의 이슈로 확장되고 있다(김상배 편 2023).

이러한 문제의식을 바탕으로 이 책은 국제정치학의 시각에서 살펴보아야 할 사이버 안보 관련 12개의 논제를 검토하여 향후 연구와 교육에 활용하기 위해서 기획 및 집필되었다. 이 책의 총론 격인 이 글은 사이버 안보의 국제정치학 분야를 형성하는 개론적 주제로서 세 그룹의 개념들이 선정된 배경과 취지 및 주요 내용을 설명하였다. 먼저, 사이버 공격과 방어의 구도에서 보는 사이버 범죄, 테러, 간첩, 전쟁, 그리고 이에 대응하는 전략 차원에서 거론되는 사이버 억지와 법·제도 및 거버넌스의 문제를 검토하였다. 아울러 사이버 안보의 경제,

정치, 사회 분야에서 제기되는 공급망 안보, 주권, 문화, 윤리의 개념도 검토하였다. 끝으로, 포괄적인 의미에서 본 사이버 안보의 국제정치 이슈로서 사이버 외교, 동맹, 국제규범, 평화의 개념을 살펴보았다.

II. 사이버 공격과 방어

1. 사이버 공격

최근 사이버 공격이 양적으로 늘어났을 뿐만 아니라 그 패턴이 다양화되면서 질적으로도 변화하고 있다. 초기의 사이버 공격은 국가기간시설의 시스템을 교란할 목적으로 이루어졌다. 아울러 기업의 첨단기술과 공공기관이나 군의 기밀 데이터를 빼내기 위해서 행해졌다. 2015년 미국 연방인사관리처 해킹이나 2016년 미국 연방예금보험공사 해킹 등이 대표적 사례이다. 2007년 F-22와 F-35 스텔스 전투기에 대한 중국의 해킹, 2017년 F-15 전투기에 대한 북한의 해킹, 2018년 초음속 대함 미사일에 대한 중국의 해킹 등이 감행되어 관련 기밀 데이터의 절취가 발생했다. 최근 들어 사이버 공격은 경제적 이득을 위해 금전을 요구하는 사이버 범죄와 결합했는데, 금융기관에 대한 해킹뿐만 아니라 표적형 랜섬웨어 공격이나 암호화폐 해킹 등이 감행되고 있다. 한편, 허위조작정보의 유포를 통한 사이버 영향공작 또는 사이버 정보심리전의 수행도 최근 큰 논란거리가 된 사이버 공격의 양식이다.

사이버 공격은 고유한 특성을 갖는데, 무엇보다도 그 공격이 인터넷이라는 복합 네트워크를 배경으로 발생하는 안보위협 문제이다. 인터넷 자체가 '착취혈(exploit)', 즉 취약점을 안고 있어 그 틈새를 공략하는 '비대칭 공격'이 발생한다. 따라서 사이버 안보는 공격이 방어보다 유리한 게임이며, 피해 대상을 구분하기도 어렵고, 때에 따라서는 공격자에게도 피해가 전파될 가능성이 있다. 또한 사이버 공격에서는 과학기술 변수가 중요한 수단으로 활용된다. 컴퓨터 바이러스, 악성코드, 디도스 공격에서 좀비PC, 지능형지속공격(APT), 스턱스넷, 랜섬웨어 등이 이른바 '비인간(non-human) 행위자'로서 작동하며 사이버 공격의 핵심을 이룬다. 최근에는 인공지능을 기반으로 한 자동화 또는 자율화된 사이버 공격과 방어가 급부상하고 있다. 또한 생성형 AI를 대상으로 한 데이터 오염도 심각한 문제로 우려를 낳고 있다. 이러한 과정에서 사이버 안보 분야는 객관적으로 실재하는 위협만큼이나 주관적으로 위협을 구성하는 안보화(securitization)가 중요한 변수라는 점도 빼놓지 말아야 한다(김상배 2018).

사이버 공격에 관여하는 공격의 주체도 점점 더 다양화될 뿐만 아니라 복잡해지고 있다. 특히 사이버 안보 분야는 국가 행위자 이외에도 비국가(non-state) 행위자들의 위협이 문제시되는데, 초기에는 해커들의 장난거리로 시작했지만 테러리스트들의 저항과 비대칭 공격의 수단이 되고 기술과 데이터 탈취를 위한 사이버 간첩 행위와 연계되면서 꾸준히 진화해 왔다. 최근에는 다양한 범죄 수법과 연결되면서 이른바 '사이버 범죄-테러-간첩 행위의 복합 넥서스'를 거론하게 되는 상황이 나타나고 있다. 이러한 경향은 최근 국가 배후 사이버 공격의 증가와 연계되면서 정책결정자들의 대응을 촉발했는데, 이는 실제 물리적 전쟁과 연계된 사이버전이 발생하는 정도에까지는 이르지 않더라도 국가적 차원에서는 결코 좌시할 수 없는 위협이 제기되는 상황이라고 할 수 있다. 그야말로 미시적 차원의 사이버 공격이 거시적 차원의 지정학적 위협으로 창발하는 상황이라고 할 수 있다.

제2장은 오늘날 안보 문제가 연계성과 융합성, 전일성을 특성으로 한다는 인식을 바탕으로 논의를 시작한다. 서로 다른 차원에서 존재했던 다양한 문제와 이슈들이 서로 얽히고, 관계 맺고, 하나로 어우러지면서 해당 문제나 이슈의 질적인 변화가 일어나게 된다는 것이다. 사이버 안보의 문제는 이와 같은 안보의 초연결성과 영역의 붕괴, 전일적 혼재성이 나타나는 신흥안보의 대표적인 사례이다. 사이버 공간에서 나타나는 범죄와 테러, 간첩 행위는 서로 혼재되어 있으며 긴밀하게 연계되어 있다. 이러한 신흥안보의 대표적인 속성을 지닌 사이버 안보 문제는 궁극적으로 지정학적 문턱을 넘어서 전통안보의 문제와 만나기도 한다. 사이버 범죄-테러-간첩 행위와 같은 미시적 또는 중층적 문제들이 점점 더 중요한 거시적 국가안보의 어젠다가 되는 것이다.

이러한 문제의식을 바탕으로 제2장은 전쟁 이전 단계에서 나타나는 사이버 공간에서의 다양한 범죄, 테러, 간첩 행위에 대한 기본 개념을 탐색하였다. 제2장에서는 우크라이나 전쟁과 같은 본격적인 전쟁(a full-scale war) 이전 단계에서 벌어지는 다양한 사이버 공격과 침해 행위의 기본 개념을 탐색하고 국가안보 및 국제안보의 함의를 도출하고자 하였다. 이와 같은 공격과 침해 행위는 사이버 범죄, 사이버 테러, 사이버 간첩 행위의 형태로 나타난다. 제2장에서 제시하는 다양한 사이버 공격과 침해 행위에 대한 기본 개념의 구분과 이해는, 여전히 만족스럽지는 않지만 애매모호하게 뒤섞여 있어 규정하기 어려운 여러 가지 양태의 사이버 공격을 이해하고 규정하는 데 있어 분석틀을 제공한다. 그리고 이를 통해 어떤 사이버 안보의 이슈들을 국가안보 및 국제안보의 의제로 다루어야 할지에 대한 잣대를 마련할 수 있을 것이다.

2. 사이버 전쟁

최근 국가 행위자들이 사이버 공격의 전면으로 나서고 있다. 사이버 공격의 배후에서 해커그룹이나 댓글부대 등을 이용하는 차원을 넘어서 사이버 공격의 주체로 나서고 있는 것이다. 사이버 공격에 드리운 국가의 그림자는 러시아가 감행했던 수 차례의 사이버 공격에서 나타난 바 있다. 2007년 에스토니아에 대한 공격, 2008년 조지아에 대한 공격, 2014년 우크라이나에 대한 공격 등이 그 사례이다. 2010년 이란의 핵 시설에 대한 미국의 스턱스넷 공격과 2012년 미국과 사우디 및 카타르에 대한 이란의 사이버 공격도 국가 행위자가 나선 사례이다. 2010년대 미국과 중국의 사이버 공방도 미중 글로벌 패권경쟁의 일환으로 진행된 국가 간 게임으로 이해해야 한다. 특히 2021년 전반기는 미국과 러시아, 그리고 중국 간의 사이버 갈등으로 유난히 떠들썩했던 시기였다. 미 바이든 대통령이 자국에 대해서 행해지는 사이버 공격이 실제 전쟁을 초래할 수도 있다고 경고하기까지 했다.

2022년 2월의 우크라이나 전쟁은 물리적 전쟁의 개시를 전후하여 사이버전이 어떻게 활용되는지를 여실히 보여주었다. 개전 직전 러시아는 우크라이나의 기간시설에 대해서 여러 차례에 걸쳐서 디도스 공격을 가했다. 그러나 러시아의 과거 사이버 공격이 우크라이나에 끼친 영향에 비해서 2022년의 공격은 큰 피해를 초래하지는 않은 것으로 알려져 있다. 그 이유에 대해서는 여러 해석이 가능하겠지만 미국과 유럽 국가들의 사이버전 지원이 큰 역할을 했다. 특히 미국의 민간 빅테크들의 역할이 컸는데, 마이크로소프트나 스페이스X 등과 같은 기업이 큰 역할을 했다. 게다가 사이버 방어 역량이 부족한 우크라이나에 대한 국제사회의 지원도 큰 몫을 담당했다. 우크라이나 정부의 호소로 이른바 '사이버 부대(IT Army)'가 소집되기도 하고, 어나니머스와 같은 핵티비스트 그룹도 참전했다. 러시아의 가짜뉴스를 차단하는 서방 플랫폼 기업들의 활약도 커서 러시아가 원조로 알려진 사이버 정보심리전 또는 인지전 분야에서 오히려 우크라이나가 선전하는 양상이 나타나기도 했다.

미래전에서 사이버전의 수행이 지니는 효용과 가치는 갈수록 더 커질 것이다. 미래전에서 사이버 공간을 장악하는 역량은 육·해·공·우주 공간의 지배를 보장하고 전쟁의 승패를 좌우할 수 있는 핵심 전력으로서의 의미를 갖는다. 사이버전은 '독립적 작전'이 아니라 육·해·공·우주 공간에서 벌어지는, 기존의 전쟁과 연계된 다영역 작전(Multi-Domain Operation)의 한 축을 담당하게 되었다. 이러한 과정에서 사이버 전력은 다영역 작전의 모든 임무를 아울러서 널리 확장될 것으로 전망된다. 최근 사이버전이 여타 군사작전과 복합되면서 '사이버전 복합 넥서스'의 부상이 거론되는데, 사이버-재래전, 사이버-핵전, 사이버-전자전, 사이버-우주전, 사이버-인지전, 사이버-AI전 등의 개념이 출현하였다. 사이버전의 수행은 미래전 환경에서 일국의 국방 전력의 수준을 보여주는 핵심 지표 중의 하나가 되었다.

제3장은 사이버전이 물리적 전쟁의 일부라는 시각에서 사이버전에 대한 개념적 논의를 펼쳤다. 사이버전은 사이버 첩보, 사이버 방해, 사이버 성능저하 등의 작전유형별로 이해되어야 한다. 사이버 공격 수단은 웹사이트 변조, 디도스 공격, 침범, 침투 등으로 구분된다. 사이버전이 계속 진화하는 만큼, 사이버전에 대한 기술적 이해를 넘어서 사이버전의 발전 방향을 가늠할 기준을 마련하기 위해서는 사이버

전을 둘러싼 쟁점들을 파악하는 것이 중요하다. 우선 전술적인 차원에서 사이버전이 재래식 군사력에 부수적인 작전인지, 아니면 독립적 작전인지를 구분하는 것이 쟁점이다. 좀 더 포괄적인 차원에서 사이버전이 승리나 강압에 결정적인 변수인지도 중요한 쟁점이다. 궁극적으로 사이버전이 국제 권력정치의 변화와 관련하여 약자에게 유리한 무기인지, 아니면 강자에게 유리한 무기인지도 사이버전의 이해를 위한 중요한 쟁점이다.

제3장은 우크라이나 사이버전과 그 이전 사례들의 비교를 통해서 사이버전의 쟁점과 관련하여 획기적인 변화가 출현했다고 볼 수는 없다고 주장한다. 여태까지 사이버전은 재래식 공격과 연계되기보다는 사회적 혼란을 초래하는 저강도 공세의 수단으로 주로 활용되고 있다는 것이다. 더구나 사이버전은 결정적인 승리와 강압을 달성하는 수단으로서 효과를 분명히 보여주지 못했다는 것이다. 또한 약자의 무기라는 이미지와 다르게 역설적으로 약소국에 대한 강대국의 강압에 주로 활용되고 있다는 것이 제3장의 인식이다. 그럼에도 우크라이나 전쟁에서 드러난 사이버전의 양상은 향후 좀 더 위력적인 사이버전의 도래를 예고하기도 했다. 이에 향후 미중경쟁의 전개 및 인공지능의 기술적 발전을 바탕으로 사이버전이 미래전에서 더욱 중심적인 위치를 차지할 가능성을 엿보게 한다는 것이다.

3. 사이버 억지

최근 국내외에서는 양적·질적으로 진화하는 사이버 위협에 적극적으로 대응하는 다양한 방안들이 모색되고 있다. 그중의 하나가 핵전략 분야에서 유래하는 억지(deterrence)의 개념을 사이버 안보 분야에 적용하려는 시도이다. 특히 최근 사이버 억지에 대한 논의는 전통적인 '보복(punishment)에 의한 억지' 개념에서 시작한다. 그런데 사이버 안보 분야의 성격상 이러한 전통억지 개념에 기반을 둔 주장은 결연한 의지를 표명하는 의미는 있겠지만, 실제로 그 효과를 거둘 수 있느냐에 대해서는 의문이 제기된다. 오히려 최근 학계의 연구 경향은 사이버 억지의 '적용무용론'으로 기울어 왔다. 이러한 과정에서 '거부(denial)에 의한 억지' 개념이 주목받기도 했다. 특히 사이버 공간의 고유한 특성을 바탕으로 하는 디지털 인프라 및 역량의 비대칭성, 책임 귀속(attribution)의 복잡성, 공격 주체와 보복 대상의 다양성 등의 문제로 인해서, 공격자에 비용을 부과하는 것이 복잡할 뿐만 아니라 공격 자체를 원천적으로 거부하는 것이 제약되기 때문에, 전통 억지 모델을 사이버 분야에 적용하기 힘들다는 것이었다.

그러나 사이버 억지론은 기존의 '적용-무용의 이분법' 구도에서 벗어날 필요가 있다. 사이버 안보 분야에 억지 개념의 적용이 어려운 것은 맞지만, 그렇다고 사이버 억지 전략 자체가 무용한 것은 아니다. 오히려 필요한 것은 여러 유형의 사이버 억지 전략이 작동하는 방식과 조건 및 효과를 구체적으로 탐구하는 작업이다. 이러한 이분법적 발상이 지배했던 것은, 적의 공격을 원천 봉쇄해야 한다는 '절대적 억지'에 대한 미국 정책서클의 고전지정학적 강박감이 작용했기 때문일 수도 있다. 그러나 핵 공격과는 달리 사이버 공격의 경우에는 그것이 일정한 수위 이하에서 지속적으로 감행되는 것으로 전제하고, 그 공격의 빈도와 정도를 어떻게 제한하느냐를 고민하는 '상대적 억지'의 개념으로 다루어야 한다. 특히 억지 개념을 사이버 분야에 적용하는 것이 가능한지를 묻는 '단순계적 발상'을 넘어서, 사이버 공간의 특성을 고려한 유연하고도 통합적인 '복잡계적 시각'의 도입이 필요하다

(김상배 2023a).

　이러한 문제의식을 바탕으로 제4장은 사이버 억지 전략을 수립하는 데 필요한 개념적 논의를 검토하였다. 사이버 공간은 이미 공격과 방어가 이루어지는 전장 공간이지만 사이버 억지를 위한 이론적 논의는 크게 발전하지 못했다는 것이 제4장의 인식이다. 핵억지를 중심으로 발전한 물리적 전장에서의 억지 개념을 그대로 적용 가능한 것인지, 사이버 공간만의 특수한 개념이 필요할 것인지에 대한 논쟁 수준을 넘어서 사이버 위협을 억지하기 위한 요건과 고려 사항을 구체화할 필요가 있다는 것이다. 이를 위해 제4장은 사이버 공간의 전략적 특성, 공격과 방어의 수행 방식, 사이버 억지의 개념과 발전 과정, 사이버 억지의 대상, 내용, 방법 등에 대한 국내외의 다양한 논의를 검토하였다. 이를 위해서 제4장이 제시하는 두 가지 관점은 '사이버 영역에서의 억지(in Cyber)'와 '사이버 영역을 통한 억지(through Cyber)'이다. 이를 바탕으로 제4장은 누구로부터, 무엇을, 어떻게 억지할 것인가의 세 가지 질문을 제시한다.

　첫째, 누구를 억지할 것인가에 대한 질문이다. 사이버 위협은 목적과 주체에 따라 구분할 수 있는데, 이는 위협 주체의 '귀속성'을 밝힐 수 있는지, 얼마나 신속하게 특정할 수 있는지의 질문으로 이어진다. 둘째, 무슨 행동을 억지할 것인가의 질문은 레드라인과 대응 행동을 포함하는 억지 메시지로서 답할 수 있다고 한다. 상대에 대해 믿을 만한 시그널링을 보내기 위해서는 대응 행동의 '비례성'에 대한 검토를 요구한다. 셋째, 어떻게 억지할 것인가의 질문이다. 억지를 위한 다양한 개념과 방법들이 제시되었지만, 사이버 공격의 전·중·후의 시간적 구분에 따라서 거부(resistance)-응징(retribution)-복원(resilience)으로 억지 방법을 개념화할 수 있다. 그리고 억지를 위한 모든 방법과 수단은 '효과성'을 담보할 수 있어야 한다. 아울러 제4장은 사이버 억지를 위한 정책제언으로, 사이버 억지를 위한 실질적인 능력 구비, 국가 차원의 대응 전략 수립, 국내 및 국제사회의 사이버 안보 거버넌스의 정립을 제시하였다.

4. 사이버 법제도

사이버 안보 위협이 거세어지는 것만큼, 전략적 차원의 대응 이외에도, 이에 대응하는 다양한 노력이 한창 진행되고 있다. 사이버 안보 위협에 대응하여 각국은 기술적으로 방어역량을 강화하는 것 외에도 공세적 방어의 전략을 제시하고 각종 정책과 법·제도를 정비하거나 국제협력을 강화하는 등의 대책 마련에 힘쓰고 있다. 그야말로 사이버 안보는 단순히 사이버 보안 전문가들의 기술개발 문제를 넘어서 다양한 분야를 아울러 종합적인 대응책을 마련해야 하는 미래 국가전략의 문제가 되었다. 특히 사이버 안보 위협에 대한 대응 거버넌스의 제도화를 위한 노력에 각국의 정책적 관심이 집중되고 있다. 이러한 과정에서 유의할 점은 이러한 제도화의 노력 이면에 아직 수면 아래에서 창발하고 있는 미래의 안보위협을 주관적으로 구성하는 안보화의 메커니즘이 강하게 작동한다는 사실이다. 눈에 보이는 대상을 상대로 법제도와 거버넌스의 방책을 모색하던 전통안보의 경우와는 달리, 눈에 보이지 않는 대상을 대하는 새로운 대응 방식이 사이버 안보 분야에 필요한 이유이다.

실제로 날로 교묘해지고 있는 사이버 공격을 막아내는 데 있어 전통안보의 대응 방식은 역부족이다. 사이버 안보의 특성상 기술적으로 철벽 방어를 구축하려는 단순 발상은 해법이 될 수 없다. 오히려 사전

예방과 사후 복원까지도 고려하는 복합적인 방식이 필요하다. 정책 내용 면에서 기술, 국방, 법제도, 국제협력에 이르기까지 다양한 노력이 필요하며, 추진 주체 면에서도 어느 한 기관이 전담하는 모델보다는 해당 주체들이 역할과 책임을 다하는 가운데 그 상위에 총괄·조정 역을 설계하는 중층모델이 필요하다. 물론 국가마다 차이는 있을 수밖에 없을 것이다. 정치와 사회와 문화의 차이가 있기 때문이고, 여타 정책이나 제도와의 관계 또는 역사적 경로의존성의 제약을 받기 때문이다. 더 중요하게는 국가마다 사이버 위협의 기원과 성격, 그리고 각국이 처한 국제적 위상 등이 다르기 때문에, 각기 상이한 해법을 모색하는 것은 당연하다. 그럼에도 지난 10여 년 동안 세계 각국이 사이버 위협에 대처하기 위해서 모색해 온 해법들은 전통안보의 경우와는 달리 좀 더 새롭고 복합적인 내용과 형식을 보여주고 있다(김상배 편 2019b).

사이버 안보의 법제도와 거버넌스에 대한 논의를 펼치고 있는, 제5장은 시장을 통한 사이버 위험분배의 실패가 정부에 의한 시장개입을 요구하고 있다는 인식에서 출발한다. 민주주의와 시장경제 체제하에서 국가의 시장개입은 특별한 경우에 한해서, 법적 근거에 기초하여 이루어지고 있다. 국가의 개입이 시장의 자율성을 저해하여 비효율과 비용을 양산할 수 있기 때문이다. 국가는 시장에 개입하여 사이버 위험이 이슈연계와 양질전화를 거치면서 안보화되어 거시적 차원에서 사이버 안보의 문제로 확산되는 경로를 차단하기 위한 거버넌스 구조를 정립하고자 한다. 이러한 경우 국가는 위협(threat)과 취약성(vulnerability) 및 결과발생(consequence)을 감소시키거나 제거하기 위한 법제도와 거버넌스를 선택하여 사이버 안보 문제가 안보화되는 과정의 연결고리를 차단 또는 저지하고자 한다는 것이다.

제5장은 미국의 사례를 통해서 이러한 법제도와 거버넌스의 수립 과정을 살펴보았다. 2000년대 미국 정부, 특히 부시 행정부는 사이버 문제를 국가안보 이슈의 하나로 인식하지 못하고 사이버 보안의 기반을 마련하는 정도에만 중점을 두었다. 오바마 행정부 초기에도 사이버 위험에 대한 대응에 있어 국가 중심보다는 시장의 자율에 맡기고자 하였다. 그렇지만 소니 해킹 사건을 계기로 사이버 위험이 미국 내에서 현실화되면서 좀 더 적극적으로 개입하는 쪽으로 정책 방향이 선회했다. 트럼프 행정부는 이미 안보화 과정을 넘어선 사이버 문제에 대해 사이버 위협의 적극적인 감경, 공급망 재편을 통한 취약성의 극복, 회복력의 효율성과 탄력성 확보 등을 위해 적극적으로 국가가 개입하여 위험을 관리하는 방향으로 법제도와 거버넌스의 체계를 정비하였다. 바이든 행정부는 사이버 위험의 안보화를 차단 또는 감경시키기 위하여 사이버 위협을 감경시키고 취약성을 감소시키며 결과 발생의 방지, 즉 회복력 강화를 위한 법제도와 거버넌스의 정비와 개선을 지속하고 있다.

　미국의 사례에서 나타난 바와 같이, 사이버 문제의 안보화에 대응하는 법제도와 거버넌스 체계의 모색 과정을 참고하여, 한국의 실정에 맞는 법제도와 거버넌스를 구축할 필요가 있다. 국가가 시장에 개입하여 위협과 취약성을 제거하고 회복력을 강화하여 사이버 공간의 안전성을 확보하는 것은 관련된 비용의 증대를 초래한다는 사실을 명심할 필요가 있다. 따라서 한국의 실정에 적합한 사이버 안보 법제도와 거버넌스의 구축과 운영을 위해서는 비용과 안보라는 두 가지 가치 사이에서 최적의 균형점을 찾아야 한다. 결국 국가는 위험의 제거 또는 감소에 필요한 비용과 사이버 보안 강화로 증대되는 사회적 복리를 비교하여 가장 효율적인 법제도와 거버넌스의 체계를 선택할 수밖에 없다.

III. 사이버 안보와 경제사회

1. 사이버 안보와 경제

사이버 안보 이슈가 확장되는 과정에서 여타 다양한 이슈들과 연계되고 있는데, 그중에서도 특히 '경제' 이슈와의 연계가 최근의 논란거리가 되었다. 사이버 안보가 경제와 만나는 대표적인 이슈는 경제 안보 중에서도 공급망 안보이다. 2020년대 들어서 SW개발업체, 제조업체, IT서비스 관리업체 등의 ICT 공급망을 대상으로 한 사이버 공격이 증가했다. 이는 (기술)제품 생산과 서비스를 위한 기간망뿐만 아니라 데이터가 이동하는 정보통신 기간망에 대한 사이버 위협도 포함한다. 이러한 사이버 공격은 대부분 공급업체 코드에 집중되었는데, 최근에 발생한 공급망 공격의 66%가 '코드 공격'이다. 그 대표적인 사례로는 2020년 12월 미국 최대 보안 솔루션 업체인 솔라윈즈에 대한 러시아의 해킹, 2021년 4월 방위산업 관련 SW 보안 솔루션 업체인 펄스시큐어의 VPN 취약점에 대한 중국의 악성코드 공격, 그해 7월 시스템 제어 소프트웨어 업체 카세야에 대한 러시아의 랜섬웨어 공격 등이 있다. 또한 2021년 5월 미국 동부의 연료를 공급하는 콜로니얼 파이프라인사에 대한 랜섬웨어 공격과 그해 6월의 JBS 육류가공회사에 대한 랜섬웨어 공격도 크게 화제가 되었다(김상배 2022).

경제 이슈와 연계된 사이버 안보 문제는 2010년대 후반 중국의 기술추격에 대한 미국의 수출입 통제의 행보와 만났다. 미국은 중국산 제품에 숨겨진 백도어를 통해서 국가안보가 달린 데이터가 유출된다고 '안보화'했다. 5G 차세대 이동통신 장비를 수출하는 화웨이에 대한 수출입 규제가 대표적 사례였다. 비슷한 맥락에서 글로벌 민간 드론 시장을 석권하고 있는 중국업체인 DJI의 드론도 '잠재적 위협'이라고 규제를 받았다. 중국업체인 하이크비전과 다후아 등이 생산하는 CCTV도 규제 대상이 되었는데, 이는 중국 내 소수민족 감시에 사용된다는 의심을 샀다. 이와 유사한 정치적 이유로 안면인식AI를 생산하는 중국 기업인 센스타임, 메그비, 이투 등도 규제를 받았다. 한편, 중국 스타트업인 바이트 댄스의 짧은 동영상 서비스인 틱톡도 규제 대상에 올랐으며, 중국의 지배적 SNS인 위챗도 제재의 대상으로 거론되기도 했다. 이밖에도 중국 기업인 ZPMC가 제공하는 대형 항만 크레인도 데이터 안보를 해치는 우려의 대상으로 지적되었으며, 최근에는 중국산 전기차도 이러한 데이터 안보 관련 제재 리스트에 이름을 올렸다.

제6장은 하드웨어, 소프트웨어, 데이터 분야에서 발생한 사이버 안보와 경제안보의 넥서스를 분석하였다. 하드웨어와 관련한 사이버 안보 문제가 크게 제기된 것은 2018년경 중국 기업인 화웨이의 5G 인프라를 둘러싸고 벌어진 논란이었다. 그 이후 미국의 주요 대응은 수출통제 정책들을 통해 이루어졌는데, 이들 정책은 미국의 경제적 이익 도모, 기술적 우위 고수, 사이버 안보 강화, 그리고 국가안보 확보라는 경제와 안보를 강하게 연계시키는 인식에 기반을 두고 있었다. 소프트웨어 관련해서는, 대내적으로 '제로 트러스트' 개념에 기반을 두고 '소프트웨어 자재명세서(SBOM)' 등을 제시하는 행보를 보였다.

하드웨어 및 소프트웨어와 관련된 정책들이 위협 요소들을 공급망에서 배제하기 위해서 도입되었다면, 데이터 안보의 이슈는 데이터의 자유로운 국경 간 이동을 지향했으며, 이와 관련된 경제와 안보의 연계 전략도 이에 맞추어 조정되었다. 무역 협정들은 데이터의 자유로운 이동을 위해 경제와 안보 연계의 가시성을 낮추었으며, 유사한 맥락에서 미국과 유럽연합(EU) 간의 '세이프 하버'나 '프라이버시 실드'도 운용되었다. 이와는 대조적으로 〈해외 데이터 이용 합법화 법률〉, 즉 이른바 〈클라우드법(Cloud Act)〉은 공공질서나 국가안보와의 연계를 통해, 데이터의 자유로운 이동을 촉진하는 미국의 정책을 지원하는 법으로 출현하였다. 유럽연합이나 세계 다른 나라들도 유사한 제도를 준비해 나가고 있는데, 앞으로 이러한 경제와 안보의 연계는 다양한 양상을 띨 것으로 전망된다.

2. 사이버 안보와 주권

사이버 안보의 이슈연계 과정은 다양한 국가 간 갈등을 야기하고 있는데, 그중에서도 국제정치학의 관심을 끄는 것은 사이버 주권의 개념에 대한 논의이다. 이는 초국적 데이터 유통에 대응하는 과정에서 제기되었으며, 각국은 상이한 국가주권의 관념을 상정하고 있다. 예를 들어, 미국은 자본의 시각에서 국경을 넘나드는 데이터의 자유로운 흐름을 강조하며 이를 통제하는 국가주권의 고수가 사실상 무용하다는 입장을 취한다. 이 분야를 주도하고 있는 미국 빅테크 플랫폼 기업들의 이익을 옹호하기 위해서 규제를 최소화하고 이에 맞는 글로벌 질서를 만들고 싶은 강대국으로서 미국의 의도가 숨어 있다. 이에 비해 중국을 비롯한 러시아나 개도국들은 초국적 데이터 유통을 규제하는 것은, 국가 본연의 주권적 권리에 속한다는 시각에서 문제에 접근한다. 데이터의 자유로운 유통보다는 오히려 빅데이터 역량을 장악하고 있는 선진국 기업들의 침투로부터 자국의 사이버 주권이 잠식될지도 모른다는 점을 우려하는 것이다.

이러한 맥락에서 볼 때, 사이버 안보 분야에서 드러나는 중국의 관심은 미국 기업들의 사이버 패권으로부터 자국의 독자적인 사이버 공간을 지켜내고 자국의 시장과 표준을 수호하는 데 있다. 이러한 연장선에서 중국형 사이버 안보화의 특징이, 하드웨어 인프라의 사이버 안보를 강조한 미국의 경우와는 달리, 소프트웨어와 정보 콘텐츠 및 데이터에 대한 주권적 통제를 확보하는 데 있다는 것을 이해하는 것이 중요하다. 이러한 중국의 인식은 중국 시장에 진출하여 사업을 하는 미국 빅테크들에 대한 규제정책에 반영되었다. 표면적으로는 인터넷상의 유해한 정보에 대한 검열 필요성을 내세웠지만, 대내적으로는 중국 정부에 정치적으로 반대하는 콘텐츠를 걸러내고, 대외적으로는 핵심 정보와 데이터가 국외로 유출되는 것을 막으려는 주권적 통제의 의도가 깔려 있었다. 이러한 사이버 주권 논쟁은 미국과 중국이 벌이는 디지털 패권경쟁을 추동하는 요인이기도 하다.

제7장은 디지털 시대 규범과 거버넌스의 핵심 논제인 사이버 공간의 주권 논쟁을 살펴보고, 주권 개념과 연계된 오랜 정치적 논쟁들이 어떻게 사이버 안보와 연계되어 나타나는지를 분석하였다. 특히 제7장은 사이버 공간의 안보화 관점에서 유럽연합(EU)과 중국의 주권 개념을 비교 분석하는 작업을 벌였다. 디지털 시대를 맞아 영토경계가 불분명한 사이버 공간의 부상과 함께 주권 개념 논쟁이 새롭게 점화되었고, 최근 사이버 주권 논쟁은 강대국 경쟁의 부활, 자유주의 국제질서의 쇠락, 권위주의 국가의 부상이라는 국제질서 변화와 밀접히 연계되어 나타나고 있다. 사이버 주권은 사이버 공간을 둘러싼 담론경쟁, 규범경쟁, 거버넌스 경쟁의 핵심 주제이다. 전통적 주권 개념

의 사이버 공간에 대한 적용과 이를 둘러싼 중국과 서구의 논쟁은 글로벌 인터넷 거버넌스와 사이버 안보 협력을 위한 보편 원칙과 규범 창출 및 이행에 대한 제약요인이 될 수 있다. 중국은 '중국 특색의 인터넷 관리 방안'을 주장하고, 반패권과 반강권, 내정불간섭의 관점에서 사이버 주권을 강조하고 있으며, 사이버 주권 원칙에 따라 사이버 공간에 대한 국제 규칙을 제정하는 것을 주요한 원칙으로 내세우고 있다.

이에 비해 유럽연합(EU)은 중국과 러시아가 사이버 주권이라는 표어 아래 정보흐름의 대내외적 통제와 체제 유지라는 외교 어젠다를 추구해 왔다고 비판한다. 유럽연합(EU)은 권위주의 국가들의 주권 논의와 실질적으로 다른 사이버 주권 개념을 설정하고 데이터 주권과 기술주권 등을 포괄하는 넓은 관점에서 사이버 주권을 강조하였다. 유럽의 사이버 주권 개념은 중국 및 러시아의 주권 개념과도 다르지만, 미국의 입장과도 대비된다. 특히 유럽연합(EU)은 자유로운 데이터의 초국적 유통으로 인해 침해될 수 있는 개인권리의 보호라는 관점에서 접근한다. 유럽연합이 원용하는 주권의 개념은 비즈니스의 이익을 반영한 국가주권의 무용론이나 전통적인 국가주권의 복원론 차원을 넘어서는 좀 더 복합적인 맥락에서 보는, 일종의 시민주권론이라고 할 수 있다. 유럽이 제시하는 사이버 주권 개념은 근대 국가주권 개념을 넘어서려는 시도라는 관점에서도 해석된다.

3. 사이버 안보와 문화

사이버 안보는 경제와 산업, 무역 등의 이슈를 넘어서 좀 더 포괄적인 의미에서 본 문화 이슈와도 관련된다. 전통적으로 안보와 문화는 사회과학뿐만 아니라 국제정치학의 오랜 논제인데, 사이버 공간을 배경으로 해서도 안보 변수와 문화 변수는 독립변수와 종속변수로서의 위치를 바꾸어 가면서 서로 영향을 미치는 양상을 드러내고 있다. 안보와 문화, 두 변수 간의 관계를 대략 '도구론'과 '인과론' 및 '구성론'의 구도에서 놓고 보면, 다음과 같은 사이버 안보와 문화에 대한 논제를 제기해 볼 수 있을 것이다.

도구론의 구도에서 볼 때, 문화 변수는 사이버 안보의 목적을 달성하기 위해서 동원되는 수단이자 대상이다. 최근 쟁점이 된 것은, 사이버 안보의 시각에서 본 문화안보, 특히 디지털 문화 콘텐츠의 안보 문제이다. 다시 말해, K-콘텐츠가 생산 및 유통되는 문화공간으로서 사이버 공간에 대한 사이버 공격과 이러한 과정에서 문화콘텐츠의 사이버 안보를 수호하는 문제이다. 최근 가짜뉴스나 딥페이크 등이 사이버 영향공작의 주요한 수단으로 활용되고 있다. 디지털 게임, 소셜 미디어, 기타 디지털 콘텐츠 등과 관련된 정보와 데이터가 사이버 공격의 대상이 된다. 최근 미국이 문제를 제기한 틱톡과 같은 동영상 서비스의 사례도 들 수 있는데, 이는 사이버 '안보화'의 변수가 문화콘텐츠의 영역에 작동하는 사례이다.

인과론의 구도에서 볼 때, 문화 변수가 안보 분야에 미치는 영향을 탐구하는 것도 중요한 논제이다. 각국의 '전략문화(strategic culture)' 또는 '안보문화(security culture)'가 각국의 안보전략에 미치는 영향에 대한 연구는 국제정치 안보연구의 하위 분야로서 오랫동안 명맥을 이어왔다. 이러한 맥락에서 보면 미국과 중국의 각기 다른 전략문화는 양국의 사이버 안보에 대한 인식과 전략에 영향을 미치는 중요한 변수이다. 사실 최근 전개되는 사이버 공격의 양상이나 사이버 안보와 관련된 법제도의 형성 및 집행 과정 등은 미국과 중국의 고유한 전략문화의 영향을 받는 것으로 평가된다. 이러한 시각에서 보면 각국의 '전략 사이버 문화(strategic cyber culture)'라는 개념적 범주를 설정할 수도 있을 것이다.

구성론의 구도에서 볼 때, 문화와 안보는 정체성과 규범 및 가치를 구성하는 변수들이다. 이러한 연장선에서 사이버 안보 확보를 위한 정체성과 규범 및 가치 차원에서 본 문화 형성에 대한 논제를 설정해 볼 수 있다. 다시 말해, '사이버 안보 문화'라는 개념을 전제로 하고 '정체성 안보'를 확보하는 차원에서 '건전한' 사이버 안보 환경 조성을 위한 사이버 정책을 상정할 수 있다. 실제로 이러한 문제의식을 바탕으로 건전한 디지털 게임 문화 또는 SNS 문화 조성 등을 위한 정책적 노력이 진행되고 있다. 사실 이러한 '전략 사이버 문화'는 일종의 국제정치 문화권력으로 작동하는 면모도 없지 않다. 더 나아가 미래 사이버 문명의 도래라는 거시적 시각에서 보는 사이버 안보 문화의 창출에 대한 고민도 학계가 안고 있는 숙제이다.

이러한 논의와 유사한 맥락에서 제8장은 사이버 공간의 문화와 안보가 기계적 연결, 사이버 안보의 전략문화, 사이버 공간의 인간중심 보안문화라는 세 가지 차원에서 서로 연결, 결합, 추동되고 있다고 주장한다. 우선 비교적 최근에 나타나고 있는 문화와 안보의 기계적 연결은 중국의 한국 문화콘텐츠에 대한 한한령(限韓令)이나 미국과 중국 사이의 틱톡을 둘러싼 데이터 안보 논란에서 나타났다. 그동안 연결되지 않았던 영역들이 서로 연결되면서 새로운 문제를 만들어낼 수 있다는 차원에서 문화와 안보의 기계적 연결을 단순히 우연한 사건으로만 생각할 수는 없다. 그러나 이를 사이버 안보의 신흥안보적 창발로 생각하기에는 아직까지는 지정학적 임계점을 넘지 못했다는 한계를 지닌다.

두 번째의 연계는 사이버 안보의 전략문화와 관련해서 제기된다. 사이버 공간은 군사안보의 공간이라는 성격도 가지는데, 이러한 특징은 전략문화의 렌즈를 통해서 사이버 안보의 문제를 파악하는 데 있어서 중요한 함의를 던진다. 이러한 점에서 어느 나라의 전략문화는 그 국가의 사이버 국력에 대한 인식과 행위의 선호를 설명하는 데에 중요한 도구로 사용될 수 있다. 그러나 전략문화 변수는 사이버 공간의 안보 이슈를 만들어 내는 독립변수이기보다 매개변수나 개입변수로서 다루어져야 한다.

마지막의 연결은 사이버 안보로부터 만들어지는 인간중심 문화이다. 위로부터 방식의 전통적 보안관리와 달리 인간중심의 보안문화 형성을 통한 대응은 인간의 행동을 관리하는 아래로부터의 관리체계를 의미한다. 제8장의 설명에 따르면, 이러한 자율중심의 조직문화는 사이버 보안사고를 줄이면서도 유연하게 대처하는 방안을 마련하는 데 도움을 줄 수 있다는 것이다. 또한 인간을 중심으로 하는 가치를 국가안보, 더 나아가 세계질서의 중심에 놓게 되면, 안보의 궁극적인 수혜자로서 인간을 다루면서도 새로운 디지털 문명/문화를 만들어 갈 가능성을 열어준다는 점에서 의미가 있다고 주장한다.

4. 사이버 안보와 윤리

사이버 공간이 우리 삶의 필수적인 공간으로 자리 잡아 가고 있는 상황에서 인간과 사회, 국가가 지켜야 할 사이버 공간의 윤리를 마련할 필요성도 제기되고 있다. 그 일환으로 사이버 안보 분야에서도 도덕적인 윤리규범을 마련할 필요성이 거론된다. 아무리 사이버 공격을 하더라도 마땅히 지켜야 할 윤리가 있다는 인식은 향후 무분별한 디지털 기술의 개발과 적용에서 발생할 문제점들을 성찰하는 플랫폼의 역할을 할 것이다. 사이버 안보 윤리의 마련은 사이버 공간의 악의적 활용에 의한 인간과 사회, 국가의 기본가치에 대한 침해, 그 기본가치 중에서도 각 주체의 존재론적 가치(ontological value)에 대한 침해를 방지하는 문제와 관련된다. 예를 들어 사이버 공간의 안보를 지키겠다는 논리를 내세워 수행되는 사이버 감시나 통제로 인해서 인간과 사회, 국가가 지켜야 할 기본적인 존엄이나 인권, 자유, 평등, 정의 등의 가치에 대한 침해를 용인하지 않는 문제이다. 이는 궁극적으로 사이버 활동을 통한 인류의 보편가치 구현이라는 세계시민주의적 문제의식과 통한다.

사이버 안보를 지키려는 활동의 과도화로 인해서 사이버 안보 윤리가 침해당할 우려에 대해서는 여러 가지 사안들이 거론된다. 예를 들어, 소셜 미디어 오용이나 가짜뉴스와 인종차별 정보 확산 및 데이터 침해 행위, 온라인상으로 벌어지는 인권유린과 아동 대상 성 학대와 착취, 세계보건기구(WHO)를 비롯한 병원 및 제약 연구소를 대상으로 한 사이버 공격, 디지털 기술 발전이 야기하는 환경과 생태계 파괴, 인공지능을 활용한 사이버 사찰이나 사이버 무기 기술의 과도한 개발 등이 그 사례들이다. 이러한 사이버 윤리 문제 중에서도 사이버 안보를 지키려는 행위와 프라이버시 보호 간의 균형을 유지하는 것이 큰 논란거리이다. 특히 국가 차원에서 수행되는 사이버 활동의 자의성이나 불투명성, 사이버 감시기술의 확대 등이 개인의 프라이버시 및 권리를 침해할지도 모른다는 우려가 제기된다. 이는 민주주의 가치의 침해 문제와도 연결되는데, 정당한 목적과 적법한 수단으로만 사이버 안보 활동을 수행할 것이며, 이러한 과정에서 불가피하게 발생하는 국민 기본권 제한은 최소화해야 한다는 것이다.

그러나 이러한 윤리적 규범에 대한 논의는 항시 '진영적 가치'에 대한 논란으로 기울 우려가 있다. 최근 미국과 중국이 벌이는 패권경쟁의 맥락에서 제기되는 사이버 윤리의 문제가 대표적인 사례인데, 안면인식AI나 CCTV 등을 정치적으로 사용하는 중국 정부와 이러한 기술을 제공하는 중국 기업들에 대한 미국의 제재가 논란이 되고 있다. 이러한 강대국들의 '진영적 가치'의 갈등에서 중견국으로서 한국이 추구할 윤리규범과 기본가치에 대한 고민이 깊어 가고 있다. 디지털 강국의 양적 성과를 넘어서, 그리고 개도국으로서의 국제적 위상을 넘어서 중견국 한국은 사이버 안보 윤리에 대한 고민을 어떻게 펼칠 것인가? 기술적 효율성의 문제를 넘어서 개인과 사회와 국가 차원에서 한국이 국제사회를 향해서 내세우려는 윤리와 가치의 내용은 무엇인가? 강대국의 경우와 대비하여 미래지향적 시각에서 한국이 추구할 고유한 사이버 윤리가 무엇인지에 대한 진지한 논의가 필요하다.

이러한 맥락에서 제9장은 사이버 안보 윤리에 대한 고민을 펼쳐 나갈 기준점에 대한 윤리학적 논의를 제시하였다. 인터넷의 등장과 사이버 공간의 확장은 사회의 발전과 인류의 진보를 그리는 낙관적 기대를 일부 실현하는 한편 사이버 위협에 대한 노출을 증가시키는 결과도 낳았다. 사이버 안보 문제가 국가안보의 이슈가 되는 경향은 보편적으로 발견되며, 그 결과 정부가 사이버 위협에 대응하기 위해 취하는 조치는 국민의 프라이버시를 침해하거나 민주주의 가치를 훼손할 소지가 있어 논란을 일으킨다. 사이버 안보, 프라이버시, 민주주의 등은 모두 인간의 좋은 삶을 뒷받침하는 가치로서 이들이 충돌할 때 간단히 어느 하나를 선택하기는 어렵다. 즉, 다양한 가치를 평가하고 그 우열을 판단할 수 있도록 하는 윤리학이 사이버 안보에 적용될 필요가 있다. 제9장은 주요한 윤리적 관점인 덕 윤리, 의무론, 결과론을 사이버 안보에 적용할 것을 제안한다. 특히 국가의 행복과 이를 구성하는 국가 구성원 개개인의 행복이라는 양자 관계를 고려해야 한다는 것이다. 사이버 안보, 프라이버시, 민주주의 등의 가치가 국가와 개인의 관계 속에서 충돌하는 경우, 지나치지도 모자라지도 않는 중용을 파악하고 실천하는 것이 중요한 과제라고 주장한다.

IV. 사이버 안보와 국제정치

1. 사이버 안보와 외교

사이버 안보와 외교에 대한 논의는 최근 관심을 끌고 있는 과학기술외교의 맥락에서 이해할 필요가 있다. 최근 과학기술외교는 과학기술 전담 부처가 담당하는 대외협력 정도로 생각하던 수준을 넘어서 국가적 차원에서 수행되는 외교안보 전략 일반의 맥락으로 그 외연을 확장하고 있다. 과학기술외교의 외연은 넓어졌지만, 그 내포는 오히려 조밀해져서 '국가 간 갈등 조정'이라는 구체적 미션을 수행하는 차원에서 과학기술외교가 고민되고 있다. 이렇게 기존의 과학기술외교를 새롭게 업그레이드해서 추진할 필요성은 최근 지정학 환경의 출현으로 인해서 제기되었다. 다시 말해, 기술과 외교의 관계를 '안보의 프레임'으로 보는 경향이 부상한 것이다. 게다가 기술과 관련된 객관적 안보위협만 논하는 것이 아니라 안보위협이 주관적으로 구성하는 안보화의 메커니즘이 작동하고 있다. 이러한 맥락에서 기술 변수가 경제와 산업의 경계를 넘어서, 안보와 외교의 문제로서 자리매김하고 있으며, 이러한 과정에서 기술안보는 '지정학적 임계점'을 넘어서 위기를 야기하는 '기술지정학(Tech-geopolitics)'의 논제가 되었다.

오늘날 과학기술외교는 반도체, 5G, 인공지능, 그린테크 등과 같은 좁은 의미의 과학기술 분야를 넘어서 디지털 산업과 플랫폼 경제, 공공외교 분야 등으로 확대되면서 다양한 이슈들과 연계되고 있다. 특히 앞서 언급한 사이버와 경제의 이슈연계라는 관점에서 볼 때, 첨단기술 제품과 핵심 광물의 공급망 안보 확보를 위한 외교적 노력이 최근 국제정치의 관건이다. 이른바 디지털 플랫폼 경쟁 시대의 데이터 유통규범을 마련하려는 외교적 과정에서 데이터 주권, 데이터 국지화, 데이터 안보가 쟁점으로 거론된다. 최근에는 소셜 미디어를 기반으로 하는 가짜뉴스, 허위조작정보 등의 유포에 대한 국제적 공조도 외교의 아이템이 되었는데, 앞서 언급한 사이버 영향공작 또는 사이버 정보심리전/인지전에 대한 대응이 디지털 외교 또는 사이버 외교의 주요 이슈가 된 것이다. 이는 기존의 디지털 외교가 주로 '소프트 파워(soft power)'의 증진을 위한 공공외교에 중점을 두던 것에 비해, 최근에는 이른바 '샤프 파워(sharp power)'의 국제정치가 새로운 공공외교의 쟁점으로 부각된 것을 의미한다.

지정학적 임계점을 넘어서 전통적인 외교안보 이슈와 연계된 사이버 안보 분야의 외교는 양자-소다자-다자 차원에서 진행된다. 양자 차원에서 진행된 사이버 안보 외교로는 미국과 중국, 그리고 미국과 러시아가 정상회담에서 다룬 사이버 안보 관련 갈등의 조정에 주목할 필요가 있다. 최근 한미 정상회담을 통해서 이룬 사이버 안보 동맹의 성과도 양자외교의 산물이다. 한미일 안보협력체나 오커스(미국, 영국, 호주), 쿼드(미국, 일본, 호주, 인도), 파이브아이즈(미국, 영국, 캐나다, 호주, 뉴질랜드) 등의 소다자 프레임워크에서도 사이버 안보 외교가 진행되고 있다. G7 플러스, 나토, 유럽연합(EU) 등과 같은 다자외교의 장에서도 사이버 안보 문제가 논의된다. 이밖에 선진국들의 정부간협의체도 가동 중인데, 사이버 안보 분야의 랜섬웨어 대응 이니셔티브(Counter Ransomware Initiative, CRI)나 인공지능 분야의 GPAI와 REAIM 등을 주목해야 한다. 한국과 같은 중견국에 사이버 안보 분야의 동지국가(同志國家, like-minded countries) 연대외교의 추진은 매우 중요하며, 동아시아 역내 협의체(예를 들어, ARF)와 지역 간 협력체(예를 들어 한-나토 사이버 협력, 한-OSCE 사이버 협력)에서 벌이는 사이버 규범외교도 매우 중요한 사이버 안보 외교의 아이템이다(김상배 2019).

제10장은 사이버 안보 분야에서 벌어지는 외교의 의미와 그 배경이 되는 사이버 공간이 외교의 영역으로 편입되는 상황을 잘 소개하고 있다. 초국가적 공공재의 성격을 갖는 사이버 공간은 현대 국가의 통신, 행정, 교육, 금융, 외교, 군사 활동이 수행되는, 외부의 공격으로부터 국가가 반드시 지켜내야 하는 주권 수호의 공간이기도 하다. 사이버 공간은 첨단 신기술과 결합되면서 더욱 고도화되고 있고 군의 지휘통제 체제는 사이버 공간을 통해 연결되고 있기 때문에 사이버 공간은 지속적으로 안보화되고 있다는 것이다. 그런데 사이버 공간에서 발생하는 수많은 문제는 일개 국가가 홀로 해결할 수 없으므로 국가는 외교활동을 통해 다양한 위협으로부터 사이버 공간을 안전하게 보호하고 개방된 사이버 공간을 자유롭게 사용하기 위한 국제협력을 추구하고 있다. 각국은 자국과 타국의 디지털 역량과 회복력을 강화하기 위한 국제협력을 도모하기 위해 양자외교와 소자다외교, 다자외교를 펼침과 동시에 주로 적성국 간 공격 혹은 초국가 사이버 범죄에 대응하는 전략토론과 군사훈련 등 동맹 및 우호국과 진영외교를 추구하고 있다.

2. 사이버 안보와 동맹

사이버 안보 외교 중에서도 최근에 힘을 받고 있는 것은 동맹외교의 행보이다. 특히 화웨이 사태를 계기로 사이버 동맹이 이슈가 되었다. 미국의 화웨이 제재에 파이브아이즈 국가가 동조하고 일본, 독일, 프랑스도 가담하면서 '파이브 아이즈+3'이라는 말이 나오기도 했다. 좀 더 넓은 맥락에서 사이버 동맹의 전개는 미국의 인도·태평양 전략과 중국의 '일대일로' 이니셔티브의 경합이라는 구도에서 보아야 한다. 이러한 구도는 2020년 트럼프 행정부 당시 미국의 '클린 네트워크'와 중국의 '글로벌 데이터 안보 이니셔티브'가 갈등하는 양상으로 비화되기도 했다. 이러한 사이버 동맹외교의 양상은 바이든 행정부에서도 지속되었다. 파이브아이즈 이외에도 쿼드나 오커스 등 소다자 협의체에서 동맹에 준하는 협력이 거론되고 있다. 이러한 사이버 동맹의 과정에서 주목할 것은 사이버 안보 또는 디지털 기술과 관련된 가치와 규범이 강조되는데, '민주주의정상회의'의 연장선에서 보는 '인터넷 미래의 선언'이 대표적인 사례이다.

사이버 동맹 이슈는 한미동맹의 맥락에서도 큰 쟁점이 되었다. 2023년 4월 열린 한미 정상회담의 큰 성과 중의 하나로 양국의 동맹을 사이버 공간에까지 확장하기로 한 선언을 들 수 있다. '전략적 사이버 안보 협력 프레임워크'라는 별도의 문서를 채택해 협력의 범위·원칙·체계 등의 내용도 구체화했다. 사이버 공간의 한미동맹이 어디까지 가야 하고 어떤 내용을 채울지, 그리고 이러한 양국동맹을 어느 나라로 확장시켜 나갈지는 앞으로 풀어가야 할 숙제이다. 특히 한미 정상회담 이후 미국 주도의 정보동맹인 파이브아이즈 수준의 협력을 목표로 하고, 영국, 일본, 캐나다 등과도 협력해 동맹을 확대하겠다는 구상이 제기되었다. 이러한 연장선에서 한국은 이러한 사이버 동맹의 프레임워크를 한미일 안보협력체뿐만 아니라 유럽 국가들, 특히 영국이나 네덜란드 등의 유럽 국가로 확대하고 있다.

제11장은 이러한 사이버 안보 분야의 복합동맹 양상을 다루었다. 오늘날 복합위기를 맞은 국제정치에서 대다수 동맹은 다영역에 걸친 공동 위협을 바탕으로 각국의 자원과 특성을 반영하여 다영역에 걸친 협력을 강화·확장하고 있다. 이러한 복합동맹에서 사이버 공간은 독립적 공간이면서 모든 물리적 공간을 연계하는 장이다. 최근 양자·다자 협력체에서 사이버 협력이 주요 의제로 부상하면서 복합동맹의 일부로 사이버 동맹에 대한 관심이 커졌다.

사이버 동맹은 일반 동맹과 마찬가지로 대외적 기능과 대내적 기능을 수행한다. 대외적 위협에 공동으로 대응하여 사이버 억지와 방어를 꾀한다. 나토 사이버방위센터(CCDCOE)의 확장, 한미 간 '전략적 사이버 안보 협력 프레임워크'의 체결이 최근 사례이다. 대내적으로 사이버 동맹은 표준을 공유하며 규범을 생성하고자 한다. 미국-유럽 무역기술위원회의 창설과 유럽연합이 동아시아 국가들과 맺은 디지털 파트너십에서 이러한 활동을 확인할 수 있다.

사이버 동맹은 사이버 역량을 갖춘 국가 간의 대칭적 의존관계라는 특징을 보인다. 비록 조약 의무가 없더라도 사이버를 포함한 다영역에 걸친 상호 민감성과 취약성은 사이버 동맹의 지속과 강화를 낳을 전망이다. 향후 미국, 중국, 유럽이 주도하는 사이버 영역에서 '민주주의 대 권위주의' 대립이 심화할 가능성이 높지만, 강대국 정치뿐만 아니라 빅테크 기업의 영향 속에서 사이버 동맹 네트워크의 미래는 펼쳐질 것이다. 한국은 국제질서의 공동 건축자로 사이버 동맹을 활용하는 복합적 전략을 구비하고 이를 실행에 옮겨야 할 것이다.

3. 사이버 안보와 규범

국제정치의 사실상(*de facto*) 협력을 구성하는 사이버 동맹의 행보 이외에도 법률상(*de jure*) 차원에서 국제규범 형성에 참여하는 사이버 규범외교 활동에도 주목해야 한다. 최근 가장 주목을 받은 것은 유엔 정부자문가그룹(GGE)에서 진행된 사이버 안보 국제규범에 대한 논의였다. 그러나 유엔 GGE의 제5차 보고서 채택의 실패 이후 총회 결의에 따라 5년(2021-25) 회기의 신규 개방형워킹그룹(OEWG)이 출범했다. 그러나 전통 국제기구로서 유엔이라는 '국가간(inter-national)' 프레임을 빌어서 사이버 안보라는 신흥안보 이슈에 대한 규범 형성의 논의를 진행하려는 시도에 대한 회의감도 만만치 않다는 점을 명심할 필요가 있다. 이밖에도 사이버 거버넌스 또는 좀 더 넓은 의미의 인터넷 거버넌스 분야에서는 국가 행위자 이외에도 민간 기업, 학계 전문가, 시민사회 활동가 등과 같은 다양한 비국가 행위자들이 참여하여 구성하는 '글로벌 거버넌스(global governance)' 프레임도 원용된다. 이러한 비국가 프레임에서 최근 빅테크 기업들의 역할이 커지고 있는 현상에 주목할 필요가 있다(김상배 편 2019a).

사이버 안보 국제규범이 형성되는 다층적 구도를 가로질러서 미국과 유럽연합의 서방 진영을 한 축으로 하고, 중국과 러시아 및 개도국 등으로 구성되는 비서방 진영을 다른 한 축으로 하는 국가 진영 간의 이해관계 대립이 전개되고 있다. 이러한 대립 구도의 이면에는 서방 진영의 이른바 '다중이해당사자주의(multistakeholderism)'와 비서방 진영의 정부 간 다자주의(multilateralism)라는 관념의 차이가 자리 잡고 있다. 이러한 다층적 대립의 구도는 유엔과 같은 전통 국제기구의 장뿐만 아니라 정부 간 협의체나 여타 글로벌 거버넌스의 장에서 여러 가지 쟁점을 놓고 확장 및 심화되어 가고 있다. 이러한 과정에서 기존 국제법의 적용(주권 적용), 구속력 있는 규범의 필요성(비구속적 규범 제안 및 이행), 신뢰 구축 조치의 개발 및 이행, 역량 강화의 활동, 정례협의체 설치 등과 같은 주요 쟁점별로 진영 간의 근본적 시각 차이가 노정되고 있음을 놓치지 말아야 한다.

제12장은 이러한 사이버 안보 국제규범의 형성을 위한 노력의 전개 과정에서 제기된 쟁점과 이러한 규범 형성의 노력이 지닌 한계를 분석하였다. 특히 제12장은 지난 20여 년 동안 사이버 공간을 규율할 수 있는 규범 정립에 대한 논의가 지속되어 왔음에도, 사이버 공간을 악용한 공격은 지속되고 있으며 이에 대한 책임 부과는 전무하다고 비판한다. 2022년 발발한 러시아의 우크라이나에 대한 사이버 공격은 피해국인 우크라이나에 심각한 피해를 초래했음에도, 국제사회가 이에 대해 책임을 부과할 수 있는 국제규범은 아직 정립되지 않고 있다는 것을 사례로 들고 있다.

국제사회는 나토의 CCDCOE를 중심으로 강제성을 갖는 국제법 제정을 위한 노력을 진행했고, 동시에 비구속적·자발적 규범 정립을 위한 논의를 다자적 국제기구 차원과 지역기구 차원에서 진행했다. 또한 자발적 규범 정립 노력은 다양한 형태의 소다자 회의체와 양자 협력에서 다루어지기도 했다. 규범 형성을 위한 노력의 주체적 측면에서 보면, 이러한 플랫폼에서 국가 중심의 규범 형성에 대한 논의와 동시에 민간 기업이나 시민사회가 주도한 이니셔티브도 별개로 진행되었다. 이러한 가운데 국제사회는 국가가 주도한 사이버 공격 행위를 어떻게 규제 및 저지할 것인지에 대한 국제규범을 자국에 유리한 방향으로 정립하고자 치열히 경쟁해 왔으며, 그동안 미국과 영국으로 대표되는 서방 진영과 중국과 러시아로 대표되는 비서방 진영은 사이버 공간을 규율하는 규범 및 원칙 설립에 큰 이견을 보여 왔다.

이러한 규범 형성 논의들은 주로 국제법 및 주권 개념의 적용 가능성, 비구속적 규범의 제안 및 이행 등을 다루었다. 특이한 사항은 해당 주제들이 논의되는 플랫폼과 관계없이 진영 간 의견이 명확히 갈리고 있어, 합의점을 얻기 어려운 상황이라는 점이다. 이러한 문제의식을 바탕으로 제12장은 규범의 개념과 정의에 대해 살펴보고, 사이버 공간에 적용가능한 규범 정립 노력을 강제성의 측면, 규범 형성 주체의 측면에서 살펴보았다. 그리고 이들 논의가 주목하는 대주제별 진영 간 입장과 논리도 살펴보았다. 앞으로 전개될 사이버 안보 국제 규범 형성 논의의 방향을 전망함으로써, 해당 논의에서 한국의 역할과 시사점을 찾고자 했다.

4. 사이버 안보와 평화

사이버 안보 관련 개념에 대한 연구와 짝을 맞추는 차원에서 사이버 평화의 개념에 대한 탐구도 필요하다. 단순히 '전쟁 없는 평온한 상태'라는 전통적 시각으로만 평화를 이해해서는 오늘날 복잡다단한 맥락에서 제기되는 사이버 공간의 평화라는 문제가 제기하는 난제를 제대로 풀기 어렵다. 전쟁에까지 이르지 않더라도 우리 삶의 평화를 해치는 요인들은 너무나도 많아져서, '평온한 상태'를 준거로 평화를 추구하려는 소극적 차원의 노력만으로 평화를 달성하는 것은 요원한 이상이 될 가능성이 있다. 또한 안보위협에 대처하고 평화를 모색하는 방식도, 거시적 차원에서 발생하는 폭력적 분쟁에 대한 국가적 개입 이외에도, 미시적 차원의 갈등 해소와 신뢰 구축을 위한 다양한 행위자들의 활동도 포괄해야 한다. 그야말로 안보 분야 못지않게 평화 분야에서도 시대적 환경의 변화에 걸맞은 새로운 평화론과 대응전략에 대한 논의가 필요하다(김상배 2023b).

사이버 안보의 국제정치학적 주제 중에서 '사이버 평화'는 충분히 연구되지 않은 가장 대표적인 주제 중의 하나이다. 사이버 평화는 기존 평화연구에서 상정하는 거시적 차원의 '폭력의 부재'로만 이해할 수 없는 논제이다. 전쟁이 없어 평온해 보이는 상태이지만, 악성코드가 창궐하여 삶이 어지러운 상황을 '평화'라고 부를 수는 없기 때문이다. 거시적 차원에서 평화를 보는 기존의 시각만으로는 안보위협이 미시적 차원에서 발생해서 거시적 차원으로 창발하는 사이버 안보 분야의 평화 문제를 제대로 파악하기 어렵다. 전통평화론의 시각에서 보면 사이버 평화는 평화를 거론 정도에 미치지 못하는, 그냥 '수면 아래의 현상'일 뿐이다. 그러나 신흥안보의 시대에는, 겉으로는 평온해 보이는 상태일지라도 그 이면에서는 계속 갈등을 생성하는 동태적 과정을 적극적으로 파악하는 평화연구가 필요하다.

제13장이 강조하듯이, 오늘날 사이버 공간은 기술과 사회의 발전을 주도하는 공간이 되고 있으며 끊임없이 확장되고 있다. 또한 사용자 간 그리고 물리적 공간과 사이버 공간 간 연결성이 강화되면서 사이버 공간의 양적 확장과 질적 변환도 가속화되는 중이다. 이처럼 진화하는 사이버 공간의 변화는 인류의 번영을 위해 현실 공간만큼이나 안정과 평화가 필요함을 시사하고 있다. 그러나 사이버 안보 이슈를 향한 관심과 대응 노력에 비해, 보다 궁극적 목표라 할 수 있는 사이버 공간의 안정성, 나아가 사이버 평화에 대한 심도 있는 논의는 거의 부재한 상황이다. '안전하고 평화적인 사이버 공간'이 갖는 포괄적 의미도 한정하기 어려워지고 있다. 특히 증대되고 있는 신흥안보 이슈의 부상은 사이버 공간의 평화 개념을 어디까지 확장할 것인가에 지대한

영향을 미치는 주요 변수로 자리 잡고 있다. 그중에서도 가상과 현실이 융합하고 이슈 간 경계를 허물어 버리는 사이버 공간의 진화는 사이버 안보뿐만 아니라 사이버 평화의 개념에 대해서도 새롭게 접근해야 할 필요성을 제기한다. 특히 사이버 공간이 갖는 동태적 확장성과 초월적 특징이라는 물리적 세계와의 차별성을 면밀히 고려하여 검토한 연구들은 부족한 실정이다.

　이와 같은 문제의식에 착안하여, 제13장은 사이버 평화가 의미하는 개념을 좀 더 심층적으로 살펴보았다. 첫째, 논의에 앞서 사이버 공간이 구성되는 원리에서 사이버 평화를 실현하기 위한 주요 조건에 이르기까지를 탐색하고, 기존의 평화 개념을 사이버 공간에 그대로 대입하는 작업이 한계를 갖는 이유를 짚어 보았다. 둘째, 사이버 공간이라는 새로운 영역에서 국가뿐만 아니라 다양한 행위자들을 상정해야 하는 이유와 동태적 관점에서 '과정으로서의 평화'를 지향해야 하는 당위성을 제시하였다. 셋째, 우리는 왜 사이버 평화를 실현하려 하는가에 대한 궁극적 질문과 함께, 평화 자체가 가져다주는 안정감의 의미를 넘어 그것이 내재하는 근원적 가치들이 있음을 주장하였다. 대표적으로 지속가능한 사이버 평화의 프로세스를 안정적으로 확보하는 가운데 사이버 공간의 '자유'를 기대할 수 있음을 중요한 사례로 설명하였다. 사이버 안보가 안보의 영역에서 자리 잡는 데까지 일정 시간이 필요했던 만큼, 사이버 평화도 개념의 정교화를 거쳐 사이버 공간 질서의 유의미한 메커니즘으로 확립되기 위해서는 더 많은 실현 가치의 사례들이 뒷받침되어야 할 것이다.

V. 맺음말

정보세계정치학의 어젠다 중에서 사이버 안보는 제일 먼저 국제정치학의 하위 분야를 형성한 주제이다(김상배·민병원 편 2018). 최근 세상의 변화는 사이버 안보의 문제가 기술·공학 분야 전문가들의 경계를 넘어서 좀 더 넓은 의미의 사회과학적 탐구의 대상이 되어야 함을 보여준다. 특히 사이버 안보를 둘러싸고 벌어지는 각국의 경쟁과 갈등은 이 문제가 이미 국제정치학의 영역으로 진입했음을 보여준다. 정보화시대의 초창기부터 전쟁과 안보 및 국제질서 등과 같은 국제정치학 논제가 없었던 것은 아니지만, 2000년대 말까지만 해도 사이버 안보 연구는 국제정치학의 본격적인 어젠다로 자리 잡지는 못했다. 그러던 중 2010년대에 닥쳐온 두 차례의 큰 계기를 만나면서 사이버 안보의 국제정치학이 제 얼굴을 드러냈다.

사이버 안보를 국제정치학의 시각에서 보아야 한다는 국내외 학계의 문제의식을 불러일으킨 계기는 2013년에 발생한 일련의 사건들을 통해서 마련되었다. 이들 사건은 이른바 '사이버 안보의 전회(轉回, turn)'라고 부를 정도의 파장을 낳았다(김상배 2018). 특히 이 무렵부터 사이버 안보 문제를 군사전략의 시각에서 보기 시작했으며, 주요 국제협력의 대상으로 거론하기 시작했다. 2013년 특별히 세간의 이목을 끌었던 사건들로는, 3.20 사이버 공격, 탈린매뉴얼의 발표, 맨디언트 보고서 발간, 에드워드 스노든의 폭로, 미중 정상회담에서 사이버 안보 어젠다의 채택, 유엔 정부전문가그룹(GGE) 제3차 회의 최종 권고안 합의 도출, 서울 사이버스페이스총회 개최 등을 들 수 있다. 하나하나가 모두 국제정치학의 연구 주제로 손색이 없는 사건들이었다.

국제정치학계의 주위를 환기시킨 또 다른 계기는, 2018-19년에 정점에 달했던 이른바 '화웨이 사태'였다. 이는 복잡다단해지는 미중 경쟁의 단면을 극명하게 보여준 사례였다. 일련의 과정에서 미국 정부는 화웨이의 5G 이동통신 장비 문제를 산업의 문제가 아닌 안보의 관점에서 봐야 한다고 강조했다. 화웨이 제품에 심어진 백도어를 통해서 미국의 국가안보를 해칠 정보와 데이터가 빠져나간다는 것이었다. 이러한 인식은 중국에 대한 미국의 수출입 규제와 이에 수반된 미중 양국 간의 공급망 마찰로 나타났으며, 이례적으로 우방국들을 동원해서라도 화웨이 제품의 확산을 견제하려는 미국의 '세(勢) 싸움' 작전으로 발전했다. 이러한 미국의 압력은 동맹국인 한국에도 가해지면서 단순한 기술·산업 문제가 아닌 외교안보 문제로 각인되기에 이르렀다. 이후 학계의 관심은 '제2의 화웨이 사태'가 발생하면 어떻게 할 것이냐의 문제를 천착하고 있다.

2020년대에 접어든 사이버 안보 이슈는 국제정치학의 전통적인 주제들과 만나면서 자기 증식을 거듭해 가고 있다. 특히 미중 기술패권 경쟁의 가속화와 우크라이나 전쟁의 발발이라는 변수가 '사이버 안보의 지정학' 현상을 증폭시키고 있다. 미중 간에 공급망 안보 교란, 사이버 동맹과 외교, 규범형성과 가치경쟁 등의 문제가 우여곡절을 겪으면서 난항을 거듭하고 있다. 우크라이나 전쟁의 발발은 사이버전과 물리적 전쟁의 연계뿐만 아니라 사이버 안보 분야에서의 공세적 방어, 사이버-핵 넥서스, 사이버 억지와 평화 등의 문제를 수면 위로 떠올렸다. 이 모두 향후 국제정치학적 연구가 다루어야 할 중요한 주제들임은 물론이다. 이러한 과정에서 정책연구나 사례연구의 시각 이외에도 이론과 역사 및 사상의 시각에서 착안된 진지한 연구가 진행되어야 할 것이다.

이 책은 2023년도 한국사이버안보학회의 총서 시리즈 제1권을 발간하기 위해서 기획된 원고들의 모음집이다. 2023년 상반기의 학회 창립을 기념하여 첫 번째 총서를 내기 위해서 기획되어 2023년 초부터 필진을 구성하고 원고 집필을 분담하여 여러 차례의 준비 세미나를 거쳐서 잉태된 작품이다. 이 책에 실린 최종원고는 2023년 하반기에 〈사이버 안보 국제협력의 새로운 지평〉이라는 제목을 내걸고 개최된 한국사이버안보학회 추계대회에서 발표되었다. 학회 발표 이후 수정·보완의 작업을 거쳐서 학회 홈페이지에 워킹페이퍼로 탑재되었고, 그 이후 추가 마무리 작업을 거쳐서 한국사이버안보학회 〈총서-1〉로 세상에 나오게 되었다.

이 책이 나오기까지 도움을 주신 많은 분께 드리는 감사의 말씀을 빼놓을 수 없다. 무엇보다도 길지 않은 시간 내에 원고를 작성해 주신 열두 분의 필자들께 깊은 감사의 말씀을 드린다. 또한 이 책의 초고가 발표되었던 2023년 한국사이버안보학회 추계대회에 사회자와 토론자로 참여해 주신 여러 선생님께 감사드린다. 직함과 존칭을 생략하고 가나다순으로 언급하면, 고봉준(충남대), 김숙현(국가안보전략연구원), 김주희(부경대), 김헌준(고려대), 마상윤(가톨릭대), 박동휘(육군3사관학교), 박보라(국가안보전략연구원), 손정욱(가천대학교), 이왕휘(아주대), 장성일(서울대), 전재성(서울대), 전혜원(국립외교원), 정헌주(연세대), 황지환(서울시립대) 등 여러분께 감사드린다. 학회의 총무간사인 안태현 박사의 수고에 깊은 감사의 말씀을 전한다. 또한 이 책의 출판 과정에서 번거로운 교정 작업을 맡아준 서울대학교 신승휴 박사과정과 백경민 석사과정에 대한 감사의 마음도 빼놓을 수 없다. 끝으로 출판을 맡아주신 사회평론아카데미 출판사 관계자들께도 감사의 말씀을 전한다.

참고문헌

김상배. 2018. 『버추얼 창과 그물망 방패: 사이버 안보의 세계정치와 한국』. 서울: 한울아카데미.

_____. 2019. "사이버 안보와 중견국 규범외교: 네 가지 모델의 국제정치학적 성찰." 『국제정치논총』 59(2): 51-90.

_____. 2022. 『미중 디지털 패권경쟁: 기술-안보-권력의 복합지정학』. 서울: 한울아카데미.

_____. 2023a. "사이버 억지의 새로운 개념화: '한미 사이버 안보 동맹론'의 성찰적 맥락에서." 『국제정치논총』 63(2): 51-88.

_____. 2023b. "신흥평화의 개념적 탐색: '창발(emergence)'의 시각에서 본 평화연구의 새로운 지평." 『한국정치학회보』 57(1): 225-248.

김상배 편, 2017. 『사이버 안보의 국가전략: 국제정치학의 시각』. 서울: 사회평론아카데미.

_____. 2019a. 『사이버 안보의 국가전략 2.0: 국제규범의 형성과 국제관계의 동학』. 서울: 사회평론아카데미.

_____. 2019b. 『사이버 안보의 국가전략 3.0: 16개국의 전략형성과 추진체계 비교』. 서울: 사회평론아카데미.

_____. 2023. 『신흥기술과 사이버 안보의 국가전략: 국제정치학적 어젠다의 발굴』. 서울: 사회평론아카데미.

김상배·민병원 편. 2018. 『사이버 안보의 국제정치학적 지평: 전략과 외교 및 규범』. 서울: 사회평론아카데미.

제1부

사이버 공격과 방어

제2장

사이버 공격

윤민우 가천대학교 경찰행정학과

* 이 글은『한국치안행정논집』제20권 4호(2023)에 게재된 논문을 편집하였음.

I. 머리말

오늘날 안보 문제는 연계성과 융합성, 그리고 전일성을 특성으로 한다. 서로 다른 차원에서 존재했던 다양한 문제와 이슈들이 서로 얽히고, 관계 맺고, 하나로 어우러지면서 해당 문제나 이슈의 질적인 변화가 일어나게 된다. 예를 들면, 반도체 공급망과 같은 경제적인 문제는 미-중 사이의 지정학적 패권충돌과 연계된다. 중동이나 북아프리카로부터 유럽으로 들어가는 이민 또는 난민의 문제는 유럽 국가들에서의 애국적 극우극단주의와 연계되며, 이는 다시 유럽 국가들과 러시아, 미국 등과의 지정학적 관계 설정에 영향을 미친다. 최근 들어 국내에서 논란이 되고 있는 후쿠시마 오염처리수 방류의 문제는 국내 정치뿐만 아니라 동북아시아 역내에서의 미-중 간의 세력충돌에도 영향을 미친다.

이처럼 오늘날은 많은 다양한 문제들과 이슈들이 서로 긴밀히 연계-통합되어 있으며, 이는 궁극적으로 국제정치학에서의 안보 문제에 영향을 미친다. 일부에서는 이를 지나친 안보화(securitization)라고 비판적으로 지적하기도 하지만 바꾸어 말하면, 전통적으로 안보의 문제와는 별개로 존재했던 범죄, 경제, 과학기술, 환경, 기후, 식량 등의 많은 다양한 문제들이 오늘날에는 안보의 영역으로 들어왔고 국제정치에 중요한 영향을 미치게 되었다는 의미이기도 하다(김상배 2015). 예를 들면 과거 한국은 통상적으로 안미경중(안보는 미국, 경제는 중국)이라고 하여 안보의 문제와 경제의 문제를 따로 떼어 생각하고 국익의 최대화를 위해 각각 분절된 영역에서 긴밀한 파트너 국가를 각기 다르게 설정하고 접근하는 전략을 취했다. 하지만 오늘날 이 같은 차별적인 접근 방식은 더 이상 적절하지 않아 보인다. 이는 오늘날 경제와 과학기술, 군사안보, 그리고 국가안보의 문제가 서로 결박되는 현상 때문이다. 반도체 공급망, 희토류, 그리고 다른 다양한 첨단과학기술 및 정보통신과 관련된 소재, 부품, 장비의 문제는 경제의 문제인 동시에 군사 및 국가 안보의 문제이다. 이 같은 전통적으로 안보의 문제로 고려되지 않았던 여러 다양한 문제와 이슈들이 안보화되는 경향을 '신흥안보(emerging security)'의 개념으로 감싸 안을 수 있다. 이는 21세기 인류사회가 경험하는 초연결성, 영역의 해체, 그리고 전일적 통합성 때문이다.

사이버 안보의 문제는 이 같은 안보의 초연결성과 영역의 붕괴, 그리고 전일적 혼재성이 나타나는 신흥안보의 대표적인 사례 가운데 하나이다. 사이버상에서 나타나는 범죄와 테러, 그리고 간첩 행위는 서로 혼재되어 있으며, 긴밀하게 연계되어 있다. 사이버 공간에서는 범죄자들과 해커들, 핵티비스트들, 테러리스트들, 민간 사이버 보안업체 직원들과 같은 비국가 행위자들과 군이나 정보기관의 요원들과 같은 국가 행위자들이 뒤섞여 있다. 그리고 종종 이들은 서로 긴밀히 연계되어 있으며, 특히 비국가 행위자들이 국가 행위자들의 전략목표를 달성하기 위한 프록시(proxy)로 활용된다(윤민우 2020, 275-318). 이 같은 다양한 행위자들의 연계는 은밀히 비밀스럽게 구축되어 작동하기 때문에 특정 사이버 범죄나, 테러, 또는 간첩 활동이 누구에 의해 어떤 의도로 수행되었는지를 파악하기는 매우 어렵다(해리스 2015, 17-18).

더욱이 최근 들어서는 사이버상에서의 범죄와 테러, 간첩 행위 등이 분업화되고 서로 긴밀히 연계된 하나의 비즈니스 생태계를 이루고 있다. 예를 들면, 멀웨어 제작, 해킹, 스파이웨어나 백도어 설치, 랜섬웨어나 봇넷 인프라 구축, 그리고 실제 사이버 공격의 실행 주체들이 서로 다르고, 이들은 서로 위계적이거나 전략적으로 긴밀히 조직화되어 있지도 않으며, 단지 사이버 비즈니스 생태계에서 분업과 협업, 계약의 논리에 따라 서로 느슨하게 연계되어 있다. 이들은 다크넷 등의 은밀한 사이버 거래시장에서 서로 전문성이 특화되어 거래 관계를 구축하고 있다. 따라서 다양한 범죄, 핵티비즘, 테러, 간첩 행위, 영향력 공작, 사이버 공격 등이 혼재되고 연계된 상태로 공존하고 있다. 이 때문에 여러 사이버 안보위해 행위들에 대한 공격 특성과 의도, 공격행위자의 파악, 예방 및 대응 등이 더욱 어려워지고 있으며, 낮은 수준에서의 범죄나 핵티비즘 등과 같은 사이버 안전의 문제가 테러와 국가적 사이버 침해행위들과 같은 높은 수준의 사이버 안보의 문제로 질적인 변환을 겪게 되는 경우들이 점점 더 보편화되고 있다(윤민우 2022a, 555).

이 같은 신흥안보의 대표적인 사례 가운데 하나인 사이버 안보는 궁극적으로 지정학적 문제로까지 진화하게 된다. 사이버 범죄, 테러, 간첩과 같은 미시적 또는 중층적 문제들이 점점 더 중요한 거시적 국제정치학의 어젠다로 들어오게 된 것은 이 때문이다. 김상배는 이 같은 과정을 신흥안보 갈등의 분석틀로 설명하고 있다. 그에 따르면, 사이버 안보는 미시적인 안전의 문제로 시작하여 다양한 이슈들과 연계되는 메커니즘을 따라 복잡화되고 국가들 간의 탈지정학 공간에서의 경쟁으로 발전하면서 궁극적으로 국제정치에서 물질적 또는 지리적 요소에 기반을 둔 고전지정학적 사안들과 통합되는 과정을 거쳐 복합지정학적 게임의 양상으로 창발(emergence)하게 된다(김상배 2022, 21-26). 이 같은 오늘날 복합지정학적 특성 때문에 전통적으로 국제정치학에서 다루지 않았던 미시적 수준에서의 사이버 범죄나, 핵티비즘, 온라인상에서의 폭력적 극단주의나 극단적 애국주의의 전파나 확산 등이 중요한 국제정치의 이슈들로 다루어지게 되었다.

오늘날 미국-서방과 중국-러시아가 전 지구적 차원에서 지정학적 단층선(geopolitical fault lines)을 따라 충돌하는 신냉전은 복합지정학의 성격을 가진다(윤민우 2022b, 2). 논쟁의 여지는 있으나 미국-서방과 중국-러시아의 글로벌 패권충돌이 더욱 격렬해지고 있는 마치 과거 냉전시대의 귀환처럼 보이는 이 같은 오늘날의 국제정세의 흐름을 다수의 학자들과 전문가들은 대체로 '신냉전'으로 정의한다(김열수 2021; 김충근 2023; 반길주 2021). 오늘날 신냉전이 과거의 냉전과 다른 가장 중요한 특징 가운데 하나는 두 충돌하는 진영 간의 전선이 뚜렷이 나누어지지 않는다는 점이다. 과거의 냉전은 자유민주주의 진영과 공산전체주의 진영이 대체로 뚜렷이 분리되었으며, 충돌하는 두 진영 사이의 무역과 정보, 문화, 인적이동 등의 연계는 거의 철저히 단절되었다. 하지만 오늘날 신냉전에서는 두 적대적인 진영이 서로 충돌하고 배제하면서도 동시에 여전히 경제, 과학기술, 문화, 인적교류, 환경, 기후, 사이버 등 여러 부문들에서 서로 뚜렷이 단절되지 않고 연계되는 특성을 보인다. 이는 오늘날의 신냉전이 과거의 냉전과 뚜렷이 구분되는 지점이다. 이 같은 현상은 고전지정학에 신흥안보의 이슈들이 통합되어 나타나는 복합지정학적 특성에 기인한다.

사이버 안보는 이 같은 오늘날의 복합지정학적 충돌의 핵심전장이자 수단이다. 과거 냉전은 '공포의 균형'에 기초한 상호 배제와 단절, 그리고 대치의 모습으로 전개되었고 핵 무력(nuclear power)은 이 같은 냉전의 핵심전장이자 수단이었다. 하지만 오늘날 신냉전에서는 이 같은 핵의 중요성이 여전함에도 불구하고 가장 핵심적인 어젠다는 사이버로 이동한 것처럼 보인다. 이는 신냉전이 충돌하는 두 진영이 여전히 서로 긴밀히 연계되는 복합지정학적 특성을 띠기 때문이다. 두 진영은 본격적인 전쟁(a full-scale war) 이전의 단계에서 서로 대치하고 배제하면서 서로를 향해 비키네틱(non-kinetic) 수단을 사용하여 서로에게 영향을 미치고 스스로의 의지를 관철시키려는 도발적 공격 행위 등을 지속적으로 수행한다. 사이버 공격 또는 침해행위는 이 같은 비키네틱 수단의 대표적인 사례이다. 따라서 오늘날 신냉전에서는 충돌하는 두 진영에 속한 국가들 간에 사이버 공간을 통한 사이버 공격-방어가 항상적으로 이루어진다. 국가 행위자와 그 프록시에 의해 수행되는 사이버 범죄, 사이버 테러, 그리고 사이버 스파이 행위들은 그와 같은 항상적 비키네틱 공격-방어의 대표적인 사례들이다(박동휘 2022, 45-66). 이 같은 맥락에서 보면 오늘날의 신냉전은 재래식 군사력 또는 핵 무력이 동원되는 본격적인 전쟁 이전 단계에서 사이버 수단과 같은 비키네틱 열전(hot war)[1]이 진행되는 변형된 성격을 가지는 것으로 볼 수 있다.

물론 사이버 수단은 핵전쟁을 포함한 본격적인 전쟁(a full-scale war)에서도 중요한 전략적 가치를 가진다. 이는 2008년 러시아-조지아 전쟁 사례와 특히 최근 2022년 러시아-우크라이나 전쟁 사례에서 확인할 수 있다. 이 경우에 사이버 공격-방어는 진정한 의미에서의 사이버전(cyberwarfare)으로 정의될 수 있다. 사이버전은 본격적인 전쟁 개시 직전 단계에서 임박한 군사적 침공의 선도공격 또는 예비공격으로서의 성격을 갖거나 땅과 바다, 하늘 등과 같은 물리 공간에서의 키네틱 전쟁수행과 병행하여 사이버 공간에서 치러지는 비키네틱 전쟁을 의미한다. 오늘날과 미래의 전쟁은 땅, 바다, 하늘, 우주, 인간의 인지(human domain), 그리고 사이버 공간에서 함께 복합적-다면적으로 치러지는 다영역 전쟁의 성격을 가진다. 사이버전은 이 같은 다영역

---

1   냉전(cold war)에 대비되는 개념으로서의 열전(hot war).

전쟁의 한 국면에 해당하며, 다른 도메인(domain)에서의 전쟁과 긴밀히 연계되고, 다영역 전쟁 전체의 승패에 결정적인 영향을 미칠 수 있는 중요한 한 수단이 된다(박동휘 2022, 125-133).

사이버 공격-방어는 본격적인 전쟁의 시작을 기점으로 전쟁 이전의 단계와 전쟁 이후의 단계 모두에서 활용될 수 있다. 이 같은 현상은 2022년 2월 발발한 러시아-우크라이나 전쟁의 사례에서 잘 관찰된다. 대체로 전쟁 이전의 단계에서 사이버 공격-방어는 사이버 범죄, 핵티비즘, 사이버 테러, 사이버 간첩, 사이버 영향력 공작 등으로 나타났다. 이는 2010년대 중반에서부터 진행되어 왔다. 따라서 일각에서는 러시아-우크라이나 전쟁이 2022년에 시작된 것이 아니라 그 이전부터 수년에 걸쳐 진행되어 오고 있었다고 보기도 한다. 2022년 2월 본격적인 전쟁 개시 이후의 단계에서는 물리공간에서의 치열한 키네틱 전투와 함께 사이버 공간에서도 본격적인 사이버 기술전과 사이버 인지전이 수행되었다. 이 같은 맥락에서 이번 러시아-우크라이나 전쟁은 우주전과 더불어 사이버전이 본격적인 전쟁의 한 양식으로 포함된 진정한 의미에서의 미래전의 서막이라고 평가되기도 한다.

전쟁 이전과 이후 단계 모두에서 활용되는 사이버 공격이나 침해행위의 특성 때문에 사이버 안보는 전쟁과 평화라는 전통적인 이분법적 경계 구분의 타당성에 의문을 던진다. 사이버 안보의 관점에서 보면 전쟁-평화의 이분법적 구분보다는 의지와 이해관계, 목표가 충돌하는 두 국가 또는 진영 간에 형성되는 항상적인 평화적 전쟁(또는 전쟁적 평화) 상태가 더 현실에 가깝다. 사실상 사이버 안보의 측면에서 평화와 전쟁은 이분법적으로 구분되는 개념보다는 연속된 스펙트럼으로 이해하는 것이 더 타당하다. 두 충돌하는 국가나 진영 간의 현 국면은 스펙트럼상의 양 끝단에 위치한 절대평화와 절대전쟁의 사이 어딘가에 위치하며, 이는 늘 이동하는 과정에 있는 것처럼 보인다. 이런 측면에서 러시아의 개념 구분은 시사점이 크다. 러시아는 평화-전쟁 스펙트럼을 4개의 하위유형으로 구분한다. 이는 ① 평화적 공존, ② 이해관계의 갈등 또는 자연적 경쟁, ③ 무장충돌, 그리고 ④ 전쟁(a full-scale war)이다. 러시아의 개념으로 전쟁은 어떤 특정 시기에 국한된 의미가 아니며 단계적으로 이해갈등과 충돌이 격화되어 가는 과정이다(Nikkarila & Ristolainen 2017, 194). 사이버 안보는 특히 이 평화-전쟁의 스펙트럼으로 이해하고 접근하는 것이 보다 타당하다. 충돌하는 두 세력 사이의 사이버 공격 또는 침해행위는 '이해관계의 갈등 또는 자연적 경쟁', '무장충돌', 그리고 '전쟁'의 단계 모두에서 국가 행위자들의 전략-전술적 의지(will)나 이해(interest)를 관철하고 목표(objective)를 달성하기 위한 주요한 수단(means)이 된다.

이 글에서 다룰 내용의 범위는 '전쟁' 이전 단계에서의 사이버 공격 또는 침해행위들이다. 이는 러시아의 구분에 따르면, '② 이해관계의 갈등 또는 자연적 경쟁'과 '③ 무장충돌'의 단계에 해당한다. 이 단계들에서의 사이버 공격 행위들은 사이버 범죄, 핵티비즘, 사이버 테러, 사이버 간첩(또는 사이버 스파이) 활동 등으로 나타난다. 개념적으로 사이버전(cyberwarfare)은 전쟁 단계에서 이루어지는 사이버 수단 또는 공간을 이용한 공격, 침해행위로 규정하여 이 글에서는 다루지 않을 것이다. 물론 실제 키네틱 전쟁이 발생하지 않은 상태에서 순수한 사이버전이 가능한지의 여부는 이론적, 추상적인 수준에서는 논의될 수 있다. 하지만 이 같은 사례가 현실적으로 나타난 경우는 없다. 물론 2007년 러시아의 에스토니아 사이버 공격을 사이버전으로 볼 수도 있다는 주장이 제기될 수는 있다. 하지만 이는 여전히 논쟁의 대상이다. 따라서 사이버 범죄, 사이버 테러, 사이버 간첩 활동 이외에 전쟁(a full-scale war) 이전 단계에서 별도로 사이버전에 대해 이 글에서 다룰 필요는 없을 것으로 판단된다. 바꾸어 말하면 이 글에서는 전쟁 이전의 단계에서 사이버 수단을 사용하거나 사이버 공간을 통해서 수행되는 다양한 공격 또는 침해행위들에 초점을 맞추어 논의할 것이며, 이러한 행위들은 대체로 사이버 범죄, 사이버 테러, 그리고 사이버 간첩 활동 등으로 구분될 수 있다.

이 글의 주요 목적은 전쟁 이전 단계에서 나타나는 다양한 사이버 상에서의 범죄, 테러, 간첩 활동들에 대한 기본 개념을 탐색하는 것이다. 이 같은 다양한 사이버 공격 또는 침해행위들은 다양한 국가 및 비국가 행위자들에 의해 수행되며, 종종 복잡하고 혼재된 형태로 사이버 공간상에 뒤섞여 있다. 따라서 국제정치학에서 사이버 안보의 문제를 다루기 위해서는 우선 다양한 사이버 안보의 문제들을 개념적으로 규정하고 그 관계들을 보다 명확히 정립할 필요가 있다. 이 글은 이와 같은 필요를 반영한다.

또한 이 글은 이와 같은 다양한 미시적-중층적-거시적 수준에서의 사이버 공격 또는 침해행위들이 어떤 국제정치적 함의를 가지는지에 대해 논의한다. 오늘날의 국제정치질서는 신냉전으로 규정되며 이와 같은 다양한 형태의 사이버 공격 또는 침해행위들은 본질적으로 신냉전 질서의 현상과 변화 방향에 주요한 영향을 미친다. 이 글은 이 같은 사이버 안보의 이슈들과 신냉전 국제정치질서의 관계에 대해 살펴본다. 이를 위해 이 글은 사이버 범죄자들과 해커들, 핵티비스트들과 같은 다양한 비국가 행위자들을 다루지만 본질적으로 신냉전의 핵심 주체인 국가 행위자들에 대해 보다 주목한다. 대체로 오늘날 사이버 공간상에서 다양한 비국가 행위자들이 국가 행위자들과 연계되어 이들의 프록시로 활용되는 경향이 두드러지고 있다. 이러한 경향성은 비국가 행위자들과 국가 행위자들이 제기하는 다양한 사이버 안보의 위협들이 국제정치에서 중요한 함의를 가지도록 만든다.

II. 사이버 공간에서의 위협 동향과 범죄-테러-간첩의 통합(nexus) 현상

사이버 범죄, 테러, 스파이 활동 등이 뒤섞여 있는 사이버 공간상에서의 위협 동향 파악은 매우 어렵다. 사이버 공격의 피해가 발생했는지 여부를 피해 당사자들이나 제3자가 정확히 인지하기도 어려울 뿐만 아니라 피해를 인지했을 경우에도 피해 사실 자체를 여러 가지 이유로 외부에 공개하지 않는 경우도 많다. 이 때문에 해킹과 사이버 위협의 상당 부분은 암수(dark figure)로 남는다(Kirwan & Power 2017, 80-82).

그럼에도 불구하고, 해킹과 핵티비즘, 사이버 공격 등은 상당히 심각한 국제정치에서의 안보위협으로 받아들여지고 있으며, 전 세계적으로 그 발생 빈도 역시 상당히 높은 수준인 것으로 인식되고 있다. 사이버 공격에 대해 전문가들은 다음과 같은 위협적이면서 암울한 가능성을 경고한다. 레망-랑글르와는 "특정 국가에 막대한 경제적 손실을 가하기 위해 중요 기반시설을 표적으로 하는 '사이버 진주만 공격'이 현실로 다가올 수 있으며, … 가장 중요한 핵심 기반시설을 집중 공격함으로써 중요 기반시설 전체가 붕괴될 가능성이 있다"고 지적한다(Leman-Langlois 2008, 2-3). 휘태커는 "몇 번의 스위치 작동으로 적대 국가의 전력망을 차단시키고 통신망을 교란시키며, 도로, 철도, 운송, 항공 통제 시설 등 중요 사회기반시설을 붕괴시킬 것이다. … 바이러스 프로그램들이 제대로 작동한다면 전체 시스템이 완전히 붕괴될 것이다. 공작원들은 기밀 정보들을 빼내고, 파괴시킬 수 있다. 우리는 우리를 지켜보고 있는 적이 누구인지도 모르는 상태에서 파괴와 죽음만이 난무하는 혼동 속에서 헤어나지 못할 수도 있다"고 경고한다(Whittaker 2004, 123).

2022년 상반기 6개월(1월-6월) 동안 전 세계적으로 핵티비즘과 DDoS 공격이 급격히 증가했다. 이와 같은 해킹과 핵티비즘, 사이버 공격의 가파른 증가세는 미국과 아시아, 유럽 전역에 걸쳐 보편적으로 관찰되었다. 예를 들면, 악의적인 DDoS 공격의 빈도수는 2021년 상반기 6개월 동안과 비교할 때 2022년 같은 기간에 203% 증가했다. 또한 2022년 상반기 동안의 악의적인 DDoS 공격 사례 수치는 2021년 전 기간(1월-12월) 동안의 공격 빈도수에 비해서도 60% 증가한 것이다. 애국적 핵티비즘을 포함한 사이버 영향력 공작 역시 2022년 같은 기간 동안 극적으로 증대했다. 특히 애국심 또는 이데올로기 등의 대의(cause)를 목적으로 한 영향력 공작은 2016년 이후 2022년 들어 전 세계적으로 수백만 명의 삶에 영향을 미치는 주요한 위협 요인으로 등장했다. 이와 같은 종류의 사이버 위협은 전 세계적으로 다양한 전략적 목적이나 대의를 실현하기 위한 최고 수준의 하나의 무기가 되고 있다(Lohrmann 2022).

이와 같은 최근 사이버 위협의 눈에 띄는 증가 추세는 다른 자료들에서도 확인된다. 2020년에 이미 사이버 공격은 전 세계적으로 다섯 번째 순위의 중대한 위협이었고 공공과 민간 부문 전반에 걸쳐 중대한 위협이라는 점은 상식이 되었다. IoT(Internet of Things) 사이버 공격 한 분야만 해도 2025년까지 2022년 수치의 두 배가 될 것이라고 예상된다. 반면에 사이버 공격에 대한 탐지 비율은 극히 낮다. 세계경제포럼 2020 글로벌리스크보고서(World Economic Forum's 2020 Global Risk Report)에 따르면, 사이버 공격 탐지 비율은 미국의 경우 0.05퍼센트밖에 되지 않는다(Embroker 2023). 또 다른 자료 역시 사이버 공격 위협의 최근 동향이 매우 우려할 만한 수준임을 보여준다. 해당 자료에 따르면, 전 세계적으로 매일 30,000개의 웹사이트가 해킹된다. 전 세계 64퍼센트의 민간 기업들이 적어도 하나 유형 이상의 사이버 공격을 경험했다. 2021년 3월에 2천만 건의 사이버 침해 기록(20M breached records)이 있었다. 2020년에 랜섬웨어(ransomware) 사례가 150퍼센트 증가했다. 이메일은 약 94퍼센트의 모든 종류의 멀웨어(malware)와 관련이 있다. 매 39초마다 웹상에서 새로운 사이버 공격이 어디에선가 발생한다. 평균 대략 24,000개의 악성 모바일 앱(malicious mobile apps)이 인터넷에서 매일 차단된다. 300,000개의 새로운 멀웨어가 매일 만들어지며, 이와 같은 멀웨어는 바이러스(viruses), 애드웨어(adware), 트로전스(Trojans), 키로그스(keyloggers) 등을 포함한다. 2020년에 데이터 침해의 63퍼센트 정도는 금전적인 동기로 발생했다. 2021년에 이와 같은 사이버 침해를 복구하기 위해 전 세계 민간 기업들이 6조 달러(USD)를 지불했다(Bulao 2022).

최근 들어, 전 세계적으로 사이버 공격위협 수준이 급격히 증대된 것은 다음과 같은 이유들 때문이다. 먼저, 2020년부터 시작된 코비드-19(COVID-19) 팬데믹 영향으로, 사람들의 일상 활동이 오프라인에서 온라인으로 대거 이동하였다. 이와 같은 추이에 맞춰 범죄 역시 오프라인에서 온라인으로 대거 이동한 것으로 관찰된다. 사이버 절도에서 횡령, 데이터 해킹과 사이버 파괴에 이르는 거의 모든 유형의 사이버 범죄가 코비드-19 발생 이후에 600퍼센트 증가하였다(AP 2020).

또한, 2022년 2월 발생하여 1년 반 넘게 이어지고 있는 러시아-우크라이나 전쟁의 영향도 전 세계적인 사이버 공격의 증대에 영향을 미쳤다. 러시아와 우크라이나 양측에 속한 러시아어 사용 행위자들의 사이버 공격과 언더그라운드 해킹이 급격히 증가했으며, 동시에 애국적 핵티비즘 역시 두 전쟁 당사국과 제3국 등에서 증대하였다. 이와 같은 핵티비즘에는 러시아-우크라이나 양측 핵티비스트들뿐만 아니라 우크라이나 또는 러시아를 지지하는 제3국 해커들과 핵티비스트들도 자신들의 신념과 대의에 따라 자원 참전하였다. 여기에는 러시아를 상대로 전쟁을 선언한 어나니머스 등도 포함된다(Radware 2022).

이 밖에도 중국을 포함한 세계 도처에 산재한 다양한 국가 행위자들의 전략적, 정치적, 경제적 이해와 이와 연계된 프록시들의 활동이 사이버 스파이 활동과 영향력 공작, 그리고 애국적 핵티비즘의 증가에 영향을 미쳤다. 중국의 사이버 스파이 활동과 영향력 공작은 상당히 높은 수준으로 지속되고 있다. 맨디언트의 2022년 특별보고서에 따르면, 중국의 2021년 14차 5개년 계획(14th Five-Year Plan)의 시행과 계속적인 BRI(Belt and Road Initiative) 추진 지원을 위해 필요한 기술, 금융, 에너지, 텔레커뮤니케이션, 그리고 헬스케어 등의 과학기술 확보와 맞물려 사이버 스파이 활동과 사이버 과학기술 절도가 더욱 기승을 부릴 것으로 예측되었다(Kutscher 2022, 79-81). 댓글공작 등을 포함한 중국의 사이버 영향력 공작 수준 역시 최근 들어 더욱 급격히 증대되었다. 트위터는 2019년 12월 발표 자료에서, 중국 댓글부대의 핵심 계정이 2만 3,750개에 달한다고 밝힌 바 있다(송의달 2023).

한편 한국의 가장 큰 사이버 위협의 출처인 북한 역시 사이버 공격 또는 침해 활동에 적극적이다. 국제사회의 대북경제제재, 코비드-19 봉쇄, 그리고 계속되는 핵과 미사일 개발 소요 등으로 인해 외화가 절실하게 필요해진 북한이 자금 조달을 위해 사이버 해킹과 절도에 몰두한 것도 최근 국제적 해킹과 사이버 범죄의 증가에 기여하였다. 2021년 한 해에만 북한 해커들이 암호화폐 플렛폼(cryptocurrency platforms)에 대해 최소 7번 공격하여 약 4억 달러 가치의 디지털 자산을 훔쳤다. 이와 같은 공격의 대부분은 라자루스(Lazarus)라고 불리는 해킹 그룹에 의해 실행되었으며, 이 그룹은 북한의 핵심 정보기관인 정찰총국(The Reconnaissance General Bureau)에 의해 통제된다(BBC News 2022). 미국 ODNI(The US Office of the Director of National Intelligence) 2021 연례 위협 평가(2021 Annual Threat Assessment)에 따르면, 북한의 사이버 에스피오나지, 사이버 절도, 그리고 사이버 공격 위협은 매우 증대되고 있으며, 특히 북한은 핵과 미사일 개발을 위한 자금 조달을 위해 전 세계 금융 기관들과 암호화폐거래소에 대한 사이버 절도에 주력한다. 북한과 관련된 주요한 해커조직들로는 라자루스 그룹(Lazarus Group), APT38, 블루노로프(BlueNoroff), 스타더스트 천리마(Stardust Cholloima) 등이 있다(US Government Homepage 2023).

사이버 범죄, 사이버 테러, 그리고 사이버 간첩 행위의 통합 현상은 행위 그 자체의 연계-통합과 행위자의 연계-통합이 함께 나타나고 있다. 다양한 사이버 침해행위들과 행위자들에 의한 사이버 공격이 서로 뒤섞여 있으며, 최근으로 올수록 이러한 연계-통합 현상이 강화되고 있다. 예를 들면, 조직적 사이버 범죄세력이 직접 사이버 공격을 하는 것이 아니라 다크넷 등을 통해 사이버 공격의 기술과 노하우, 도구, 그리고 인프라 등을 제공하고 금전적인 이득만을 취한다. 이들 사이버 범죄 행위자들은 국가 행위자나 테러리스트들, 또는 다른 사이버 범죄자들에게 멀웨어나 스파이웨어를 제작하여 제공하거나, 네트워크나 프로그램 등의 보안상 제로데이(zero-day) 취약성을 미리 파악하여 이를 알려주거나, 멀웨어나 백도어 등을 미리 심어두고 사이버 공격 또는 범죄를 위한 인프라를 구축하여 이를 판매하는 등의 사이버 공격과 관련된 각종 서비스를 제공하고 금전적 대가를 받는다. 또한 다크넷상에서 다양한 의도를 가진 행위자들이 정보기관이나 사법당국의 감시를 피해 안전하게 자료나 정보를 업로드하거나 유포하도록 하는 블렛프루프 호스팅(Bulletproof Hosting)과 같은 플랫폼 서비스를 제공한다. 이와 같은 방식으로 사이버 범죄-사이버 테러-사이버 간첩 행위들이 서로 긴밀하게 연계되고 통합된다. 상황이 이렇다 보니, 랜섬웨어 또는 멀웨어 공격, 워터링 홀(watering hole) 공격, 백도어 설치, 봇넷 구축 등과 같은 사이버 범죄행위가 언제든 가상화폐 절취와 같은 또 다른 사이버 범죄나, 국가핵심기반시설 공격과 같은 사이버 테러, 사이버 공간을 통한 핵심과학기술, 국방기술, 군사전략 등의 절취와 같은 사이버 간첩 행위, 민감한 정보의 폭로를 통한 대중여론 조작이나 선거 개입과 같은 사이버 영향력 공작으로 이어질 수 있다. 이는 유사한 사이버 공격기법이 범죄와 테러, 그리고 간첩 행위 등에 두루 사용될 수 있는 기술의 상호호환성(interchangeability) 때문이다. 따라서 사실상 특정한 사이버 공격이나 침해행위가 범죄적 목적을 위한 것인지 아니면 그와 연계된 테러나 간첩, 또는 영향력 공작의 의도를 담고 있는 것인지 파악하기가 매우 어려우며 사실상 이것들은 뒤섞여 있다.

다음으로, 행위자의 측면에서 범죄자, 해커들, 핵티비스트들, 테러리스트들, 스파이들은 서로 연계-통합되고 있다. 특히 이 가운데 국가 행위자와 비국가 행위자들 간의 전략적 연대가 국제정치적으로 중요한 함의를 가진다. 국가 행위자들이 이 같은 비국가 행위자들을 자신들의 프록시(proxies)로 활용하는 이유는 국가 책임을 부인(deniability)하면서 자신들의 전략적 목표를 효과적으로 달성할 수 있기 때문이다(송태은 2020a, 8).

러시아의 경우 FSB(연방보안국), GRU(정보총국), SVR(해외정보국) 등 주요 정보기관들은 해커들과 범죄자들, 그리고 애국적 핵티비스트들과 같은 민간 프록시 병력들과 연계되어 있다. 이와 같은 민간 프록시들은 다양한 사이버 작전들(cyber operations)에 동원된다(Maurer & Hinck 2018, 47). 네덜란드 정보부(Dutch General Intelligence and Security Service: AIVD)는 러시아 해킹 조직인 코지베어(Cozy Bear)가 SVR에 의해 지휘통제를 받았다고 추론했다. 미국의 민간 사이버보안회사인 크라우드스트라이크(CrowdStrike) 역시 이와 같은 네덜란드 정보부의 추론에 동의한다(SOCRadar 2021). 사이버베르쿠트(CyberBerkut)라는 해커그룹은 러시아 정보기관의 사주를 받아 2014년 우크라이나 선거 기반시설에 대해 공격한 것으로 알려졌다(Connell & Vogler 2017, 23-24). 트롤팜(troll farm)이라고 불리는 IRA(Internet Research Agency) 역시 프록시 행위자에 해당한다. IRA는 러시아 정부로부터 금전적 지원을 받는 민간회사로 알려져 있다(송태은 2020b, 22-23). 2022년 러시아-우크라이나 전쟁 발발 초기에 GRU와 연계된 엘리트 러시아 해킹팀인 샌드웜(Sandworm)을 포함한 러시아 해커들은 멀웨어, 피싱(phishing), DDoS 등으로 우크라이나 주요 타깃들에 대한 전방위적 사이버 공격을 감행하였다(Greenberg 2022; Lewis 2022; Pearson & Bing 2022). 러시아의 해외국가들에 대한 영향력 공작인 프로젝트 락타(Project Lakhta)에 IRA, 미디어신테즈(MediaSintez), 노보인포(NovInfo), 넵스키 뉴스(Nevskiy News), 이코노미 투데이(Economy

Today), 내셔널 뉴스(National News), 페더럴 뉴스 에이전시(Federal News Agency), 그리고 인터내셔널 뉴스 에이전시(International News Agency) 등의 다수의 민간 참여자가 조직적으로 동원되었으며, 이들의 배후에는 러시아 정보기관이 있었던 것으로 파악되었다(Green-berg 2022; Lewis 2022; Pearson & Bing 2022).

중국 역시 러시아와 유사한 경향을 보인다. 중국의 해커들과 핵티비스트들은 중국 정부에 의해 전략적으로 지휘, 통제된다. 이들의 은밀한 실행 컨트롤타워는 중국인민해방군(PLA), 전략지원군(SSF), 또는 중국의 정보기관인 국가안전부(MSS)이다(Parcels 2018, 3). 특히 인민해방군의 61398부대와 61486부대는 중국 해커들을 지휘, 통제하는 핵심 기관들이다. 미국과 독일의 연방정부 정보 관계자들에 따르면, 중국의 해커 규모는 10만 명에 달한다. 이들 10만 명의 해커들은 중국 전역에 흩어져 있지만, 61398부대의 명령에 의해 움직이는 것으로 추정된다. 해커에 의해 정보가 수집되면 어학 전문가가 나서 번역을 하고 종합적 시각에서 분석·평가·전망한다. 정확한 수는 아무도 모르지만, 해커 외에 10만 명 정도의 지원세력들이 따로 존재하는 것으로 알려져 있다(유민호 2014). 61486부대 내 12국은 또 다른 명령체계와 목적으로 운용되는 별도의 중국 해커집단이다. 이 부대는 주로 방위·우주·통신 분야에 특화된 해커로, 수준이 종래의 61398부대를 훨씬 능가한다고 알려졌다(유민호 2014). 한편 MSS 역시 다수의 사이버 에스피오나지 해커 그룹들을 운용한다. MSS 관련 해커그룹들로는 APT3(또는 Gothic Panda)과 APT10[MSS TSSB(Tianjin State Security Bureau)에 의해 지휘통제를 받는] 등이 있으며, 2020년 MSS와 계약을 맺고 모더나사를 해킹한 바 있다(Cimpanu 2018; Bing & Taylor 2020; Spring 2017). 중국의 해커들 및 핵티비스트들은 모두 애국적(nationalistic)이며, 중국 정부를 위해 직접 일하거나 또는 계약을 맺고 일하는 것으로 파악되었다. 알려진 바에 따르면, 중국 정부에 연계되지 않는 중국 해커나 핵티비스트들은 거의 없다(Parcels 2018, 5).

이와 같은 사이버상에서의 범죄-테러-간첩 행위들의 연계성-통합성 때문에 간첩이나 테러 행위뿐만 아니라 통상적인 사이버 범죄 행위 역시 국제정치적인 함의를 갖게 된다. 다양하고 뒤섞여 있는 사이버 공간상에서의 위협들은 하나의 총합(A sum of all threats)으로 중대한 국가안보의 위협이 된다. 또한 이 같은 위협은 다른 도메인에서의 국제안보의 이슈들과 연계된다. 예를 들면, 북한의 사이버 가상화폐 절취는 북한의 핵 무기 개발과 긴밀히 연계되어 있다. 중국의 첨단 과학기술과 국방기술의 사이버 절취는 미-중 간의 국제정치적인 정치, 군사, 경제 부문에서의 패권충돌에 중대한 영향을 미친다. 같은 맥락에서 러시아와 중국의 미국과 서방국가들에 대한 영향력 공작과 선거 개입은 미국-서방 대 중국-러시아의 지정학적 패권충돌의 향방에 의미 있는 영향을 미칠 수 있다. 결국 사이버상에서의 다양한 수준의 공격과 침해행위들은 국제정치의 틀에서 이해되어야 한다. 이런 측면에서 이 같은 다양한 행위들의 기본 개념들을 국제정치적 맥락에서 탐색하고 이해할 필요가 있다.

III. 사이버 범죄, 테러, 간첩 행위의 기본 개념에 대한 탐색

사이버상의 여러 공격들과 침해행위들은 미시적 수준, 중층적 수준, 그리고 거시적 수준으로 나누어 분류해 볼 수 있다. 미시적 수준에서의 사이버 공격과 침해행위들은 사이버 범죄로 정의된다. 사이버 테러는 중층적 수준에서의 사이버상에서의 공격과 침해행위들로 규정될 수 있다. 사이버 간첩 행위는 가장 거시적인 수준에서의 사이버 공격과 침해행위들에 해당할 수 있다. 이는 사이버 간첩 행위가 한 국가의 전략목표나 국가이해를 관철하기 위해 수행되기 때문이다. 이 같은 사이버 범죄와 사이버 테러, 그리고 사이버 간첩 행위들의 기본 개념들을 각각 살펴보면 다음과 같다.

사이버 범죄는 컴퓨터, 통신, 인터넷 등을 악용하여 사이버 공간에서 행하는 범죄 또는 사이버 공간을 이용한 범죄행위를 통칭한다. 일반적으로 사이버 범죄에는 금전을 목적으로 하거나 개인적 흥미, 스릴, 쾌락을 추구하거나 또는 다른 사람들을 괴롭히거나 공격하여 피해를 입히기 위한 목적 등으로 행해지는 불법행위들이 포함된다. 사이버 테러 행위가 사이버 범죄에 포함될 수도 있으나 여기에서는 사이버 테러를 별도로 다루고 있기 때문에 사이버 테러를 제외한 나머지 범죄행위들이 모두 이 사이버 범죄의 카데고리에 포함될 수 있다.

사이버 범죄는 오프라인에서의 일반적인 범죄들과 마찬가지로 범죄 수법, 동기 및 범죄의 심각성 수준이 매우 다양하며, 국가별 형사사법 시스템에 따라 처리 방식 또한 천차만별이다. 또한 국가별 법률 체계에 따라 사이버 범죄로 처벌되는 경우도 있고 그렇지 않은 경우도 있다. 가상세계에서 발생하는 범죄들의 경우 가상세계별 허용 가능한 행위 수준이 상이하기 때문에 동일한 법률을 적용시키기는 힘들다(Kirwan & Power 2017, 24-25).

그럼에도 불구하고 이 같은 다양하고 이질적인 사이버 범죄들을 유형별로 구분지어 볼 수는 있다. 먼저 사이버 범죄는 인터넷-이용 범죄와 인터넷-특정 범죄로 구분된다. 인터넷-이용 범죄들(internet-enabled crimes)은 디지털 성범죄, 아동 포르노 유포, 마약거래, 사이버 불링(bullying), 악성댓글 등과 같이 금전이나 다른 개인적 쾌락, 스릴, 분노의 표출 등과 같은 다양한 사적 목적을 위해 실행된다. 이 같은 범죄들은 오프라인에서 수행될 수도 있으나 인터넷을 이용함으로써 쉽고, 빠르게 범죄가 실행되는 경향이 있다. 인터넷-특정 범죄들(internet-specific crime)은 온라인 혹은 컴퓨터를 통해서만 범죄가 가능한 유형으로 대표적으로 악성코드 배포, 웹 사이트 서비스 거부 공격, 랜섬웨어 공격 등이 있다. 이 같은 범죄들은 금전적인 목적을 위해서 수행되거나 아니면 공격자 개인의 과시욕구, 쾌락, 스릴추구 등과 같은 동기추구 때문에 일어난다(Kirwan & Power 2017). 한편 사이버 범죄는 대인범죄와 재산범죄로도 나누어 볼 수 있다. 대인범죄는 사이버 공간을 통해 특정 인물이나 대상에 대해 공격 또는 침해행위를 실행하는 것이다. 여기에는 아동에 대한 성적 학대, 사이버 불링과 같은 사이버 공간을 통한 괴롭힘, 웹디페이싱 등이 포함될 수 있다. 한편 재산범죄는 금전적 이득을 목적으로 한다. n번방 사건 등과 같은 사이버 공간을 이용한 디지털 성범죄, 사이버 공간을 이용한 마약거래, 금전을 갈취하기 위한 랜섬웨어 공격, 가상화폐 절취 등이 여기에 해당할 수 있다(Kirwan & Power 2017). 이 같은 두 개 쌍의 카데고리들은 2X2로 네 개의 세부적 유형들로 분류될 수 있다. 예를 들면, ① 인터넷-이용 범죄/대인 범죄, ② 인터넷-특정 범죄/대인 범죄, ③ 인터넷-이용 범죄/재산 범죄, ④ 인터넷-특정 범죄/재산 범죄 등이다. ①의 대표적인 사례로는 사이버 불링 등을 들 수 있다. ②의 대표적인 사례로는 보복성 개인정보 해킹, 랜섬웨어 공격이 해당된다. ③에는 디지털 성착취물 거래나 온라인 마약거래 등이 대표적이다. 마지막으로 ④는 가상화폐 절취나 금전을 목적으로 한 랜섬웨어 공격 등이다.

사이버 테러는 ISIS, 알카에다 등의 이슬람 극단주의 테러세력이나 극우 또는 극좌 테러단체 등에 의해 수행되는 사회 전반에 대한 공포의 조장, 혼란, 사회 핵심기반시설에 대한 마비 등을 목표로 한 사이버 공격행위이다. 테러단체 또는 테러행위자들은 자신들의 정치적, 종교적, 사회적, 이념적, 가치적 의지를 사회 일반에 강요하여 관철시키려 한다. 가장 대표적인 사이버 테러는 원자력시설, 발전소, 정보통신망, 항만, 철도교통망, 에너지 공급망, 전력망, 항공교통망 등 국가의 핵심기반시설에 웹기반 공격이나 시스템기반 공격 등과 같은 대규모 사이버 공격을 감행함으로써 국가나 사회 전반의 일상을 마비시키고 사회 전반에 공포를 조장함으로써 테러단체나 행위자의 전략적 목표를 달성하려는 행위이다(윤민우 2022a, 546).

사이버 테러 역시 사이버 범죄와 유사하게 두 가지 유형으로 구분될 수 있다. 하나는 디도스 공격이나 랜섬웨어나 멀웨어와 같은 사이버 공격 수단을 사용하여 정보통신망이나 핵심기반시설, 또는 웹사이트나 컴퓨터 프로그램, 시스템, 또는 디바이스 등을 파괴, 불능화, 침해, 하이재킹하는 사이버-기술 공격이다. 다른 하나는 테러단체나 테러리스트 등이 선전, 선동, 자금모금, 테러이용수단 및 훈련, 공격기법 전파, 지원 및 공포의 조장 등과 같은 목적을 위해 사이버 공간을 이용하는 행위이다. 전자는 인터넷-특정 범죄와 유사하며, 후자는 인터넷-이용 범죄와 유사하다. 하지만 범죄와 달리 사이버 테러의 경우는 사회 전체에 대한 공포의 조장이나 영향력의 행사, 그리고 자신들의 어젠다의 관철 등과 같은 전략적 목표를 실현하기 위한 수단으로 이용된다는 점에서 사이버 범죄와는 차별성을 가진다. 이 같은 테러행위자들의 전략적 목표 때문에 사이버 테러는 사이버 범죄보다는 더 높은 수준의 사회 전반에 대한 위협이 된다.

사이버 테러의 경우는 보다 낮은 수준의 사이버 범죄나 보다 높은 수준의 사이버 간첩 활동과는 달리 더 과장되고 부풀려진다는 특성을 보인다. 이는 테러세력의 전략적 이해 때문이다. 테러세력의 핵심 전략 목표는 대규모 살상과 파괴 또는 그러한 위협으로 유도되는 공포의 조장(terrorizing)을 통해 자신들의 세력을 과시하고 이를 지렛대로 정치적, 사회적, 종교적 메시지를 전달하고자 하는 것이다. 이런 측면에서 사이버 테러리스트들은 일반 범죄자들이나 국가 행위자들과는 달리 자신들의 존재를 감추고 은밀히 작전을 수행할 이유가 없으며, 자신의 존재를 드러내고 과시할 개연성이 크다. 이 때문에 사이버 테러리스트들은 다른 행위자에 의한 사이버 공격이나 의도치 않은 사이버 재난이나 사고(예를 들면, 2022년에 발생한 카카오 서비스의 데이터센터 화재와 같은) 등을 마치 자신이 수행한 것처럼 가장 또는 과장하여 선전할 개연성이 크다(Chopitea 2012, 37).

어나니머스와 같은 핵티비즘이 사이버 테러에 해당하는가는 논쟁의 여지가 있다. 하지만 이 같은 핵티비즘은 정치적, 사회적, 가치적 어젠다를 사회 일반에 투영하고 이를 관철시키려 한다는 점에서 사이버 테러와 유사한 측면이 있다. 이 같은 측면에서 사이버 테러와 핵티비즘은 공통적으로 중층 수준의 사이버 안보위협에 속하는 것으로 간주할 수 있다.

핵티비즘은 사이버 공격과 행동주의(activism)가 합쳐진 개념이다. 일반적으로 분산 디도스(DDoS) 공격이나 웹사이트 훼손(web defacement) 등의 형태로 정치적, 사회적, 종교적, 이념적 의사표현을 위해 사이버상에서 행동하는 형태의 공격이다. 주로 사회적 이슈가 되는 낙태/반낙태, 환경, 동물보호, 인터넷 자유와 정보의 투명성, 국가의 억압적 권력에 대한 저항, 애국주의 등이 주요한 핵티비즘의 테마가 된다. 어나니머스의 사례는 이와 같은 핵티비즘의 대표적인 사례이다(윤민우 2022a, 546). 러시아나 중국 등의 사례에서 종종 발견되는 애국주의적 핵티비즘 운동도 핵티비즘으로 간주될 수 있다. 하지만 이 같은 애국주의적 핵티비즘은 국가의 사주나 개입 없이 순수한 민간 행위자들에 의한 자발적인 활동에 국한된다. 만약 국가의 정보기관이나 군 등이 배후에 개입되어 민간 행위자들을 프록시로 활용하여 애국적 핵티비즘을 활용하는 경우라면 핵티비즘이 아니라 국가의 사이버-인지 공격 또는 영향력 공작으로 간주되어야 할 것이다. 이에 대한 사항은 뒤에 사이버 간첩과 관련하여 논의될 것이다.

핵티비즘은 종종 사이버 테러나 사이버 간첩 활동과는 다른 특성을 보인다. 이들은 공격 타깃 선정에서 정부의 핵심 군사시설이나 보안시설 등과 같은 사이버 보안 정도가 견고하여 침투-공격이 어려운 대상보다는 취약성 때문에 비교적 공격이 용이한 대상을 선택하는 기회주의적(opportunistic) 특성을 보인다. 또한 이들은 국가핵심기반시설과 같은 사이버 공격으로 인해 사회 전반에 막대한 피해를 초래하거나 공포를 조장할 수 있는 공격 타깃을 피하는 경향이 있다. 이는 이들이 자신들의 메시지를 더 많은 청중들에게 전달함으로써 자신들의 대의(cause)를 대중들에게 알리고 이들의 공감과 지지를 끌어내며, 자신들이 악(evil) 또는 부정의(injustice)로 규정한 대상에 대해 저항과 응징을 통해 교훈을 주려는 의도를 갖기 때문이다(Chopitea 2012, 33). 따라서, 이들은 미디어의 관심을 끌면서 대중들의 주목도를 높일 수 있는 적절한 공격 대상의 취약성이 제공하는 기회를 이용하는 속성을 보인다(Chopitea 2012, 32, 37).

이런 맥락에서 핵티비즘에는 고도의 기술 수준과 자원과 시간, 역량의 지원을 필요로 하는 멀웨어를 이용한 APT 공격이 아니라 비교적 간단하고 용이한 공격기법들이 주로 이용된다. 대표적으로 핵티비즘에 이용되는 공격기법들은 독싱(doxing), 분산디도스(DDoS), 소셜미디어하이재킹(social media hijacking), 웹디페이스먼트(web deface-ment) 등이 있다(Threat Intelligence and Analytics 2016, 5-9). 핵티비즘에서 분산디도스 공격 등과 같은 비교적 낮은 기술 수준의 공격기법을 자주 활용하는 데는 중요한 이유가 있다. 이는 공격 대상에 피해를 주는 것도 중요하지만 핵티비즘의 과정에서 많은 참여자들을 모집하여 함께하는 것 역시 매우 중요하기 때문이다. 이는 그들의 대의에 함께하는 사람들의 참여 규모의 크기와 확장성이 중요한 내러티브의 의미를 가지기 때문이다. 따라서 기술 수준이 낮은 해커들이나 일반인들 역시 핵티비즘에 함께할 수 있기 위해서는 공격툴을 온라인에서 쉽게 내려 받고 간단한 클릭으로 분산디도스와 같은 공격을 실행함으로써 함께 참여할 수 있어야 한다. 이런 측면에서 분산디도스나 웹 디페이스먼트와 같은 핵티비스트 공격은 사이버 기술 공격의 측면도 있지만 동시에 대의를 공유하는 다수의 사람들이 함께함으로써 자신들의 대의의 정당성과 지지의 정도를 과시하는 사이버 심리 공격 또는 내러티브 확장의 측면도 동시에 가진다(Hampson 2011, 7-9, 21-22).

하지만 핵티비즘이 비교적 낮은 기술 수준의 공격기법을 사용하고, 대규모 파괴나 패닉, 공포를 야기하기보다는 다수의 참여를 유도하고 자신들의 대의를 주장하고, 환기시키고, 확장하려 한다고 해서 사이버 공격의 피해가 반드시 치명적이지 않은 것만은 아니다. 미국 정부와 군에 깊이 연계되어 있었던 미국의 기술보안회사(technology security company)인 에이치비 게리 페더럴(HBGary Federal)은 어나니머스의 SQL injection 공격으로 평판에 치명적인 손상을 받았으며, 해당 회사의 CEO였던 아론 바(Aaron Barr)는 곧바로 사임했다. 결국 1년 뒤에 회사는 사라졌고 만텍 인터내셔널(Man Tech International)

에 팔렸다. 굴지의 글로벌 기업인 소니(SONY)사 역시 룰즈섹의 SQL injection 공격으로 회사 평판에 치명적 손상을 입었다. 평판은 소니사의 공식 사과와 함께 천천히 회복되었으나, 소니사 주가는 반드시 해킹 공격에 의한 것이라고 단정하기는 어렵지만 이후 지속적으로 하락했다(Chopitea 2012, 20-29).

사이버 간첩 활동은 다른 말로 사이버 스파이 활동 또는 사이버 에스피오나지(espionage)라고도 불린다. 사이버 간첩은 주로 국가 행위자나 국가 행위자의 사주를 받은 민간 프록시들에 의해 수행된다. 스노든이 폭로한 바에 따르면, 미국은 NSA(National Security Agency) 주도로 높은 수준의 광범위한 사이버 간첩 활동을 오랫동안 실행해왔다. 중국 역시 미국 못지않게 사이버 간첩에 가장 적극적인 행위자로 알려져 있다. 중국은 특히 BRI(Belt and Road Initiative), 경제와 국방 부문의 과학기술의 지속적인 발전, 글로벌 패권 추구를 위한 해외 주요 국가들에 대한 외교, 안보, 그리고 군사 부문의 전략정보 수집 등의 다양한 필요에 따라 광범위하고, 무차별적이며, 끈질긴 사이버 간첩 활동을 지속해왔다. 최근 중국의 국방과 산업 부문의 빠른 과학기술 발전은 상당 부분 사이버 간첩 활동을 통한 기술 절취에 힘입은 것으로 알려져 있다(윤민우 2022a, 546-547).

사이버 간첩 활동에 적극적인 미국, 중국, 러시아 등 주요 국가들은 군이나 정보기관에 사이버 간첩 활동의 전담부서나 기관이 설치되어 있다. 미국의 경우 NSA의 TAO(특수목적접근작전팀), CIA의 IOC(정보작전센터), FBI의 DITU(데이터포착기술팀) 등이 그와 같은 조직들이다. 그리고 여기에 민간 부문의 '엔드게임', '크라우드 스트라이크', '팰런티어 테크놀로지', '바나' 등과 같은 특화된 민간보안기업(또는 사실상의 사이버 용병들)과 마이크로소프트, AT&T, 버라이존, 구글 등 정보통신, 컴퓨터 네트워크, 소프트웨어 및 인터넷 운영자와 플랫폼 등 일반 기업들, 그리고 다양한 해커들이 연계되어 있다(해리스 2015, 179-208). 중국과 러시아의 경우에도 이 글의 앞부분에서 서술한 바와 같이 정보기관과 군의 은밀한 해커조직과 다양한 민간 해커들과 애국적 핵티비스트들이 연계되어 있다.

사이버 간첩 활동은 사이버-기술 공격과 사이버-인지 공격의 두 하위 유형으로 구분될 수 있다. 사이버-기술 공격은 전형적인 사이버 간첩 활동에 해당한다. 주로 APT나 워터링홀 공격 등을 통해 공격 대상의 정보통신망이나 컴퓨터나 다른 정보통신디바이스, 데이터센터, 웹사이트, 이메일 등에 침투하여 과학기술, 국방기술, 국가 또는 군사 전략, 외교안보정책, 중요 개인정보 등을 수집하여 절취하는 행위이다. 이 같은 사이버 기술-공격은 컴퓨터 네트워크 내의 하드웨어와 소프트웨어에 침투하여 중요하거나 민감한 정보를 수집하거나 아니면 국가 최고정책결정권자가 제기한 비밀공작(Covert Operation)의 소요에 따라 공격 대상의 하드웨어와 소프트웨어를 파괴, 훼손, 장악-통제하기도 한다. 이를 위해서는 주로 악의적인 소프트웨어를 도구로 사용한다. 간첩 또는 스파이 활동은 대체로 첩보의 수집활동과 암살, 테러, 사보타지, 소규모 특수작전 수행 등의 다양한 비밀공작 활동들을 포함하는데 이 같은 전통적인 오프라인에서의 간첩 활동은 사이버 공간상에서도 악성코드와 같은 기술수단을 사용하여 유사하게 수행된다(연합뉴스 2023a; 연합뉴스 2023b; 연합뉴스 2023c).

사이버-인지 공격은 악의적 정보를 이용하여 사이버 영역에서 인간 행위자의 생각, 감정 및 심리에 영향을 미치고 이를 선전, 선동, 조작함으로써 이들의 의견과 행동변화를 이끌어내는 일련의 활동들을 의미한다. 이 같은 인지공격은 전통적으로 오프라인에서 미디어, 도

제2장 사이버 공격 **75**

서, 방송, NGO 등을 활용한 전략커뮤니케이션(strategic communication), 공공외교(public diplomacy), 공보, 홍보, 프로파간다 등의 형태로 이루어져 왔다. 사이버-인지 공격은 이 같은 전통적인 오프라인에서의 영향력 공작, 선거 개입, 대중여론조작 등의 활동들이 사이버 공간상에서 수행되는 것이다. 원론적으로 이 같은 사이버-인지 공격은 간첩 활동 가운데 비밀공작의 범주에 속한다. 비밀공작에서는 앞서 언급한 스턱스넷 등과 같은 공격용 사이버 무기를 통해 공격 대상을 은밀히 기술적으로 파괴, 혼란시키는 것과 악성정보를 사용하여 대상 청중에게 영향력을 행사하여 의도한 결과로 이어지게끔 유도하는 것이 함께 포함된다.

사이버-인지 공격은 사이버 영향력 공작으로도 불리며, 해외정보 조작 및 개입(Foreign Information Manipulation and Interference, FIMI)으로도 불린다. 이 같은 사이버-인지 공격은 국가 간의 경계를 초월하며, 평화와 전쟁의 시기 모두에 걸쳐 수행될 수 있다. 이는 또한 군사 및 비군사 영역과 정부 및 민간 부문을 모두 포함한다. 이 같은 사이버-인지 공격의 주요한 사례들로는 러시아의 2016년, 2020년 미국 대통령 선거 개입, 테러리스트 및 추종자의 확산 및 급진화(radicalization)를 위한 프로파간다, 중국의 우마오당 등과 같은 애국적 핵티비스트들을 동원한 댓글조작, 가짜뉴스, 역정보(disinformation) 공작, 그리고 북한의 유튜브와 웹사이트 등을 이용한 선전, 선동 공작 등이 있다(Ottewell 2020). 오늘날의 첨단 정보통신 환경에서 이 같은 해외로부터의 사이버-인지 공격은 매우 심각한 안보위협이 된다. 특히 러시아와 중국의 영향력 공작과 오정보, 가짜뉴스, 여론조작, 대중선동, 선거 개입 등의 위협이 미국과 유럽 등 서방 동맹국들에서는 매우 중대한 위협이 되고 있다. 이에 따라 미국은 ODNI(Offiece of the Director of National Intelligence) 산하에 FMIC(The Foreign Malign Influence Center)를 2022년 9월 23일에 새로 설치하고 악성 해외 영향력 위협에 대응하고 있다(The Foreign Malign Influence Center, 2023). 또한 EU는 EEAS(European External Action Service) Stratcom Division을 2022년에 설치하고 해외로부터의 정보개입 및 조작의 위협에 대해 대응하고 있다(EEAS 2023).

최근으로 올수록, 사이버-기술 공격과 사이버-인지 공격은 점점 더 융합되고 있는 추세이다. 예를 들어, 악성코드를 이용한 해킹을 통해 입수한 민감한 정보를 미디어나 위키리크스와 같은 폭로전문 사이트에 공개함으로서 선거 개입이나 여론선동, 또는 특정 주요 인물이나 정부에 창피주기 등과 같은 영향력 공작을 수행하는 현상이 관찰된다. 한편 영향력 공작에 악성코드 확산을 통해 구축한 좀비 PC 및 봇넷이 경유지로 이용되기도 한다. 또한 AI(Artificial Intelligence), 딥페이크, 기계적 트롤(troll)들은 댓글 조작, 좋아요 추천, 또는 다른 수단을 이용한 선전, 선동에 활용된다. 이 경우에 사이버-기술 공격은 사이버-인지 공격의 전략적 목표를 달성하기 위한 수단이나 인프라로 활용된다(EEAS 2023).

IV. 맺음말

앞서 논의한 사이버 범죄-테러-간첩 행위의 기본 개념을 종합적으로 정리해 보면 다음과 같다. 이는 수준별, 공격 수단별, 그리고 공격 대상과 목표의 세 가지 잣대에 따라 다양한 사이버 공격 또는 침해 행위들을 유형별로 분류한 것이다. 먼저, 수준별로 거시적 수준, 중층 수준, 그리고 미시적 수준으로 구분해 볼 수 있다. 이 같은 수준별 스펙트럼에서 중층 수준을 기준으로 거시적 수준에 해당할수록 국가 간의 복합지정학적 패권충돌에 주요한 영향을 미치고, 보다 더 국가들 간의 심각한 안보갈등을 야기하며, 핵심적인 국제정치학의 의제로 다루어지게 된다. 반면 미시적 수준으로 내려갈수록 이는 국제정치학의 이슈라기보다는 범죄, 사회문제, 또는 치안의 의제로 다루어질 개연성이 크다. 한편 이와 같은 낮은 수준의 사이버 침해행위들에 대해서는 국가들 간의 협력이나 합의(consensus)가 이루어질 개연성이 높아진다.

공격수단별로는 악성코드를 이용한 기술공격과 인터넷 또는 사이버 공간을 이용하거나 악성정보를 사용하여 사람들의 생각과 감정, 정서를 자극함으로서 전략적 목표를 달성하려는 공격으로 구분될 수 있다. 이 같은 공격 수단에 따라 사이버 공격의 양태가 뚜렷이 구분되는 현상은 범죄, 테러, 간첩 행위 모두에서 관찰된다. 한편 핵티비즘의 경우는 기술공격 또는 영향력 공작으로 뚜렷이 구분되기 어렵다. 이는 핵티비즘이 악성코드와 악성정보에 의한 공격을 모두 포함하고 있는 통합공격의 성격을 갖기 때문이다. 핵티비즘은 본질적으로는 사이버 인지공격에 해당한다고 볼 수도 있지만 이를 위해 사이버 기술공격을 핵심 수단으로 사용하고 있다는 점을 고려할 때 두 측면을 모두 포함하고 있는 것으로 보는 것이 타당해 보인다.

공격 대상과 목표에 따라, 사이버 간첩-테러-범죄 행위를 구분할 수 있다. 사이버 간첩 행위의 경우 공격 대상은 상대 국가 그 자체가 된다. 물론 이 경우에도 특정 인물, 다수의 대중들, 또는 민간 기업이나 단체 등이 공격 대상이 될 수 있지만 궁극적으로 이 같은 공격의 목표는 공격 대상 국가 일반의 과학기술, 전략, 정책에 관련된 첩보를 수집하거나 해당 국가의 전략 또는 정책에 영향을 미치기 위한 것이다. 사이버 테러의 경우는 사회 일반이 공격의 대상이 된다. 사이버 공격 또는 침해행위를 통해 일반대중에 '공포'를 조장하거나 자신들의 믿음, 가치, 의지 등을 확산, 유포함으로써 사회 일반에 영향을 미치려고 한다. 이 때문에 사이버 테러의 경우 특정 개인이나 단체, 시설 등을 대상으로 공격이 일어나더라도 궁극적으로 이 같은 공격의 목표는 직접 공격의 피해를 겪는 당사자가 아니라(즉 1차 피해자), 공격을 통해 메시지를 전달하고자 하는 사회 일반(2차 피해자)이 된다. 마지막으로 사이버 범죄의 공격 대상은 직접적 피해당사자에 국한된다. 이 같은 공격 대상이나 목표는 사람과 돈으로 구분해 볼 수 있다. 사람의 경우는 공격자가 피해 대상이 되는 사람 그 자체에 대한 괴롭힘, 폭력, 학대를 목적으로 가하는 공격행위이다. 돈의 경우는 사람 그 자체가 아니라 금전적 이득을 취할 목적으로 행해지는 침해행위이다. 대체로 이 같은 사이버 범죄 행위는 보다 높은 수준의 사이버 테러나 사이버 간첩 행위와는 달리 직접적 공격 대상(1차 피해자) 그 자체에 공격 목표가 국한되는 특성을 가진다. 국제정치의 측면에서는 공격 목표가 1차 피해자에 국한되는 사이버 범죄가 아니라 직접적인 공격의 피해당사자를 넘어서 사회 일반이나 국가 전체와 같은 2차 피해자에게 영향을 미치는 사이버 테러와 사이버 간첩이 주요한 의제가 된다. 반면 사이버 범죄는 사회적 문제나 치안의 문제로 다루어지게 되며, 국제정치적 함의는 크지 않다(그림 2.1 참조).

사이버 공격행위자가 누구인가에 따라 국제정치적 함의가 달라질 수 있다. 사이버 공격행위자들로는 개인, 민간보안회사, 민간 핵티비스트 그룹, 민간 범죄조직, 민간 네트워크, 테러단체, 애국적 핵티비스트 그룹, 국가 행위자 등이 있다. 이와 같은 행위자 기준으로 일반 개

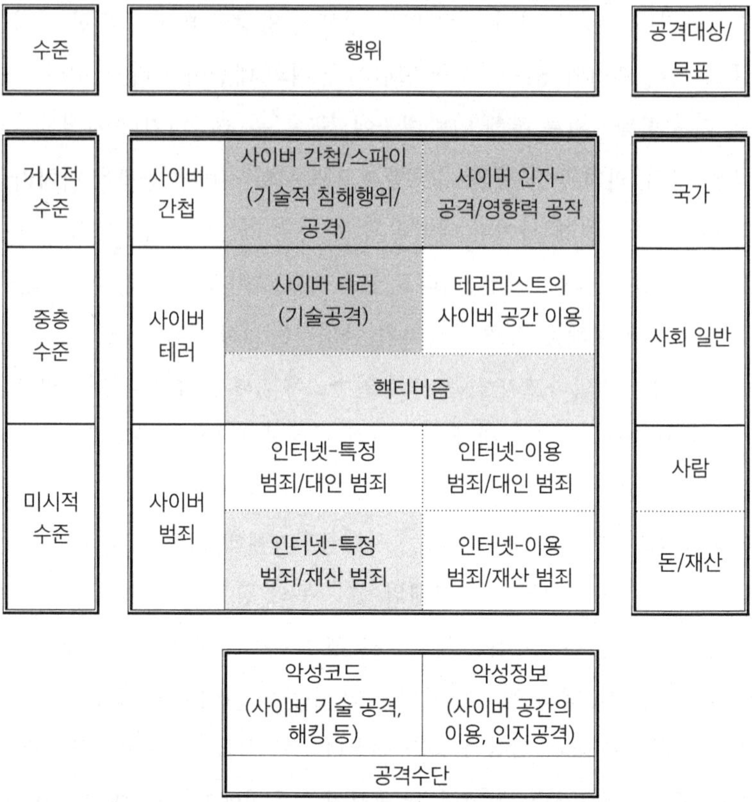

수준	행위			공격대상/목표
거시적 수준	사이버 간첩	사이버 간첩/스파이 (기술적 침해행위/ 공격)	사이버 인지- 공격/영향력 공작	국가
중층 수준	사이버 테러	사이버 테러 (기술공격)	테러리스트의 사이버 공간 이용	사회 일반
		핵티비즘		
미시적 수준	사이버 범죄	인터넷-특정 범죄/대인 범죄	인터넷-이용 범죄/대인 범죄	사람
		인터넷-특정 범죄/재산 범죄	인터넷-이용 범죄/재산 범죄	돈/재산

악성코드 (사이버 기술 공격, 해킹 등)	악성정보 (사이버 공간의 이용, 인지공격)
공격수단	

그림 2.1 사이버 범죄/테러/간첩 행위의 기본 개념에 대한 탐색과 유형별 구분

출처: 저자 작성.

인, 범죄조직, 범죄네트워크, 해커들, 민간보안회사들이 사이버 공격이나 침해행위를 주도하였을 경우에는 국제정치적 의제로 다루어질 개연성이 낮아진다. 이 경우에는 치안, 보안, 범죄, 사회적 일탈의 문제로 다루어질 개연성이 높다. 반면 국가 행위자에 의한 공격일 경우에는 이는 국제정치적 의제가 된다. 이 경우에 국가 행위자는 주로 군이나 정보기관이거나 이들의 사주를 받은 프록시들(즉, 민간보안회사, 사이버 용병, 해커들, 애국적 핵티비스트들, 범죄네트워크들)을 포함한다.

한편 사이버 테러리스트들이거나 국가와 연계되지 않은 순수한 민간 핵티비스트들은 중층 수준의 사이버 테러와 관련이 있다. 이 경우에 이 같은 비국가적 위협들은 신흥안보의 의제로 국제정치학에서 다루어질 수 있으며, 주로 국가 간 협력과 국제거버넌스의 이슈가 된다.

그러나 이와 같은 구분은 상대적인 것에 불과하다. 통상적으로 국제정치적 의제가 아닌 사이버 범죄의 경우에도 얼마든지 사안에 따라 국제정치적 함의를 내포할 수 있다. 위의 그림에서 국가 행위자에 의한 사이버 침해행위는 진한 회색으로, 그리고 순수한 비국가 행위자에 의한 사이버 침해행위는 흰색으로 표시하였다. 한편 '핵티비즘'의 경우 종종 국가 행위자가 민간 프록시 등을 사주하는 경우가 발생하기 때문에 국가-비국가 행위자가 뒤섞여 있다는 점을 강조하기 위해 옅은 회색으로 표시하였다. 위의 그림에서 '인터넷-특정 범죄/재산범죄'는 역시 옅은 회색으로 표시되었는데 이 역시 민간 행위자와 마찬가지로 국가 행위자가 금전탈취를 목적으로 사이버 범죄를 수행할 수 있다는 점을 부각하기 위해서이다. 북한의 경우가 이에 해당하는 대표적인 사례인데 북한의 '가상화폐절취'의 사례에서 보듯 국가 행위자가 마치 범죄단체나 해킹조직처럼 금전을 목적으로 사이버 범죄를 수행할 수 있다. 이 경우에 순수한 사이버 범죄의 문제가 국제정치적 함의를 가질 수 있는데 이는 북한의 사이버 범죄를 통한 금전적 수익의 취득은 핵 무력과 재래식 군사력의 증강을 통한 동북아시아 지정학적 안보위기의 증대라는 국제정치적 의제가 긴밀하게 연계되기 때문이다.

이 글에서는 러시아-우크라이나 전쟁과 같은 본격적인 전쟁(a full-scale war) 이전 단계에서 벌어지는 다양한 사이버 공간에서의 공격과 침해행위들의 기본 개념을 탐색하고 국제정치학적 함의를 도출하고자 하였다. 이 같은 공격과 침해행위들은 사이버 범죄, 사이버 테러, 사이버 간첩 행위의 형태로 나타난다. 사이버전(cyberwarfare)이 이른바 평화시기라고 통상적으로 받아들여지는 본격적인 전쟁이전 단계에서도 가능한지에 대해서는 여러 논쟁이 있을 수 있다. 하지만 여기서는 사이버전이 본격적인 전쟁을 동반한다고 보고 사이버전에 대한 논의는 제외하였다. 여러 사이버 범죄, 테러, 간첩 행위들은 이 글에서 살펴본 대로 수준과 공격 수단, 공격 대상과 목표, 공격 행위자의 성격 등에 따라 다양하게 분류될 수 있다. 여기에서 제시하는 다양한 사이버 공격, 침해행위들에 대한 기본 개념의 구분과 이해는 여전히 만족스럽지는 않지만 애매모호하게 뒤섞여 있어 규정하기 어려운 여러 사이버 안보위해의 양태들을 이해하고 규정하는 데 하나의 시각틀 또는 분석틀을 제공할 수 있을 것이다. 그리고 이를 통해 어떤 사이버 안보의 이슈들을 국제정치적 의제로 다루어야 할지에 대한 어떤 잣대를 제시할 수 있을 것이다.

참고문헌

김상배. 2015. "사이버 안보의 복합지정학: 비대칭 전쟁의 국가전략과 과잉 안보담론의 경계."『국제지역연구』24(3): 1-40.

_____. 2022.『미중 디지털 패권경쟁』. 서울: 한울아카데미.

김열수. 2021. "미국의 반중봉쇄정책과 신냉전기 한국의 전략."『신아세아』28(4): 46-77.

김충근. 2023. "한반도 신냉전 체제의 강화: 미북 정상회담 결렬의 경위와 후과 분석."『신아세아』30(1): 25-48.

박동휘. 2022.『사이버전의 모든 것』. 서울: 플래닛미디어.

반길주. 2021. "냉전과 신냉전 역학비교: 미중패권 경쟁의 내재적 역학에 대한 고찰을 중심으로."『국가안보와 전략』21(1): 1-53.

송의달. 2023. "돈·선물·성관계… 세계 휩쓰는 중공의 국내정치공작, 한국에선?" 조선일보. 2023.3.6.

송태은. 2020a. "하이브리드 위협에 대한 최근 유럽의 대응."『IFANS 주요국제문제분석』. 2020-31. 국립외교원 외교안보연구소.

_____. 2020b. "디지털 허위조작정보의 확산 동향과 미국과 유럽의 대응."『주요국제문제분석』2020-13. 국립외교원 외교안보연구소.

연합뉴스. 2023a. "중국 추정 해킹그룹, 학회·연구소 등 12곳 해킹." 2023.1.26. https://www.youtube.com/watch?v=46YnHWcxRTE

_____. 2023b. "북 해킹조직 '김수키' 국내 안보 관계자 해킹…의도는?" 2023.6.7. https://www.youtube.com/watch?v=vwm3BpOx7C0

_____. 2023c. "국내 언론사 등 61곳 해킹…북한 '라자루스' 소행." 2023.4.19. https://www.youtube.com/watch?v=fHnXhE_0Dcw

유민호. 2014. "상하이 소재 61486부대 12국에 주목 교통대 출신의 중국 최고 해커들 암약." 주간조선. 2014.7.18. http://weekly.chosun.com/news/articleView.html?idxno=7379

윤민우. 2020. "신흥 군사안보와 비국가행위자의 부상: 테러집단, 해커, 국제범죄 네트워크 등." 김상배 엮음.『4차산업혁명과 신흥 군사안보』. 서울: 한울.

_____. 2022a. "물류가 멈추면 세상이 멈춘다: 사이버 안보가 중요한 물류산업." 한국해양수산개발원 미래물류기술포럼 엮음.『물류트렌드 2023』. 서울: Beyond X.

_____. 2022b. "미국-서방과 러시아-중국의 글로벌 전략게임: 글로벌 패권충돌의 전쟁과 평화."『평화학연구』23(2): 7-41.

해리스, 세인. 2015.『보이지 않는 전쟁 @WAR』. 진선미 옮김. 서울: 양문.

An official website of the United States government. 2023. "North Korea Cyber Threat Overview and Advisories." *CISA*. Department of Homeland Security, the US. https://www.cisa.gov/uscert/northkorea

AP(Associated Press). 2020 "The Latest: UN warns cybercrime on rise during pandemic." abc News. May 23, 2020. https://apnews.com/article/6ba6af57fd96e25334d8a06fcf999e7f

BBC News. 2022. "North Korea hackers stole $400m of cryptocurrency in 2021, report says." *BBC News*. 14 January, 2022. https://www.bbc.com/news/business-59990477

Bing, Christopher and Marisa Taylor. 2020. "Exclusive: China-backed hackers targeted COVID-19 vaccine firm Moderna." *Reuters.* July 31, 2020.

Bulao, Jacquelyn. 2022. How Many Cyber Attacks Happen Per Day in 2022?. *Techjury.* https://techjury.net/blog/how-many-cyber-attacks-per-day/#gref

Chopitea, Thomas. 2012. "Threat modelling of hacktivist groups." *Master of Science Thesis.* Sweden: Chalmers University of Technology, University of Gothenburg.

Cimpanu, Catalin. 2018. "US charges two Chinese nationals for hacking cloud providers, NASA, the US Navy." *ZDNet.* December 20, 2018.

Connell, Michael and Sarah Vogler. 2017. "Russia's Approach to Cyber Warfare." *CNA.*

EEAS(European External Action Service) Stratcom Division. 2023. "1st EEAS Report on Foreign Information Manipulation and Interference Threats." *EEAS.*

Embroker. 2023. "2023 Must-Know Cyber Attack Statistics and Trends." *Embroker.* https://www.embroker.com/blog/cyber-attack-statistics/

The Foreign Malign Influence Center. https://www.dni.gov/index.php/fmic-home

Greenberg, Andy. 2022. "Russia's Sandworm Hackers Attempted a Third Blackout in Ukraine." *WIRED.* April 12 2022. https://www.wired.com/story/sandworm-russia-ukraine-blackout-gru/

Hampson, Noah, C. N. 2011. "Hacktivism, Anonymous & A New Breed of Protest in a Networked World." *Boston College International and Comparative Law Review* 35(6): 511-542.

Kirwan, Grainne and Andrew Power. 2017. 『사이버 범죄 심리학』. 김지호·신상화 옮김. 서울: 학지사.

Kutscher, Jurgen. 2022. "M-Trends 2022." *Mandiant.* https://www.mandiant.kr/

Leman-Langlois, Stephane. 2008. "Introduction: technocrime, In Leman-Langlois, Stephane." (ed.), *Technocrime: Technology, Crime and Social Control.* Cullompton: Willian.

Lewis, James A. 2022. "Cyber War and Ukraine." *CSIS(Center for Strategic & International Studies) Report.* https://www.csis.org/analysis/cyber-war-and-ukraine

Lohrmann, Dan. 2022. "Hacktivism and DDOS Attacks Rise Dramatically in 2022." *Government Technology.* https://www.govtech.com/blogs/lohrmann-on-cyber security/hacktivism-and-ddos-attacks-rise-dramatically-in-2022

Maurer, Tim and Garrett Hinck. 2018. "Russia: Information Security Meets Cyber Security." in *Confronting an "Axis of Cyber?"* edited by Fabio Rugge, ISPI.

Nikkarila, Juha-Pekka and Mari Ristolainen. 2017. "'RuNet 2020' – Deploying traditional elements of combat power in cyberspace?" in Juha Kukkola, Mari Ristorainen, and Juha-Pekka Nikkarila (eds.). *Game Changer Structural Transformation of Cyberspace.* Puolustusvoimien tutkimuslaitoksen julkaisuja 10 (Finnish Defence Research Agency Publications 10), Finnish Defence Research Agency.

Ottewell, Paul. 2020. "Defining the Cognitive Domain." *OTH (Over the Horizon) Journal.* December 7. 2020. Accessed on March 7, 2023. https://overthehorizonmdos.wpcom staging.com/2020/12/07/defining-the-cognitive-domain/

Parcels, Sadra W.. 2018. "Chinese Hacker Groups." *IDC HERZLIYA, International Institute for Counter-Terrorism.*

Pearson, James and Christopher Bing. 2022. "The cyber war between Ukraine and Russia: An overview." *Reuters.* May 10, 2022. https://www.reuters.com/world/europe/factbox-the-cyber-war-between-ukraine-russia-2022-05-10/

Radware. 2022. "2022 H1 Global Threat Analysis Report." *Radware.* https://www.radware.com/getattachment/ba8a3263-703b-4cc7-a5d0-741dc00e9273/H1-2022-Threat-Analysis-Report_2022_Report-V2.pdf.aspx

SOCRadar. 2021. "APT Profile: Coza Bear/APT29." *SOCRadar.* November 16. 2021. https://socradar.io/apt-profile-cozy-bear-apt29/

Spring, Tom. 2017. "APT3 LINKED TO CHINESE MINISTRY OF STATE SECURITY." May 17, 2017. Archived 2017-06-15 at the *Wayback Machine.*

Threat Intelligence and Analytics. 2016. "Hacktivism A defender's playbook." *Deloitte.*

Whittaker, David J. 2004. *Terrorists and Terrorism in the Contemporary World.* London, Routledge.

제3장

사이버 전쟁

이중구 한국국방연구원

I. 머리말

오늘날 사이버 공격은 전쟁에서나 볼 수 있었던 무력 공격의 한 양상으로 이해되고 있다. 미 합참은 사이버전을 "사이버 수단만을 혹은 그 일부를 사용하여 수행되는 무장 분쟁"이라고 규정했고(US Joint Chiefs of Staff 2010), 2011년에 미국은 이미 사이버 공격은 전쟁행위라고 규정했다. 사이버 공격을 억지하기 위해 재래식 무기로 대응할 수도 있다는 경고가 필요하다고 본 결과이다. 사이버 공격의 피해가 광범위할 수 있다는 점은 널리 이해되고 있다. 디지털 사회의 도래와 사이버 기술의 발전으로 우리는 인터넷이 끊긴 상태에서는 몇 시간도 견디지 못할 정도로 사이버 공간은 중요해졌다. 사이버 범죄의 증가와 더불어, 적대세력의 사이버 공격으로 국가 핵심인프라가 마비되는 '사이버 진주만 공습(Cyber Pearl Harbor)'과 같은 것도 등장할 수 있다는 우려가 공개적으로 제기되어 왔다. 한국의 경우에도, 2009년 7월에 북한이 대규모 디도스 공격으로 한국을 공격한 이래 사이버 공격에 대한 국가안보 차원의 대응이 강조되어 왔다. 곧이어 사이버사령부도 창설되었다.

오늘날 우리의 눈앞에서 이루어지고 있는 사이버전 양상을 이해하기 위해서 사이버전에 대한 다양한 시각을 이해할 필요가 있다. 사이버전이 등장했다고 해서 사이버 수단에 의해서만 전쟁이 이루어지고 있는 것은 아니다. 우크라이나 전쟁에서 보듯이, 사이버전이 러시아에 의해 수행되었지만 그것이 전쟁의 전통적인 모습인 지상전과 시가전을 불필요하게 만들고 대체한 것은 아니었다. 사이버 공격에 의한 피해는 광범위하고 분명 심각한 것이지만, 물리적 공격과 달리 피해가 일시성을 가지며 짧은 시간 내에 복원될 수도 있다는 속성을 갖는다. 이 때문에, 사이버전이 국가 간의 세력균형을 변화시키고 한 나라의 요구를 상대국에 강압하는 효과를 얻기 위해서는 다른 수단과 결합되어야 한다는 지적이 존재한다. 동시에 사이버전은 재래식 전쟁보다도 더 자주 등장하고 있다. 오늘날 국가 간에는 회색지대 분쟁이 자주 발생하고 있기 때문이다. 거짓정보 조작과 개입에 대한 관심도 유럽국가를 중심으로 증대되고 있다. 언젠가는 사이버전만으로 전쟁이 수행될지도 모른다. 이처럼, 변화하는 현실을 생산적으로 이해하기 위해서는 사이버전을 바라보는 다양한 시각을 참고할 필요가 있다. 시대가 변화함에 따라 우리 스스로의 견해를 검증하고 현실에 맞는 해석을 제시해 가야 하기 때문이다.

본론을 시작하기에 앞서, 이 글에서 분석할 대상은, 사이버 전쟁(Cyber war)보다는 사이버전(Cyber Warfare)임을 밝힌다. 이는 사이버 공간에서만 이루어지는 전쟁이 아니라 다른 전쟁 영역(지상, 해상, 공중 및 우주)과 연결되어 있는 영역으로서 사이버 공간에서 이루어지는 공격과 방어를 분석하기 위한 것이다.

II. 사이버 작전의 유형과 수단

사이버 전쟁을 이해하기 위해서는 우선 기본적인 작전의 유형이나 공격수단의 분류를 이해할 필요도 있다. 스테판 월트(Walt 2010)는 사이버전은 사이버전투(cyber-warfare)라는 하나의 이름으로 이해하기보다는 적의 능력을 약화시키기 위한 네트워크 침투, 사이버 범죄, 사이버 첩보행위 등 보다 구체적이고 세부적인 개념들을 통해서 살펴볼 필요가 있다고 강조했었다. 그 이후 우크라이나 전쟁과 같은 구체적인 사이버전 사례를 분석하는 과정에서, 사이버 작전의 주요한 유형으로 사이버 첩보(cyber espionage), 사이버 방해(cyber disruption), 사이버 성능저하(cyber degrade)의 구분이 자리를 잡아가는 것으로 보인다(Valeriano and Maness 2014). 각각의 의미를 설명하면, 사이버 첩보는 상대방을 혼동시키거나 협상 지형을 변화시키기 위해 정보를 탈취하는 것을 의미하며, 여기에는 정보탈취, 시스템 침투, 암호 수집, 데이터 조작 등의 방법이 동원된다. 다음으로 사이버 방해는 저비용/저이득의 사이버 작전 형태로서 적대국을 조사하고 확전 위험을 알게 하려는 의도에서 이루어진다. 사이버 방해에는 일반적으로 간단한 디도스 공격이나 웹사이트 변조 또는 다른 기본적인 사이버 작전수단들이 사용된다. 작전 유형 중에서 마지막으로는 사이버 성능저하를 꼽을 수 있는데, 이는 적대세력의 네트워크, 운영사업자 및 시스템을 파괴(sabotage)하는 것으로서 가장 강압적인 유형의 선택지라고 할 수 있다.

아울러, 사이버 공격수단은 웹사이트 변조, 디도스 공격, 침범(intrusion), 침투(infiltration) 등의 구분되어 왔다(Valeriano and Maness 2013, 353-355). 우선, 웹사이트 변조 혹은 반달리즘(Vandalism)은 해커들이 구조화된 쿼리 언어(SQL: Structured Query Language) 주입 혹은 사이트 간 스크립팅(cross-site scripting)을 통해서 피해사이트를 변조하거나 파괴하는 것을 의미한다. 이러한 공격은 물리적 피해를 입히지는 않지만, 사회적 혼란을 야기하거나 정부에 대한 국민들의 믿음을 약화시키는 데에는 효과가 있다. 두 번째로, 디도스 공격은 북한의 사이버 공격으로 우리에게도 익히 잘 알려져 있는 것이다. 디도스 공격은 특정한 사이트나 서버 혹은 라우터에 감당할 수 없는 데이터 요청을 보내고, 해당 사이트나 서버가 기능할 수 없게 한다. 이러한 공격에는 봇넷이나 좀비 PC가 많이 사용된다. 다음으로, 침범은 트로이

목마와 트랩도어(trapdoor)[1] 혹은 백도어(backdoor)를 포함하는 것으로 보다 높은 수준의 사이버 공격수단이다. 한번 침범이 되면, 프로그램에 들어 있던 트랩도어나 트로이목마를 통해 외부자의 접속이 계속 허용된다. 이러한 공격은 보안 네트워크에서 민감한 정보를 탈취하는 데 많이 사용된다. 네 번째로, 침투는 전쟁행위로 간주될 수 있는 사이버 공격에 해당하는 것으로서, 침범의 경우에 비해 보다 정교한 공격이며, 목표 네트워크를 공격하는 데에도 논리폭탄, 바이러스, 웜, 패킷 침입자(packet sniffer), 키스트로크 로깅(keystroke logging)[2] 등 5가지 방식에 의한 공격을 통칭한다.

다만, 사이버 전쟁의 이해는 이러한 단순한 사실을 이해하는 수준을 넘어 사이버전이라는 새로운 현상이 인류 활동의 무시하지 못할 부분인 전쟁이라는 영역에 어떠한 변화를 불러일으킬 것인가에 대한 전문가들의 논쟁이나 사회적 시각, 담론을 이해하는 데까지 나아갈 필요가 있다. 사이버전은 기술의 발전에 따라서 새로운 양상을 끊임없이 보이게 될 것이고, 새로운 양상이 등장하면 그것을 분석하기 위해서 새로운 유형과 용어가 만들어지게 될 것이기 때문이다. 따라서 정치학 또는 국제정치학적인 관점에서는 사이버전에 대해서 어떠한 질문들이 존재하는지에 대해 관심을 기울이는 것이 보다 지속적인 가치가 있는 작업일 것으로 생각된다. 이러한 관점에서, 사이버전의 전체 전쟁에 대한 결정성, 재래식 전쟁과 사이버전의 관계, 국가 간의 세력관계에 사이버전의 등장이 미치는 의미에 대해서 전개되어 온 학계의 논의를 소개한다. 물론, 국가와 사회의 디지털화가 나날이 심화되

---

1   트랩도어는 사이버 공격의 주체가 별도로 조작하지 않아도 미리 입력되어 있는 날짜부터 작동한다.
2   키보드에 입력한 사항을 모두 키스트로크에 기록하여 사용자의 정보를 빼내는 사이버 공격 방식이다.

고 있기 때문에, 이후에 논의될 문제에 대한 답들도 고정되어 있는 것이기는 어렵다.

III. 사이버전 이해의 쟁점

1. 재래식 전쟁과 관계

사이버전은 전체 전쟁의 승패에 대해서 독립적으로 영향을 미치기보다 다른 전장과 결합되어야 의미 있는 영향을 미칠 수 있다는 논의들이 존재한다. 이런 논의는 사이버 공간의 공방균형(offence-defence balance)은 재래식 전쟁에 미치는 영향을 통해서 군사적 안정성 혹은 불안정성에 의미 있는 요소가 된다는 견해들과도 연결될 수 있다.

1) 부속성/비독립성

사이버전이 기존의 전쟁이나 충돌양식과 구별되는 특징은 사이버 공격에 의한 피해가 일시적이고, 상대국의 행동에 영향을 미치기 위한 위협으로 활용되더라도 상대국의 굴복이나 타협을 유도하는 효과를 거두기 어렵다는 데 있다(Gartzke 2013, 57-60). 그런데 이 점 때문에 사이버전은 재래식 전쟁이나 재래식 위협과 결합되어야 국제정치의 수단이 될 수 있다는 특성을 갖게 된다고 논의된다. 사이버 공격의 준비와 실행에 투입되는 비용은 막대할 수 있지만, 대부분의 사이버 공격에 의한 피해는 일종의 '소프트 킬(soft kill)'로서 금방 복구될 것이다. 이 때문에, 사이버전이 정치적으로 의미 있는 군사행동으로서 목적을 달성하려면, 사이버전 행위는 재래식 전쟁에 기여하는 것이 되어야 한다. 그래야 장기적인 국가 간의 세력균형에 영향을 줄 수 있다는 것이다. 뿐만 아니라 위협으로 기능하기 위해서도 재래식 위협과 결합되어야 할 필요가 있다. 표적국가가 사이버 공격을 막기도 어렵지만, 그것이 실행되어도 표적국가가 굴복하게 할 만큼 큰 피해를 주지 못하기 때문이다. 사이버전이 전쟁 혹은 분쟁의 맥락에서 의미 있는 요소가 되기 위해서는 그것이 재래식 전쟁 영역의 능력 및 행동들과 결합된 것이어야 하는 이유이다.

참고로, 사이버전은 종래의 재래식 전쟁과 결합되어야 한다는 위 내용의 연장선에서 볼 때, 사이버전 영역의 공방균형은 재래식 전쟁에 영향을 미친다. 특기한 것은 사이버전 영역에서 공격자가 유리한가, 방어자가 유리한가를 따져 보았을 때, 그 결과가 재래식 전쟁의 균형에 대해서 정반대의 영향을 준다는 것이다. 사이버 공간의 군사활동에 대한 기여가 디지털화된 지휘통제체계를 통해 재래식 군사력 세계의 공격 우위를 확대시키는 것이라면, 사이버 공간에서 방어가 유리하다는 의미는 재래식 군사공간에서 첨단지휘통제체계를 갖춘 공격자의 우위가 보다 공고하다는 의미가 된다. 실제로 2022년 이후 우크라이나 전쟁에서는, 민간 영역의 혁신, 국제적 조율, 국가들의 사이버전 교리의 정비로 사이버 영역은 방어 우위 전장으로서의 면모를 보여주었다(Mueller 2023, 9-10). 이는 우크라이나 전쟁 전반에 대해서도 주는 함의가 있을 것이다.[3] 덧붙여, 역으로 사이버 공간이 공격이 보다 유리한 곳이라면, 오히려 지상분쟁은 안정화될 수 있다(Gartzke 2013, 66-68). 사이버 수단으로 침공국가의 사이버지휘통제능력이 쉽게 공격될

3　우크라이나 전쟁은 공격자에게 유리한 전쟁일 수도 있다.

수 있기 때문에, 방어자가 보다 유리한 구조 하에서 전쟁이 전개될 수 있기 때문이다.

2) 차별성/독립성

다른 한편, 사이버전은 재래식 전쟁의 승리와 별개로 여론조작과 혼란 유발이라는 또 다른 전쟁에서 중심적인 기능을 하고 있다는 지적도 있다(Rid 2020; Mueller 2023). 우크라이나에 대한 지지를 약화하는 데에는 사이버전이 중점적으로 이루어지고 있다는 것이다. 그러한 사이버전 양상은 '네러티브전(Narrative War)'이라는 이름으로 주목받고 있다. 이러한 사이버전의 효과에 대한 관심은 디도스 공격과 이메일 등 국제여론전이 처음으로 등장한 코소보 전쟁으로까지 거슬러 올라갈 수 있고, 그 이후의 전쟁들에서도 전쟁수행의지 약화를 위한 사이버전은 수행되어 왔다. 대규모 사이버 공격이 이루어진 사례가 아니더라도, 국제분쟁이 발생할 때마다 관련국에서는 SNS를 이용한 사이버전이 치열하게 전개된다. 가짜뉴스 등에 의한 여론조작전이 극심해짐에 따라, 우크라이나 전쟁 발발 이후 유럽국가들을 중심으로 FIMI(Foreign Information Manipulation and Interference) 문제에 대한 관심이 증가해 왔다.

덧붙여, 사이버 첩보행위는 전쟁이 아닌 시기에도 활발 전개된다. 우크라이나 전쟁 이전인 2000년부터 2020년까지 러시아의 우크라이나에 대한 사이버 공격의 46.4%가 사이버 첩보일만큼 사이버 첩보는 지배적인 사이버 공격의 양상이었다(Valeriano 2023). 역설적으로, 잠재적인 적대세력에 대한 사이버 첩보 능력 확대가 오히려 국가들의 군사적 행위를 감소시킬 수 가능성이 있다는 주장도 있다(Gartzke 2013, 70-71). 사이버 수단은 잠재적인 적에 대한 첩보 능력을 강화시켜주는 효과가 있기 때문에, 국가들의 비밀유지를 더욱더 어렵게 하고 있다. 위키리크스 사건은 이를 실증해 주었다. 그 결과로 국가들은 기습공격에 필요한 기밀유지가 보다 어려워지고 있다는 점을 인식하고 있다. 이로부터 이론적으로는 그로 인해 군사적 공격의 유인은 줄어들고 공격을 구상하는 국가가 협상을 택할 가능성도 커질 수 있다는 함의도 이끌어낼 수 있다.

2. 승리와 강압의 효과

사이버전 가운데에는 목표국가의 핵심인프라를 파괴하거나 마비시킬 수 있는 유형의 공격도 존재한다. 2007년 에스토니아의 통신 및 전력 인프라에 대한 친러세력의 공격에서 처음으로 현실화되었다. 이후 사이버 전쟁은 임박하고 실제적인 위협으로 다루어져 갔다(Lynn III 2010). 오늘날 현실 정책결정자들도 기습적인 사이버 공격으로 인한 대규모 혼란을 우려하고 있다. 그러한 논의의 결과로 사이버 영역은 지상, 공중, 해상, 우주와 더불어 주요 전장의 하나로 이해되기 시작했고, 사이버 영역을 동등한 전장의 하나로 보아야 한다는 시각은 다영역작전 개념에서 보듯이 구체적인 군사정책으로도 투영되었다. 그럼에도 불구하고, 사이버전의 실제 효과를 검토할 때, 사이버 공격은 전쟁의 승패나 국가 간 분쟁의 진로에 영향을 줄 만한 결정적인 영향을 갖지 못한다는 견해와, 아직 안 드러났을 뿐 결정적인 사이버 공격의 위험은 존재하고 있다는 견해는 교차하고 있다.

1) 부족한 결정력

우선, 사이버 공격은 자체로서 전쟁 수단이 되기는 어렵다는 주장이 등장해 왔다(Gartzke 2013). 사이버전의 개념이 정책화되기 시작하여 주요 국가들이 사이버 안보 전략을 제시하기 시작했던 배경에서, 사이버전이 야기할 수 있는 국가적 피해에 대한 이해가 과장되어 있다는 지적으로서 2010년대 초에 이러한 주장이 제기되었던 것이다. 전쟁은 상대방의 영토를 지배하기 위한 점령, 혹은 일방의 의지를 타방에게 강요하기 위한 강압을 위해서 수행되는 것이다. 그런데 첫째 문제인 점령을 위해서는 지상군의 역할이 핵심적인 것이고 사이버 공격으로 달성할 수 있는 것이 거의 없을 수도 있다. 이러한 의견은 2022년 우크라이나 전쟁에 대한 여러 전문가들의 분석에도 나타났었다. 이들은 우크라이나 전쟁에서 러시아는 '썬더 런(Thunder run)' 전략을 통한 사이버 공격으로 우크라이나에게 막대한 피해를 줄 것이라고 예상했지만, 실제 사이버전은 그만한 피해를 우크라이나에게 주지 못했다고 이야기한다(Mueller 2023, 7-9). 다음으로, 강압을 위해서 사이버 공격이 의미가 있다고 하기에도 사이버 공격이 남기는 피해가 일시적이고 짧은 시간 내에 복구가능한 것에 해당한다는 점에서 사이버 공격은 강압을 달성할 수 있는 수단이 되기도 어려울 수 있다. 냉전기에 보여진 다양한 사례에서와 같이, 위협이 효과적이기 위해서는 상대방에게 장기적이고 지속적인 피해를 입힐 것이라는 내용을 갖고 있어야 하지만, 사이버 공격의 위협은 단기 회복이 가능한 위협을 입히겠다고 하는 것에 해당한다는 것이다. 따라서 사이버 공격은 강압에 필요한 위협을 제공해주기 어렵다. 오히려 사이버 공격 위협은 해당국에게는 사이버 공격에 대해 경각심을 갖게 하고 오히려 위협국가에 대해 더욱 적대감을 갖게 한다.

이처럼 사이버 공격이 전쟁이나 국가분쟁 해결에 결정적인 수단이 될 수 있느냐에 대해 회의적인 이들은 냉전기에 미국과 소련이 핵

능력이 있다는 사실만으로 핵전쟁이 일어나지 않았다는 데 주목한다. 국가의 행동을 예측하는 데에는 그 행위가 특정한 행위자의 정치적 목적을 이루는 데 도움이 되느냐는 질문이 중요하다는 관점에서는, 사이버전 행위가 기존의 물리전을 대체하기는 어렵다는 주장이 힘을 받는다.

2) 파괴적 결정성

한편, 러시아가 우크라이나 전쟁에서 우크라이나의 사이버 방어만이 아니라 국제적인 사이버 보안체계 앞에서 인상적인 사이버 공격을 보여주지 못했더라도, 러시아를 포함해 사이버 강국들이 치명적인 사이버 공격을 준비하고 실행할 가능성은 여전하다는 의견들이 있다 (Mueller 2023, 10-11). 우크라이나 전쟁에서도 개전 초기 러시아는 우크라이나의 지휘통제를 방해하기 위해 사이버 공격을 가했다. 우크라이나 전쟁 중인 2023년에도 러시아는 우크라이나의 군사정보 및 표적 융합 소프트웨어인 델타를 공격하고 있다. 뿐 만아니라, 러시아는 우크라이나를 지지하는 나라들에 말웨어를 배포하고 있는 것으로 알려져 있다. 이러한 관찰에 이어서 특히 주목해볼 만한 치명적인 사이버 무기의 등장 가능성은 러시아도 이미 정교한 사이버 공격 도구를 개발하고 있는 것으로 보인다는 여러 분석들에서 찾아진다. 그것은 스틱스넷과 유사하게 산업용 제어 프로그램을 공격할 것으로 추정되고 있다. 그러한 무기의 개발은 표적국가의 핵심인프라를 사보타주하기 위한 러시아의 SOPKVO 혹은 SODCIT(Strategic Operation for the Destruction on Critically Important Targets) 개념에 따른 것이기도 하다. SODCIT는 상대국이 군사행동을 지속할 수 없을 정도로 타격을 주는 것을 목표로 하는 것으로 알려져 있다(Kofman et al. 2021, 68). 아직 러시아가 이러한 사이버 공격 수단을 쓰지 않는 이유는 사이버 방어가 강하거나 러시아의 공격력이 약해가 아니라 러시아와 같은 나라들이 향후의 필요를 위해 그것들을 아껴두기 때문이라는 해석도 있다. 우크라이나의 핵심인프라를 파괴하는 데 사이버 무기를 쓰기보다 순항미사일을 대신 사용하고 있다는 것이다. 이러한 견해에 따르면 사이버 공격은 전쟁 승패에 결정적인 역할을 할 가능성을 여전히 지니고 있으며, 그러한 역할이 증명될 때를 기다리고 있을 뿐이다.

3. 국제 세력관계에 대한 영향

아울러, 사이버전은 약자의 무기로 이해되기도 하지만, 오히려 재래식 우위를 가진 강대국에게 진정한 효과를 가지는 수단이라는 이견도 있다. 아래에서는 이러한 논의의 흐름을 살펴보도록 한다.

1) 약소국의 무기

사이버전에 있어서는 초강대국이 오히려 취약하고 비대칭적인 사이버 공격으로 약소국이나 민간집단들이 큰 이익을 볼 수 있게 되었다는 주장이 제기되어 왔다. 사이버전의 개념이 대중화되고 확산되던 2000년대 초부터 이러한 주장은 나타났다(Adams 2001). 탈냉전 이후에는 일반적 군사력으로는 미국에 도전할 수 없는 상황이 만들어졌기 때문에, 일부 적대적인 국가들은 사이버전을 통한 비대칭전을 추구하게 되었다는 진단이었다. 그리고 군사혁명과 더불어 미국의 군사력이 더더욱 디지털정보기술에 기초하게 되었기 때문에, 미국에 대한 사이버전의 기대효과는 더욱 확대되었다. 뿐만 아니라 사이버 공격은 공공 영역만이 아니라 사이버 보안이 취약한 민간 영역에 대해서까지 가해질 수 있다. 이른 시기부터 가장 극단적으로 이러한 우려를 현실적으로 만들어준 것은, 1997년에 실시된 적합한 수신기(Eligible Receiver)라는 훈련이었는데, 이 훈련에서 35명의 해커들은 미국 여러 도시의 전력망에 침투, 911 시스템을 손쉽게 해킹했다. 유사시 북한의 해커도 미국에 사이버 혼란을 야기할 수 있다는 우려를 간접적으로 증명했다.

실제로 2009년 이후 북한이 한국에 대한 사이버전을 본격화하면서, 국내에서도 사이버전은 북한의 비대칭 무기로서 이해되어 왔다. 한국에서도, 2010년대 초반~중반에 이르러 국방연구 분야에서도 북한이 핵과 사이버 공격 등 한미동맹과 다른 작전 방식으로 한미동맹의 취약점을 이용하고 한미동맹의 강점을 약화시키는 비대칭 전략을 추구한다는 시각은 널리 받아들여지게 되었다(노훈 2013). 그런데 비대칭전의 개념 자체는 이 전략을 구하는 국가가 정면승부로는 승리를 기대하기 어려운 작은 나라라는 것을 전제한다. 비대칭전이라는 개념 자체가 약소국이 강대국에 대처하는 전쟁의 경우에 적용되는 것이기 때문이다. 물론 북한은 핵무기라는 폭력수단을 지니고 있기 때문에, 일방적인 약자라고 보기는 어려울 수 있다. 핵과 사이버가 결합되어 있고 사이버 공격이 핵위협 증대를 시사하는 것일 수 있기 때문에 사이버전이 우리에게 위협이 되는 것이다.

2) 강대국의 무기

반면, 사이버전은 재래식 능력이 우세한 국가에게 강점을 확대시켜주는 수단이 된다고 보는 시각도 있다. 현대전의 시작인 제2차 세계대전 시기 독일의 전격전에서 보듯이, 독일 공군의 스투카 전투기 폭격도 독일이 재래식 군사력상 우세할 때나 군사적, 전략적 효과가 있었고, 재래식 우위를 상실한 이후에는 스투카 폭격으로 얻고자 한 테러효과는 소모적인 것이 되었다(Gartzke 2013). 사이버전도 이와 유사하게 군사적 우위가 없이는 그로부터 얻을 수 있는 테러효과나 전략적인 효과를 누리기 어려울 수 있다는 논리에서, 결국 사이버전 외의 지·해·공 및 우주 전장에서 우세를 가질 수 있는 국가에게나 사이버전이 강압외교나 전쟁수행의 수단이 될 수 있다.

이러한 관점에서는, 강대국 혹은 군사강국이 약소국을 공격할 때에나 사이버전이 매력적인 수단이 된다. 사이버 공격이 물리적인 공격에 앞서 공격 기회를 만드는 데 도움이 될 때, 사이버전은 국가 간의 세력관계를 변화시키는 데 기여할 수 있다. 강압을 위해 상대국에 영향력을 행사하려는 때도 동일하게 재래식 위협이 뒷받침되지 않으면, 사이버 공격은 상대국의 적의만 강화시키는 결과를 낳는다. 아울러, 사이버 무기는 보안시스템의 취약성이 방치된 일정한 시기 동안만[4] 공격능력이 있다는 점에서 일정 기간이 지나면 못쓰게 되는 '부패성' 무기이므로, 군사적 강압이나 억제에 모두 쓰이기 어려운 속성도 있다.

IV. 사이버전의 사례

앞에서 사이버전에 관련된 기본적인 개념과 사이버전이라는 현상을 이해하는 데 관련된 쟁점을 살펴본 바탕에서, 이 절에서는 주요한 사이버전 사례를 제시한다. 현재까지 사이버전의 발전 과정과 앞으로의 발전 전망을 기본개념과 쟁점을 통해 생각해보기 위해서이다.

---

4   이는 해당 취약성을 해결한 보안조치가 이루어질 때까지의 기간을 의미함.

1. 우크라이나 전쟁 이전 사례

1) 에스토니아에 대한 사이버 공격 사례

에스토니아 정부는 2007년 4월에 수도인 탈린 중심에 있던 소련군 청동동상의 이전을 추진했고, 이에 러시아계 주민들은 반대시위를 진행했다. 이러한 배경에서 러시아는 에스토니아의 대통령궁, 의회, 언론사, 은행 등 주요 기관의 홈페이지와 전산망을 봇넷을 통한 디도스 공격으로 마비시켰다(Pamment at el. 2019). 디도스 공격으로 평상시보다 수백 배의 트래픽이 발생하면서, 이들 웹사이트만이 아니라 에스토니아 전체의 네트워크가 정상 기능하지 못했다. 이 사이버 공격에 노출된 웹사이트와 네트워크를 복구하는 데 보름가량이 필요했다. 그로 인해 수천만 달러의 경제적 피해도 발생한 것으로 집계되었다. 에스토니아는 2005년에 이미 온라인 투표를 도입하는 등 디지털화가 상당히 진전된 나라였기 때문에, 사이버 공격으로 인한 피해도 더욱 컸다. 디도스 공격에 동원된 봇넷의 IP를 분석한 결과에 따라, 나토는 러시아를 배후로 지목했다. 그러나 구체적인 제재는 이루어지지 못했고, NATO는 사이버방위센터(CCDCOE)를 창설하며 사이버 방어 태세 강화를 택했다.

2) 그루지아 전쟁 시 사이버 공격

러시아는 2008년에도 사이버 공격을 수행했다(White 2018). 그루지아로부터 독립을 요구하는 남오세티아가 그루지아를 침공하자, 러시아가 남오세티아를 보호한다는 명분으로 이 지역에 개입했다. 그 결과 발생한 전쟁이 그루지아 전쟁이다. 그루지아 전쟁 당시 러시아와 그루지아군 간의 실제 군사적 충돌은 일주일 내에 마무리되었다.

러시아의 개입 직후 러시아 국영통신사 웹사이트가 몇 시간가량 마비
되었는데, 이에 러시아의 사이버 반격이 개시되었다. 그루지아의 대
통령실, 국회, 국영은행 등 45개 사이트가 마비되었고, 이때 친러시아
측의 디도스 공격은 평균 2시간 15분, 길게는 6시간 지속된 것으로 알
려져 있다. 그루지아 인터넷 네트워크의 35%가 정상적으로 기능하지
못했다. 러시아의 조지아에 대한 디도스 공격과 웹사이트 조작 공격
은 러시아군의 재래식 군사작전과 동기화되어 진행되었다. 이 시기의
사이버전은 군사적 승리에 결정적으로 기여한 수준의 결과는 낳지 못
했지만, 이를 계기로 러시아군은 심리조직이나 정보전 수단으로 사이
버전을 주목하게 되었다.

3) 이란에 대한 스턱스넷 사이버 공격 사례

이는 2010년 이란에 대해 이루어진 사이버 공격 사례이다. 스
턱스넷 악성코드는 산업용 장비 제어에 많이 쓰이는 독일제 스카다
(SCADA) 소프트웨어를 공격하도록 제작되었다. 스턱스넷 코드는
USB로 전파되도록 설계되었다. 2007년 11월부터 스턱스넷 공격이
개시되었다는 보도도 존재한다(Finkle 2013). 이란 핵시설 내의 우라
늄가스 원심분리기의 스카다 제어 프로그램을 공격하기 위한 악성코
드로 추정된다. 스턱스넷에 감염된 컴퓨터의 상당수가 이란에 있다는
점으로 미루어 보아도, 스턱스넷의 공격 대상이 이란 시설임을 짐작
할 수 있다. 이란 핵시설 내의 원심분리기 상당수가, 약 수백 대가량이
스턱스넷 공격으로 고장난 것으로 생각되고 있다. 미국과 이스라엘이
이 공격의 배후라는 의혹이 제기되었다.

4) 우크라이나에 대한 사이버 공격 사례(2014~2015)

러시아는 우크라이나 침공 이전에도 우크라이나에 대한 사이버 공격을 감행해 왔기에, 러시아의 침공 가능성이 불거지면서 우크라이나에 대한 사이버 공격 우려도 확대되었다. 친러시아 해커집단들은 러시아의 크림반도 합병 이후에 열린 우크라이나 대선(2014. 5. 25.) 직전에 선거관리위원회의 컴퓨터를 해킹하여 악성코드를 통한 결과 조작을 시도한 바 있으며, 1년여 뒤인 2015년 12월에는 우크라이나 서부의 전력회사들에 대한 해킹에—우크라이나 대선 때와 달리—성공했다. 이러한 전력(前歷)으로 러시아는 사이버 공격에 매우 능한 국가로 여겨져왔다. 그리고 게라시모프 독트린으로 알려진 최근 러시아의 군사교리상 러시아군은 상대방의 저항의지를 약하게 하고 정치적 분열과 사회적 혼란을 조장하기 위해 사이버 공격을 적극적으로 활용할 것으로 전망되어 왔다.[5] 이 점에서, 우크라이나 침공이 개시되었을 때, 우크라이나 전쟁은 본격적인 사이버 전쟁의 첫 사례를 보여줄 것으로 주목을 받았다(Miller 2022).

2. 우크라이나 전쟁(2022~2023)[6]

우크라이나에 대한 사이버 공격은 러시아의 침공과 함께 시작된 것이 아니라, 그에 앞선 시점에서, 2022년 들어 나타나기 시작했다.[7]

---

5 게라시모프 독트린은 전쟁과 평화상태를 명확하게 구분하기 어려운 현대전의 특성상 비군사적 수단의 역할이 더욱 큰 역할을 하게 되었다는 진단에 바탕하여, 러시아군이 군사적 능력만이 아니라 비군사적 능력을 광범위하게 구축해야 한다는 점을 강조한다. 이에 따라서 게라시모프는 개전 초기 및 긴장고조 단계에서 비군사적 조치에 보다 무게를 두어야 한다고 보았다(김경순 2018, 70-72, 85).
6 본 소절의 내용은 필자의 워킹페이퍼(이중구 2022)를 수정, 보완하여 작성하였다.

2018년 7월의 우크라이나 정수시설에 대한 해킹 이후 3년여 만에 재개된 우크라이나에 대한 적대적 사이버 공격은 2022년 1월 13일의 멀웨어(Malware) 공격이었다. 우크라이나 정부 및 비영리 단체, IT 기업들에 침투한 멀웨어는 감염된 장치들의 미작동을 초래하는 기능을 지녔었다.[8] 1월 14~15일에도 이루어진 우크라이나에 대한 사이버 공격은 우크라이나의 내각, 에너지부, 체육부, 농업부, 보훈부, 환경부 등 정부 웹사이트를 훼손하는 것이었다.[9] 이어 한달 뒤인 2월 15일부터 16일 사이에는 우크라이나의 여러 웹사이트를 광범위하게 공격하는 사이버 공격이 발생했는데, 그 배후는 러시아로 추정되었다. 미국의 백악관도 이 사이버 공격의 배후로 러시아군 정보기관인 총정찰국(GRU)을 지목했기 때문에, 이러한 주장에 무게가 더해졌다(이상우 2022). 2월 15~16일 디도스(DDOS) 공격은 우크라이나에 대한 사이버 공격 중 최대 규모의 것이었다. 아울러, 2월 15일에는 우크라이나의 현금인출기가 작동하지 않는다는 잘못된 정보가 은행고객들에게 유포되는 스팸 공격이 발생하기도 했다.

또한, 러시아군의 군사작전 개시 직전에도 우크라이나에 대한 사이버 공격이 발생했다. 푸틴 대통령이 작전 승인을 내리기 직전인 2월

---

7   사이버 공격은 공격자를 특정하는 데 수개월 이상의 시간이 소요되므로, 우크라이나에 대한 적대적 사이버 공격들이 곧 러시아에 의해 이루어진 것이라고 현 시점에서 단정하기는 어렵다. 그럼에도 불구하고, 우크라이나에 대한 적대적인 사이버 공격은 러시아의 이익에 부합하는 것이라는 점에서 그것이 러시아를 지지하는 세력에 의해 이루어진 것이라고 보는 데에는 무리가 없을 것이다. 따라서 이 글에서는 러시아의 사이버 공격을 이해하기 위해 우크라이나에 대한 적대적인 사이버 공격을 논의의 대상으로 삼는다.

8   이 글에서 소개되는 우크라이나에 대한 적대적인 사이버 공격 사례는 다음을 참조하였다. "UKRAINE: Timeline of Cyberattacks on critical infrastructure and civilian objects." 출처: https://cyberpeaceinstitute.org/ukraine-timeline-of-cyberattacks/ (검색일: 2022. 3. 15.).

9   이는 벨로루시와 연계된 APT 해킹그룹의 소행으로 여겨졌다.

23일에 러시아발로 추정되는 디도스 공격으로 우크라이나 정부의 웹사이트 대부분에 대한 접속장애가 발생했다. 비록 대부분의 접속장애는 2시간 내에 해소되었지만 말이다. 같은 날, 데이터 삭제를 초래하는 멀웨어인 'HermeticWiper'에 의한 우크라이나 여러 기관에 대한 사이버 공격도 동시에 발생했다. 공격 당일에 약 6주 전부터 유포된 멀웨어를 활성화하는 방식으로 이루어진 것으로 추정된다.

우크라이나에 대한 적대적 사이버 공격이 가장 왕성했던 시기는 러시아의 침공 당일과 그 바로 다음날이었다. 침공 당일인 2월 24일에는 4건의 사이버 공격이 발생했고, 다음날인 2월 25일에는 3건이 이루어졌다. 그 이후에도 2월 27일과 4일 후인 2월 28일에 각각 1건의 사이버 공격이 탐지되었다. 구체적으로, 러시아의 침공 당일인 2월 24일에는 키예프 포스트(*The Kyiv Post*) 등 언론사 웹사이트가 디도스 공격을 받은 것은 물론, 그와 동시에 우크라이나의 정부 네트워크도 멀웨어(IsaacWiper) 공격을 받았고, 같은 날 우크라이나 난민 사태에 관여하는 다른 유럽국가들의 정부 직원들 역시 멀웨어 유포를 위한 피싱 공격에도 노출되었다. 뿐만 아니라, 유럽 지역에 인터넷 서비스를 제공하는 통신위성 'KA-SAT'도 2월 24일 사이버 공격을 받아, 우크라이나만이 아니라 다른 유럽 및 중동 지역의 통신서비스가 부분적으로 중단되었다. 다음날인, 2월 25일에도 각종 사이버 공격이 다양한 분야에서 진행되었다. 우크라이나의 국경통제소에 대해 데이터 삭제 공격이 이루어져 루마니아로의 난민 입국이 지연되기도 했고, 우크라이나의 여러 대학 웹사이트도 사이버 공격을 받았으며, 페이스북, 트위터, 인스타그램, 유투브, 텔레그램, 오드노클라스니키(Odnoklassniki), VK 등에서 가짜 인물 계정을 통한 허위정보 확산 시도도 탐지되었다(Meta 2022). 그 이후에도 2월 말까지 우크라이나에 적대적인 사이버 공격은 이어졌다. 2월 27일에는 우크라이나 유명인사들의 개인 계정을 도용하여 허위정보를 게시하려는 해킹 사건들이 탐지되었으며, 2월 28일에는 우크라이나의 금융, 농업, 에너지 분야의 디지털 인프라에 걸쳐, 'HermeticWiper' 멀웨어 공격이 시도되었다. 이 디지털 인프라들의 개인정보와 공공데이터를 절취하기 위한 것이었다.

우크라이나와 러시아 간의 대화가 논의되기 시작한 3월 초에도, 우크라이나에 대한 사이버 공격은 낮은 빈도이지만 지속되었다. 3월 4일에는 자선단체, NGO 및 기타 원조기관에 대한 멀웨어 공격이 아마존에 의해 감지되었고(Amazon Staff 2022), 3월 5일에는 우크라이나의 일반 시민들에 대한 피싱 공격이, 3월 9일에는 이동통신업체(Tri-olan사)에 대한 디도스 공격이 발생했다. 해당 업체의 서비스가 12시간가량 중단되었다(Moss 2022). 가장 최근의 것으로는 3월 14일에 발생한, 우크라이나에서 'CaddyWiper'라는 새로운 데이터 삭제 멀웨어에 의한 사이버 공격이 있다. 이어 3월 16일 '우크라이나 24' 방송국 홈페이지가 해킹되어 젤렌스키의 투항 보도와 같은 거짓보도가 이루어졌으며, 3월 28일에는 우크르텔레콤(Ukrtelecom)과 워드프레스에 15시간 동안의 대규모 디도스 공격이 가해졌다(Moss 2022). 그 이후에는 러시아의 강력한 사이버 공세는 두드러지지 않았다. 러시아의 사이버 공격은 우크라이나 시민 및 정부관계자의 개인식별정보 탈취와 공공데이터 유출을 위한 말웨어 공격을 위주로 한 양상을 보였던 것이다. 2022년 후반에 들어서도 러시아의 우크라이나에 대한 사이버 공격은 저비용, 저효과의 사이버 방해 작전 위주로 이루어지는 양상을 계속 보였다(송태은 2022).

V. 사이버전 이해의 쟁점으로 본 사이버전 사례의 함의

1. 우크라이나 전쟁 이전 사례

일반적으로, 우크라이나 이전에 이루어진 미국과 러시아 등 주요 국들의 사이버 작전에 대한 평가는 사이버전은 전술 차원에서도 저강도의 정보작전을 위주로 했으며 사회적 혼란을 조성하는 데 주된 목적이 있었고, 작전 차원에서도 강압외교 수단으로 결정적 역할은 보이지 못했다는 것이었다. 의외로 사이버전은 강대국에게 유리한 무기로 작용해 왔다. 아래에서는 우크라이나 이전 사이버전 사례들이 주는 함의를 사이버전과 재래식 전쟁과의 관계, 사이버전이 가질 수 있는 승리와 강압의 효과, 강대국/약소국의 사이버전 활용 이점 등의 범주에서 살펴보고자 한다.

우선, 우크라이나 전쟁 사이버 작전은 재래식 군사력 위협과 결합되기보다는, 평시 회색지대 분쟁에서 독립적으로 혼란 조성을 위해 전개되었고, 무력충돌 사태에서도 여론전 및 심리전을 위해 주로 활용되었다. 러시아의 대우크라이나 사이버 공격 사례에 있어, 사이버 공격은 상대국에게 실질적인 피해를 주는 성능저하(degrade)보다는 정보작전을 지원하는 수단으로서 적극적으로 활용되어 왔다. 파괴보다는 상대국의 취약점을 찾기 위한 사이버 정탐(cyber espionage)과 저비용 공격으로 낮은 수준의 피해를 가하는 방해(disruption)를 위주로 하여, 우크라이나 전쟁 이전 시기 러시아의 사이버 공격이 이루어져 왔다는 것이다. 뮬러(Mueller 2023, 6) 등은 2000~2020년 사이에 이루어진 러시아의 우크라이나에 대한 사이버 작전을 분석한 결과, 전체의 29%만이 성능저하를 위한 공격이었다고 지적했다. 물론, 사이버 작전은 재래식 전쟁과 동시에 이루어졌을 때에는 혼란 조성을 통해 승리를 지원하는 기능을 맡았다. 이러한 특성은 그루지아 전쟁에서 보여졌었다.[10]

다음으로, 우크라이나 전쟁 이전 사례에서 사이버 작전은 강압에 뚜렷한 효과를 보여주지는 못했다. 사이버 공격으로 인한 피해의 수준이 매우 높지는 않기 때문에, 사이버 공격만으로 분쟁의 원인이 된 정치적 쟁점에 대한 상대국의 양보나 굴복을 이끌어낸 경우는 거의 없었다. 전술한 2010년대 중반 우크라이나와 에스토니아의 사례에서 모두 해당국들은 러시아의 사이버 작전만으로 러시아와 타협을 선택하지 않았다.

끝으로, 사이버전은 우크라이나 전쟁 이전에도 강대국이 유리함을 가지는 수단으로서의 면모를 보였다. 러시아는 위에서 언급한 내용 중 에스토니아, 그루지아, 우크라이나 사례에서 약소국들에 대해 사이버전 수단을 활용했다. 미국 역시 스턱스 사례에서 비확산을 위해 이란의 우라늄농축장비의 고장 혹은 파괴를 모색한 바 있다.

2. 우크라이나 전쟁 사례

기존의 평가를 배경으로, 우크라이나 전쟁은 러시아와 같은 국가의 실제 사이버 전략이 실행된 사례로서, 사이버전의 미래를 보여줄 것이라는 관점에서 주목을 받아왔다.[11] 따라서 우크라이나 전쟁의 사

---

10 덧붙여, 미국의 사이버 공격 사례는 많지 않지만 스턱스넷과 같이 성능저하를 모색하는 면모를 보여왔다.

11 기존 전문가들의 주요 관심사를 참고할 때, 전문가들이 관심을 가진 가설 혹은 이슈는 우크라이나 전쟁에서 사이버 공격 빈도가 기존의 사례에서보다 증가할 것인지, 사이버 공격의 피해에서 심각도가 증가할 것인지, 사이버 정찰이나 교란을 넘어서서 파괴적인

이버 공격 양상에 대한 평가는 사이버 전쟁의 미래를 이해하는 데 중요한 참고가 될 수밖에 없다.

먼저, 사이버 공격이 재래식 작전과 결합되는 양상이 우크라이나 전쟁에서 보여지기는 했지만, 아직 그러한 결합이 사이버 작전의 주된 유형이 되지는 못했다고 할 수 있다. 즉, 우크라이나 전쟁에서 사이버전과 재래식 작전이 부분적으로 연계되기는 했지만, 우크라이나 전쟁에서 러시아의 사이버 공격이 다영역 전투의 일환으로 수행되는 모습은 뚜렷하지 않았다. 우크라이나 개전 이후 6개월간 이루어진 러시아의 사이버 공격을 분석했을 때 그 중 15%만이 다영역 전투와 관련되어 있었다는 분석이 존재한다(Valeriano 2023). 이에 더해 마이크로소프트는 다영역 작전의 일부로 보이는 조율된 사이버 작전은 6~7건밖에 파악하지 못했다는 보고서를 공개했다(Smith 2022). 이 점에서, 우크라이나 전쟁에서 사이버전의 양상은 과거와 확연한 차이점을 보이지는 않았다. 결국, 기존 사이버전 사례에서 보여진 모습의 연장선에서, 전쟁 중에도 사이버 수단들은 상대국 내부의 정치적인 분열과 사회적인 혼란을 야기하는 데 주되게 동원되어 갈 것으로 보인다(Mueller et al. 2023). 사이버 무기는 본격적인 전쟁 이전 상태에서 이루어지는 정치전 분야에 효과적인 무기라는 점은 입증되어 왔고, 이러한 역할은 전쟁 중에 확대되었다. 뮬러 등은 우크라이나 전쟁 이전과 이후를 비교하면서, 우크라이나 전쟁 이전에는 러시아의 사이버 작전에서 사이버 정탐이 가장 큰 비중(46.4%)을 차지했다면, 우크라

공격 양상을 주로 보여줄 것인지, 사이버 공격이 상대국에 대한 제한적인 강압능력도 보여줄 수 있을지, 사이버 공격의 대상이 기존의 사례에서는 주로 민간대상이었다면 그 공격대상이 군사목표에 집중될 것인지, 다영역 작전의 증거가 증가할 것인지, 사이버 기반 정보작전도 증가되는 모습을 보일 것인지 등이었다(Valeriano 2023).

이나 전쟁 중에는 사이버 방해가 가장 큰 비중을 차지하는 작전의 자리(58%)를 차지하게 되었다고 지적했다.

또한, 우크라이나 전쟁에서도 사이버전으로 인한 충분한 강압효과는 덜 증명되었다. 앞서 일부 사이버전 전문가들은 전쟁 초기 러시아의 사이버 전쟁은 소위 러시아의 '썬더 런' 전략에 의한 것으로서, 사회혼란과 내부 혼선, 우크라이나 전쟁의 장기화를 막을 것으로 예측했었다. 그러나 사이버 공격은 우크라이나의 타협이나 양보를 가져올 만큼 심각한 피해를 주지 못했다는 것이 우크라이나 전쟁이 시작된 지 1년 반이 지난 지금의 중론이다. 물론 이에 대해서 일종의 소수의견이지만 반론도 존재한다. 침공 초기 러시아의 사이버전은 수시간 동안 우크라이나 정부와 군대의 중요 네트워크와 인터넷 서비스를 마비시켰으므로, 러시아의 사이버 공격은 우크라이나에 엄청난 군사적 손실을 초래하는 데 성공했다고 보아야 한다는 주장이다(Cattler and Black 2022). 또한 피해가 적은 이유로는 앞서 수년간 러시아의 사이버 공격에 노출되었던 우크라이나군의 사이버 방어 노력이 꼽히기도 한다. 우크라이나 침공 이후 우크라이나 지도자의 호소로 20만 명의 IT부대가 조직되어 우크라이나 전쟁 개전 이후 우크라이나의 사이버 방어 노력이 크게 확대되었다. 뿐만아니라, 아마존과 페이스북과 같은 해외기업도 러시아의 사이버 공격에 대한 방어 노력을 공동으로 전개했다(Miller 2022).

끝으로, 사이버 작전은 강대국에게 유리한 무기로서의 성격을 우크라이나 전쟁에서도 보여주었다. 우크라이나는 사이버 공격에 대해 기본적으로 방어자의 입장에 있었으며, 러시아가 재래식 공격의 성공확률을 높이고 우크라이나 혼란을 조성하기 위해 사이버 공격을 가했다. 재래식 군사력 우위를 가진 러시아는 우크라이나 침공 직전에 우크라이나 정부 및 언론기관 웹사이트를 대거 공격하고 허위정보를 유포함으로써 재래식 군사활동이 야기할 공포와 혼란을 극대화하고자 했던 것이다.

VI. 맺음말

이 글에서는 사이버전은 아직 발전 중인 과정에서 그를 둘러싼 여러 쟁점 속에서 파악하는 접근방식이 필요하다는 점을 강조했다. 사이버전에 대한 기술적인 분석은 사이버 정찰, 방해, 성능저하 등 작전 유형에 따라서 전쟁 기간 중 혹은 분쟁 기간 중 이루어진 사이버전의 특성을 분석하는 데 중점을 두고 있다. 이에 대비해서, 국제정치학적 관점에서 사이버전에 대한 관심은 그것이 결정적인 파괴 수단으로 발전해갈지, 다영역 전쟁의 한 영역으로서 혹은 국제여론전의 주된 영역으로서 발전해갈지, 약소국에게 유리한 무기인지 혹은 강대국에게 보다 결정적으로 활용될 수 있는 무기인지 등과 같은 전략적 쟁점에 놓여 있다. 궁극적으로 어떠한 방향으로 사이버전이 발전해갈지가 국방 사이버 정책의 방향에 심대한 영향을 주는 문제이기 때문이다.

우크라이나 전쟁서도 사이버전의 양상이 과거의 사례들과 확연하게 차이를 보이는 모습으로 나타났다고는 하기 어렵다. 개전 초기에는 우크라이나의 지휘통제체계를 마비시키고 혼란을 조성하기 위해 다수의 사이버 공격이 동시다발적으로 이루어졌으나, 우크라이나도 오랜 갈등 뒤의 전쟁인 만큼 러시아의 사이버 공격에 무방비는 아니었다. 아울러, 다영역 전투로서 사이버전의 모습도 개전 초기를 제외하면 두드러지지 않는다. 특기한 것은 러시아는 강대국 입장에서 사이버전을 재래식 공격에 유리하게 활용하고자 했으나, 우크라이나의 효과적인 방어로 이를 막아낸 것으로 평가되고 있다는 점이다. 이는 사이버 전장이 강대국에게 일방적으로 유리한 전장만은 아니라는 것을 뜻한다. 그럼에도 불구하고, 보다 대규모이고 악성의 사이버 공격이 미래에 실행될 가능성이 있기 때문에, 사이버 공습에 대한 우려가 사라진 것은 아니다. 사이버 방어가 강화되었다고 해도, 강대국의 재래식 공세를 늦추는 데 약소국의 사이버 방어 효과가 없다. 재래식 공격이나 물리적 파괴의 위협이 뒤이어 올 것이라고 예측되는 상황에서, 사이버 공격은 기습으로 인한 혼란과 공포를 극대화하는 효과를 가질 것이다. 향후 군사충돌에서도 사이버 공격은 이러한 작전용도에서 자주 사용될 가능성이 크다.

특히, 중국의 군사작전이나 교리에서도 사이버전은 중심적인 수단으로 발전해갈 것으로 전망된다. 소위 오늘날의 분쟁에서는 가장 먼저 시작되는 것도 사이버전이고 전반적인 군사태세에 결정적인 영향을 주는 것도, 사회적 전쟁수행의지를 약화시켜 전쟁을 끝내는 데 이용되는 수단도 사이버전이라고 이야기된다. 중국은 걸프전 이래 미국의 첨단군사력에 대항하기 위해 미국의 정보화된 지휘통제체계를 초기에 마비시키고 그 동안 군사적인 우위를 달성한다는 망전일체전 개념을 발전시켜왔다. 이는 오늘날 체계대항전쟁 개념으로 이어지고 있다. 체계대항전도 적대국의 정보 네트워크를 마비시킨 후에 장거리 타격으로 상대국의 군사력을 파괴한다는 망전일체전의 접근 방식을 이어받고 있다. 하지만 중국의 기대와 달리 미국이 사이버 방어에 성공할 경우 전쟁은 중국의 체계대항전 구상대로 흘러가지 않을 것이다.

끝으로, 인공지능(Artificial Intelligence)의 등장이 사이버 영역의 속성을 어떻게 바꾸어갈지도 주목해야 할 것이다. 인공지능의 발전에 따라 사이버전과 재래전의 관계, 사이버전의 승리 기여도 및 국제 세력관계에 대한 영향 등 여러 관계성이 변화한다면, 국제군사질서가 또다시 재편되며 우리 삶의 터전에도 영향을 줄 수 있기 때문이다. 이처럼 향후 사이버전의 발전 추세는 세계 및 동북아시아 정세는 물론 남북관계에도 영향을 줄 것이기 때문에, 우리의 군사 및 외교정책 부문도 사이버전의 발전 추세를 중심적인 주제로 다루어가야 할 것이다.

참고문헌

김경순. 2018. "러시아의 하이브리드전: 우크라이나사태를 중심으로." 『한국군사』 4: 63-96.

김경아. 2022. "러, 오는 16일 우크라이나 침공 검토?…외신들 '美, 첩보 입수.'" 『파이낸셜 뉴스』. 2월 12일.

노훈. 2013. "북한 비대칭 전략과 우리의 대응개념." 『국방정책연구』 29(4): 83-112.

송태은. 2022. "현대 전면전에서의 사이버전의 역할과 전개양상: 2022년 러시아-우크라이나 전쟁 사례." 『국방연구』 65(3): 215-236.

이상우. 2022. "[Tech in Trend] ① 디지털 시대의 현대戰, 사이버공간으로 퍼진 국가분쟁." 『아주경제』 3월 14일.

이중구. 2022. "우크라이나 전쟁과 사이버전." 서울대학교 국제문제연구소 이슈브리핑 제174호. 3월 21일. http://www.snuiis.re.kr/sub5/5_4.php?mode=view&number=1565&b_name=isu

Adams, James. 2001. "Virtual Defense." *Foreign Affairs* 80(3): 98-112.

Amazon Staff. "Amazon's assistance in Ukraine." https://www.aboutamazon.com/news/community/amazons-assistance-in-ukraine (검색일: 2022. 3. 15.).

Cattler, David and Daniel Black, 2022. "The Myth of the Missing Cyberwar Russia's Hacking Succeeded in Ukraine? And Poses a Threat Elsewhere, Too." *The Foreign Affaris*. April 6. 2022. https://www.foreignaffairs.com/articles/ukraine/2022-04-06/myth-missing-cyberwar

Finkle, Jim. 2013. "Researchers say Stuxnet was deployed against Iran in 2007." *Reuter*. February 27. 2013. https://www.reuters.com/article/us-cyberwar-stuxnet-idUSBRE91P0PP20130226

Gartzke, Erick. 2013. "The Myth of Cyberwar: Bringing War in Cyberspace Back Down to Earth." *International Security* 38(2): 41-73.

Kofman, Michael, Anya FinkDmitry, Gorenburg, Mary Chesnut, Jeffrey Edmonds and Julian Waller. 2021. *Russian Military Strategy: Core Tenets and Operational Concepts*. Arlington, VA: Center for Naval Analysis.

Lynn III, William J. 2010. "Defending a New Doman: Pentagon's Cyberstartegy." *Foreign Affairs* 89(5): 97-108.

Meta. 2022. "Updates on Our Security Work in Ukraine." February 27. 2022. 출처: https://about.fb.com/news/2022/02/security-updates-ukraine/ (검색일: 2022. 3. 15.).

Miller, Maggie. 2022. "Russian invasion of Ukraine could redefine cyber warfare." *Politico*. January 28. 2022. https://www.politico.com/news/2022/01/28/russia-cyber-army-ukraine-00003051 (검색일: 2022. 3. 16.).

Moss, Sebastian. 2022. "Ukraine: Ukrtelecom hit by 15 hour outage due to cyberattack: Largest outage in Ukraine since Russia's war began." Data Center Dynamics. March 29. 2022. https://www.datacenterdynamics.com/en/news/ukraine-ukrtelecom-hit-by-15-hour-outage-due-to-cyberattack/

Mueller, Grace B., Benjamin Jensen, Brandon Valeriano, Ryan C. Maness, and Jose M. Macias. 2023. "Cyber Operations during the Russo-Ukrainian War: From Strange Patterns to Alternative Futures." *CSIS*. July 13. 2023. https://www.csis.org/analysis/cyber-operations-during-russo-ukrainian-war#:~:text=Of%20the%2030%20recorded%20cyber,operations%20targeted%20government%20military%20targets

Pamment, James et al. 2019. "Hybrid Threats: 2007 cyber attacks on Estonia." *Nato Strategic Communications Center of Excellence*. June 6. 2019. https://stratcomcoe.org/publications/hybrid-threats-2007-cyber-attacks-on-estonia/86

Rid, Thomas. 2020. *Active Measures: The Secret History of Disinformation and Political Warfare*. New York: Macmillan.

Sebastian Moss. 2022. "Ukraine's Ukrtelecom goes down nationwide for 40m, ISP Triolan outage caused by cyber attack: As Internet services continue to be targeted by Russian forces." March 10. 2022. https://www.datacenterdynamics.com/en/news/ukraine-ukrtelecom-goes-down-nationwide-for-40m-isp-triolan-outage-caused-cyber-attack/ (검색일: 2022. 3. 16.).

Smith, Brad. 2022. "Defending Ukraine: Early Lessons from the Cyber War." Microsoft. June 22. 2022. https://blogs.microsoft.com/on-the-issues/2022/06/22/defending-ukraine-early-lessons-from-the-cyber-war/

"UKRAINE: Timeline of Cyberattacks on critical infrastructure and civilian objects." 출처: https://cyberpeaceinstitute.org/ukraine-timeline-of-cyberattacks/ (검색일: 2022. 3. 15.).

Valeriano, Brandon. 2023. "Where was Russia's 'Cyber Thunder Run' during Ukraine invasion? - Prof. Brandon Valeriano." Youtube. May 20. 2023. https://www.youtube.com/watch?v=GMpqh8qUzLw&ab_channel=MITSecurityStudiesProgram

Valeriano, Brandon and Ryan C. Maness. 2014. "The Dynamic of Cyber Conflict between Rival Antagonists, 2001-11." *Journal of Peace Research* 51(3): 346-360.

Walt, Stephen. 2010. "Is the Cyber Threat Overblown?" *The Foreign Policy*. March 30. 2010. https://foreignpolicy.com/2010/03/30/is-the-cyber-threat-overblown/

White, Sarah P. 2018. "Understanding Cyberwarfare: Lessons from the Russia-Georgia War." Modern War Institute. March 20. 2018. https://mwi.usma.edu/wp-content/uploads/2018/03/Understanding-Cyberwarfare.pdf

제4장

사이버 억지

손한별 국방대학교 군사전략학과

* 이 글은 "사이버 억지의 요건과 고려사항: 누구로부터, 무엇을, 어떻게 억지할 것인가?"『한국군사학논집』제80권 1호(2024)를 수정·보완한 것이다.

I. 서론

상대로 하여금 내가 원하지 않는 행동을 하지 못하도록 하는 억지는 사실 '이상적' 개념이다. 전쟁에 대한 유인이 그대로 존재하는 가운데 잠재적인 공격자의 생각을 바꾸려는 노력이 성공할 수 있는지, 그것을 증명할 수 있는지에 대한 근본적인 회의가 있기 때문이다. 때문에 보푸르(Beaufre 1965, 23)는 핵시기 이전의 억지는 단지 '승리할 수 있는 능력'을 갖추는 것을 의미했으며, 승리에 대한 기대치의 변증법에 의해서만 달성 가능한 것이라고 말했다. 그리고 인류와 함께 시작된 전쟁의 오랜 역사 속에서 가공할 파괴력을 갖춘 핵무기가 등장한 최근에 이르러서야 비로소 '보복에 의한 억지(deterrence by retaliation)'가 실현 가능해졌고, 억지는 국방안보의 중요한 의제로 등장했다.

핵무기의 등장 이후 강대국 간의 복잡한 억지 동학이 전략적 안정을 유지해온 냉전을 지나, 이제 사이버 공간(cyberspace)이 새로운 전략 공간으로 등장했다. 단순히 정보를 저장하는 공간으로서 공격과 방어가 이루어지던 시기로부터 악성코드와 데이터, 조작된 정보가 지휘통제체계 전반에 혼란을 야기하며, 상대의 인식 영역을 교란하고 변경하기에 이르렀다. 확대된 공간에서 새로운 주체가 새로운 수단과 방법을 적극적으로 활용하는 가운데, 국가안보 차원에서 사이버전 능력을 강화하며 전략적 우위를 달성하려는 노력이 지속되고 있다. 특히 미중의 신냉전, 핵무기의 확산과 고도화, 유럽과 아시아에서의 전통지정학의 부활과 함께 사이버전은 그 중요성을 더해 가고 있으며, 사이버 공간은 전망 가능한 모든 미래전 양상에서 핵심적인 위치를 점하고 있다(김정기 2018, 254-267).

본 연구의 연구질문은 다음과 같다. 첫째, 사이버 공간은 새로운 전략 공간인가, 어떠한 특성을 가지고 있는가? 공격 우위의 공간인가? 둘째, 사이버 공간에서는 공격과 방어가 어떻게 이루어지는가? 사이버 안보 전략은 어떠한 틀로 구성되어 있는가? 셋째, 사이버 공간에서의 억지란 무엇인가? 그 개념은 어떻게 발전해 왔는가? 넷째, 사이버 억지의 핵심개념은 무엇인가? 누구로부터, 무엇을, 어떻게 억지한다는 것인가? 기존의 억지 개념들은 사이버 억지에서도 그대로 적용이 가능한가, 사이버 억지를 위한 새로운 개념이 존재하는가? 사이버 억지를 달성하기 위한 요건과 고려사항은 무엇인가?

위의 연구질문에 답하기 위해 본 연구의 구성은 다음과 같다. 2절에서는 사이버 공간에서의 공격과 방어를 다룬다. 기본적으로 공격과 방어를 결정하여 군사력의 사용방법을 선택하는 전략이 그대로 적용되는지 개념적으로 검토한 이후, 미국과 한국을 중심으로 사이버 안보 전략이 어떻게 구성되어 있는지 확인한다. 3절에서는 억지 개념이 영역과 기능적으로 확대되고 있음을 살펴보고, 사이버 억지의 개념이 어떻게 발전해 왔는지 보고자 한다. 4절에서는 사이버 공간의 특성을 고려한 사이버 억지의 특수성, 사이버 억지의 요건, 원칙, 방법, 개념 등을 종합적으로 검토하고, 5절은 결론을 대신하여 사이버 억지를 위한 몇 가지 제언을 제시한다.

II. 사이버 공간에서의 공격과 방어

1. '공격 우위'의 특수한 공간인가?

사이버 공간이 가지고 있는 특수한 환경은 기존의 공격과 방어에 대한 이론에 반론을 제기해 왔다. 인간이 만들어낸 사이버 공간은 자연 공간과는 다를 것이라는 기대가 반영되기도 했다. 안보적 측면에서 사이버 공간은 다음과 같은 특성을 가진다. 첫째, 국가 외의 행위자가 공격과 방어를 위한 무력을 보유할 수 있다. 둘째, 첩보활동과 공격행위가 밀접하게 연계되어 있다. 셋째, 기본적으로 공격 우위의 안보구조이다. 넷째, 의도와 관계없이 경로를 제공하며, 연루될 가능성이 있다(장노순 2019, 7-10). 일부의 특성은 새로운 공간에 대한 이해와 적응이 부족하여 발생하는 과도적인 현상이기도 하지만, 네트워크와 정보신호로 구성된 사이버 공간이 가진 특수한 환경에서 비롯되는 것이다(Denning 2015).

특히 '불완전한 귀속(attribution) 문제'는 공격 우위의 구조를 형성하는 가장 핵심적인 요인이다. 귀속 문제를 만드는 것은 다음의 세 가지 이유 때문이다. 첫째는 네트워크, 공급망, 사용자 등 사이버 공격에 다양한 수단이 사용될 수 있다, 둘째는 경로상 수없이 존재할 수 있는 가짜 깃발(false flags) 또는 우회기술 때문이다. 셋째, 정치안보적 이유로 인해 의도적으로 귀속을 밝히지 않을 수도 있다(기세찬 2022, 193-195). 물론 기술이 발전하면서 귀속 문제는 점차 해소될 것으로 예상되지만(Rid and Buchanan 2015, 31), 사이버 공간의 특수한 환경이 주는 제약은 지속될 수밖에 없다.

하지만 아직까지는 '사이버 전쟁(cyber war)'으로 불릴 만한 충돌이 없었던 것이 사실이기 때문에, 공격이 우위를 가진다고 단정짓기는 어렵다. 현재까지는 주제 측면에서 사이버 범죄나 사이버 테러, 유형 측면에서 사이버 첩보활동, 수준 측면에서 사이버 분쟁 수준에 머물고 있기 때문이다. 하이브리드전의 가장 최근 사례인 우크라이나–러시아 전쟁에서도 사이버전은 '전쟁 개시 성격의 전초전', '물리적 공격과의 협동작전'으로 나타났다(송태은 2022, 222-225). 따라서 과연 '사이버 전쟁'이라고 명명할 수준의 공격과 방어가 사이버 공간에서 이루어질 것인지, 공격 우위의 공간인지에 대한 평가는 아직 이르다.

그런 의미에서 전통적인 공격과 방어 이론이 사이버전에도 적용되는지는 논쟁적이다.[1] 사이버전이 정보전의 하위 요소로 인식되던 시기에도 네트워크 기술은 일정한 공간을 형성하는 기술로 인식되었고, 핵심 노드(node)에 대한 집중적인 공격과 방어가 정보전의 성패를 결정했다. 이러한 기술과 환경은 항공무기가 등장하면서 발전한 항공전의 양상과 유사하다(크레벨드 2018, 174-182). 여전히 상대의 중심(重心)을 타격하는 것은 상대의 의지를 굴복시키는 전쟁의 목적을 달성하는 가장 유력한 수단이다. 또 기습의 효과는 일회적이며 방자는 이점을 활용하여 공세를 이전할 수 있다. 그러나 반면에 사이버 공간이 가지고 있는 엄청난 속도와 자동성, 질적 우위의 절대성, 파괴력보다는 정확성이 요구되는 특수성이 있으며, 사이버 공간이 기존의 물리적 공간에 대한 의존성을 낮추게 된다면 사이버 공간에 대한 완전히 새로운 이론을 요구하게 될 것이다.

2. 사이버 안보 전략의 틀

사이버 공간의 특수성에 대한 논쟁이 지속되고 있으나,[2] 각국의

---

1 클라우제비츠가 일관되게 '방어가 공격보다 강한 형태의 전쟁'이라고 강조한 것은 전쟁의 시작으로부터 종결에 이르는 전 과정을 살펴보면 타당하지만(박창희 2013, 148-152), 혁신적인 공격무기가 등장한 초기 전역에서는 분명히 공격이 우세했으며, 새로운 공격무기는 상대에게 충격과 손실을 강요했다. 또한 그 실질적 효과와 관계없이 정책결정자의 오판을 야기하기도 한다. 이른바 '공격의 신화' 시기가 존재한다는 것이다(van Evera 1999, 194-198).

사이버 안보 전략은 여전히 새로운 공간적 특성에 적응 중이다. 여전히 사이버 전쟁보다는 사이버 테러 또는 분쟁에 대한 대응과 억지에 초점이 있기 때문이다. 하지만 각국은 2007년 에스토니아에 대한 공격 이후 사이버 위협의 존재를 분명히 인식하고 있는데, 다음과 같은 전제를 공유하고 있다. 첫째, 국가안보를 위협할 수준의 사이버 공격이 가능하며, 이는 국가의 안보와 경제에 막대한 피해를 입힐 수 있다. 둘째, 국가 주요기반시설이 사이버 공격에 매우 취약한 수준에 있다. 셋째, 사이버 범죄나 공격이 특정 국가의 후원 아래 이루어질 수 있으므로 국가 차원에서 포괄적으로 대응방안을 논의해야 한다(임종인·김근혜 2021, 168).

미국의 전략문제연구소(CSIS)는 글로벌 사이버 전략지수(Global Cyber Strategies Index)를 제공하고 있는데, 사이버 위협에 대한 국가적, 조정된 억지력 및 대응에 대한 포괄적 교리로서 국가전략을 발표한 국가는 현재까지 78개국에 이른다.[3] 이와 함께 군사, 컨텐츠, 프라이버시, 중요 인프라, 상업, 범죄 등으로 구분하여 각 기능별 사이버 전략을 보유하고 있는 국가들에 대한 데이터를 제공한다. 이들 국가들이 보유하고 있는 전략의 종류를 통해서도 관심사를 파악할 수 있지만, 각국은 사이버 위협환경, 지정학, 국내정치 및 사회, 인식 수준 등에 따라서 범위와 접근방식에 차이가 있다. 이러한 국가별 차이에도 불구하고 사이버 안보 전략이 다루는 의제와 범위는 확대되고 있다.

임종인과 김근혜(2021, 172-177)는 지난 10년간 전 세계 10개국

2   일반적으로 거론되는 사이버 공간의 특성은 익명성(anonymity), 복잡성(complexity), 공개성(open access), 연결성(interconnectivity), 책임회피성(juristical diffusion) 등이다(Wilner 2022, 252).

3   https://csis-website-prod.s3.amazonaws.com/s3fs-public/220414_Cyber_Regulation_Index.pdf

이 발간한 국가 사이버 안보 전략을 분석하여 국가별 전략이 가지고 있는 공통적인 핵심요소를 다음과 같이 제시하였다. 주요기반시설 보호, 사이버 안보 문화 촉진, 사이버 범죄 대응, 사이버 외교, 민-관 협력, R&D 촉진, 훈련 및 교육 프로그램, 사이버 보안 비상태세 준비, 사이버 보안 훈련, 국가 사이버 위기관리 및 사이버 안보 긴급사태 계획, 사이버 안보 거버넌스, 디지털 경제 육성, 사이버 군사 및 방첩 활동 등이다. 한국 정부가 최초로 발간한 『국가사이버 안보 전략』에서는 국가 핵심인프라 안전성 제고, 사이버 공격 대응역량 고도화, 신뢰와 협력 기반 거버넌스 정립, 사이버 보안 산업 성장기반 구축, 사이버 보안 문화 정착, 사이버 안보 국제협력 선도 등 6개 전략과제를 제시하였다 (청와대 국가안보실 2019).

사이버전(cyber warfare)과 직접 관련된 일부 전략서의 내용을 살펴보자. 먼저 미국 의회 산하의 '솔라리움위원회(US Cyberspace Solarium Commission)'의 최종보고서에서는 '다층화된 사이버 억지 (layered Cyber Deterrence)' 전략을 제시했는데, 행위 조성(Shape Behavior), 이익 거부(Deny Benefits), 비용 부과(Impose Costs)로 구성된다. 미국 국방부가 작성한 『사이버 전략』도 분명한 목적을 제시했는데, 무력충돌 이하의 활동을 비롯하여 악의적인 행동을 교란 또는 중지시키는 전진 방어(defend forward), 미군의 이점에 기여하는 네트워크와 시스템의 보안과 복원력 강화, 상호 이익 증진을 위한 기관·산업계·국제파트너와의 협력, 전시 사이버 부대의 합동작전 수행, 공세적 사이버 능력과 혁신적 개념의 발전을 제시했다(Department of Defense 2018, 1). 한국의 『국가사이버 안보 전략』도 두 번째 전략과제인 '사이버 공격 대응역량 고도화'에서 세 가지의 목표를 분명히 제시하고 있는데, 효율적 억지, 능동적 대응, 대응역량 확충이 그것이다.

각국의 특수성을 반영하고는 있지만, 잠재적이지만 분명하게 상대를 상정하고 의도적인 위협에 대한 억지와 대응을 전제하고 있음을 알 수 있다. 개인이나 해커그룹이 주도하는 소규모 범죄나 테러가 아니라 국가가 개입, 지원하는 상황에 대한 심각성을 인식하고, 적대적인 의도를 가진 국가가 군사적 이점을 잠식하고, 인프라를 위협하며, 경제적 번영을 감소시키는 장기적이고 전략적인 경쟁(competition)을 계속하고 있음을 전제하고 있다. 미국의 '경쟁 연속체(Competition Continuum)'에서 사이버전은 가장 먼저, 가장 빈번하게 활용되며(US JCS 2019, 2-7), 중국의 '초한전'에서도 사이버전은 군사와 비군사 영역을 연결하는 '초(超)군사' 영역에서 핵심적인 위치를 차지한다(차오량·왕상수이 2021, 139). 따라서 각국의 사이버 안보 전략은 사이버 공간의 특성뿐만 아니라 사이버 위협이 발생하는 시기와 양상을 반영하여 전략을 수립하고 갱신하고 있다.

III. 사이버 공간에서의 억지

실제 공격이 일어나기 전에 위협을 억지하려는 목표는 갈수록 중요성을 더하고 있다. 각국의 사이버 안보 전략을 다룬 문서들에서 '사이버 억지'는 최우선 과제로 제시된다. 다만 사이버 억지란 무엇인지, 어떻게 달성할 것인지에 대해서는 서로 다른 인식을 갖고 있다. 사이버 위협의 목적, 시기, 양상이 결코 사이버 공간 내에 한정되지 않는다는 점에서 사이버전은 사이버 공간에서의 공격과 방어 차원에 머무르지 않는다. 또한 전략과 기술의 발전에 따라 사이버 위협 대응의 목표와 방법도 달라진다. 상대보다 앞서, 유리한 지점을 확보하려는 경쟁은 새로운 전략 공간인 사이버 영역에서 더욱 적극적으로 이루어지며, 사이버 공간에서의 위협적인 행동을 단념시키려는 사이버 억지의 중요성도 부각된다.

1. 억지 개념의 확대와 사이버 공간

핵무기의 대량 사용을 억지하는 것으로부터 시작된 냉전기 억지 개념은 비교적 달성하기가 쉬웠다. 지역 국가 간 분쟁도, 낮은 단계의 무력충돌도 핵무기가 사용되는 수준에 이르는 확전사다리(escalation ladder)를 상정하고 있었기 때문이다. '안정-불안정의 역설'은 낮은 단계의 전술적 충돌은 빈번할 수 있음을 전제하지만, 언제 어떻게 핵 사용으로 비화될지 모른다는 불안감은 안정과 불안정 사이의 불분명한 공간을 넓히며 모든 종류의 충돌을 억지해 왔다. 따라서 특정한 행동을 하지 못하도록 억지하고, 일단 발생한 공격을 확전되지 않도록 억지하는 것을 동시에 달성할 수 있었다.

상대를 강압하기 위한 것이든, 전쟁의 참화를 막아야 한다는 열망에 의한 것이든 억지에 대한 요구는 지속되었지만, 탈냉전과 함께 억지의 개념은 변화해 왔다. 21세기 들어 안보환경의 몇 가지 중요한 변화에 기인하는데, 강대국 핵경쟁의 부활과 새로운 핵보유국으로의 확산, 다양한 형태의 테러리즘 등장, 사이버 공격의 증폭과 사이버전에 대한 전망, 새로운 무기기술의 증가와 확산 등이다(Morgan 2019, 50). 이러한 복잡하고, 어려우며, 예측과 관리가 불가능한 안보환경의 변화는 완전히 새로운 억지 개념을 필요로 하기도 하지만, 냉전기 핵억지의 근간을 유지해온 보복억지의 압도적 논의에서 한발 물러나 있던 거부에 의한 억지(deterrence by denial)와 같은 개념들이 다시 강조되기도 했다.

일반적으로 상대의 비용-편익 계산에 영향을 미쳐야 하는 억지의 성공 요소는 능력, 신뢰성, 전달로 정리하지만, 이를 정확히 측정하기는 어렵다. 억지는 '만약 네가 특정한 행동을 한다면, 이러한 결과를 맞게 될 것'이라는 메시지가 분명하고 신뢰성 있게 전달되어야 하는데, 억지하고자 하는 대상은 누구이며, 어떤 행동을 억지하려는 것인지, 이를 위해 어떤 능력이 필요한지, 어떤 방법과 수단이 사용될 것인지, 또 어떻게 보복을 하겠다는 것인지를 분명히 하지 않다면, 단순히 상대가 예상되는 위해를 가하지 않았다고 해서 억지가 성공적으로 달성되었다고 보기 어렵다.[4]

이러한 어려움은 억지의 대상, 방법과 수단이 각각 범위를 알 수 없는 스펙트럼을 가지게 된 데서 비롯된다. 억지는 네 번의 큰 물결을 거쳐 현재와 같이 크게 확대된 개념을 갖게 되었다(Wilner 2020, 250-251). 첫째, 억지해야 할 대상과 함께 억지를 위해 함께 행동할 수 있는 행위자가 동시에 확대되었다. 둘째는 억지해야 할 위협, 억지와 대응을 위해 사용할 수 있는 방법과 수단이 동시에 확대되었다. 셋째, 공격자와 억지자가 동시에 운신할 수 있는 공간이 크게 확대되었다. 억지를 위해서는, 누구를 억지할 것인가? 무슨 행동을 억지할 것인가? 어떻게 억지할 것인가?의 질문에 대답할 수 있어야 한다. 그러나 사이버 영역의 발전을 비롯하여 이러한 질문에 답하기가 더욱 어려워진 상황이 된 것이다.

그리고 억지를 가장 어렵게 하는 것은 사이버 능력이 사이버전뿐

---

4   억지는 상대의 인식(perception)을 변화시키는 것이고, 따라서 상대의 신념과 예상에 영향을 끼치고, 충분한 보상과 보증을 통해 단념시키는 것도 포함된다(Mazarr 2018).

만 아니라 전쟁의 모든 측면을 결정하게 되었기 때문이다. 사이버 능력은 새로운 공간에서 다양하게 활용할 수 있지만, 억지의 계산을 더욱 복잡하게 만든다. 항공기나 미사일 공격을 교란, 방어, 무력화할 수 있고, 상대의 정보작전을 교란하거나 방해하며, 정부 통치기능이나 사회기반시설을 교란하여 전쟁 지속 능력에 타격을 줄 수도 있다. 또한 거의 즉각적으로 운용이 가능하다는 점에서 상대의 행동 이전에 예방공격이나 선제공격에 적극적으로 활용될 수도 있다. 결국 사이버 공간을 어떻게 활용하느냐에 따라 억지의 효과성이 결정된다.

2. 사이버 억지의 역사적 발전

사이버 공간에서 상대를 억지할 수 있을 것인지에 대한 질문은 많은 연구자들의 관심을 받아왔다. 위에서 살펴본 바와 같이 대부분 국가의 사이버 안보 전략이 사이버 억지를 핵심목표로 제시하고 있지만 모두 같은 의미를 담고 있는 것은 아니다. 주요 사건에 따라 사이버전의 시기를 구분하며, 사이버 억지는 이러한 사이버전의 변화에 따라 결정된다(Haizler 2017). 사이버 억지는 다른 영역보다 비교적 짧은 역사를 가지고 있지만 급격한 기술의 발전에 따라 사이버전과 함께 개념이 변해 왔으며, 재래식 억지와는 차별성을 가지고 발전해 왔다. 이는 무엇보다 '사이버'가 체계, 플랫폼, 영역, 또는 단순 형용사로 각기 다르게 사용되어 왔으며, 서로 다른 인식에서 비롯되기 때문이다(Schneider 2019, 96-100). 사이버 억지의 발전을 시기별로 개념화하면 아래와 같다.

• **연결성에 대한 공격과 보호**: 초기의 사이버전은 정보전의 일환으로만 인식되었다. 유선 수단에 의해서만 통신이 이루어지던 시기에

는 '사이버'라는 용어 자체가 빈번히 사용된 것은 아니었다. 1970년과 1980년대에는 상대의 통화를 도청하거나, 통화 상대를 몰래 바꾸거나, 전화벨을 계속 울리게 하여 통화 시도를 차단하는 등의 활동이 시도되었다. 이 시기의 사이버 억지는 공격자의 동기와 능력에 초점을 맞추어, 공격, 재활, 재범과 같은 범죄학의 개념들이 사용되었다(Soesanto and Smeets 2021, 387). 네트워크를 안정적으로 보호하는 것이 무엇보다 중요했으며, 억지는 '잘 수행된 방어'의 다른 이름으로 사용되었고, 이는 연결성(connectivity)에 국한된 공격과 방어를 의미한다.

• **저장정보의 파괴와 교란**: 이후 인터넷의 등장과 함께 사이버전의 개념도 확대되었는데, 이는 네트워크 자체뿐만 아니라 저장된 정보에 접근할 수 있게 되었음을 의미한다. 당시 발전하고 있던 컴퓨터, 무선 및 유선 통신 수단, 네트워크 장비는 모두 공격할 수 있는 지점으로 식별되었고, 정보전을 통해 상대를 교란, 파괴, 조작할 수 있게 되면서 사이버전의 개념은 한 단계 발전하였다. 상대의 인식을 변화시키고, 국내 불안정을 야기하며, 국제사회의 여론을 결집하는 행동은 억지의 가능성에 대한 인식의 단초를 제공했다(Arquilla and Ronfeldt 1993). 그러나 여전히 사이버 억지보다는 공격과 방어에 관심이 있었다.

• **사이버 공간의 군사화**: 많은 연구들은 2007년 에스토니아에 대한 DDoS 공격이 사이버전 연구에 있어 중요한 기점이 되었다고 본다. 실제로 사이버 공격이 취해지는 '공간'으로서 인식되기 시작했고, 약자조차도 상대의 취약성을 공략하여 굴복시킬 수 있다는 것을 확인한 것이다. 진정한 의미에서 사이버전이 가능하다는 인식은 사이버 억지에 대한 관심을 이끌었다. 활발한 연구 사이에서 사이버 억지는 기존의 억지 개념으로 이해가 가능한지, 또는 특수한 개념이 필요하다는 논쟁이 있었다(Denning 2015, 11-12). 나아가서는 사이버 영역의

특수성을 강조하여 사이버 억지는 여전히 실현 불가능한 개념이라는 주장도 존재했다(Harknett and Fischerkeller 2017).

• **사이버 억지의 범위 확대**: 이같은 논쟁은 사이버 억지의 범위에 대한 서로 다른 이해에서 비롯되는 것이기도 한데, 사이버 수단으로 모든 군사적 공격을 억지하는 것인지, 다른 모든 군사력을 활용하여 사이버 공격을 억지하는 것인지, 오직 사이버 수단에 의해 상대의 사이버 공격을 억지하는 것인지에 대한 이해가 다르기 때문이다. 이러한 논쟁 역시 사이버 수단에 의한 범죄행위나 사이버 수단을 하나의 군사수단으로 보던 것에서, 사이버 공간을 새로운 공간으로 보는 인식으로 확대되어 왔기 때문이다(Denning 2015, 11-12).

• **새로운 주제의 탐색**: 향후 사이버 억지에 대한 논의를 다음의 네 가지로 분류한 소산토와 스미트(Soesanto and Smeets 2021, 394-396)의 연구는 중요한 관점을 제공한다. 첫째는 사이버 억지를 보다 넓은 차원에서 다영역 또는 교차영역 억지의 일환으로 이해하는데, 포괄적 범위의 억지에서 디지털 기술의 역할에 주목하는 것이다. 둘째는 전체적인 공격과 방어에 기여하는 사이버 작전 자체를 바라본다. 셋째는 억지로부터 강제(compellence)로 관심을 전환하여, 사이버 능력은 상대의 행동을 저지하는 데 그치지 않고 보다 공세적인 목적을 갖고 특정한 행동을 하도록 압박할 수 있다는 것이다. 마지막으로 전략적 경쟁자와의 접촉을 지속하면서 사이버 영역에서 우세를 달성한다는 '지속적 개입(persistent engagement)'은 일회적인 억지가 아니라 장기적 경쟁의 관점에서 바라본다.

위에서 살펴본 사이버 억지 개념의 변화는 주로 미국 사이버 억지의 변화였다는 점에서, 알렉스 윌너(Wilner 2020, 269-273)가 미국 사이버 억지의 변화로부터 도출한 몇 가지 교훈은 일반론으로 확대 가능할 것이다. 첫째, 거부에 의한 억지로부터 보복에 의한 억지로 초점을 전환해 왔는데, 이는 기술발전에 따라 다양한 차원에서 보복공격이 가능해진 상황을 반영한다. 둘째, 하지만 거부와 보복은 상호 보완적인 수단으로 작동해 왔으며, 실제 전투의 현장에서는 명확하게 구분되지도 않는다. 셋째, 공격의 귀속을 밝히는 것은 보복을 가능하게함으로써 억지 효과를 높이는 방향으로 발전해 왔다. 넷째, 사이버 억지는 군사적 강압보다는 유관부서와의 협력적 행동으로 역할해 왔다. 다섯째, 사이버 억지는 군이나 정부뿐만 아니라 민간 영역과 중첩하면서 국가 차원의 통합을 요구하게 되었다.

IV. 사이버 억지의 핵심개념

1. 사이버 공간에 대한 두 가지 관점

사이버 공간의 특수성 때문에 사이버 억지가 달성 가능할 것이냐의 논쟁은 지속되었지만,[5] 사이버 기술과 전략개념의 발전에 따라 억지의 실효성에 대한 평가는 긍정적인 방향으로 전환되었다. 위협과 공격의 주체를 식별할 수 있는 기술이 발전하고 있고, 억지 실패 시에도 활용할 수 있는 다양한 공격 및 방어무기가 존재하며, 억지의 신뢰성이 경험적으로 검증되고, 보복 의지를 전달할 수 있는 수단이 충분

---

5   전통적으로 억지를 위해서는 분명한 물리적 충돌, 행위자의 합리적 계산, 분명한 책임귀속성, 충분한 보복, 능력의 분명한 현시, 보복에 대한 통제능력 등의 요건이 갖추어져야하지만, 사이버 공간에서는 비물리적 작전, 다양한 행위자, 비용-편익분석의 어려움, 비대칭적-다자간의 상호작용, 지속적인 변동성, 모호성에 기반한 전략 등을 강조한 데서차이가 있다(Taddeo 2018, 340).

하다는 점을 들 수 있다(송운수 2022, 61-63). 핵무기와 같은 가공할 파괴력을 갖춘 무기처럼 직관적으로 억지를 달성하기는 어렵겠지만, 보다 정교한 방법과 수단에 의해서 억지를 달성할 수 있다는 것이다.

새로운 전략 공간으로서만 인식되던 사이버 공간은 이제 다른 모든 영역과 연결된다. 사이버 공간을 보다 좁게 인식하느냐, 확장하여 인식하느냐에 따라 사이버 억지의 개념도 대별된다. 사이버 공간은 최초에는 별도의 공간으로 존재하다가 다른 영역과 연결되고 역할이 확장되었으며, 현재 미국이 추진하고 있는 '통합억지(Integrated Deterrence)'의 개념이 사이버 억지를 포함한다는 주장은 정책적으로 타당하다.[6] 다만 사이버를 별도의 공간과 기능으로 구분하는 것은 개념을 엄밀하게 이해하고 실효성있는 방법과 수단을 고안하는데 도움이 된다. 이러한 구분에 따라 억지의 대상이 사이버 공간 내부인지, 외부인지, 다른 한편으로 억지의 수단이 사이버인지 그 외의 것인지에 따라 4개의 억지 유형이 만들어질 수 있다(Lonergan and Montgomery 2021, 64-67).

사이버 공간에 대한 관점을 두 가지로 보다 단순화해 보면, 사이버 억지에 대한 두 가지 관점이 있다(Schneider 2019, 96-100) 첫째, '사이버 영역에서의 억지(in Cyber)'는 협의의 사이버 억지로, 즉 사이버 공격을 사이버 능력을 활용하여 억지하는 것을 의미한다. 사이버 공간의 특수성에 초점을 두어, 사이버 기술에 의존하여 특별한 개념을 발전시킬 것을 요구한다. 하나의 영역(domain)은 고유의 공유된

---

6 '사이버 진주만' 같은 사건이 아직 일어나지 않았고, 사이버 공간에서만 효과적으로 작동 가능한 억지수단은 존재하지 않으며, 현재 시급한 위협에 대응하기 위해 사이버 능력이 절대적이라는 점에서 통합억지에 방점을 두어야 한다는 주장은 현재 미 국방부의 상황인식을 반영한다(de Velde 2023).

지식, 기술, 경험, 훈련, 능력, 목표 등을 가지고 있기 때문이다(Morgan 2019, 50). 특히 사이버 공격은 높은 불확실성이라는 특징을 가지고 있는데, 비밀스러운 선제공격에 활용될 수 있고, 급격한 확전의 가능성은 낮으며, 정교하게 표적을 공략할 수 있기 때문에 '비밀 군사작전'과 그 특징을 같이한다. 반대로 공격을 억지하는 입장에서도 특정 국가의 압도적 우세가 보장되지 않고, 이를 상대에게 인식시키는 것도 어렵기 때문에 사이버 영역에 국한된 특별한 개념이 필요하다는 것이다. 그러나 이론적 차원에서 사이버 공간을 기타 영역에서 분리할 수 있다고 하더라도, 실제 운용의 차원에서는 이를 분리할 수 없다는 비판이 있다.[7]

둘째, '사이버 영역을 통한 억지(through Cyber)'는 광의의 사이버 억지로, 사이버 억지를 통해 다른 영역에서의 공격을 억지하는 것을 의미한다. 다른 한편으로는 사이버 영역에서의 능력과 의지만으로는 모든 사이버 위협을 억지할 수 없다는 인식도 포함한다. 데닝의 주장처럼 지상억지, 해상억지, 우주억지라는 말이 존재하지 않는 것처럼 사이버 억지라는 말은 합당하지 않을 수 있다. 사이버 공간 역시 일정한 지형과 영역, 연결지점 등을 가지고 있으며, 이를 통해 다른 영역들과 연결된다(Denning 2015, 11-12). 사이버는 국가와 사회의 다른 모든 영역을 연계하고 있으며, 이제 사이버 영역을 거치지 않고

---

7   미국 국방부가 발표한 『Cyber Strategy 2023』은 사이버는 『국방전략서』가 도입한 '통합억지'를 위한 'Campaigning'의 중요한 도구 중 하나임을 분명히 하면서, 2015년 전략서의 사이버 억지, 2018년의 '전진방어' 개념을 포기한 것은 아니지만 도구적 의미를 명확히 했다. 이는 사이버 영역 내에서의 혁명적인 변화를 전망했던 데에서 벗어나 다른 영역과의 연계성이라는 현실을 인정했음을 의미한다. 전문가들은 "고립된 상태에서 비축된 사이버 역량은 억지 효과가 거의 없다"는 선언은 "더 이상 사이버를 위한 사이버는 없다(Cyber for Cyber's Sake)"는 것을 분명히 한 것이라고 강조한다(Brooking and Lonergan 2023).

서는 어떠한 운용도 불가능하다. 이는 다른 영역과의 통합을 통해서만 효과적인 억지가 가능하다는 인식은 '교차영역억지(Cross-Domain Deterrence)'(Lindsay and Gartzke 2019) 또는 '복합억지(Complex Deterrence)'(Paul et al. 2009)의 논리를 제공한다. 미 국방부의 최근 『사이버 전략』은 군사능력이 "국력의 다른 수단들과 통합하여 사용될 때 가장 효과적이며, 각 부분의 합보다 더 큰 억지력을 창출한다"는 것을 분명히 하고 있다(DoD 2023, 2).

2. 사이버 억지를 위한 세 가지 질문

사이버 억지의 성공을 어떻게 판단할 것인가에 대한 일반적인 정의는 없지만, 소산토(Soesanto 2022, 20-24)는 공세적인 행동을 시도하지 않거나, 공격을 당했다고 하더라도 사이버 또는 그 외의 영역에서의 대응을 통해 즉각적으로 종결하도록 하거나, 혹여 잘못된 대응을 통해서라도 미래 상황에 대한 신뢰성 있는 평판을 획득하거나, 기타 특정한 행위를 차단할 때 억지가 성공했다고 판단하였다. 아울러 제1격에 대해 자위권적 대응을 하지 못하거나, 먼저 선제공격을 취하거나, 전략적 시그널링이 붕괴하거나, 공격에 대한 비례적 대응이 이어져 확전하게 된다면 억지에 실패한 것이라고 규정하였다.

그러면 사이버 억지의 성공을 위해서는 무엇이 필요할 것인가? 2017년 미국 하원 군사위원회에서 마틴 리비키(Libicki 2017, 1-2)가 제시한 사이버 억지의 성공을 위한 네 가지 능력은 중요한 기준을 제공한다. 첫째, 정확하게 사이버 공격자의 귀속을 밝힐 수 있는 능력. 둘째, 효과적으로 레드라인을 전달할 수 있는 능력. 셋째, 상대가 레드라인을 넘었을 때의 신뢰성 있는 대응. 넷째, 성공적으로 보복할 수 있는 능력이다. 리비키의 기준을 바탕으로 아래의 질문에 차례로 대답함으로써 사이버 억지의 성공을 위한 핵심개념들을 살펴보자.

1) 누구를 억지할 것인가?

사이버 공간에서 발생하는 국가이익의 침해행위는 다양한 행위자에 의해서 이루어진다. 비국가 행위자에 의한 사이버 범죄나 테러는 전 세계 위협평가에서 빠지지 않는다. 최근 미국 정보당국의 위협평가에서도 다국적 조직이 랜섬웨어 공격을 지속적으로 실시하여 자금을 탈취하고, 중요한 서비스를 중단하며, 중요한 데이터를 노출하고 있음을 명시하고 있다. 특히 2022년에는 기존의 데이터 암호화 방식으로부터 데이터 공개 위협을 통해 보상을 요구하는 비즈니스 모델을 발전시키고, 가상 시스템 저장장치와 같은 광범위한 대상에 영향을 미치는 멀웨어의 기능을 개선했다고 분석했다. 또한 이들은 정부 조치와 국민 관심에 따라 운용을 중단했다가도 조직명을 변경 또는 재구성을 통해 활동을 재개한다고 밝혔다(DNI 2023, 31).

그러나 사이버전(cyber warfare)으로 명명했다는 사실은 사이버 위협이 개인이나 범죄집단이 아니라 특정 정부의 행동과 결부되어 있으며, 국가의 무장력을 수단으로 대응해야 함을 의미한다. 정부의 입장에서는 다른 정부에 의한 사이버 위협이 더욱 우려될 수밖에 없는데, 이미 적대적 의도를 가지고 있고 위해를 끼칠 만한 능력을 보유하고 있기 때문이다. 2007년 에스토니아에 대한 사이버 공격, 2008년 조지아에 대한 공격, 2010년 이란 핵시설에 대한 스턱스넷 공격, 2009년 북한의 DDoS 공격, 2014년 크름반도 합병 시 하이브리드 공격 등은 모두 국가에 의해 실행된 사례이다.

사이버 위협은 목적과 주체에 따라서 구분할 수 있는데, 위협의 주체는 국가, 집단, 개인으로, 목표는 물리적 파괴, 시스템 교란, 자원의 획득 등이다. 이들을 조합하면 사이버 전쟁, 사이버 테러, 사이버 교란, 사이버 간첩, 사이버 범죄의 5가지 유형으로 구분할 수 있다(김상배 편 2018, 122). 가장 중요한 것은 국가 행위자가 정치적, 안보적 의도를 가지고 있는지가 사이버 갈등과 사이버 범죄를 구분하는 기준이 되지만, 이를 신뢰성 있게 확인할 수 있느냐의 귀속성 문제는 여전히 남는다. 때문에 사이버 억지가 사이버 공간에서 벌어지는 모든 공격적 행위를 억지하기를 기대하는 것은 비현실적이라는 비판 역시 지속적으로 제기된다.

• **위협의 목적**: 사이버 위협의 목적에는 군사적 공격, 외교적 강압, 첩보활동, 공급망 점유(장노순 2019, 11-17) 등이 있고, 목표 수준에 따라서는 단기적 파괴와 교란, 이익과 자원의 획득, 장기적 우세 확보 등이 있을 수 있다. 국가 수준의 위협이라면 그것이 사이버 영역이든 아니든 분명한 '의도'에서 비롯된다. 따라서 억지를 위해서는 위협 주체의 상황인식과 의도가 무엇인지를 정확히 파악하고, 그것을 단념시키는 것이 중요하다(McKenzie 2017, 9-10). 다만 위협의 주체와 목적 등을 공개하는 것은 불필요하게 국민을 불안하게 만들 수 있고, 공격과 방어 무기의 구분 불가능성 때문에 사이버 안보딜레마가 증폭될 수 있다(Goldstein 2013, 126-127).

• **위협의 주체**: 사이버 기술은 접근성이 높기 때문에 누구나 위협의 주체가 될 수 있다. 물론 아직은 레온 파네타(Leon Panetta)가 경고한 '사이버 진주만', '사이버 9.11', '사이버 아마겟돈', 영화에서도 등장한 바 있는 '파이어세일' 등은 일어나지 않았지만 언제든지 재앙적인 결과를 가져올 수 있는 사이버 공격이 시작될 수 있다. 때문에 미국은 전략문서에서 지속적으로 러시아와 중국, 북한 등의 국가 행위

자뿐만 아니라 사이버 공간에서의 개인과 집단 행위자의 위협 변화를 분석해 왔다. 비국가 행위자를 억지하기 위한 강력한 수단은 존재하기 어려운 것은 사실이지만 완전히 불가능한 것은 아니다. 테러리스트와 같이 "스스로 기꺼이 목숨을 내어놓는다고 하더라도 헛된 공격 중에 죽고 싶지는 않을 것"이라는 분석은 비국가 행위자에 대한 억지가 불가능하지는 않음을 주장한다(Davis and Jenkins 2002).

"누구를 억지할 것인가"의 질문은 자연스럽게 위협 주체의 '귀속성'을 밝힐 수 있는지, 얼마나 신속하게 특정할 수 있는지로 이어진다. '귀속의 딜레마'는 특히 사이버 억지에 있어서 가장 중요한 연구주제였다(Tsagourias 2012; Rid and Buchanan 2015; Guitton and and Korzak 2013). 명확한 근거에 의해 주체를 밝히는 것과 함께 신속성이 담보되지 않으면 억지는 달성되기 어렵다. 자신들의 정체가 드러나지 않는다고 믿는다면 보복 위협은 효과가 없기 때문이다. 물론 사이버 공간의 특징으로 제시되는 귀속의 문제는 사이버 영역에만 국한되는 것은 아니다. 오히려 기술의 발전은 사이버 영역에서도 지문을 남긴다. 사이버 포렌식(cyber forensics) 기술이 점차 발전하고 있다는 점에서 위협의 주체와 목적을 특정할 수 있는 가능성은 높아지고, 억지의 성공 가능성도 높아진다.

2) 무슨 행동을 억지할 것인가?

사이버 공간에서는 핵억지와 같은 절대적인 의미의 억지는 존재하기 어렵다. 핵무기를 보유했다는 사실은 상대의 핵위협뿐만 아니라 다른 모든 위해 행위를 억지할 수 있는 잠재력을 가지고 있었다. 따라서 점차 사이버 수단을 통한 다른 영역에서의 억지가 가능해지겠지만 아직은 사이버 능력은 사이버 공격만을 억지하는 데 활용된다. 미국의 경우 다양한 사이버 위협인식과 사이버 이외의 능력을 통한 대응을 보여주었다. 오바마 정부 시기에는 북한의 소니 픽쳐스 공격에 대한 제재를 부과했고, 트럼프 행정부는 화웨이 사태가 부각된 바 있다. 바이든 행정부에서도 사이버 안보에 대한 행정명령을 내리면서 중요성을 강조했다. 결국 중요한 것은 피해를 가져올 수 있는 위협 행위를 정확히 파악하고, 이를 경고하는 데 있다.

억지해야 하는 행위를 사이버 작전의 스펙트럼으로 보자면, 물리적 피해를 입히는 사이버 공격, 정보의 흐름이나 기능을 마비시키는 사이버 교란, 디지털 정보에 대한 접근작전으로 크게 구분할 수 있다 (McKenzie 2017, 3-5). 그리고 제4차와 6차 UNGGE에서 채택된 11개 자발적 규범 중 '금지' 규범은 무슨 행동을 억지할 것인가에 대한 중요한 기준을 제기한다. "국가는 ICT를 이용하는 국제위법행위에 자신의 영토가 이용되는 것을 알면서 허용해서는 안 된다.""국가는 주요기반시설에 의도적으로 피해를 입히거나 손상을 입히는 ICT 활동을 알면서 지원해서는 안 된다.""긴급대응팀의 정보시스템에 피해를 입히거나, 악의적 국제활동을 위해 긴급대응팀을 이용해서는 안 된다" 등이다(박주희 2022, 3-4).

그리고 무슨 행동을 억지할 것인가는 분명한 억지 메시지로 드러나는데, 억지 메시지는 '레드라인(Redline)'과 '대응행동'을 포함한다. 사실 사이버 억지의 레드라인을 설정하는 것은 신뢰성의 문제를 내포하고 있기 때문에 쉽지 않다. 어느 수준의 위협 행위를 억지할 것인지의 기준을 정하는 것은 실질적인 대응행동을 전제하고 있다는 점에서 외교적 차원의 강압 메시지와는 다르다. 모든 위해 행위를 억지하면 좋겠지만, 대응행동에 나설 수 없다면 오히려 억지의 신뢰성을 낮추는 결과를 가져온다. 분명히 선언하지 않으면 억지할 수 있는 범위는 넓어질 수 있지만 신뢰성은 낮아지고, 선명성을 높이면 신뢰성은 높아지지만 억지의 범위는 좁아진다.

• **레드라인 설정**: 억지를 위한 신뢰성을 담보하기 위해서는 분명한 레드라인을 설정해야 한다. 그러나 레드라인의 설정이 어려운 것은 사이버 위협의 수준이 천차만별이기 때문이기도 하고, 무력충돌과 첩보활동 사이의 회색지대에서 운용되기 때문이다(Lonergan and Montgomery 2021, 69-70). 코스트윅 등(Kostyuk et al. 2018, 123-134)은 사이버전의 확전 사다리를 7개 단계로 구분했는데, 준비-경미한 괴롭힘-중대한 괴롭힘-경미한 공격-중대한 공격-치명적 공격-실존적 공격 등이다. 여기에 단순히 사이버 네트워크를 활용하는 것(Cyber Network Exploitation, CNE)과 사이버 공격은 구별해야 한다는 어려움도 존재한다(Schneider 2019, 108-109). 사이버 공간에서의 주도권 확보, 자유로운 운용과 운신 수준의 위협은 장기적으로 피해를 끼칠 수 있지만 당장의 물리적인 피해는 초래하지 않을 것이고, 따라서 레드라인은 분명한 피해를 가져오는 행위로 제한될 수밖에 없을 것이다.

• **신뢰성 있는 시그널링(signalling)**: 레드라인이 제시되었다면, 대응행동이 시그널링을 통해서 제시되어야 한다. 위협 주체에게 어떤 비용을 부과할 것인가를 선언해야 하는 것이다. 신속하게, 대가를 치르는 결과를 부과할 것이라는 공개된 선언정책은 효과적이고 또 수용 가능해야 한다. 따라서 선언정책은 선명성과 구체성, 엄중성을 갖추어야 한다. 이를 위해서는 상대의 사이버 공간에 침투할 수 있는 공격 능력과 확전우세 확보가 필요하다. 여기에는 목표 대상, 효과 유형, 지속시간 등에 대한 객관적인 자기평가가 필요하다(Pendino et al. 2022, 5). 주의해야 할 것은 이러한 선언정책이 국가의 평판에 영향을 주고, 차후의 억지 메시지의 신뢰성을 훼손할 가능성이 있다는 점이

다. 즉 충분한 거부 및 보복 역량이 갖추어져 있지 않으면 시그널과 억지의 신뢰성은 담보되지 않는다.

"무슨 행동을 억지할 것인가"의 질문은 '비례성'의 문제로 귀결된다. 불필요한 확전을 방지하기 위해서는 보복의 수준을 통제할 필요가 있다. 민간인의 심각한 피해를 방지하고 무력충돌의 확전으로 이어질 가능성을 낮추기 위해서는 비례적인 보복을 해야 하는데, 적절한 상응 수단을 찾기가 쉽지 않다(장노순 2019, 6). 또 사이버 영역 내에서의 비례적인 보복은 사실 효과가 없을 수 있다. 공격자가 이미 충분한 방어능력을 갖추고 있을 가능성이 있고, 공개하지 않은 보복행위가 상대에게 인식되지 않을 가능성도 있기 때문이다. 또한 의도하지 않은 피해를 줄 수 있고, 상대가 추가 반격하거나 확전될 위험이 항상 존재한다(Taddeo 2018, 349-351). 따라서 공격 수준에 따른 대응 수단과 범위, 대응 조건과 시간, 예상 결과와 피해 평가, 정치적 비용 등을 사전에 충분히 검토해야 한다(Iasiello 2014, 60).

3) 어떻게 억지할 것인가?

억지를 위한 다양한 개념과 방법들이 제시되었다. 위에서 본 바와 같이 초기에는 핵억지의 논리를 그대로 차용하였다. 따라서 핵억지로부터 이어온 '거부에 의한 억지', '보복에 의한 억지'가 큰 축을 이루고 있고, 사이버 억지의 특수성을 고려하여 '규범과 금기에 의한 억지'를 추가로 제기한다(기세찬 2022, 197-198). 이와 유사한 개념으로 '비정당화(delegitimization)에 의한 억지'가 있고(Soesanto and Smeets 2021, 392-394), 상호의존적 공간의 특성을 활용한 '얽힘(entanglement)에 의한 억지', 정치-사회-기술의 다층적 연계를 활용한 '연대(association)에 의한 억지'도 있다(Ryan 2018, 334-335). 거부억지를 제외한 나머지는 무엇으로 불리든 공격 이후에 사이버 또는 다른 능력을 활용하여 공격자에 대한 보복을 위협함으로써 억지한다는 점에서 보복억지의 다른 이름으로 볼 수 있다.

본 연구에서는 사이버 공간의 특성을 고려하여, 두운(頭韻)을 맞추어 거부(resistance), 응징(retribution), 복원(resilience)을 세 개의 축으로 제시한 앤 햄머 등(Hammer et al. 2020)의 연구를 중심으로 논의를 전개한다. 이들은 사이버 공격 발생 전후로 어디에 중점을 둘 것인지의 우선성을 고려하여 시간 프레임을 제시하고 있다. 즉 공격 발생 전에는 거부억지, 지속개입, 전진방어, 다양한 방어수단이 요구되며, 공격 발생 직후에는 신속하고 충분한 보복, 국제사회의 개입과 지지, 결속에 의한 응징, 공격 이후에는 피해로부터 회복 및 복구할 수 있는 국가 능력을 통한 억지로 세분화했다. 이러한 세 개의 방법으로서의 개념은 억지를 위한 수단을 각각 포함하고 있다.[8]

• **거부(Resistance)**: 거부는 상대가 얻을 수 있는 '이익을 거부'하는 억지 개념과 직접 연결되는데, 상대가 신속하게 승리하는 것을 차단하고 비용/편익 계산을 복잡하게 만드는 것을 의미한다(Gerson 2009). 여기에는 사이버 조직, 인력, 무기체계, 기반 인프라, 선제적, 공세적 수단이 필요하다. 거부억지의 핵심은 정치적 의지보다는 기술적 능력에 있다는 것이다. 또한 물리적 분리와 정보보안체계도 중요한 요건이 된다. 이러한 사이버 방첩 활동은 공격 활동을 사전에 탐지하는 데 있어 핵심적인 위치를 차지하는데, 국내외의 적대세력의 사

---

8   억지를 위한 핵심능력과 수단은 일부 중첩되지만, 제시 가능한 수단을 나열해 보면 다음과 같다. 증강된 능동방어체계, 복원과 재건, 선언정책과 대응, 감시정찰 및 귀속판단, 보복계획, 공개 및 낙인(stigma), 국내법 적용, 국제협력과 제재, 사이버 대응 과시, 물리적 대응, 조약과 군축 등(Donnelly et al. 2019, 56-62).

이버 공격 의도와 위협을 파악함으로써 선제적으로 방어하고 피해를 약화시킬 수 있다는 것이다. 물론 상대의 이익을 거부하고 비용을 부과하는 것에 일국의 대응만으로는 충분하지 않을 수 있고 네트워크가 글로벌화되어 있다는 점을 볼 때, 방첩 활동의 범위 역시 글로벌화되어 있어야 한다. 이는 국가의 능력과 기술의 통합을 가능하게 하고 구체성 있는 대응·행동의 기회를 확대하는 결과를 가져온다.

• 응징(Retribution): 사이버 공격 이후에 보복을 가할 것을 선언 및 실행함으로써 억지를 달성한다. 응징의 효과성을 높이기 위해서는, 정확하게 위해 행위의 귀속을 판단하고(Rid and Buchanan 2014), 얼마나 빠르고 자신 있게 보복할 수 있는지를 선언정책에 담아야 한다. 다만 응징의 수단은 사이버 공간에 국한되지는 않는다. 응징에 대한 나이의 주장은 너무나 유명한데, "지배계급의 통장을 비운다든지, 당황스러운 정보를 공개하거나, 네트워크를 교란하는 등의 표적화된 보복(targeted retaliation)을 준비"해야 한다고 말했다(Nye 2021). 한편 응징에도 국제사회의 지지와 협력이 필요하다. 최소한 '공격을 실시한 주체를 명명하고 망신주기(naming and shaming)' 위해서는 국제규범의 제정, 국제법하의 수단 마련도 필요하지만, 위협을 식별하고 대응하기 위한 최대한 많은 국가의 전력체계와 핵심기술이 확보되어야 한다. 중요한 것은 사이버 공격과 응징은 일회적이지 않다는 것이다. 일회성 보복이 충분한 억지효과를 가져올 수 없다는 비판에 대한 대안으로 '선택적 누적억지(selective cumulative deterrence)' 개념이 제시되기도 했다. 이는 모든 사이버 위협을 억지하는 것을 목표로 삼지 않으며, 경쟁의 장기적 속성을 고려하여 누적적인 효과를 유도한다는 것이다. 물론 스스로 경계하는 것처럼 누적억지는 '확전'의 위험을 높인다(Pendino et al. 2022, 2-6). 다른 한편 충분한 보

복 효과를 달성하기 위해 '네트워크 마비전략'을 대안으로 제시하는 연구도 있다(송운수 2022).

· **복원(Resilence)**: 사이버 영역에서는 완벽한 방어나 억지는 불가능하다. 그런 의미에서 복원력은 상대의 공격에 의한 피해를 최소화하고, 공격 이후에도 작전을 유지하도록 하며, 새로운 조건에 대한 적응과 복원을 통해 사이버 억지에 기여하는 중요한 능력이 된다.[9] 위협 주체를 특정하기 어렵고, 대응해야 할 위협이 너무나 다양하며, 의도하지 않았던 결과로 이어질 수 있는 위험(risk)이 존재하여 예측이 어려운 사이버 공간에서 복원력은 더욱 중요해진다. 또한 추가적인 공격을 억지함으로써 확전우세 달성에도 기여할 수 있다(Goodman 2010, 127). 일반적으로 복원력은 다양성, 중복성, 무결성, 격리/분할/봉쇄, 감지/감시, 분산과 이동(Rosenzweig 2014), 중복성, 다양성, 적응성이나, 유연성, 가시성, 민첩성으로 구분하기도 한다. 어떤 개념을 선택하든 간에 사이버 공격에 대한 복원은 세 가지 중요한 원칙을 가지고 있는데, 공격을 견디는 능력을 갖추고, 공격 중에도 작동하며, 신속하게 기능을 복구할 수 있어야 한다. 이는 공격으로 얻을 수 있는 이익을 불충분하게 만들고 비용을 높임으로써 억지에 실질적으로 기여할 수 있다.

"어떻게 억지할 것인가"의 질문은 '효과성'에 대한 논쟁으로 이어진다. 대표적인 논쟁이 있는데, 첫째는 미약한 사이버 인프라를 보유한 상대와의 억지게임에서 '취약성의 딜레마(vulnerability dilemma)'

---

9   2017년 국방과학위원회(DSB)의 '사이버억지TF'는 결과보고서에서, 맞춤형 억지 캠페인의 기획과 실행, 핵심무기체계에 대한 사이버 복원력 창출, 기반 능력의 증강을 세 가지 핵심우선순위로 제시하였다. 이는 취약성을 감소시킴으로써 거부에 의한 억지를 달성하기도 하지만, 공격자에 대한 미국의 비용부과 위협의 신뢰성을 강화하는 것이기도 하기 때문이다(DoD Defene Science Board 2017).

상황은 오히려 억지의 효과를 반감시킨다. 미약한 사이버 인프라를 가진 상대를 억지하기 위해서는 물리적 수단을 포함한 추가적인 수단을 활용할 수밖에 없고, 이는 다른 영역에서의 억지 실패를 유발할 수 있기 때문이다(Lindsay 2013). 둘째는 공격 우세의 공간인 사이버 영역에서 거부에 의한 억지가 성공하기 어렵다는 논쟁이다. 물리적 공간에서는 완충지역을 확장하고 보복 능력의 회복탄력성을 갖추면 방어 우세의 환경이 만들어지지만 사이버 공간에서는 여전히 기습공격의 유인이 존재한다는 점이다.[10] 게다가 공격이 실패하는 경우에도 치러야 할 비용이 미약하다면 보복 및 거부에 의해서 억지되지 않을 것이라는 우려도 있다.

V. 결론

사이버 공간은 더이상 국가 행위자가 독점하는 공간이 아니다. 지상, 해상, 공중의 영역처럼 군사적인 목적에서 먼저 사용되거나 공간에 접근할 수 있는 특정 국가에 의해 독점적으로 사용되었지만, 점차 모든 국가와 민간 영역에 개방되어 왔다. 하지만 다른 한편으로 사이버 위협이 갈수록 조직화되고 국가안보의 차원에서 활용되고 있다.

---

10   사이버 공간이 '공격 우세(offense-dominant)의 환경'이 아니라 '공격 지속(offence-persistent)의 환경'이라는 주장은 눈여겨볼 만하다. 방어자는 항상 공격에 대해 긴장하지만 압도적인 것이 아니며, 공격자가 기습을 통해서 항상 전략적 이익을 취하거나 성공으로 이어지는 것은 아니기 때문이다. 임계점 이하의 공격으로부터 모든 스펙트럼의 공격이 지속될 수 있다는 것으로 공방이 일회적이지 않다는 주장은 자연스럽게 위에서 언급한 '누적적 억지' 개념으로 연결된다(Taddeo 2018, 346). 물론 그렇다고 해서 기습의 유인이 사라지는 것은 아니기 때문에 거부억지의 효과성에 대한 우려는 여전히 남는다.

미국과 러시아, 중국 등 강대국뿐만 아니라 인도와 파키스탄, 한국과 북한 등 국가 간 적대적 경쟁이 장기화되는 가운데 사이버 공간은 전략적 공간으로서의 그 중요성이 부각되고 있다.

그런 의미에서 사이버 억지는 독립된 사이버 공간 내에만 적용되지 않는다. 그렇다고 해서 사이버 억지가 다른 영역과 연결되어서만 작동하는 것은 아니며, 다른 영역을 연계하는 핵심공간으로서 사이버 억지의 중요성은 더욱 커지고 있다. 사이버 공간의 특수성은 기존 억지 개념의 변화를 요구한다. 거부억지, 신뢰성, 자력구제와 같은 억지 개념은 지속되거나 오히려 강조되지만, 확장억제, 합리성, 상호확증파괴, 대등성, 응징보복과 같은 개념은 수정이나 파기를 요구한다. 사이버 억지의 성공에 대한 기대는 커지고 있다. 사이버 공간의 특수성을 고려하면 이론적으로는 억지가 어려운 것은 사실이나, 실제 억지의 실패 사례들로부터도 교훈을 얻을 수 있기 때문이다(Goodman 2010).

위에서 제시된 사이버 억지의 개념과 조건 등을 고려하여, 사이버 억지 증진을 위한 다음의 몇 가지 정책제언으로 결론을 대신하고자 한다. 첫째, 가장 우선적으로는 억지를 위한 실질적 능력을 요구한다. 위협주체와 행위를 특정할 수 있는 감시정찰, 보안, 포렌식 능력, 거부와 응징뿐만 아니라 신속한 복구와 복원을 위한 능력도 필요하다. 특히 강조되는 능력은 공격 능력인데, 방어만으로는 특히 사이버 공격은 완전히 막을 수 없으며 사이버 공간에서 회색지대가 훨씬 크기 때문이다. 사이버 공격 능력은 맞춤형의, 상호적 방어수단과 병행될 때 억지 효과가 극대화된다.

두 번째는 사이버 공격을 억지하기 위한 국가 차원의 대응전략이 필요하다. 외교, 정보, 군사, 경제 등 다양한 기능별 전략에서 사이버 위협과 대응이 중요한 과제이지만, 총체적인 차원에서 사이버 안보

전략을 구체화하고 범정부적 노력을 결집하는 것도 중요하다. '통합억지'는 미국만이 추구할 수 있는 것은 아니다. 각각의 이슈가 사이버 영역을 중심으로 연계되어 있으며, 영역을 교차하면서 발전하고 있는 의도적 위협과 확산 가능한 위험을 모두 고려해야 한다. 따라서『국가 사이버 안보 전략』을 중심으로 통합성과 연계성을 유지하되, 부처별로 일관된 기조하에 사이버 전략을 작성하여 전략적 과제와 구체적인 내용을 제시할 필요가 있다.

세 번째는 국내 및 국제사회의 사이버 안보 거버넌스의 정립이다. 먼저는 다양한 국내 제약과 도전을 해소하기 위한 국민과의 대화이다. 사이버 보안 법안의 제정과 개선에 대한 논의로부터 시작하여 정책적 관점에 기반한 국회의 인식 제고, 국민적 공감대 형성으로 나아갈 필요가 있다. 이를 통해 불필요한 국민의 우려나 논란을 차단하고 보다 효과적인 사이버 안보 시스템을 마련할 수 있다. 다른 한편으로 국제 거버넌스에의 적극적인 참여가 필요하며, 특히 동맹을 기반으로 협력을 강화해야 한다. 새로운 안보환경에서 새롭게 제기되는 통합억지, 정보동맹 등의 개념을 동맹 차원에서 발전시킬 필요가 있다. 나아가서는 방어 우세의 사이버 환경을 위해 사이버 국제레짐을 주도해가야 할 것이다.

참고문헌

기세찬. 2022. "사이버 억제에 관한 연구." 『국방연구』 65(3): 189-214.

김상배 편. 2018. 『사이버 안보의 국제정치학적 지평』. 서울: 사회평론아카데미.

김정기. 2018. "미래의 전쟁." 군사학연구회 편. 『전쟁론』. 서울: 플래닛미디어.

마틴 반 크레벨드. 2018. 『다시 쓰는 전쟁론』. 강창부 역. 파주: 한울아카데미.

박주희. 2022. "UNGGE의 자발적 규범과 국내 사이버안보 법제." *Global Legal Brief* Vol.1. 세종: 한국법제연구원.

송운수. 2022. 『사이버 군사전략 개관』. 인천: 진영사.

송태은. 2022. "현대 전면전에서의 사이버전의 역할과 전개양상." 『국방연구』 65(3): 215-236.

임종인·김근혜. 2021. "국가사이버안보전략의 미래와 AI 융합보안." 홍규덕 편. 『초연결사회 국가보안의 위기. 왜 융합보안인가?』. 서울: 국가보안학회.

장노순. 2019. "사이버안보 위협, 대응 전략 그리고 한국적 함의." 『국가안보와 전략』 19(2): 1-36.

차오량·왕샹수이. 2021. 『초한전: 세계화 시대의 전쟁과 전법』. 이정곤 옮김. 서울: 교우미디어.

청와대 국가안보실. 2019. 『국가 사이버안보 전략』. 서울: 청와대 국가안보실.

Arquilla, John and David Ronfeldt. 1993. "Cyberwar is Coming!" *Comparative Strategy.* No. 12.

Beaufre, André. 1965. *Introduction to Strategy.* New York: Praeger.

Brooking, Emerson and Erica Lonergan. 2023. "Welcome to Cyber Realism: Parsing the 2023 Department of Defense Cyber Strategy." *War on the Rock.*

Davis, Paul and Brian M. Jenkins. 2002. *Deterrence and Influence in Counterterrorism: A Component in the War on al Qaeda.* Santa Monica: RAND Corporation.

De Velde, James Van. 2023. "Cyber Deterrence Is Dead! Long Live 'Integrated Deterrence.'" *Joint Forces Quarterly* 109.

Denning, Dorothy E. 2015. "Rethinking the Cyber Domain and Deterrence." *Joint Forces Quarterly* 77.

Department of Defense. 2018. *Department of Defense Cyber Strategy 2018 - Summary.* Washington DC: Department of Defense.

_____. 2023. *2023 Cyber Strategy of Department of Defense - Summary.* Washington DC: Department of Defense.

DoD Defense Science Board. 2017. *Final Report of the Defense Science Board (DSB) Task Force on Cyber Deterrence.* Washington DC: Defense Science Board, Feb.

Donnelly, DA, SL Clements, RA Weise, and R. Goychayev. 2019. "A Technical and Policy Toolkit for Cyber Deterrence and Stability." *Journal of Information Warfare* 18(4): 53-69.

Gerson, Michael. 2009. "Conventional Deterrence in the Second Nuclear Age." *Parameters* 39(3): 32-48.

Goldstein, Guy-Philippe. 2013. "Cyber Weapons and International Stability." *Military and Strategic Affairs* 5(2): 121-139.

Goodman, Will. 2010. "Cyber Deterrence: Tougher i Thoery than in Practice?" *Strategic Studies Quarterly*. Fall.

Guitton, Clement and Elaine Korzak. 2013. "The Sophistication Criterion for Attribution." *RUSI Journal* 158(4): 62-68.

Haizler, Omry. 2017. "The United States' Cyber Warfare History: Implications on Modern Cyber Operational Structures and Policymaking." *Cyber, Intelligence, and Security* 1(1): 31-45.

Hammer, Ann, Trisha Miller, and Eva Uribe. 2020. "Cyber Resilience as a Deterrence Strategy." *Sandia Report*. SAND2020-5016. Sadia National Laboratories.

Harknett, Richard and Michael Fischerkeller. 2017. "Deterrence is Not a Credible Strategy for Cyberspace." *Orbis* 61(3): 381-393.

Hennessey, Susan. 2017. "Deterring Cyberattacks: How to Reduce Vulnerability." *Foreign Affairs*. November/December.

Hynes, William. 2019. "Resilience Strategies and Approaches to Contain Systemic Threats." OECD SG/NAEX. 2019.9.17.-18.

Iasiello, Emilio. 2014. "Is Cyber Deterrence an Illusory Course of Action?" *Journal of Strategic Security* 7(1): 54-67.

Joinf Chiefs of Staff. 2019. *Joint Doctrine Note 1-19, Competition Continuum*. Washington DC: Joint Chiefs of Staff. 3 June.

Kostyuk, Nadiya, Scott Powell, and Matt Skach. 2018. "Determinants of the Cyber Escalation Ladder." *The Cyber Defense Review* 3(1): 123-133.

Libicki, Martin C. 2009. *Cyberdeterrence and Cyberwar*. Santa Monica: RAND.

_____. 2017. "It Takes More Than Offensive Capabilities to Have an Effective Cyber Deterrence Posture." CT-465. Testimony presented before the House Armed Services Committee. Santa Monica: RAND Corporation.

Lindsay, Jon. 2013. "Stuxnet and the Limits of Cyber Warfare." *Security Studies* 22(3): 365-404.

Lonergan, Erica and Mark Montgomery. 2021. "What is the Future of Cyber Deterrence?" *SAIS Review* 41(2): 61-73.

McKenzie, Timothy M. 2017. "Is Cyber Deterrence Possible?" *Air Force Research Institute Papers*. CPP-4. Maxwell Air Force Base: Air University Press.

Morgan, Patrick. 2019. "The Past and Future of Deterrence Theory." in Jon Lindsay and Erik Gartzke eds. *Cross-Domain Deterrence: Strategy in the Era of Complexity*. New York: Oxford University Press.

Nye, Joseph S. 2021. "Will Biden's Red Lines Change Russia's Behaviour in Cyberspace?" Austrailian Strategic Policy Institute. *The Strategist*. 8 July.

Office of the Director of National Intelligence. 2023. *Annual Threat Assessment of the U.S. Intelligence Community*. 6 February.

Paul, T.V., Patrick Morgan, and James Wirtz eds. 2009. *Complex Deterrence: Strategy in the Global Age*. Chicago: The University of Chicago Press.

Pendino, Stephanie et al. 2022. "U.S. Cyber Deterrence: Bringing Offensive Capabilities into the Light." *Campaigning: The Journal of the Joint Forces Staff College*. 7 September.

Rid, Thomas and Ben Buchanan. 2015. "Attributing Cyber Attacks." *Journal of Strategic Studies* 38(1 – 2): 4-37.

Rosenzweig, Paul. 2014. *Cyber Warfare: How Conflicts in Cyberspace are challenging America and Changing the World*. 정찬기 · 이수진 옮김. 논산: 국가안보문제연구소.

Ryan, N. J. 2018. "Five Kinds of Cyber Deterrence." *Philos. Technol*. No. 31.

Schneider, Jacquelyn. 2019. "Deterrence in and through Cyberspace." in Jon Lindsay and Erik Gartzke eds. *Cross-Domain Deterrence: Strategy in the Era of Complexity*. New York: Oxford University Press.

Soesanto, Stefan. 2022. "Cyber Deterrence Revisited." *Perspectives on Cyber Power*, CPP-8. Maxwell Air Force Base: Air University Press.

Soesanto, Stefan and Max Smeets. 2021. "Cyber Deterrence: The Past, Present, and Future." in Frans Osinga and Tim Sweijs eds. *NL ARMS Netherlands Annual Review of Military Studies 2020: Deterrence in the 21st Century—Insights from Theory and Practice*. The Hague: T.M.C. Asser Press.

Taddeo, Mariarisaria. 2018. "The Limits of Deterrence Theiry in Cyberspace." *Philos. Technol*. No. 31.

Tsagourias, Nicholas. 2012. "Cyber Attacks, Self-Defence and the Problem of Attribution." *Journal of Conflict & Security Law*.

US Cyberspace Solarium Commission. 2020. *U.S. Cyberspace Solarium Commission Final Report*. Washington DC: Solarium Commission.

Van Evera, Stephen. 1999. *Causes of War*. Ithaca: Cornell University Press.

Wilner, Alex S. 2020. "US Cyber Deterrence: Practice Guiding Theory." *The Joural of Strategic Studies* 43(2): 245-280.

Global Cyber Strategies Index. https://csis-website-prod.s3.amazonaws.com/s3fs-public/220414_Cyber_Regulation_Index.pdf

제5장

사이버 법제도

오일석 국가안보전략연구원

* 이 글은 국가안보전략연구원의 입장과는 관련이 없는 순수한 개인적 연구의 결과임을 밝힌다.

I. 서론

정보통신 기술의 발전에 따라 등장한 해킹, 바이러스 유포 등 사이버 문제는 단순히 정보화의 역기능으로 치부된 적이 있었다. 그렇지만 정보화와 세계화 그리고 디지털 전환이 가속화되면서 사이버 공간의 안전성을 확보하는 것은 국가의 중요한 안보 문제로 발전하였다. 국가의 핵심 기능 제공, 디지털 경제의 발전, 신산업의 육성 등이 사이버 공간에 의존함에 따라 사이버 공간의 안전을 보장하는 것이 국가의 핵심 과제로 자리 잡은 것이다. 이와 같이 사이버 공간의 안전성을 위협하는 문제는 '창발'의 단계를 거쳐 다른 이슈들과의 연계와 양질전환을 통해 '임계'를 지나 전 지구적으로 '확산'되는 안보화 과정을 거쳐왔다.

국가는 사이버 문제의 안보화 과정을 진행시키는 연결고리를 차단하여 사이버 안보를 확립하기 위해 시장에 개입하여 왔다. 이는 사이버 안보 문제를 시장의 자율에 맡겨 둔 결과 공유지의 비극이 발생하였고 무임승차자들이 양산되었기 때문이다. 민주주의와 법치주의 국가에서 사이버 안보 문제에 대한 국가의 개입은 사이버 안보 법제도(거버넌스)의 구축과 재정비로 이어졌다. 이러한 국가 개입의 필요성과 정당성을 평가하기 위해서는 어떠한 상황에서 어떠한 목적을 가지고 사이버 안보 법제도(거버넌스) 구축과 재정비가 이루어졌으며 그 효과성이 있었는지를 탐색하는 것이 필요하다. 이러한 분석의 바탕 위에서 사이버 안보 문제에 대한 국가의 역할과 시장의 수용 방안을 식별하고 국제사회의 대응 방식에 관하여 보다 더 현실적인 거버넌스 구조를 정립할 수 있기 때문이다.

따라서 이하에서는 우선 사이버 문제의 안보화 과정을 식별하고 위험 분배에 기초하여 사이버 안보에 대한 시장의 실패와 국가의 개입에 대하여 살펴보고자 한다. 또한 위험의 계량화에 기초하여 사이버 문제의 안보화 과정을 저지, 차단 또는 감경하기 위한 방안을 검토하고자 한다. 이러한 방안을 기초로 사이버 안보 관련 법제도(거버넌스) 구축 과정을 검토하고 시사점을 도출하고자 한다. 한편 사이버 문제의 안보화 과정은 정보화 사회와 디지털 전환을 주도한 미국을 중심으로 시작되었다고 할 수 있다. 따라서 정보화 사회 도래 이후 즉 2000년대 이후 미국 각 정부가 추진한 사이버 문제의 안보화 진행을 차단 혹은 경감시키기 위해 추진하였던 법제도(거버넌스)를 중심으로 살펴보고자 한다.

II. 사이버 문제의 안보화 과정과 위험 분배

1. 사이버 문제의 안보화 과정

사이버 안보의 법제도(거버넌스) 수립은 사이버 문제가 안보화 과정을 통해 국가안보의 문제로 확산되는 것을 차단·방지하기 위하여 국가가 어떠한 정책과 법제를 선택하고 수립하여 대응할 것인지를 결정하는 데에서 출발하여야 한다. 즉, 사이버 위험의 발생에서 심화를 거쳐, 직간접적 연계가 없던 부문으로의 확장을 통해 지정학적 사안과 결합하여 안보화로 이르는 각 단계별 대응 방식에 대한 고찰이 필요한 것이다. 다만 사이버 이슈의 안보화 과정에 대응하여 국가가 해당 정책과 법제를 선택하기 이전에 사이버 문제의 해결에 대해 국가가 개입할 것인지 혹은 시장의 자율에 맡길 것인지에 대해서 우선 검토하여야 한다.

사이버 보안이 야기하는 신흥안보 전개 양상 또한, 이 같은 창발-임계-확산의 메커니즘을 따르고 있는 현상이 관찰된다.[1] 랜섬웨어, 디도스, APT 등 최근 사이버 공격 수법이 다양화되면서 기간 전산망, 지적 재산권, 첨단기술정보 및 데이터 절취의 문제가 심화되고 있다. 특히, AI를 활용한 지능적인 공격과 방어 활동의 증가뿐만 아니라 사물인터넷(IoT), 확장현실(XR), 메타버스 가상융합현실 기술의 확산으로 디지털화된 사회의 공격표면(Attack Surface) 또한 확장되었다. 2020년 세계를 충격에 빠뜨린 'Log4j'(오픈소스 로깅 라이브러리 소프트웨어)의 보안 취약점 이슈는 광범위하게 사용되는 오픈소스 로깅 라이브러리 소프트웨어가 해킹당할 경우, 컴퓨터 내 모든 데이터를 삭제·손상시킬 수 있고, 악성 프로그램이 전파되어, 해킹당한 컴퓨터가 기하급수적으로 증가, 일반 국민들이 사용하는 컴퓨터 전반이 공격받는 '사이버 팬데믹'의 현실화 가능성을 시사한 바 있다.

이 같은 사이버해킹 이슈의 심화는 금전적 피해 규모 증가에 그치지 않는다. 최근 국가가 배후에서 지원하는 해커집단들의 활동들이 에너지, ICT 전산망 등 국가 주요 인프라를 타겟으로 한 위협의 '임계국면'으로 발전한다. 이 같은 공격들이 성공할 경우, 사이버 공간의 경제적 피해를 넘어 원활한 물류·유통 체계까지 위험에 놓일 가능성이 증가하며, 이는 사회의 필수적인 '생명선(life-line)'에 대한 국가의 제어·통제력 상실을 유발하는 안보 문제로 비화되게 된다. 나아가 배후 세력에 대한 추적, 책임 소재, 처벌적 공격을 둘러싼 정치적 갈등을 낳게 된다. 위협의 질적 변화를 넘어 지정학적 사안과 연계된 문제로

---

1   이하 이 부분의 내용은 오일석 외(2022, 111-112) 참조.

'확장 국면'으로 진입하게 되는 것이다. 최근 발생했던 솔라윈즈 사건(2020.12), 콜로니얼 파이프라인 사건(2021.5)은 러시아가 배후로 추정되는 사이버 공격집단에 의해 미국의 에너지·전력 배분 기능이 피해를 입음으로써, 심각한 안보적 문제로 자리매김했던 사례였다. 나아가 사이버 위협의 전개 과정에서 창발과 임계 단계를 넘어 지정학적 갈등의 문제로 비화되는 경로를 여실히 보여준 바 있다. 이는, 최근 스마트폰 등 주요 ICT 분야에서 신흥 공급망의 거점으로 부상하고 아세안 국가들에 시사하는 바가 크다. 미중 전략경쟁의 심화에 따라 대체 투자지로서 급속한 디지털화를 진행하고 있으나, 이에 부합하는 사이버 보안 기술과 제도 기반은 상대적으로 지체되어 있어 취약점을 노출하고 있기 때문이다.

2. 시장을 통한 사이버 위험 분배와 한계

사이버 이슈의 안보화 과정에 대한 대응에 있어 국가가 개입할 것인지 혹은 시장의 자율에 맡길 것인지에 대해서 우선 검토할 필요가 있다.[2] 시장에서 시민들은 계약을 통해 재화의 교환이나 서비스의 제공뿐만 아니라 새로운 가치를 창출하고 있다(Triantis 2010, 645). 그러나 계약 체결의 당사자인 시민들은 계약 목적을 달성하는 데 있어, 예상하였거나 또는 예상할 수 없는 위험에 직면하게 된다. 따라서 계약 당사자는 계약에 기초한 상호 간의 관계 설정을 통하여 합리적으로 계약과 관련된 위험을 분배하고자 한다. 또한 당사자는 위험을 분배하는 과정에서 협상력과 교섭력을 강화하여 자신에게 유리하게 위

---

2   시장을 통한 사이버 위험 분배와 한계에 대해서는 오일석(2014, 298-302) 참조.

험이 분배되도록 계약을 설계한다. 이와 같이 당사자 사이의 위험 분배는 계약 목적 달성을 위해 계약의 전 과정에서 발생하거나 내재되어 있는 위험을 당사자 사이에서 합리적으로 배분 또는 회피하는 것을 말한다. 합리적인 위험 분배를 위하여 당사자는 위험 원인의 제거, 실사(實査)의 강화를 통한 위험의 감소, 법률, 계약 및 보험을 통한 위험의 이전, 위험에 대한 내부관리 등에 대해 검토하여야 한다(Mead 2007, 29).

위험이 발생할 경우에 대비하여 각 당사자는 주요 계약 조항에서 그 위험에 대응하고 극복하는 방법을 구체적으로 규정함으로써 합리적인 위험 분배를 달성할 수 있다. 계약 당사자는 계약의 전 과정에서 발생하거나 내재되어 있는 위험을 배분 또는 회피하기 위하여, 위험을 통제·인수할 수 있고, 위험 통제를 통하여 우월한 경제적 이익을 향유할 수 있으며, 이러한 당사자에게 위험을 분배하는 것이 효율적인 경우 그에게 위험이 분배되도록 하여야 한다(Hooker 2010, 106).[3] 따라서 가장 최소 비용으로 위험을 회피할 수 있는 당사자가 누구인지, 위험에 상대적으로 민감하지 않는 당사자가 누구인지, 위험이 구체화되는 경우 최소한 비용으로 위험을 감내할 수 있는 당사자가 누구인지 등을 기준으로 효율적인 위험 부담자를 식별하여야 한다(Triantis 2000, 100). 이 경우 당사자들은 위험에 대한 통제의 정도, 위

3　그러나 이러한 위험 분배의 원칙이 실무에 그대로 적용되는 것은 아니다. 왜냐하면 실무에서는 위험을 가장 잘 관리할 수 있는 당사자에게 위험이 분배되지는 않으며, 공식적인 위험평가가 시행되는 것도 아니고, 위험 관련 계약 조항은 모델계약과는 상이하고 다양하며, 위험을 관리하는 것이 불가능한 수급인 및 컨설턴트에게 위험이 이전되는 경우도 있으며, 위험이 입찰자들에게 비용이 되지 않을 수도 있고, 위험이 효과적으로 분배되었더라면 비용절감 효과가 발생할 수도 있었을 터인데 그렇게 되지 않으며, 위험 분배의 변경에 대한 합의는 당사자 이외에는 알려지지도 않고, 위험 분배 변경의 결과로 인하여 분쟁과 소송이 증가되고 있기 때문이다.

험에 대한 익숙함, 보상 필요성, 수급인 혹은 보험자에 대한 위험의 전가 가능성 여부, 위험의 이전에 대한 가치 등에 따라 위험 분배에 대하여 결정하여야 한다.

사이버 위험은 컴퓨터와 네트워크로 연결된 사이버 공간을 이용한 해킹, 웜 바이러스 유포, 논리폭탄 등과 같은 사이버 공격이나 전자적 침해행위로 등으로 인하여 불이익이 발생할 개연성 또는 실제로 발생한 불이익으로 정의될 수 있다. 사이버 위험은 과학기술의 발전이 의도하지 않았던 현대적 위험 가운데 하나이다. 이와 같은 사이버 위험을 방지하고 대응하기 위한 사이버 보안 활동은 사이버 공간을 이용하는 모든 사람들의 편익을 증진시킨다. 따라서 사이버 공간을 이용하는 모든 사람들은 사이버 위험에 대한 위험 분배에 참여하여야 한다. 이에 따라 사이버 공간을 이용하는 사람들은 일정한 사이버 보안 관련 활동을 실행하여야 한다. 사이버 공간을 이용하는 모든 사람들이 사이버 보안 관련 활동을 실행하는 경우, 사이버 위험을 절대적으로 차단할 수는 없겠지만, 상당 수준 감소시킬 수는 있다. 따라서 사이버 공간을 이용하는 모든 당사자들은 계약을 통하여 자신들이 통제할 수 있는 범위 내에서 사이버 위험에 대한 위험 분배에 참여하여, 사이버 보안 관련 활동을 실행하거나 관련된 비용을 부담하여야 한다.

사이버 보안 활동의 일환으로 사이버 공간을 이용하는 특정 개인이나 기업들이 강력한 수준의 사이버 보안을 실행한다면, 이들의 컴퓨터 시스템이나 네트워크에 대하여 사이버 위험이 발생할 가능성은 감소될 수 있다. 그렇지만 이러한 사이버 보안 활동을 수행한 개인이나 기업이라 하더라도, 사이버 보안 활동을 수행하지 않은 개인이나 기업에 대하여 사이버 위험의 발생에 대한 책임을 물을 수 없다. 왜냐하면, 당사자들이 계약을 통하여 사이버 위험을 분배하였다 하더라도, 사이버 위험은, 과학기술의 발전으로 인한 의도하지 않은 새로운 위험으로 그 결과를 즉시 알 수 없는 경우가 대부분이고 원인 규명도 명확하게 할 수 없는 경우가 많기 때문에 특정인에 대하여 책임을 부담시키기 곤란하기 때문이다. 결국 사이버 보안 활동을 강화한 개인이나 기업은 이러한 활동을 통하여 개별적으로 실질적인 편익을 향유하는 것은 아니다(Varian 2002). 따라서 사이버 공간을 이용하는 모든 사람들이 이와 동일한 동인을 갖기 때문에, 모든 사람들이 서로 다른 사람들에게 편익이 되는 사이버 보안 활동이나 조치를 실행하였더라면 얻을 수 있었던 편익을 아무도 향유하지 못하게 된다(Powel 2005, 498-499). 그러므로 사이버 보안은 사이버 공간을 이용하는 모든 사람들의 사이버 보안 관련 활동에 의하여 영향을 받기 때문에, '공공재(public good)'로 인식되어, 시장실패적 요소가 내재된 것으로 평가되고 있다.

결론적으로 민간 자율에 의한 사이버 위험의 위험 분배와 그에 따른 사이버 보안 관련 활동은 한계에 봉착할 수밖에 없다. 따라서 사이버 보안을 강화하기 위해서는 국가가 개입하여 어느 정도 강제적인 사이버 위험에 대한 위험 분배를 결정하고, 적합한 보안 수준 등을 지정함으로써 국가 전체적인 사이버 대응 수준을 향상시켜야 한다.[4] 특히 민간기업들이 전력, 통신, 도로, 항공 등 국가의 핵심시설과 관련되어 있는 경우, 국가는 시장에 개입하여 사이버 위험 분배에 개입할 것이다.

---

4   그러나 국가의 개입은 사이버 보안에 대한 시장실패를 가중시킬 뿐이며, 민간 영역에서 사이버 보안에 대한 시장실패의 실질적 증거가 없는바 사이버 보안을 민간 자율에 맡겨야 한다는 견해도 있다(Powell 2005, 507-508).

3. 정부의 시장 개입을 통한 사이버 문제의 안보화 고리 차단

시장을 통한 사이버 위험 분배의 실패는 정부에 의한 시장 개입을 요구하고 있다. 민주주의와 시장경제 체제하에서 국가의 시장 개입은 특별한 경우에 한하여 법적 근거에 기초하여 이루어지고 있다. 국가의 시장 개입이 시장의 자율성을 저해하여 비효율과 비용을 양산할 수 있기 때문이다. 민주주의와 시장경제 체제하의 국가는 국가안보, 공공복리, 사회질서 유지 등을 근거로 시장에 개입할 수 있다. 국가는 시장에 개입하여 사이버 위험이 이슈연계와 양질전환되어 안보화 과정을 거쳐 사이버 안보의 문제로 확산되는 과정을 차단하기 위한 거버넌스 구조를 정립하고자 할 것이다.

미국 국토안보부는 위험에 기반한 보안 접근법을 개발하였고(Department of Homeland Security 2013) 이를 사이버 안보에도 적용하고 있다(Chertoff 2010, 3). 이 접근법에 따르면 위험(risk)은 위협(threat) 과 취약성(vulnerability) 및 결과 발생(consequence)의 곱으로 평가되고 있다(Rosenzweig 2012, 7). 위협, 취약성, 결과 발생을 감소시키면 위험은 감소하며, 이 중 하나라도 완전히 제거하면 위험은 발생하지 않는다.

사이버 위협을 제거 또는 감소시키기 위해서는 공격자나 그 배후 국가에 대한 직접적인 타격, 법 집행을 통한 수사와 소추, 경제제재 등을 실행할 수 있을 것이다. 취약성의 제거나 감소를 위해서는 컴퓨터와 네트워크에 대한 주지적인 취약성 평가나 점검 체계를 구축하고 공급망 안전성을 보다 강화하기 위한 거버넌스 구조를 정립할 수 있을 것이다. 결과 발생의 방지나 축소를 위해서는 사이버 위협에 따른 회복력 구축을 위한 거버넌스 체계 구축에 집중할 것이다. 즉 사이버 안보 관련 정부 조직체계의 정비나 개편, 생태계 구축, 연구개발, 인력 양성 등이 이에 해당할 것이다.

한편, 국가가 시장에 개입하여 위협, 취약성, 결과 발생을 제거하여 사이버 보안을 강화하는 것은 관련된 비용의 증대를 야기하게 된다. 따라서 국가는 비용과 안보 가치 사이에서 최적 균형점을 찾아야 한다. 결국 국가는 위험의 제거 또는 감소에 소요되는 비용과 사이버 보안 강화로 증대되는 사회적 복리의 비교를 통하여 가장 효율적인 사이버 안보 법제도(거버넌스) 체계를 선택할 수밖에 없다.

III. 안보화 과정과 위험 분배에 따른 법제도(거버넌스) 체계 구축: 미국을 중심으로

1. 사이버 보안의 창발: 부시 정부

개요

정보통신 기술의 발전으로 정보화와 세계화가 진행되던 조지 W. 부시 정부 시기에 컴퓨터 바이러스와 해킹 공격은 명성을 얻고자 하는 해커, 호기심에 의한 바이러스 유포, 개인정보 탈취를 위한 사이버 범죄 등이 사회적 문제로 등장하기 시작하였다.[5] 즉 정보화의 역기능의 하나로 정보보안, 정보보호의 문제가 제기된바, 사이버 위험의 안보화 과정 가운데 창발 혹은 창발의 전 단계에 해당한다고 할 수 있다.

부시 정부는 사이버 문제를 국가안보 이슈의 하나로 인식하지 못

---

5   이하 III절의 주요 내용은 오일석(2023)을 중심으로 재구성한 것이다.

하고 사이버 문제가 이슈연계나 양질전환되지 못하도록 사이버 보안의 기반을 형성하는 데 중점을 두었다. 특히 주요기반시설에 대해 해킹, 바이러스 유포 등 사이버 위험이 발생하여 국가의 주요 핵심기능이 마비되는 것을 방지하는 데 법제도(거버넌스) 구축을 집중하였다. 이는 클리턴 정부 시절 PDD63을 통해 주요기반시설을 보호하고 정보화 사회에서의 국가의 핵심 기능과 서비스를 유지하기 위한 노력과 닿아 있다. 다만 부시 정부의 주요기반시설 보호는 9.11테러 이후 물리적 테러의 가능성을 염두에 두면서 이슈연계를 차단하여 사이버 위험을 방지하고자 한 것으로 보인다.

정책과 제도

부시 정부는 사이버 보안에 관한 최초의 독립적 전략이라고 일컬린 〈안전한 사이버 공간을 위한 국가전략(The National Strategy to Secured Cyberspace)〉을 발표하였다. 전략의 핵심은 주요기반시설에 대한 사이버 공격을 예방하고, 취약성을 감소시키며, 사이버 공격으로 인한 피해의 감경이라는 세 가지 목표를 제시하였다. 즉 사이버 위험을 감경시켜 안보화 과정이 진행·확산되지 않도록 위협과 취약성 및 결과의 감경을 목표로 제시한 것으로 보인다.

나아가 이 전략은 사이버 공간을 이용하는 개인, 기업은 물론 기관 및 주요기반시설의 소유·운영자에 이르는 다양한 행위자들의 역할과 책임을 규정하였다. 동 전략은 "사이버 공간에 분산된 자산을 보호하는 것은 미국인들의 노력이 필요하다. 연방정부만으로는 미국의 사이버 공간을 충분히 방어할 수 없다"고 하였다(US Government 2004, 14). 이 전략은 사이버 위협을 식별하고, 정보 공유를 촉진하며 피해를 경감시키고, 취약성을 감소시키며 국제적 차원에서 사이버 안보를 강화하기 위해 다른 국가들은 물론 비국가 단체들과의 협력을 강화하는 국제적 대응 활동과 다자간 협력 구축을 포함하는 국가대응 시스템을 구축함으로써 사이버 공간에서의 미국의 리더십을 강화하도록 하고 있다.

위협의 감경에 대해서는 대부분 국내 형사 기소에 초점을 맞추고 있다. 즉 동 전략은 연방수사국(FBI), 국토안보부(DHS), 법무부(DOJ)로 하여금 국내외 사이버 범죄에 대해 미국법 및 국제법 위반으로 처벌하기 위해 사이버 범죄의 탐지, 체포 및 기소를 실행하도록 하였다. 그렇지만 부시 정부의 위 2003년 전략은 사이버 공격에 대한 국가 간 또는 국제적 차원에서 기소나 소추 내지는 적극적 방어나 훈련 등의 대응은 언급하지 않았다. 다만 미국의 대응이 '형사 기소에 국한될 필요는 없으며 적절한 방식으로 대응할 수 있는 권리를 보유한다'(US Government 2004, 50, 59)는 완곡한 표현으로 사이버 위협에 대한 대응 가능성만을 열어둔 것으로 보인다.

2003년 전략은 취약성의 감소와 인식 제고를 통해 사이버 공격의 실효성과 효용성을 제한함으로써 사이버 공격자가 의도하였던 결과 발생을 도출하지 못하게 함으로써 사이버 공격의 유인을 갖지 못하도록 하였다. 이는 부시 정부가 2001년에 발표한 행정명령 제13231호(Executive Order 13231, Critical Infrastructure Protection in the Information Age)를 통해 '정보화 시대에' 공공 및 민간 부문의 주요기반시설에 대한 보호를 조정하고자 한 것을 통하여도 알 수 있다(The White House 2001). 부시 정부는 또한 2001년 9월 테러 공격 직후 설립된 국토안보부(DHS)로 하여금 미국의 주요기반시설과 주요 자원을 보호하기 위한 개념, 프레임워크 및 프로세스를 개발하도록 규정한 국토안보부 대통령 지침 제7호(Homeland Security Presidential Directive

No. 7, Directive on Critical Infrastructure, Prioritization, and Protection, 2003)를 발표하였다. 국토안보부는 2006년에 제1차 국가기반시설 보호계획(National Infrastructure Protection Plan, NIPP)을 발표했다. NIPP를 통해 부시 정부는 2003년 전략의 세 가지 목적인 공격 예방, 취약성 감소, 피해 경감을 기반으로 하면서 '잠재적인 공격자는 그들이 감내할 수 있는 것보다 더 많은 실패의 위험에 직면하게 될 것이다'라고 언급하였다. 즉 공격 대상의 가치(Target Value)를 감소시키고, 사이버 위협을 예방 및 지연시키며, 공격의 효과를 최소화 및 '감경'하고, 공격으로부터의 회복을 강화하겠다고 하였다(Department of Homeland Security 2006, 45-47).

2. 양질전환에 따른 임계(사이버 보안에서 사이버 안보) 단계: 오바마 정부

개요

오바마 정부는 초기에 사이버 위험에 대한 대응에 있어 국가 중심보다는 시장의 자율에 맡기고자 한 것으로 보인다. 따라서 오바마 정부는 사이버 안보전략은 발표하지 않고 국가 차원에서 〈국가사이버안보종합이니셔티브(Comprehensive National Cybersecurity Initiative, CNCI)〉를 발표하였다. 그렇지만 소니 해킹 사건을 계기로 사이버 위험이 미국 내에서 현실화됨에 따라 보다 적극적인 개입으로 정책 방향을 선회한 것으로 보인다. 이에 따라 오바마 정부는 〈국방사이버전략(the DoD Cyber Strategy)〉을 발표하였다. 한편 오바마 후기인 2015년 이후 2018년 사이 러시아의 2016년 대선 개입과 미 주요 국가기반시설에 대한 렌섬웨어 공격 및 중국에 의한 미국의 선진기술과 지적

재산권에 대한 탈취 확대는 물론 중국이 연방 정부 전현직 직원의 정보를 절취하는 사건이 발생하였다. 그럼에도 불구하고 오바마 정부는 사이버 위협을 감경하기 위한 보다 공세적인 작전이나 적극적인 대응 조치를 전개하지 않았다. 다만 취약성 감소나 회복력 강화 등을 통해 사이버 위험을 감경시키기 위한 기반을 형성하는 데 중점을 두었다. 이러한 오바마 정부의 거버넌스 구조는 사이버 위협에 대한 정부의 대응이 지나치게 미온적이라는 비판에 직면하였다(Marks 2015).

정책과 제도

2009년 1월에 취임한 오바마는 대통령 국가안보지침 제54호(The White House 2008)에 따라 개발된 〈국가사이버 안보종합이니셔티브 (CNCI)〉를 발표하였다. CNCI는 부시 정부에서 시작되어 오바마 정부에서 마무된 것으로 2003년 전략을 강화한 것이다. CNCI는 미국이 사이버 안보에 있어 달성하여야 할 과제를 수립하였는데 그 가운데 10 번째 과제가 '지속적인 억지 전략과 프로그램을 정의하고 개발한다' 는 것이다(The White House 2009, 4).

오바마 정부는 2009년 CNCI를 통해 사이버 위험에 대한 '경고 역량'의 향상, '민간 부문과 국제 파트너의 역할' 강화, '국가 및 비국가 행위자 모두에 대한 적절한 대응'의 개발 등이 중요하다고 인식하였다(The White House 2009, 5). 이에 따라 2009년에 행정부 사이버 안보조정관(the Executive Branch Cybersecurity Coordinator: the White House cyber czar)을 신설하고 마이크로소프트의 보안 책임자였던 하워드 슈미트(Howard Schmidt)를 임명하였다. 같은 해 국방부는 NSA 와 협력하여 미국 사이버사령부(USCYBERCOM/Cybercom)를 창설하였다. 사이버사령부는 NSA 내에 위치하고 NSA 국장이 이끄는 미국

전략사령부 소속으로 NSA 네트워크를 사용하여 DoD 컴퓨터와 정보 인프라를 보호하는 임무를 맡게 되었다. 사이버사령부는 억지 목적을 위하여 공세적인 사이버 역량을 개발하는 임무도 맡게 되었다.

오바마 정부는 이후 2011년에 〈사이버 공간에서의 국방부 작전 전략(DoD Strategy for Operating in Cyberspace)〉을 최초로 정립하였다. 이 전략은 2010년 5월 〈국가안보전략(2010 National Security Strategy)〉과 2010년 2월 〈4년 국방 리뷰(Quadrennial Defense Review)〉에 기초하고 있다. 이 작전 전략은 미 국방부가 사이버 공간을 전쟁의 '작전 영역(operational domain)'으로 간주하고 사이버 공간의 잠재력을 최대한 활용하기 위해 조직, 훈련 및 장비의 정비를 포함한 5개의 전략적 이니셔티브를 정립하였다.

이후 국방부는 2015년에 최초로 〈국방사이버전략〉을 발표하였다. 이는 2014년 북한의 소니 해킹 공격으로 미 본토에서 사이버 공격에 따른 위험이 실제로 발생함에 따라 사이버 위협에 대한 제거와 감소를 통해 사이버 문제가 안보화 과정에서 확산되는 것을 차단하기 위한 조치로 보인다. 따라서 이 전략은 사이버사령부의 확장된 공세적 목적을 포함시켰다. 국방 사이버 전략은 사이버 전쟁(cyberwarfare)과 사이버 방어(cyber defence)에 대해 전반적으로 검토하였다. 국방 사이버 전략은 미국의 국익에 반하는 사이버 공격에 대하여 미국 권력의 적절한 수단을 선택·사용하여 미국이 원하는 시간, 장소, 방법으로 지속적으로 대응할 것이라고 하였다.

한편 오바마 정부는 국제협력과 국제규범 정립을 통해 사이버 위협 감경을 위한 활동의 효과성과 정당성을 확보하여 사이버 위험이 안보화 과정으로 확산되는 것을 방지하고자 하였다. 즉 오바마 정부는 2011년 정립한 〈사이버 공간 국제전략(International Strategy for Cyberspace)〉을 통해 '디지털 세계는 더 이상 무법천지가 아니며', '디지털 세계는 국가와 국민 사이에 책임감 있고 정의로우며 평화로운 행위 규범이 자리 잡기 시작하였다'라고 하였다. 이 전략에 기초하여 미국 국무부는 2011년에 세계 최초로 사이버이슈조정관실(Office of the Coordinator for Cyber Issues (S/CCI))을 설립하여 사이버 관련 외교 업무를 조정하고 국제 사이버 규범을 개발하도록 하였다. 사이버이슈조정관실은 2015년 미국과 중국의 사이버를 통한 경제적 정보활동에 관한 협정(중국이 이후에 영국, 캐나다, 호주, G-7, G-20과 서명하기로 쌍무적으로 합의함)을 체결하여, 어느 쪽도 '사이버상에서 이용 가능한 지적재산을 도용'하지 않기로 성문화하였다(Segal 2016). 이러한 양자 및 다자간 활동은 사이버 위협 관련 활동을 감경시킴으로써 사이버 문제의 이슈연계와 양질전환을 차단하고자 한 것으로 보인다. 사이버이슈조정관실은 2015년 유엔 정부전문가그룹(GGE)이 사이버 규범에 대한 기초적인 사항을 정립하는 데 기여한 바 있다. 다만 GGE는 2017년에 이러한 규범을 국제법에 포함된 권고사항과 연결하는 데에는 실패하였다(UN General Assembly 2015).

한편 위 2011년 전략은 자위권(right to self-defense) 행사를 통해 사이버 위협을 제거할 수 있음을 강력하게 시사하였다. 동 전략은 '미국은 사이버 공간에서의 적대 행위에 대응할 것이며, 특정 적대 행위에 대해서 미국은 군사적 파트너들과 맺은 조약에 따라 적절한 대응 행동을 취할 수밖에 없으며, 이 경우 외교, 정보, 군사, 경제 등 모든 수단을 사용할 권리를 보유한다'고 밝히고 있기 때문이다(Sanger 2016). 다만 오바마 정부는 합법적으로 간주되는 사이버 정보활동과, 경제적 혹은 국내적 마비 혹은 기반시설 파괴 등을 목적으로 하는 불법적인 사이버 정보활동, 정보 절취 및 사이버 공격을 구분하고자 하였다. 따라서 2015년 중국이 미국 인사관리국(OPM)으로부터 2,000만 명 이상의 인사 기록을 유출한 것에 대하여 '공격'이 아니라 오히려 (합법적) 정보활동으로 간주하였다. 당시 국가정보국장이었던 제임스 클래퍼(James Clapper)는 미국도 같은 일을 했을 것이다라고 하였다 (Levine 2016). 이러한 사실을 통해 볼 때 오바마 정부는 각종 전략 문서를 통해 사이버 위협 제거나 감경을 통해 사이버 문제의 이슈연계와 양질전환을 천명하고 그 기반을 구축하기는 하였지만 실제로는 취약성의 감소나 회복력 강화를 통해 사이버 위험을 감경하고자 한 것으로 보인다.

법제

오바마 정부는 사이버 문제가 양질전환과 이슈연계를 통해 안보화의 문제로 확산되는 고리를 차단하기 위한 법제 정비 활동에 있어 결과 발생의 방지를 통해 회복력을 강화하기 위하여 정보공유를 법제화하였다. 아울러 사이버 위협 감경을 위해 군사적인 활동을 동원하기보다는 현실적인 방안으로 경제제재를 부과하기 위한 법제를 도입하였다.

특히 정보공유 법제화에 있어 시장과 민간에 대한 부담을 경감시키기 위하여 사이버 위험에 대한 정보공유를 실행한 시장 참가자들에 대한 면책 규정 도입에 집중하였다. 경제제재 또한 시장을 통해 경쟁국이나 적성국을 압박하기 위한 것으로 사이버 문제의 안보화 과정 차단에 대한 개입을 최소한 자제하고 시장을 통한 해결을 모색하였다고 할 수 있다. 따라서 사이버 경제제재에 대한 법적 토대를 구축하였지만 경쟁국인 중국이나 러시아에 대한 제재를 발동하기보다는 미 본토에 대한 사이버 위험을 야기한 북한의 해커들에 대한 제재 부과를 실행하였다.

정보공유와 면책의 법제화

2015년 12월 18일 오바마 대통령의 서명으로 효력을 갖게 된 미국의 「2015년 사이버 보안정보공유법(Cybersecurity Information Sharing Act of 2015, CISA)」은 연방정부와 민간 부문의 사이버 보안 관련 정보공유 체계를 정립하고 있다(Sullivan & Cromwell LLP 2015). 즉, 이 법에 따라 국가정보장관(the Director of National Intelligence), 국방부 장관, 법무장관, 국토안보부장관 등으로 하여금, 미국 연방정부 부처 가 다른 연방기관, 주 및 지방정부는 물론 민간기관과의 정보공유를 활성화하기 위한 절차를 개발하고 제공하도록 하고 있다.

「사이버 보안정보공유법」은 동법에서 규정한 절차와 방법에 따라 사이버 위협 표지(cyber threat indicator) 또는 방어 수단(defensive measure)을 공유 또는 제공 받은 민간단체(private entity)에 대하여 소송을 제기하지 못하도록 규정하고 있다(Gardner and Broder 2016, 26). 즉, 동법 제106조(b)항은 사이버 위협 표지 또는 방어 수단을 공유 또는 는 제공 받은 것을 이유로 민간단체에 대하여 소송을 제기하거나 진행할 수 없으며, 만일 이러한 소송이 제기된 경우 법원은 이를 즉시 각하하여야 한다고 규정하고 있다(Cybersecurity Information Sharing Act of 2015 § 106(b)(1)). 이 경우 연방 제정법, 주 또는 지방 정부법 등에서 따로 규정하고 있다고 하더라도 이러한 민간단체는 면책조항의 적용을 받는다.

경제제재의 법제화

오바마 대통령이 2015년 4월 1일 행정명령 제13694호를 발표하여 사이버 안보 위반을 이유로 경제제재를 부과할 수 있도록 법제화하였다. 즉 미국은 악의적 사이버 활동 또는 외국에 위치한 사람의 감독 하에 이루어진 악의적 사이버 활동으로 미국의 국가안보, 외교정책 및 경제에 비정상적인 위협을 야기하는 경우 제재(sanction)를 부과할 수 있도록 하였다.

한편 미국 하원은 2018년 북미 화해의 무드가 조성되었음에도 불구하고 북한을 비롯한 중국과 러시아 및 이란의 사이버 공격에 대하여 제재를 강화하는 "사이버 억지와 대응 법안(Cyber Deterrence and Response Act of 2018, H.R.5576)"을 2018년 9월 5일 통과시켰고, 8월 23일에는 상원도 같은 내용의 법안(S.3378)을 통과시켰다. 그렇지만 동 법안은 최종 통과되지 못하였고 폐기되었다.

이러한 점에서 볼 때, 오바마 정부 당시 미국은 사이버 위협 감소를 통해 사이버 문제의 안보화 차단 거버넌스 구축에 있어 시장 개입을 통한 법제화에는 상당히 자제하고 있는 모습을 보였다고 할 수 있다. 오히려 시장에 개입하는 경우 시장이 필요로 하는 요구사항을 법제화하여 지원하는 데 노력하였다고 볼 수 있다.

3. 확산─사이버 안보의 국제화와 진영화: 트럼프 정부

개요

사이버 위험 감경을 통해 사이버 문제의 이슈연계와 양질전환을 차단하는 거버넌스 구축에 있어 오바마 정부가 취하였던 시장에 대한 최소한의 개입 혹은 시장 개입의 자제 기조는 오바마 정부 말기 러시아의 선거 개입으로 시장에 대한 적극적인 개입으로 전환된 것으로 보인다. 이는 2016년 대선 당시 러시아의 2015/16 민주당 및 민주당 전국위원회 자료 해킹, 조작, 유출에 대해 당시 존 브레넌(John Brennan) CIA 국장이 미국 민주주의 제도를 훼손하고 영향을 미치는 '새로운 수준의 악의적인 활동'으로 간주한 것을 통하여 알 수 있다 (Sanger 2016). 이는 사이버 문제가 이미 양질전환과 이슈연계를 통해 안보화 과정을 거쳐 심각한 국가안보 문제로 확산되고 있음을 인식한 결과라고 할 수 있다. 따라서 트럼프 정부는 이미 안보화 과정을 넘어선 사이버 문제에 대해 사이버 위협의 적극적인 감경, 공급망 재편을 통한 취약성의 극복, 회복력의 효율성과 탄력성 확보 등을 위해 적극적으로 국가가 개입하여 위험을 관리하는 방향으로 법제도(거버넌스)를 정비한 것으로 보인다.

이에 따라 트럼프 정부는 중국과 러시아와의 경쟁을 인식하면서 사이버 위험 감경을 통해 사이버 문제의 이슈연계와 양질전환을 차단함에 있어 보다 적극적인 개입을 실행하고자 한 것으로 보인다. 이는 미국의 기술과 지적재산권을 탈취하고 있는 중국과, 미국의 선거에 개입한 러시아에 대해 보다 적극적인 대응을 실행할 것임을 천명한 것을 통하여 알 수 있다. 이에 미국은 사이버 공간에서 무력분쟁 (armed conflict) 수준 이하의 행동을 포함하는 선제적 방어(defend forward)를 수행할 것이라고 하였다.

트럼프 정부가 시장에 대한 적극적 개입을 통해 사이버 안보 위험을 관리하고자 하였지만 트럼프 정부는 중국의 기술탈취를 막지 못하였고 러시아의 해킹 및 가짜뉴스에 적절하게 대응하지 못했다는 비판에 직면하였다.

정책과 제도

트럼프 정부는 우선 사이버 위협을 적극적으로 감경시키기 위해 사이버사령부를 연합전투사령부(Unified Combatant Command)로 격상시켰다. 사이버사령부의 지위 격상으로 사이버사령관과 국방부 장관 사이의 직접적인 통신선이 구축되었고, 사이버사령부는 미국 전략사령부나 유럽사령부 등과 같은 동등한 지위를 얻게 되었다.

이후 2018년 8월, 트럼프 대통령은 사이버 공격이 승인되는 방식을 규제한 오바마 정부의 '대통령 정책 지침 제20호'를 폐지하였다. 따라서 사이버사령관의 판단으로 수행할 수 있도록 한 사이버 공격을 대통령의 승인이 있어야 가능한 것으로 만들었다. 사실 사이버사령관의 단독 판단으로 사이버 공격을 감행하는 것은 현실적으로 상당한 부담이 있어 실제 사이버 공격을 감행하는 것이 곤란하였다. 오히려 대통령의 승인을 얻어 사이버 공격을 감행할 수 있는 현실적인 방안을 마련함으로써 보복적이고 공세적인 사이버 작전이 가능하게 되었다.

트럼프 정부에서 미 국무부는 2018년 5월에 '사이버 위협으로부터 적을 억지하고 미국인을 보호하기 위한 대통령 권고안(Recommendations to the President on Deterring Adversaries and Better Protecting the American People from Cyber Threats)'을 발표하였다. 위 대통령 권고안은 사이버 공간에서 사이버 위협을 감경시키기 위해서는 기존의 네트워크 방어만으로는 충분하지 못하다고 하였다. 따라서 이 권고안은 미국이 '무력사용의 문턱' 이하로 국가 및 비국가 행위자에게 부과할 수 있는 다양한 결과(consequences)를 개발하도록 권고하였다. 이를 위한 책임귀속 및 강압성의 신뢰성과 관련하여, 이 권고안은 미국으로 하여금 적들에게 신속하고, 비용을 부과하며, 명백한 결과를 보여줌으로써 위협을 식별하는 능력을 공개적으로 보여줄 것을 요구하였다.

2018년 9월 발행된 〈새로운 국방 사이버 전략(DoD's new Cyber Strategy)〉은 선제적 방어(defend forward) 개념을 제시하고 이에 필요한 군사적 사이버 역량을 확충하고 선제적 작전(pre-emptive operations)을 수행하며, 전쟁 대비 및 사이버 정보 수집을 실시할 것임을 특정 적대국들에게 선포하였다. 선제적 방어라는 것은 '적대국의 공격을 차단·종료시키기 위해 적대국의 위협이 목표 대상에 도달하기 전에 위협을 차단하기 위하여 미국의 역량을 외부로 집중하는 것'을 의미한다.

이러한 기조 속에서 비국가 행위자들에 대해서도 사이버 처벌(cyber punishment)과 사이버 공세(cyber offense)의 수행이 고려되었다. 사이버 공격과 범죄의 피해자, 즉 기업, 기관, NGO, 개인들로 하여금 가해자에 대해 '적극적 방어(active defense)'를 통해 '반격'하거나 반격할 수 있도록 하자는 것이다. 미국 컴퓨터사기남용법(Computer Fraud and Abuse Act)에 따르면, 개인이 다른 사람의 컴퓨터 시스템에 무단 침입하는 것은 불법이다. 구글과 마이크로소프트를 포함한 몇몇 미국 기업들은 우려를 표명했지만, 미 의회는 '적극적 사이버 방어 확실성 법안(the Active Cyber Defense Certainty Act)'에서 적극적 방어를 위해 CFAA의 예외를 규정하였다. 이에 따라 미국 주요 은행이나 일부 기업들이 자사의 서버·데이터·자산 보호를 위해 반격 해킹의 효용성을 검토한 것으로 알려졌다(Lohrmann 2017; Schmidle 2018).

한편 트럼프 정부는 다자주의와 특히 유엔(UN)에 대한 불신으로 글로벌 사이버 규범 확립에 대한 역할을 경시하였다. 대신 특정 국가 및 국가 그룹들과 양자 사이버 관계를 모색하였다. 즉 트럼프 정부는 국무부의 사이버조정관실을 폐쇄해 UN 협상에서 미국의 역할을 약화시켰지만, 2018년 10월 미국 동맹국들과의 장관급 회담 후속 조치로 규범 형성 과정을 재개하였다(Lyngaas 2018). 이는 미국이 사이버 규범을 위반하는 자들에게 책임을 물어야 하지만 UN을 통해 사이버 규범을 정립하고 책임을 귀속시킬 수 있는지에 대해서는 회의를 가지고 있었기 때문인 것으로 보인다. 따라서 유사입장 국가들과의 협력이라는 구조를 속에서 사이버 공격에 대한 결과를 부과할 수 있는 옵션을 개발하여야 한다고 강조하고 있다. 이러한 맥락에서 미국은 영국, 독일 등 북대서양조약기구(NATO) 동맹국과 손잡고 2019년 사이버 전쟁 원칙을 수립한 것으로 보인다(Emmott 2017).

2018년 8월, 의회는 러시아, 중국, 북한, 이란의 미국 선거에 대한 방해에 관하여 사이버 공간에서 군사적으로 방위하는 것을 승인했다. 이들 국가는 미국의 선거나 민주적인 정치 과정에 영향을 미치기 위하여 사이버 공간에서 미국 정부와 미국인을 적극적이고 조직적으로 공격하고 있다고 결정하면서 의회는 대통령과 국방장관에게 적절하고 비례적인 조치(action)를 통하여 사이버 공간에서의 이러한 공격을 방해, 패퇴 및 억지하도록 하였다(National Defense Authorization Act(NDAA) for Fiscal Year 2018, §§ 1636, 1642).

트럼프 정부는 2018년 9월 〈국가사이버안보전략(National Cyber-security Strategy)〉을 발표하였다. 이 사이버 안보전략은 위 국가안보전략을 발전시켜 사이버 공간에서의 연방 네트워크와 정보에 대한 보안을 강조하고 주요기반시설에 대한 보호는 물론 사이버 범죄 및 침해사고 대응 체계를 개선할 것이라고 하였다. 이 전략은 사이버 공간에서의 디지털 경제 활성화와 회복력 강화를 강조하였으며 사이버 공간을 통한 지적재산권 침해에 대해 적극적으로 대응할 것이라고 하였다. 사이버 공간에서의 국가 책임을 인정하는 규범을 통해 사이버 공간의 안전성을 확보하겠다고 하였다. 또한 사이버 공간에서의 비상식적 행위를 억지하고 해당 행위에 대한 책임귀속을 강화할 것이라고 발표하였다. 특히 이 전략에서 트럼프 대통령은 "미국에 대한 악의적 사이버 활동의 방지, 대응, 억지를 위해 물리적 및 사이버(both kinetic and cyber) 군사력을 포함한 국가 권력의 모든 수단을 사용할 것"이라고 하였다. 트럼프 대통령은 비슷한 시기 '미국 사이버작전 정책(United States Cyber Operation Policy)'을 '대통령 국가안보 훈령 제13호(National Security Presidential Memorandum 13)'로 발표하였다. 이 훈령은 국방부 장관에게 시간적으로 중요한 사이버 공간에서의 군사 작전을 수행하는 명확한 권한을 위임하고 있다.

미 국방부는 2018년 9월 〈국방사이버전략(DOD Cyber Strategy)〉을 발표하였다. 미국 내 네트워크에 대한 방어에 집중하였던 기존의 국방사이버전략과는 달리 2018년 국방사이버전략은 국방부가 악의적 사이버 활동과 그 원천을 방해 또는 중지하기 위해 무력분쟁(armed conflict) 수준 이하의 행동을 포함하는 선제적 방어(defend forward)를 수행할 것이라고 하였다. 따라서 미국은 선제적 방어를 통해 적들의 활동이나 행동이 의도한 목표물에 영향을 미치기 전에 관여하여야 한다고 하였다. 이는 미국이 러시아와 중국과의 장기적인 전략경쟁에 관여되었다는 인식에 기초한 것으로 보인다. 또한 사이버 공간은 미국에 장기적인 전략적 위험을 야기할 수 있다고 인식함은 물론 사이버 공간을 통한 지속적인 군사행동이 이루어지고 있다는 인식에 바탕을 둔 것으로 보인다. 따라서 국방부는 일상의 경쟁이 지속되는 사이버 공간에서 미국의 이익을 방위하기 위하여 조치를 취하여야 한다고 하였다.

법제의 정비

2019년도 미 국방수권법

2017년 12월 발표된 트럼프 정부의 〈국가안보전략(National Security Strategy)〉을 현실화하는 데 필요한 국방 예산을 확정한 「2019회계년도 국방수권법(the Fiscal Year 2019 National Defense Authorization Act(NDAA))」은 힘과 신기술에 기초하여 국가안보전략에서 문제 삼은 4개 국가(러시아, 중국, 북한, 이란)에 대한 적극적 견제와 억지를 구체화하였다. 이와 같은 기조에서 국방수권법은 국방부로 하여금 사이버 전쟁 및 전자전 전략 개발은 물론 역량강화 실행과 관련된 동시적이고 통합된 노력을 다하도록 요구하고 있다. 또한 적대국에 의한 사이버 공격에 대하여 적극적이고 체계적이며 즉각적인 대응이 가능하도록 사이버 방어를 강화하도록 하였다. 아울러 사이버사령부, 사이버 군부대 및 사이버 전쟁 수단과 역량 강화를 최우선과제로 제시하였다. 특히 주요기반시설 및 네트워크 방어 강화를 위해 국방부와 국토안보부의 협력을 강화하는 기구 설치를 규정하였다. 아울러 사이버 공격으로부터 국방 네트워크, 무기체계, 보급망 등에 대한 국방부의 회복력을 강화하도록 하였다. 이 법은 국방장관으로 하여금 사이버 공간에서의 은밀한 군사작전과 군사활동을 전개할 수 있도록 승인하였다. 또한 미국을 대상으로 하는 악의적 사이버 활동을 탐지하고 대응하기 위하여 사이버 공간, 사이버 안보, 사이버 전쟁 및 사이버 억지 등 관련 정책을 체계화하도록 하였다.

2021년도 미 국방수권법

미 트럼프 대통령은 2020년 12월 23일 「2021회계년도 국방수권법(National Defense Authorization Act(NDAA) for Fiscal Year 2021)」에 대해 거부권을 행사하였다. 트럼프 대통령은 이 법에 대해 중요한 국가안보 조치를 반영하지 못하고 있으며 국가안보와 외교정책에 있어 미국 우선주의에 반하는 중국과 러시아에 대한 선물이라고 비난하면서 거부권을 행사하였다. 그렇지만 미 하원은 2020년 12월 28일에, 미상원은 2021년 1월 1일에 동 법안을 재의결하여 최종 통과시켰다. 이국방수권법은 솔라리움 위원회(Cyberspace Solarium Commission)가 제안한 여러 권고 가운데 약 26개 사항을 규정하고 있다.[6] 또한 동 위원회의 활동을 연장하였다.

이 법률은 상원이 승인한 국가사이버국장(NCD)을 백악관 내에 두도록 규정함으로써 사이버 안보 거버넌스 체계를 재구축하였다. 국가사이버국장은 사이버 안보에 관한 백악관 내부의 소통 창구인 동시에 민간 부문과의 연결고리로서의 역할을 수행하여야 한다. 국가사이버국장은 상원의 임명 동의를 받아야 하며(NDAA Section 1752(d)), 국가안전보장회의(NSC)의 구성원이 된다(NDAA Section 1752(b)(1)).

2021 국방수권법에 따라 미 국방부는 주요 국가사이버긴급사태가 발생하는 경우 전문성과 능력 부족을 메우기 위하여 군, 민간 또는 군과 민간 혼합 사이버 예비군의 모델과 필요성 등에 대한 평가를 수행하여야 한다(NDAA Section 1730(b)(2)). 2021년도 국방수권법에 따라 국토안보부 사이버안보기반보호청(CISA)의 장은 해당 직원을 미국 각 주(州)의 사이버 안보조정관(Cybersecurity State Coordinator)으로 임명하여야 한다.

6   https://www.solarium.gov/report

4. 확산의 심화―사이버 안보의 진영화: 바이든 정부

개요

트럼프 정부는 선제적 방어에 기초하여 사이버 위협을 차단함으로써 사이버 보안의 문제가 사이버 안보의 문제로 안보화 과정이 확산되는 것을 차단하고자 하였다. 그렇지만 트럼프 정부 말기부터 바이든 정부의 초기에 걸쳐 진행된 솔라윈즈 사이버 보안 사태, 콜로니얼 파이프라인 사건 등은 사이버 위험이 양질전환과 이슈연계를 통해 국제적 안보의 문제로 더욱 확산되었음을 보여준다. 더구나 러시아의 선거 개입과 코로나 상황에서 중국의 미국 의료기술을 포함한 신기술 탈취를 위한 사이버 공격이 지속됨에 따라 사이버 안보 문제는 국가 안보의 최우선순위를 차지하게 되었다.

그럼에도 불구하고 바이든 정부는 사이버 위험의 안보화를 차단 또는 감경시키기 위하여 사이버 위협을 감경시키고 취약성을 감소시키며 결과 발생의 방지, 즉 회복력 강화를 위한 법제도(거버넌스) 정비와 개선을 지속하고 있다. 우선 사이버 위협 대응과 관련하여 바이든 정부는 트럼프 정부의 선제적 방어 전략을 계승하고 있다고 볼 수 있다. 바이든 정부가 말하는 미국의 귀환은 미국 우선주의 하에 정립된 트럼프의 사이버 위협 감경 법제도를 계승하면서 중국이나 러시아 등 권위주의 국가들에 대해 민주주의 가치를 근거로 동맹국들과 협력하여 보다 강력하게 대응할 것임을 시사하고 있기 때문이다. 이에 바이든 정부는 유사입장 국가(likeminded countries)들과 더불어 사이버 공격을 이유로 한 경제제재(cybersanction)와 책임귀속의 실질적 작동을 강화시키고자 하였다.

그렇지만 코로나19에 따른 공급망의 붕괴와 솔라윈즈 사태에 따른 공급망 사이버 안보 문제는 사이버 위협 감경 중심의 법제화(거버 넌스) 구조에 대한 수정을 요구하게 되었다. 이러한 점에서 바이든 정 부와 트럼프 정부의 사이버 문제의 안보화 차단을 위한 법제도 정비 에 있어 가장 큰 차이점은 취약성 감소를 통한 사이버 위험 감소에 있 다고 할 것이다. 이는 바이든 정부의 출범 전후 러시아로부터 솔라윈 즈 제품의 취약성을 이용한 사이버 공격 사태로 인하여 미국이 심각 한 피해를 경험한 바에 따른 것으로 보인다. 즉 코로나19로 정보통신 (ICT) 및 사이버 안보 관련 하드웨어나 소프트웨어에 대한 공급망 확 보와 그 안전성 담보는 주요한 사이버 안보 문제가 되었다. 미국은 솔 라윈즈 제품을 사용한 18,000여 개의 연방 부처와 민간기업 등의 시 스템과 네트워크가 동 제품에 탑재된 악성코드에 의한 해킹 공격을 당하였다. 이에 따라 바이든 정부는 사이버 위험 감소를 위한 취약성 감경에 있어 공급망 사이버 보안에 특히 집중하고 있는 것으로 보인 다. 물론 이는 바이든 정부의 미국 중심 공급망 구축 전략과도 연계되 어 있다.

미국 중심 공급망 구축과 그에 따른 사이버 보안을 확보하기 위해 서는 민관협력이 무엇보다도 중요하다. 따라서 바이든 정부는 2023년 3월 발표된 사이버 안보전략을 통해 사이버 위협 대응을 위한 선제적 방어 전략의 실행보다는 민관협력을 통해 취약성을 감소시키고 회복 력을 강화하는 방안으로 전략의 중심축을 이동한 것으로 보인다.

그렇지만 이러한 바이든 정부의 사이버 안보 법제도(거버넌스)는 시장에 대한 보다 적극적인 개입을 의미하고 있다. 따라서 시장에 대 한 국가의 보다 적극적인 개입에 따라 생성되는 비효율과 비용을 누 가 부담할 것인지가 과제로 남는다. 바이든 정부가 트럼프 정부보다 동맹국과 파트너 국가들과의 협력을 더욱 강조하고 있는데 이는 사이버 안보를 위한 시장 개입에 따른 비용을 이들에게 전가시키고자 하는 전략으로 보인다.

정책과 제도

미국 바이든 대통령은 2022년 1월 19일 '국가안보, 국방 및 정보 공동체의 서이버 안보 향상을 위한 지침(Memorandum on Improving the Cybersecurity of National Security, Department of Defense, and Intelligence Community Systems)'을 발령하였다. 이에 따라 국가안보국(NSA)의 장은 국가안보시스템에 대한 안정성 확보를 위하여 위 대통령 행정명령에서 정한 것 이상의 권한과 책임을 부여받는다. 동 지침은 국가안보시스템에 대해 연방정보시스템에 요구되는 사이버 보안 요건과 동등하거나 그 이상의 요건을 확보하도록 규정하고, 국가안보시스템 고유의 필요성에 대처하기 위한 사항을 실행하도록 하고 있다. 이에 따라 국가안보시스템을 보유 또는 운용하는 각 부처의 장관은 이 지침 시행일로부터 60일 이내에 신뢰 제로(Zero Trust) 아키텍처를 구축하여야 한다. 또한 90일 이내에 국가안보시스템의 클라우드 이행과 운용에 있어 최소한의 보안 기준과 관리 가이던스를 정립하고 공포하여야 한다.

미국 바이든 정부는 2023년 3월 2일 〈국가사이버안보전략(National Cybersecurity Strategy)〉을 발표하였다. 이 전략을 통해 바이든 정부는 사이버 안보에 있어 컴퓨터와 네트워크에 대한 사이버 보안보다는 디지털 경제의 안전성 강화와 신기술 보호로 중심축을 이동시켰다. 다시 말해 공급망 보호, 경제에 타격을 가하고 있는 랜섬웨어 대응, 사이버 공간을 통한 신기술 탈취의 방지에 중점을 둔 것이다. 이는 동 전략이 디지털 생태계(digital ecosystem)[7]라는 용어를 처음으로 사용하면서 전략의 곳곳에서 강조하고 있는 것을 통해 확인할 수 있다. 아울러 모든 미국인들을 위해 디지털 생태계의 안전성과 보안성 확보를 위하여 동 전략을 발표한다는 바이든 정부의 통지문도 이러한 사실을 의미하는 것으로 볼 수 있다(The White House 2023).

이와 같이 디지털 경제와 신기술 보호를 위한 분야로 방향을 전환함에 따라 동 전략은 사이버 안보에 있어 민간 주도와 민관협력을 강조하고 있다. 디지털 경제와 신기술 보호에 집중하다보니 사이버 위협 인식에 있어서도 러시아보다는 중국의 위협을 강조하고 있으며 북한이 사이버 공간에서 감행하고 있는 범죄활동에 대해 인식을 강화하고 있다.

동 전략은 디지털 경제의 안전성 강화와 신기술 경쟁력 확보를 중심으로 사이버 위협에 대응하기 위하여 미국 내부의 역량 강화와 회복력 증진을 강조하고 있다. 이는 바이든 정부 이후 발생한 솔라윈즈 사건, 마이크로소프트 이메일 사건, 콜로니얼 파이프라인을 비롯한 수많은 랜섬웨어 공격 등으로 인하여 미국이 실제 국내적으로 심각한 사이버 공격의 피해를 경험하였기 때문인 것으로 보인다. 즉 취약성 감소와 회복력 강화를 통해 사이버 공격을 감내하여 공격자들로 하여금 비용을 부담하도록 하겠다는 것이다. 사이버 공격자들에 대한 선제적 방어 등 군사적 수단의 행사는 자제하고 자국 네트워크와 시스템 보안을 강화하고 공급망 안정성을 보장하여 신기술 경쟁에 대비하는 데에 중점을 둔 것으로 분석된다.

---

7   디지털 생태계는 바이든 정부의 국가사이버안보전략에서 처음으로 사용되고 있으며 전략 곳곳에 핵심 용어로 활용되고 있다. 이에 반해 트럼프 정부의 국가사이버안보전략은 기술적 생태계(technological ecosystem), 생태계의 폭(breadth of the ecosystem), 사이버 생태계(the cyber ecosystem) 등 생태계란 용어를 단 3번 사용했을 뿐이다.

동 전략은 사이버 공간에서의 회복력 강화를 접근법으로 제시하면서 디지털 생태계에 참여하는 공공, 민간기업, 시민사회, 동맹국과 파트너 국가들의 전례 없는 협력을 강조하고 있다. 동 전략은 사이버 공간의 안전성 확보를 위해 국가 주도가 아닌 민간 주도로의 정책적 방향 전환을 제시한 것으로 보인다. 디지털 생태계의 보호와 회복력 강화를 위해서는 무엇보다도 민관협력이 강화되어야 함을 강조한 것이다. 그렇지만 정부는 정부 시스템의 보안 강화, 민간기업 특히 주요기반시설 소유자와 운영자의 시스템 보안 지원은 물론 외교, 정보활동, 경제제재 부과, 법집행, 사이버 위협에 대한 와해 활동(disruptive actions)을 수행하는 것으로 규정하고 있어 시장에 대한 다양한 개입수단을 사용할 것임을 규정하고 있다.

또한 동 전략은 미래 디지털 시스템 보호와 회복력 강화를 위한 투자 확대를 제시하였다. 투자에 있어서도 민간과 공공 프로그램이 사이버 보안과 회복력을 강화하는 경우 보상을 제공하고, 민간과 공공이 건전하고 다양한 사이버 인력을 양성하도록 하였다. 사이버 안보에 대한 연구개발 투자를 전략적으로 확대하여 회복력을 강화하고, 디지털 생태계를 종합적으로 관리할 것이라고 하였다. 한편 연방정부는 주요기반시설 개선, 에너지 시스템의 디지털화와 탈탄소화, 반도체 공급망의 안전성 확보, 암호기술의 현대화, 외교정책의 개편 등에 투자할 것이라고 언급하였다.

동 전략은 사이버 공격을 감행한 해커 조직과 집단 또는 국가에 대하여 사이버 억지(deterrence), 책임귀속 등에 기초하여 군사적 수단을 활용한 대응보다는 민관협력을 통한 대응과 회복력 강화를 강조하였다. 트럼프 정부에서 발표한 〈국가사이버안보전략〉에서는 사이버 억지와 책임귀속을 전체적으로 사용하면서 러시아, 중국, 이란, 북한 등을 압박하였다면, 바이든 정부는 책임귀속에 대해 두 번만 언급하였다. 이 가운데 국제사회와의 협력을 통해 '합의된 책임귀속 성명(to produce coordinated statement of attribution)을 생성'한다는 언급만이 유의미하다. 따라서 선제적 방어 등 군사력을 이용하여 사이버 위협을 감경시키는 정책적 수단의 선택은 자제될 것으로 보인다. 동 전략이 언급하고 있는 해커 조직의 와해와 해체도 특정 국가에 대한 전면적 사이버 반격을 의미하는 것이 아니라 디지털 생태계를 교란하여 디지털 경제와 공급망을 위협하거나 신기술을 탈취하는 사이버 범죄자를 소탕한다는 측면이 강하다고 보인다.

바이든 정부가 발표한 「국가사이버안보전략」의 가장 큰 특징 중에 하나는 중국의 사이버 위협에 대한 인식의 변화라고 생각된다. 트럼프 정부가 사이버 위협 국가로 러시아, 중국, 이란, 북한 등을 지목하였다면 바이든 정부는 중국을 가장 큰 사이버 위협 국가로 인식하여 중국, 러시아, 이란, 북한 순으로 표기하였다. 트럼프 정부는 중국에 대하여 사이버에 기초한 경제적 정보수집에 치중하고 있다는 점만을 부각하였다. 하지만 바이든 정부는 중국이 국제질서의 재형성은 물론 경제, 외교, 군사 및 기술 권력에 있어 미국에 대응하고자 하는 의도를 가지고 미국 정부와 민간 네트워크에 대해 지속적으로 위협하고 있다고 지적하였다. 이는 사이버 공간에서도 미중경쟁이 심화되고 있으며 사이버 안보 문제를 진영화를 통해 해결하고자 하는 의지로 보인다. 이러한 사실은 바이든 정부가 북한이 핵개발을 지원하기 위하여 암호화폐 탈취, 랜섬웨어, 정보통신기술자의 파견 등 범죄적 수익을 창출하기 위한 사이버 활동을 수행하고 있다고 규정한 것을 통하여도 알 수 있다.

이와 같은 사이버 안보의 진영화를 기반으로 동 전략은 대외적으로는 가치 공유에 기초한 진영 내부의 협력을 통해 사이버 위협에 강력히 대응할 것이라고 하였다. 이는 QUAD, AUKUS 인·태 지역의 안보협력체를 통한 대응 강화를 강조한 것을 통해 확인할 수 있다. 즉 QUAD와는 가치 공유에 기반한 디지털 환경의 발전과 컴퓨터긴급대응팀 사이의 정보공유 강화를 모색하고, AUKUS를 통해서는 핵심 기술의 보호, 사이버 조정 능력의 향상 및 선진 역량의 공유 등의 협력을 강화할 것임을 강조하였다. 아울러 IPEF, APEC 등과의 협력을 통해 공급망과 경제안보를 위한 사이버 안보 협력을 강조하였다. 즉 프라이버시 보호에 기초하여 역외 데이터 이전을 활성화하고 공급망과 회복력 강화를 위해 IPEF, APEC 등과의 협력을 강화할 것임을 천명한 것이다.

법제

공급망 사이버 보안 강화
바이든 미국 대통령은 2021년 5월 12일 "국가사이버안보 향상 행정명령(Executive Order on Improving the Nation's Cybersecurity)"을 발동하였다. 이 행정명령은 솔라윈즈와 마이크로소프트 이메일 해킹 공격 및 콜로니얼 파이프라인 랜섬웨어 공격에 따른 연방정부 네트워크 보안과 소프트웨어 공급망에 대한 보안을 강화하기 위한 것이다. 동 행정명령은 침입 예방(preventing intrusion), 침입에 따른 영향력 최소화(사전 탐지)[minimizing impact of intrusion(pre-detection)], 침입 탐지와 대응(detecting and responding intrusion), 침입에 따른 학습과 공유[(Learning and disseminating) lessons from intrusion] 등으로 구성되어 있다. 동 행정명령은 1) 연방부서와 유관 기관의 개선, 2) 정부에 소프트웨어를 판매하는 계약업자들의 필수 보안 기준, 3) 정보침해 사례에 대한 보고서 작성과 기관조사에 적극적으로 협조할 것을 의무사항으로 하는 보안조치를 포함하고 있다(Chesney and Herr 2021; Haydock 2021).

이 행정명령에 따라 미국 연방정부 부처는 데이터를 암호화하여야 하며 클라우드 호스팅 서비스의 안전한 사용에 대한 계획을 업데이트하고, 다중 인증 체계를 구현하여야 한다. 또한 연방정부 부처들은 잠재적 사이버 공격을 탐지한 경우 경고를 발령하도록 하는 '종점탐지대응소프트웨어(endpoint detection and response software)'를 설치하여야 한다. 아울러 연방정부 부처들은 신뢰-제로구조를 사용하여 자신들의 네트워크에 해커가 침입한 것으로 가정하고 해커들이 내부 시스템을 헤집고 돌아다니지 못하도록 네트워크를 재설계하여야 한다. 또한 이 명령에 따라 연방정부 부처들은 아마존 웹 서비스(Amazon Web Services)와 같은 클라우드 컴퓨팅을 위한 정부의 시장인 페드 램프(Fed RAMP)를 활성화하여 사이버 안보를 강화하여야 한다. 또한 연방 클라우드 안보 전략을 제정하여 연방 부처들이 데이터를 안전하게 클라우드로 전송하도록 하여야 한다.

이 행정명령은 국토안보부 사이버 안보기반보호청(CISA)으로 하여금 다른 부처의 보안 데이터에, 필요한 경우 CISA가 접근할 수 있도록 보장하는 모니터링 소프트웨어를 해당 부처의 네트워크에 설치하도록 하는 협정을 체결하고 검토하도록 하였다. 또한 이 행정명령은 CISA에 대하여 2021년 국방수권법에 의하여 부여받은 권한에 따라 다른 부처의 네트워크를 사전 승인 없이 점검할 경우 이를 보고하도록 하였다.

또한 이 행정명령은 항공기나 철도 및 차량의 충돌을 조사하는 '국가교통안전국(National Transportation Safety Board)'을 모델로 하여 사이버 안보 관련 사고를 조사할 '사이버침해사고조사단'을 설립하도록 하였다. 아울러 연방정부와 거래하는 계약자(contractor)들에 대하여 데이터 유출 시 보고하도록 하고 새로운 소프트웨어 보안 기준을 충족시키도록 하였다.

이 행정명령에 따라 연방정부와 거래한 판매업자들이 확인된 데이터 위반 사례들을 적극적으로 보고하여야 한다. 또한 침해사고가 발생한 경우, FBI와 CISA가 피해를 당한 기관들에 대한 조사를 수행하는 데 있어 민간부문은 의무적으로 협조하여야 한다. 정부와 소프트웨어 공급업체 사이의 이러한 요구사항이 추가되는 것은 정당한 것으로 보이며, 민간기업들 사이에서는 이러한 계약의무조항들이 이미 널리 사용되고 있다.

미 하원은 2021년 10월 20일 '2021년 국토안보부 소프트웨어 공급망 리스크 관리법안(DHS Software Supply Chain Risk Management Act of 2021)'을 가결하였다. 이 법안은 소프트웨어 공급망 위험 관리를 강화하는 것으로 바이든 대통령이 5월 12일 발표한 '국가사이버안보 향상 행정명령'에 기초하고 있으며 솔라윈즈 사태과 같은 사고의 재발을 막는 것이 목적이다. 법안이 통과될 경우, DHS의 계약업체는 납품하려는 소프트웨어를 목록화한 소프트웨어 부품표(SBOM), 기존 취약성 대응 현황, 신규 취약성에 대한 대응·복구 계획 등을 의무적으로 제출하여야 한다.

기반시설 보호 등 회복력과 역량 강화
2021년 11월 15일 바이든 대통령은 5,500억 달러 규모의 「기반시설투자 및 직업법(The Infrastructure Investment and Jobs Act, IIJA)」에 서명하였다. 이 법은 미국의 기반시설을 현대화하기 위한 것으로 14억 9,000만 달러 이상의 자금 배정을 포함하여 사이버 안보 개선을 위한 내용을 규정하고 있다. 이 법은 사이버 안보 위험 평가, 사이버 전문가 양성 및 전력, 수자원 등 주요기반시설에 대한 사이버 보안 강화 등을 위한 프로그램을 규정하고 있다. 주요기반시설에 대한 사이버 보안을 강화하기 위하여 이 법은 민간부문의 협력을 유인하고 국가사이버국장(National Cyber Director)에게 자금을 제공하며 국토안보부(DHS)로 하여금 주요 사이버 침해사고의 공표와 전문가 및 자금의 분배에 관한 권한을 부여하였다. 또한, 10억 달러를 출연하여 미국의 모든 주, 지방, 인디언 보호구역의 사이버 보안 인프라를 강화하는 프로그램을 설립하도록 하였다.

바이든 대통령은 2021년 12월 27일 「2022 회계연도 국방수권법(NDAA)」에 서명하고 7,700억 달러의 지출을 승인하였다. 동 법은 사이버 안보 정책과 관련하여 민간 부문과의 협력을 확대하고, 미국의 현재 사이버 안보 상태에 대해 조사하며, 사이버 인력 개선 및 국방부의 사이버 인프라 표준을 업그레이드할 것을 규정하고 있다. 이 법은 민간 부문과의 협력을 위하여 국토안보부 사이버 안보기반보호청(CISA)의 사이버센트리(CyberSentry) 프로그램을 확대하도록 입법화하였다. 이 프로그램은 해킹을 선제적으로 대응하기 위하여 주요기반시설과 민간기업 사이의 온라인 트래픽을 적극적으로 모니터링하는 활동이다. 또한 이 법은 사이버 공격에 대응하기 위하여 민간 부문과 미 사이버사령부 사이의 자발적 협력을 위한 프로그램을 정립하도록 하였으며, 국방부로 하여금 CISA와 협력하여 민간기업들을 지원하도록 하였다.

이 법은 미국의 사이버 능력(American cyber power), 미국 사이버 역량, 사이버 안보 취약성에 대한 평가와 미국의 적성국들이 이를 식별함으로 인하여 받을 수 있는 이익에 대한 평가 등 미국의 현재 사이버 상태에 관하여 다수의 보고서를 작성하도록 하였다. 또한 사이버 사령관으로 하여금 이러한 보고서에서 발견된 사항을 반영하여 보다 정교한 사이버 전략을 수립하도록 하고 이에 필요한 기획, 프로그램 및 예산 권한을 부여하였다.

국방부 사이버 인재 육성을 위해, 이 법은 주방위군(National Guard)을 위한 사이버 보안 훈련 프로그램을 확대하고, 사이버에 특화된 학생들을 학부 과정에서부터 채용하고 교수를 자문단으로 고용하는 등 학계와의 연계를 강화하도록 하였다. 또한 기존 국방부의 군인 및 민간 사이버 요원의 채용과 역량 강화에 대해 점검하도록 하였다. 아울러 이 법은 사이버 침해사고가 발생한 경우 정부와 시민사회가 총력으로 대응하도록 하는 새로운 국가 사이버 훈련 프로그램을 창설하도록 하였다.

마지막으로 이 법은 사이버 및 데이터 제품 획득에 있어 기업 마인드에 입각한 점검 프로그램을 정립하고, 군에 불필요한 기존 소프트웨어 시스템을 과감히 제거하는 노력을 개시하며, 국방부 전반에 걸쳐 신뢰 제로(Zero Trust)를 적용한 보고서를 작성하도록 하였다. 또한 이 법은 국방부의 사이버 안보 절차를 개선하기 위한 각종 새로운 프로그램과 보고서 작성 등을 규정하고 있다.

미 상원은 2022년 3월 1일 「미국사이버안보강화법(the Strengthening American Cybersecurity Act, SACA)」에 대해 만장일치로 통과시켰다. SACA는 △주요기반시설 운영자들에 대해 사이버 공격 사례에 대한 보고 의무를 규정하고, △연방 부처의 정보보안을 강화하며, △

연방 부처에 대해 클라우드 기반 기술의 조달을 보장하는 등 3개의 법안이 결합된 형태로 입법화되었다.

우선 SACA에 통합된 「2022년 주요기반시설 사이버 침해사고 보고법(the Cyber Incident Reporting for Critical Infrastructure Act of 2022, CIRCIA)」은 주요기반시설 운영자에 대하여 사이버 공격이 발생한 후 72시간 이내에 국토안보부 사이버 안보기반보호청(CISA)에 보고하는 의무 등을 규정하였다. 「연방정보보안현대화법(Federal Information Security Modernisation Act of 2022, FISMA 2022)」은 연방 부처의 정보 보안 관리를 보다 강화하였다. 「연방 클라우드 개선과 일자리 보장법(Federal Secure Improvement and Jobs Act of 2022, FSCIJ)」은 연방 조달청의 연방위험인증관리프로그램(Federal Risk and Authorization Management Program, FedRAMP)을 승인하였다.

동 법안의 통과로 미국 사이버 안보 당국의 숙원 사업 가운데 하나였던 주요기반시설 운영자들의 침해사고 보고 의무의 법률상 강제가 가능하게 되었다. 민간이 대부분인 미국의 주요기반시설 운영자들은 기업의 영업기밀 유출, 주식가치 하락, 평판 침해 등을 이유로 사이버 침해사고에 대한 의무적 보고에 반대하였다(오일석 2017).

IV. 결론

시장을 통한 사이버 위험 분배의 실패는 정부에 의한 시장 개입을 요구하고 있다. 민주주의와 시장경제 체제하에서 국가의 시장 개입은 특별한 경우에 한하여 법적 근거에 기초하여 이루어지고 있다. 국가의 시장 개입이 시장의 자율성을 저해하여 비효율과 비용을 양산할 수 있기 때문이다. 국가는 시장에 개입하여 사이버 위험이 이슈연계와 양질전환되어 안보화 과정을 거쳐 사이버 안보 문제로 확산되는 과정을 차단하기 위한 거버넌스 구조를 정립하고자 할 것이다. 이 경우 국가는 위협(threat)과 취약성(vulnerability) 및 결과 발생(consequence)을 감소시키거나 제거하기 위한 법제도(거버넌스)를 선택하여 사이버 문제의 안보화 과정 진행을 연결하는 고리를 차단 또는 저지하고자 할 것이다.

미국의 부시 정부는 사이버 문제를 국가안보 이슈의 하나로 인식하지 못한 상태에서 사이버 문제가 이슈연계나 양질전환되지 못하도록 사이버 보안의 기반을 형성하는 데 중점을 두었다. 즉 주요기반시설에 대한 사이버 공격을 예방하고, 취약성을 감소시키며, 사이버 공격으로 인한 피해의 감경이라는 목표를 제시한 것이다. 특히 주요기반시설에 대해 해킹, 바이러스 유포 등 사이버 위험이 발생하여 국가의 주요 핵심기능이 마비되는 것을 방지하는 데 법제도(거버넌스) 구축을 집중하였다. 다만 부시 정부의 주요기반시설 보호는 9.11테러 이후 물리적 테러의 가능성을 염두에 두면서 이슈연계를 차단하여 사이버 위험을 방지하고자 한 것으로 보인다.

오바마 정부는 초기에 사이버 위험에 대한 대응에 있어 국가 중심보다는 시장의 자율에 맡기고자 한 것으로 보인다. 그렇지만 소니 해킹 사건을 계기로 사이버 위험이 미국 내에서 현실화됨에 따라 보다 적극적인 개입으로 정책 방향을 선회한 것으로 보인다. 오바마 정부는 사이버 위협을 감경하기 위한 보다 공세적인 작전이나 적극적인 대응 조치를 전개하지는 않았다. 다만 취약성 감소나 회복력 강화 등을 통해 사이버 위험을 감경시키기 위한 기반을 형성하는 데 중점을 두었다. 또한 국제협력과 국제규범 정립을 통해 사이버 위협 감경을 위한 활동의 효과성과 정당성을 확보하여 사이버 위험이 안보화 과정으로 확산되는 것을 방지하고자 하였다. 오바마 정부는 사이버 문제가 양질전환과 이슈연계를 통해 안보화의 문제로 확산되는 고리를 차단하기 위한 법제 정비 활동에 있어 회복력 강화에 중점을 둔 것으로 보인다. 이는 특히 결과 발생의 방지를 통해 회복력을 강화하기 위하여 정보공유를 법제화한 것을 통하여 알 수 있다. 아울러 사이버 위협 감경을 위해 군사적인 활동을 동원하기보다는 현실적인 방안으로 경제제재를 부과하기 위한 법제를 도입하였다.

트럼프 정부는 이미 안보화 과정을 넘어선 사이버 문제에 대해 사이버 위협의 적극적인 감경, 공급망 재편을 통한 취약성의 극복, 효율적이고 탄력적인 회복력의 등을 목적으로 제시하면서 국가의 적극적인 개입을 통해 사이버 위험을 관리하는 방향으로 법제도(거버넌스)를 정비한 것으로 보인다. 트럼프 정부는 중국과 러시아와의 경쟁을 인식하면서 사이버 위험 감경을 통해 사이버 문제의 이슈연계와 양질전환을 차단함에 있어 보다 적극적인 개입을 실행하고자 한 것으로 보인다. 특히 위협의 감경을 적극적으로 추진하기 위해 사이버 공간에서 무력분쟁(armed conflict) 수준 이하의 행동을 포함하는 선제적 방어(defend forward)를 수행할 것을 천명하였다. 즉 사이버 문제의 안보화 과정 차단을 위하여 취약성 감소와 회복력 강화보다는 군사력이나 외교력 등을 활용하여 힘에 의한 평화를 강조하면서 위협 경감을 강하게 추진한 것으로 보인다. 이는 트럼프 정부가 사이버사령부를 연합전투사령부로 격상시키고 선제적 방어 개념을 제시한 것을 통하여도 알 수 있다. 트럼프 정부는 사이버 문제의 안보화 과정에 대한 외교적 대응에 있어 다자주의보다는 특정 국가 및 국가 그룹들과 양자적 사이버 관계를 선호하였다. 동맹국과 파트너 국가들의 협력을 강조하면서 이들 국가에 대해 사이버 안보에 대한 국가 개입에 따른 비용을 분담할 것을 요구하였다.

바이든 정부는 사이버 문제의 안보화를 차단 또는 감경시키기 위하여 사이버 위협을 감경시키고 취약성을 감소시키며 결과 발생의 방지, 즉 회복력 강화를 위한 법제도(거버넌스) 정비와 개선을 지속하고 있다. 그렇지만 바이든 정부와 트럼프 정부의 사이버 문제의 안보화 차단을 위한 법제도 정비에 있어 가장 큰 차이점은 취약성 감소를 통한 사이버 위험 감소에 있다고 할 것이다. 이는 바이든 정부의 출범 전후 러시아로부터 솔라윈즈 제품의 취약성을 이용한 사이버 공격 사태로 인하여 미국이 심각한 피해를 경험한 바에 따른 것으로 보인다.

바이든 정부는 2023년 3월 발표된 〈국가사이버안보전략〉을 통해 사이버 위협 대응을 위한 선제적 방어 전략의 실행보다는 공급망 보안을 중심으로 민관협력을 통해 취약성을 감소시키고 회복력을 강화하는 방향으로 전략의 중심축을 이동한 것으로 보인다. 다시 말해 바이든 정부는 사이버 위험 감소를 위한 취약성 감경에 있어 공급망 사이버 보안에 특히 집중하고 있는 것으로 보인다. 물론 이는 바이든 정부의 미국 중심 공급망 구축 전략과도 연계되어 있다.

이러한 바이든 정부의 사이버 안보 법제도(거버넌스)는 시장에 대한 보다 적극적인 개입을 의미하고 있다. 따라서 시장에 대한 국가의 적극적인 개입에 따라 생성되는 비효율과 비용을 누가 부담할 것인지가 과제로 남는다. 바이든 정부가 트럼프 정부보다 동맹국과 파트너 국가들과의 협력을 더욱 강조하고 있는데 이는 사이버 안보를 위한 시장 개입에 따른 비용을 이들에게 전가시키고자 하는 전략으로 보인다.

미중경쟁과 기술발전, 코로나19와 비대면 사회의 가속화, 우크라이나 하이브리드 전쟁 등으로 사이버 공간에서도 진영화가 가속화되고 있다. 사이버 공간의 진영화에 따라 미국과 서방은 물론 우리 정부도 자유민주적 가치를 사이버 공간을 통해 실현하고자 하고 있다. 즉 자유민주적 가치를 중심으로 사이버 공간의 진영화를 강화하고 회색의 경쟁 지대인 사이버 공간에서 경쟁력 우위를 확보하기 위해 노력하고 있다. 자유민주적 가치를 중심으로 결집한 미국과 서방 및 우리는 사이버 안보 위협을 억지하고 취약성을 감소시키며 회복력을 강화하기 위한 사이버 안보 활동을 적극적으로 추진하고 있다.

진영화시대에 있어 우리는 사이버 공간의 안전을 보장하기 위하여 사이버 공격 대응과 감내 역량을 확대·강화하고 있으며, 국제적 연대를 통해 이익 공유의 범위를 확장하고 있다(김기정 2022). 사이버 공격 대응을 위한 국내적 역량을 강화하는 것은 크게 취약성 감소와 결과 발생으로부터의 회복력 강화를 모색하는 것이라고 할 수 있다. 가치에 기초한 국제적 연대의 강화는 자유민주적 가치를 공유하는 국제사회와의 협력을 통해 사이버 위협을 차단하는 것을 말한다고 할 수 있다. 따라서 미국의 사이버 문제에 대한 안보화 과정 대응 법제도(거버넌스) 체계의 실행과 방법을 참고하여 우리 실정에 적합한 법제도(거버넌스)를 구축할 필요가 있다.

한편, 국가가 시장에 개입하여 위협, 취약성을 제거하고 회복력을 강화하여 사이버 공간의 안전성을 확보하는 것은 관련된 비용의 증대를 야기하게 한다. 우리 실정에 적합한 사이버 안보 법제도(거버넌스) 구축과 운영을 위해서는 비용과 안보 가치 사이의 최적 균형점을 찾아야 한다. 결국 국가는 위험의 제거 또는 감소에 소요되는 비용과 사이버 안보 강화로 증대되는 사회적 복리의 비교를 통하여 가장 효율적인 사이버 안보 법제도(거버넌스) 체계를 선택할 수밖에 없을 것으로 보인다. 또한 미국이 자신들의 사이버 안보 법제도(거버넌스)를 국내외에 실행함에 있어 발생되는 비용을 우리에게도 전가하고자 할 수도 있으므로 미국과의 사이버 안보 동맹을 통해 얻을 수 있는 우리의 안보 가치를 최대화하면서도 그에 따르는 비용은 최소화할 수 있는 사이버 안보 법제도(거버넌스) 협력 체계를 구축·운영하여야 할 것으로 보인다.

참고문헌

김기정. 2022. "경제안보의 대강." 『전략노트』 17. 국가안보전략연구원.

오일석. 2014. "위험분배의 관점에 기초한 정보통신기반보호법 개선 방안." 『법학논집』 19(1): 293-317.

_____. 2017. "사이버 보안 정보공유의 법적 문제점과 입법적 해결방안에 대한 고찰-민사법 적 측면의 쟁점을 중심으로." 『하경효 교수 정년 기념논문집』. 서울: 박영사.

_____. 2023. "바이든 정부의 사이버안보 정책과 시사점: 사이버억지를 중심으로." INSS 연 구보고서 2022-13.

오일석·윤정현·김경숙·김유철. 2022. 『아세안 신흥안보 협력 강화를 위한 모델 구축에 관한 연구』. 대외경제정책연구원.

Anderson, Ross. 2001. "Why Information Security is Hard-An Economic Perspective." *Proceedings of the 17th Annual Computer Security Applications Conference*. https://www.acsac.org/2001/papers/110.pdf (last visited 2024. 4. 10).

Chertoff, Michael. 2010. "Foreword to Cybersecurity Symposium: National Leadership, Individual Responsibility." *Journal of National Security Law and Policy* 4.

Chesney, Robert and Trey Herr. 2021. "Everything You Need to Know about the New Executive Order on Cybersecurity." *LAWFARE*. https://www.lawfareblog.com/everything-you-need-know-about-new-executive-order-cybersecurity (last visited 2024. 4. 10).

Curran, John. 2022. "Senate Approves FISMA, FedRAMP, Cyber Incident Reporting Legislation" *MeriTalk*. https://www.meritalk.com/articles/senate-approves-fisma-fedramp-cyber-incident-reporting-legislation/ (last visited 2024. 4. 10).

Department of Homeland Security. 2006. National Infrastructure Protection Plan.

_____. 2013 National Infrastructure Protection Plan: Partnering to Enhance Protection and Resiliency.

Emmott, Robin. 2017. "NATO mulls 'Offensive Defense' with Cyber Warfare Rules." *Reuters*.

Gardner, Mathew J. and Moshe B. Broder. 2016. "CISA: Hope for More Cybersecurity, Challenges in Implementation and Interpretation." *Procurement Lawyer* 51(3).

Geller, Eric. 2021. "Biden orders federal cyber upgrade after barrage on hacks." *POLITICO*. https://www.politico.com/news/2021/05/12/biden-federal-cyber-upgrade-hacks-487731 (last visited 2024. 4. 10).

Haydock, Walter. 2021. "The Biden Administration's Impending Executive Order on Software Security." *LAWFARE*. https://www.lawfareblog.com/biden-administrations-impending-executive-order-software-security (last visited 2024. 4. 10).

Hooker, Vincent. 2010. "Major Oil and Gad Project-the Real Risks to EPC Contractors and Owners." *Construction Law Journal* 26.

Levine, Mike. 2016. "China is 'Leading Suspect' in Massive Hack of US Government Networks." *ABC News*.

Lohrmann, Dan. 2017. "Hack Back Law." *Government Technology*.

Lyngaas, Sean. 2018. "US Looks to Restart Talks on Global Cyber Norms." *CyberScoop*.

Marks, Joseph. 2015. "GOP to Obama: Crack down on Chinese hackers." *Politico*. https://www.politico.com/story/2015/06/republicans-obama-chinese-hackers-crack-down-118802 (last visited 2024. 4. 10).

Mead, Patrick. 2007. "Current Trends in Risk Allocation in Construction Projects and their Implications for Industry Participants." *Construction Law Journal* 23(1): 23-45.

Powell, Benjamina. 2005. "Is Cybersecurity a Public Good? Evidence from the Financial Services Industry." *Journal of Law, Economics and Policy* 1.

Rosenzweig, Paul. 2012. "Cybersecurity and Public Goods: The Public/Private Partnership." Hoover Institution. Stanford University. https://www.hoover.org/research/emerging-threatscybersecurity-and-public-goods-publicprivate-partnership (last visited 2024. 4. 10).

Sanger, David. 2016. "US Wrestles with how to fight back against Cyberattacks." *New York Times*.

Schmidle, Nicholas. 2018. "The Digital Vigilantes who Hack Back." *New Yorker*.

Segal, Adam. 2016. 'The Top Five Cyber Policy Developments of 2015.' Council on Foreign Relations blog.

Sullivan & Cromwell LLP. 2015. "The Cybersecurity Act of 2015." https://clsbluesky.law.columbia.edu/2016/01/06/sullivan-cromwell-discusses-the-cybersecurity-act-of-2015/ (last visited 2024. 4. 10).

Triantis, George. 2000. "Unforeseen Contingencies. Risk Allocation in Contracts." in Boudewijn Bouckaert and Gerrit De Geest (eds), *Encyclopaedia of Law and Economics* Vol. III.

_____. 2010. "The Evolution of Contract Remedies (and Why Do Contracts Professors Teach Remedies First?)." *University of Toronto Law Review* 60.

UN General Assembly. 2015. 'Group of Governmental Experts on Developments in the Field of Information and Telecommunications in the Context of International Security.' Seventieth Session, Item 93.

US Government. 2004. The National Strategy to Secure Cyberspace.

Varian, Hal R. 2002. "System Reliability and Free Riding." *Proceedings of the First Workshop on Economics and Information Security*. University of California, Berkeley.

The White House. 2001. Executive Order 13231, Critical Infrastructure Protection in the Information Age. October.

_____. 2008. National Security Presidential Directive No. 54.

_____. 2009. Comprehensive National Cybersecurity Initiative.

_____. 2023. FACT SHEET: Biden-Haris Administration Announces National Cyber security Strategy. https://www.whitehouse.gov/briefing-room/statements-releases/2023/03/02/fact-sheet-biden-harris-administration-announces-national-cybersecurity-strategy/ (last visited 2024. 4. 10).

제2부

사이버 안보와 경제사회

제6장

사이버 안보와 경제

유인태 단국대학교 정치외교학과

---

* 이 글은 "경제, 사이버, 안보의 이중 사안 연계: 혁신, 기술 보안, 미중 전략 경쟁의 넥서스 분석." 『국가와 정치』 제30권 10호(2024)를 수정, 보완, 발전시킨 것이다.

I. 사안 연계 넥서스: 하드웨어, 소프트웨어, 데이터

이 연구는 경제와 사이버 보안 나아가 국가안보가 연계되는 사례들을 보인다. 연계에 있어 연결고리가 되는 넥서스(nexus)는 크게 세 부류로 구분한다. 하드웨어, 소프트웨어, 데이터라는 세 부류를 연계의 넥서스 또는 사안 영역으로 본다. 각각의 분류에 따라 취급되는 사례들은 지면의 한계상 제한적일 수밖에 없는데, 다음의 범위로 한정한다. 하드웨어에는 물리적 기간망, 기술 제품 등을 포함한다. 소프트웨어는 각종 프로그램이나 애플리케이션, 그리고 데이터에는 전자 기기를 통해 발생하여 전송되는 모든 디지털 데이터가 포함된다. 그런데 각각의 분류는 종종 중첩되기도 한다. 예를 들어, 특정 공급망과 같은 경우, 물리적 기반을 지칭할 때는 하드웨어에, 공급망을 통해 제공되는 서비스를 의미하는 경우 소프트웨어에, 소프트웨어를 통해 전송되는 정보를 지적할 때는 데이터에 포함하는 것과 같이, 여러 분류에 속할 수 있는 지칭 대상이다. 예를 들어, 중국 기업 화웨이의 5G 물리적 기간망은 경제 성장의 하드웨어이면서, 운용을 위해 내포된 소프트웨어에 의해 연결된 기기들이 조작될 수 있는 가능성에 대해 그리고 소프트웨어를 통해 데이터(혹은 기밀 정보)가 차단 및 변형되거나 원하지 않는 대상에게 이동될 수 있는 가능성에 대한 우려가 종합적으로 제기되었다. 어느 정도의 중첩적인 성격을 감안하더라도, 다양한 사례들을 체계적으로 분류하는 것은 전통적으로 구분되어 인식되던 사안 영역들을 가로질러 공통적으로 일어나는 현상들을 찾아내거나 또는 그들 간의 미묘한 차이를 식별해내는 데에 유용하다. 이 글은 위와 같은 세 분류에 따라, 분석의 전반부는 사건들을 후반부는 정부 정책을 분석한다.

사례 분석 방법의 특성상 모든 사례들을 하나의 글에 담을 수 없으며 연구 목적에 맞게 선택된다. 그럼에도 불구하고 가급적 기존 연구에서 비교적 덜 주목된 사례들을 다루거나, 혹은 기존 연구에서 자주 언급된 대표적 사례일 경우, 연계가 일어나는 과정에 대한 상세한 내용을 기술하여 기존 연구에 더하고자 한다.

경제, (기술)사이버 보안, 그리고 국가(사이버) 안보의 연계는, 연계시키려는 행위자들의 특수한 목적에 맞는 성격을 띤다. 즉, 연계시키려는 목적에 따라, 서로 다른 사안 영역들이 연계되더라도 특정한 사안 영역의 특성이 더 강조되기도 한다. 여기서는 국가(사이버) 안보가 강조되는 연계 사례들을 집중적으로 다룬다. 이러한 사례들은, 전통적으로 민간이 주로 담당하던 경제적 사안들, 또는 흔히 하위 정치(low politics) 사안들이라 여겨졌던 것들이, 그러한 사안들의 사이버 보안적 측면이 더해지면서, 국가 사이버 안보의 위기가 강조되고, 정부 행위자들의 재량이 커지는 과정이 수반되는 경향을 보인다.

1. 하드웨어 넥서스

사이버 안보화는 생산 및 서비스 제공을 위한 물리적 주요 인프라망에서의 사이버 보안 사건이 사이버 안보와 연계되며 진행되었다. (기술)제품 생산과 서비스를 위한 기간망뿐 아니라, 데이터가 이동하는 정보통신 기간망에서도 사이버 위협 사건이 크게 부각되며, 사이버 안보의 중요성이 더욱 높아졌다. 이러한 중요 사건들은 국가의 사이버 영역에 대한 개입을 촉진하고 경제와 사이버 보안 사안들의 연계를 확산시키는 계기를 제공하였다.

정부가 물리적 기간망(physical infrastructure network)의 사이버

안보에 대한 관심을 높이게 된 계기로, 그 국가가 경험한 다수의 큰 사건들이 존재한다. 예를 들어, 미국의 바이든 정부는 공급망의 사이버 안보에 관한 여러 정책들을 내놓는데 이러한 행보의 이면에는 취임 초기부터 공급망 사이버 안보에 대해 관심이 높아질 수밖에 없었던 사건들이 있었기 때문이다. 2021년 1월 취임한 지 얼마 되지 않아 발생한 미국의 주요 공급망에 대한 심각한 랜섬웨어 공격은 한 예이다. 2021년 5월 미국 동부의 연료를 공급하는 콜로니얼 파이프라인(Colonial Pipeline)을 타깃으로 하는 사이버 공격은, 미국 사회 전체에 공급망 사이버 안보의 중요성에 대한 경각심을 불러일으킨 사건이었다.[1] 콜로니얼 파이프라인은 미 동부 해안 지역에서 소비되는 연료의 45%를 공급하는 주요 인프라이다. 그런데 단 한 번의 랜섬웨어 공격으로 5,500마일의 파이프라인이 마비되었고, 복구를 위해 440만 달러를 지급해야 했다. 그리고 같은 해 6월에 JBS 육류가공회사도 랜섬웨어의 피해를 입으며 식량 공급망의 안정성에 큰 위기감이 고조되기도 했다. 랜섬웨어 사건은 여러 민간 기관에 적지 않게 일어나는 침해이지만, 특히 상기의 사건은 정부의 대응을 촉발했다.

물론 물리적 기반시설 취약성에 대한 경고가 기존에 없었던 것은 아니다. 사건이 발생하기 전 보안업체 맨디언트(Mandiant)는 보고서를 통해 랜섬웨어 패밀리들이 2017년부터 산업 제어 시스템을 집중적으로 노리고 있다는 경고를 한 바 있으며, 사건 10개월 전에 미국 사이버·인프라안보국(CISA)은 국토안보부가 발표했던 '파이프 라인 사

---

1   러시아의 소행으로 추정되는 이 당시 사이버 공격은, 우크라이나의 영토회복이나 군비 통제와 함께, 2021년 6월 미·러 정상회담의 어젠다에 상정된다. 바이든은 16개의 주요 인프라 부문의 리스트를 제시하며, 이에 대한 공격은 국제 사이버 안보 규범에 어긋나며, 미국이 설정한 레드 라인을 넘는 것이라고 경고한 바 있다.

이버 보안 계획(Pipeline Cybersecurity Initiative)'을 다시 한번 강조하는 권고문을 내기도 했었다.[2] 하지만 결과적으로 사건이 발생하며, 사이버 공격에 대한 대비가 얼마나 미비, 낙후했는지 그리고 주요 인프라 경영자 혹은 운영자들의 인식이 얼마나 낮았는지를 일깨우는 사건이 되었다.

또 다른 유형의 공급망이 사이버 공간과 결합되며, 사이버 안보의 대상으로 부상한다. 2023년 3월 미국에서 특히 대두된 것은 물류 및 교통을 지원하기 위한 물리적 주요 인프라가 사이버 공격의 수단이 된다는 의혹이다. 미국 국방 정보국(Defense Intelligence Agency)이 미국 전역에 있는 항구에 있는 대형 크레인이 중국산이며, 이 크레인을 잠재적 스파이 도구로 지목했다. 대형 크레인은 항구와 선박 사이에서 컨테이너를 옮기는 데 사용되는데, 이러한 크레인에는 출처와 행방을 등록 및 추적할 수 있는 센서가 달려 있어, 중국 본사에서 크레인 현황을 모니터링할 수 있다는 것이다. 더 큰 문제가 되는 것은 미군이 해외 작전에 동원되는 물자 등을 이동시킬 시, 이에 대한 정보를 수집할 수 있게 된다는 것이다. 나아가, 크레인 운용 프로그램이 사이버 공격에 취약해 중국군이 원격으로 크레인을 망가뜨릴수 있으며, 그럴 경우, 해군을 동원하지 않고도 미국 항구를 마비시킬 수 있다는 우려도 제기되었다.

미 정부 당국이 특히 우려하고 있는 것은 ZPMC(Shanghai Zhenhua Heavy Industries, 중국명 '상하이전화(上海振華)중공업')의 대형 크레인이다. ZPMC는 서방 회사들보다 값싼 가격으로 크레인을 판매하

2 https://www.reversinglabs.com/blog/black-hat-colonial-pipeline-ransomware-attack-no-surprise

여 전 세계 크레인 시장의 70%를 차지하고 있는 것으로 알려져 있으며, 미국에서는 80%가 ZPMC 제조의 크레인을 사용하고 있다. ZPMC 크레인은 대체로 중국에서 완전히 조립되어 미국에 양도되며, 중국제 소프트웨어를 통해 운용된다.

ZPMC의 크레인이 특히 국가안보에 위협으로 우려된 이유로는 ZPMC가 시진핑 중국 국가주석이 주창한 '일대일로' 사업의 주요 계약자인 중국 국영기업 '중국교통건설'의 자회사이며, 미국 당국은 중국교통건설이 민군(military-civil) 융합 프로그램에 기여하고 있는 것으로 보고 있기 때문이다.[3] 2021년에는 FBI가 볼티모어항으로 ZPMC 크레인을 운반해 온 화물선에 정보 수집 장비가 실려온 것을 발견했다고 보도되기도 하였다.

이에 미 의회는 2022년 12월 8500억 달러 규모의 국방예산안인 국방수권법(NDAA)을 통과시키며, 교통부에 국방부 및 다른 기관과 논의하여 해외에서 제조된 크레인이 미국 항구의 사이버 안보와 국가안보에 미치는 영향에 대한 보고서를 만들도록 요구하였다. 공화당 소속의 카를로스 히메네스(Carlos Jimenez) 하원의원은 중국산 크레인을 구입하지 못하도록 하는 법안을 제안하기도 했다. 이제 중국산 크레인이 현대판 '트로이의 목마'로 비유되고 있으며, 위와 같은 일련의 흐름은 2018년부터 벌어진 5G를 둘러싼 화웨이 사태 때와 비슷한 흐름의 양상을 보이기 시작했다(유인태 2021).

주요 정보통신인프라 또한 국가 경제를 받치고 있는 핵심 인프라의 대표적인 예이다. 현대전의 첫 번째 공격 타깃이 정보통신망이라

---

3   https://www.wsj.com/articles/pentagon-sees-giant-cargo-cranes-as-possible-chinese-spying-tools-887c4ade

는 것은 이제 상식에 가깝다. 최근의 러시아-우크라이나 전쟁 개시 전에도, 주요 정보통신인프라에 대한 공격 선행이 이루어졌다. 정보통신인프라에 의존하고 있는 것은 군뿐만이 아니다. 현대 사회의 주요 부문, 특히 첨단 부문은 더욱 그 의존도가 커서, 첨단기술의 최대 능력치의 구현을 위해서는 3대 정보보안의 가치(비밀성·무결성·가용성, CIA)를 기본으로 고용량의 빠른 데이터 이동이 가능해야 한다. 예를 들어, 4차 산업혁명의 대표적 기술인 무인자동차의 운용을 위해서는 자체 인공지능의 성능도 중요하지만, 외부와의 정보이동이 원활할 때 더욱 완벽한 자율주행이 가능해진다.

이러한 맥락에서 5G와 같은 차세대 네트워크 인프라는 국가 전략상으로도 종종 강조된다. 5G 네트워크는 향후 초연결사회에서의 모든 것을 연결하는 신경망과도 같아서, 그야말로 경제, 안보, 정치, 문화 모든 영역을 가로질러 중요한 인프라이며, 모든 산업의 기술, 표준, 공급망 등에 공통으로 영향을 미칠 인프라이다. 이에 따라 5G와 관련한 사이버 안보 이슈는 이미 국제정치, 경제 성장, 기술 표준 등의 이슈들과 연계 되어 연구가 되어 왔다(김상배 2022; 유인태 2023).

5G는 경제 혁신의 핵심 인프라로 인식되며, 동시에 국가 간 경쟁의 주요 이슈로 부상하였고, 그 가운데 5G의 사이버 안보 측면은 그야말로 강대국 간 경쟁의 핵심 사안이 되었다. 여러 다른 인프라 관련 기업들 중에서도, 특히 화웨이가 지목되었던 것은 그 기업의 경쟁력뿐 아니라 정치적 연결성 때문이다. 화웨이는 5G 분야에서 뛰어난 기술 및 가격 경쟁력을 가지고 있었는데, 이러한 경쟁력을 바탕으로 글로벌 시장에서 꾸준히 확장해 가며, 글로벌 이동통신장비 업계 1, 2위였던 에릭슨과 노키아를 추격하여, 2018년에는 시장점유율에서 우위를 점하게 되었다. 이러한 정치경제적 위기감뿐 아니라, 화웨이의 기원

도 미국의 사이버 안보에 대한 우려를 한층 높였다. 화웨이 기업의 성장 역사나 최고경영자의 경력을 보았을 때, 중국공산당과 인민해방군과의 정치경제적 유착 개연성은 농후해 보였다. 게다가 5G 시스템은 공급업체가 제공하는 소프트웨어 갱신에 의존하기 때문에, 도입 당시에는 없었더라도, 나중에 언제든지 악성코드를 심는 것이 가능하였기 때문에, 중국의 통신 장비가 미국 국내뿐 아니라 전 세계 시장에서 지배적인 인프라가 된다는 것은 전략 경쟁을 개시한 미국에게는 악몽과도 같은 시나리오였다.

후술하는 바와 같이 미국이 중국 기업인 화웨이에 대해 철저하게 제재를 가해 온 것은 화웨이가 가지는 미래 첨단산업 기술의 군사·사회·경제적 파급력에 대한 우려도 있지만, 근본적 우려는 3대 정보보안의 가치가 타협될 수 있다는 데이터 안보적 측면도 존재한다. 그리고 이러한 측면 또한 국가안보 우려로 이어진다(유인태 2021). 즉, 화웨이는 공산당과 긴밀히 연결되어 있다고 의심되며, 화웨이가 제공하는 정보통신 제품과 서비스는 '백도어'를 통해 기밀이 탈취될 수도 있었고, 정보가 왜곡될 수 있었고, 극단적으로는 '킬 스위치'를 통해 사회 시스템의 전반적 혹은 부분적 작동 불능이라는 시나리오도 가능했기 때문이다. 즉, 비밀성, 무결성, 가용성 모든 면에서의 사이버 안보가 타협될 수 있었다.

이러한 화웨이에 대한 우려는 해당 기업의 5G 시장에서의 경쟁력과 시장에서의 확대 경향, 코로나19 시기에 급증한 인터넷 사용, 2022년 러시아-우크라이나 전쟁, 그리고 트럼프 정부 이후 미중 전략경쟁의 심화에 따라 더욱 커졌었다(Yoo 2022). 5G 이슈는 여타 첨단기술 관련 미중경쟁과 유사하게, 기술 경쟁력, 경제·산업 경쟁력뿐 아니라 사이버 안보와 국가안보에 대한 고려가 혼합되어, 국제정치의 상호작용 양상에 영향을 미쳤다.

경제적 사안이 사이버 공간을 통해 국가 간 상호작용에 영향을 미치는 사례는 비단 미국에 국한되지 않는다. 또 다른 5G에 대한 국가의 대응에 정부의 전략적 연계가 중요한 사례로 독일을 들 수 있다. 독일은 2018년 중국 화웨이의 5G에 대한 제재 압력이 서방 강대국으로부터 요구되었음에도 불구하고 동참하지 않고 있었다. 2021년에 올라프 숄츠(Olaf Scholz)가 총리가 되고,[4] 최근 독일 정부는 독일 통신장비회사들의 화웨이 장비 사용을 줄이게 하기 위한 프로포절을 제출하였다.[5] 독일의 국가 전략이 중국을 파트너로 뿐 아니라, 동시에 세계 시스템상에서의 경쟁상대(rival)로 인식하기로 전환한 것에 기인한다.

2. 소프트웨어 넥서스

위와 같이 에너지, 식량과 관련한 공급망의 운용에서만 사이버 위협이 제기된 것은 아니다. 소프트웨어와 같은 비물리적 제품 혹은 서비스에서도 사이버 위협이 부상했다. 유례없는 소프트웨어 공급망 공격 사태로 알려진 솔라윈즈(SolarWinds) 해킹 사태를 예로 들 수 있다. 솔라윈즈 사태는 공급망 공격(supply chain attack)이었다.[6] 여기서 공

---

4   숄츠는 이전 앙겔라 메르켈(Angela D. Merkel) 수상의 내각에도 있었지만, 메르켈 수상보다는 확실히 덜 친중적 행보를 보이고 있다. 숄츠의 2022년 대중국 방문이 주목받으며, 친중으로 보는 관점도 있었으나, 메르켈 수상의 동일 기간의 행보에 비교하면 중국과의 교류 시기나 횟수에서 확연히 차이가 난다.

5   물론, 이에 대한 통신회사들의 반대가 일어나기도 했다. https://www.reuters.com/business/media-telecom/german-interior-ministry-wants-force-5g-operators-slash-huawei-use-official-2023-09-19/

6   물론 공급망에 대한 사이버 공격은 솔라윈즈 사태가 처음은 아니다. 솔라윈즈 사태가 발생하기 한 달 전 즈음 한국에서도 북한에 의한 공급망 사건이 있었다. 다음을 참조하라.

급망 공격이란 제품이 개발되거나 생산되어지는 망을 공격해서 이후의 단계에 영향을 미치는 공격을 의미한다. 따라서 공급망 공격은 파장이 광범위하며 치명적일 수 있다. 왜냐하면 사이버 위협이 심겨져 있는 소프트웨어 제품이 대량 생산되어 유포될 경우, 수많은 기기나 네트워크에 연결되어 파괴(destruction)나 중단(disrupt)을 할 수 있기 때문이며, 해당 기계에 대한 경로의존적 기술 생태계가 형성될 경우, 그 영향력은 더욱 광범위하고 장기간에 걸쳐서 일어날 수 있기 때문이다.

따라서 솔라윈즈 해킹사건은 소프트웨어 공급망 보안에 대한 경각심을 높인 역사적 사건이 되었다. 솔라윈즈 회사는 네트워크, 시스템 및 정보기술 인프라 관리를 지원하는 기업용 소프트웨어를 개발하는 미국 회사였는데, 솔라윈즈 해킹 사건은 시스템 소프트웨어의 공급망 서버에 가해진 사이버 공격이었다. 그리고 해당 사건은 2020년 12월 8일 사이버 보안기업 파이어아이(FireEye)가 충격적인 소식을 발표하며 그 진상이 드러났다. 이 사태를 두고 당시 미국 사이버사령부 지휘관인 폴 나카소네(Paul Nakasone)는 국가 전체의 전환점이 되었다고 언급할 정도였다.

솔라윈즈 사태는 오리온 빌드 서버에서부터 공격을 한 것이다. 해커는 솔라윈즈 내부망에 침투해 IT 관리 툴인 '오리온(Orion)'에 '선버스트(Sunburst)'라는 악성코드를 심는 방식으로 공급망을 공격했다. 그 결과 '오리온'을 사용하는 약 1만 8천 곳가량의 기업이나 기관들이 버전을 업데이트하는 과정에서 악성코드가 유포된 것이다. 이

https://www.welivesecurity.com/2020/11/16/lazarus-supply-chain-attack-south-korea/

중에는 미국 국무부, 법무부, 항공우주국(NASA), 핵안보국(NNSA), 재무부, 통신정보관리청(NTIA), 국립보건원(NIH), 국토안보부(DHS), CISA, 에너지부(DOE) 등의 국가기관과 마이크로소프트, 파이어아이 등의 보안 기업 및 포춘 500대 기업도 포함되었다.

솔라윈즈 사태에 대해 미국 정부는 사이버 공격의 배후 세력으로 러시아 첩보 기관인 SVR을 지목했다. 공격 사실이 발견되기까지 10개월 걸렸지만, 탐지되지 않았다면 더 장기간 지속될 수 있는 공격이었다. 그러나 파이어아이 회사의 신속한 미 국가안보국(National Security Agency, NSA)에의 접촉으로 사태 해결의 시간은 단축되었다. NSA는 주로 해외 IP발 공격에 초점을 두고 있었기에 국내에서 기원하는 사태에 대한 파악이 어려울 수 있었기 때문이다. 이러한 경험에 기반하여 미국 사이버사령부 지휘관인 폴 나카소네는 기조연설에서 파이어아이를 언급하며, 민관 협조 체계의 중요성을 강조하기도 하였다. 그리고 NSA 전문가들과의 파트너십으로, 멜웨어를 발견하여 위협 행위를 단절시켰으며, 공격 시간과 빼앗아 갈 수 있었던 정보의 단축도 가능했다고 보았다.

3. 데이터 넥서스

데이터 또한 사이버 공간과 결합되며, 데이터 안보의 문제로 대두되었다. 데이터의 3대 정보보안의 가치(비밀성, 무결성, 가용성)가 타협될 수 있는 상황이 데이터 보안과 연결될지언정, 모두가 국가 데이터 안보와 연결되지는 않지만, 여기서는 데이터 안보와 관련된 것을 주로 다룬다. 데이터 안보는 크게 세 부류의 위협이 거론되는데, 정부나 기업의 기밀과 지식재산권 절취(흔히 사이버 첩보활동(cyberespionage)

이라고 불림), 정보 조작(disinformation), 그리고 일반 민간인에 대한 개인정보 유출에 의한 프라이버시(privacy) 침해이다.

첫 번째 부류에는 다음과 같은 예들이 있다. 정부의 데이터 안보가 위협받은 대표적 사례로는 2015년 6월 중국 해커들에 의한 미 연방인사관리처(Office of Personal Management) 해킹으로, 미국 상하원 의원과 FBI 요원들의 인사 정보가 유출되었다. 2016년 12월 연방예금보험공사에 대한 해킹도 마찬가지이다. 군사 기술 정보에 대한 절취 사례도 적지 않은데, 군산복합체에 속하는 기업들에 대한 해킹을 통한 사례들이 많이 알려졌다. 2018년 1월 중국 해커들에 의한 초음속 대함 미사일과 수중전 세부 계획, 2017년에 드러난 북한에 의한 미국이 설계한 F-15 전투기 청사진, 2007년에 드러난 중국 해커에 의한 록히드마틴 회사 침투를 통한 F-22, F-35 스텔스 전투기 설계도 등, 매우 민감한 군사 무기에 대한 데이터가 절취되었다. 두 번째 부류에 속하는 최근 예로는, 2022년 2월 러시아가 우크라이나에 물리적으로 침공해 들어가며 병행한 정보 조작, 즉 허위정보(disinformation) 유포 작전을 들 수 있다. 세 번째 부류의 예로는 일반 민간인들의 개인 데이터가 빅테크 기업의 (감시)장치나 플랫폼 서비스 등을 통해서 적절한 보호 없이 국경을 넘어 이동하는 것이 개인정보 보안상으로 부각된 사건들이다. 2016년 구글이 '스트리트 뷰' 서비스를 준비하면서, 보안 조치 없이 개인정보를 수집한 것에 대한 벌금형, 같은 해 페이스북 이용자 수천 명의 정보가 영국 데이터 분석 업체 케임브릿지 애널리티카를 통해 트럼프 대선 캠프로 넘어간 것, 중국 알리바바 기업의 전자상거래와 결제 서비스를 통한 이용자들의 소비 행태 데이터의 무분별하고 동의 없는 수집 등이다.[7]

위의 첫 번째, 두 번째 부류가 본질적으로 국가안보와 가까운 데이터 안보 이슈를 제기하는 사례라고 한다면, 세 번째 부류는 반드시 국가안보와 직결되어 있다고 볼 수 없는 사례들이다. 그런데 이하에서는 그러한 부류 중, 개인정보가 국경을 넘어 이동하는 과정에서 단순 개인정보 보안의 이슈가 국가안보상의 문제가 되기도 한다. 즉, 데이터 전송의 사이버 안보화 사례이다. 사실 이러한 현상은 새로운 현상은 아니다. 중국 하이크비전, 다후아와 같은 CCTV 업체들의 불법적 데이터 수집 및 해외 유출 사건뿐 아니라, 위에서도 다룬 감시와 직접적 상관없는 일반 경제적 행위에서 사용되는 중국산 5G, 크레인과 같은 하드웨어 그리고 (그에 내장된) 소프트웨어를 통한 데이터의 국외 이동도 지속적으로 문제 제기되어 왔다. 그리고 이러한 문제는 미중 관계가 적대적 경쟁의 성격으로 기울면서 더욱 심각하게 받아들여지고 있다.[8] 이하에서는 최근의 대표적 한 사건을 들어 데이터의 국가안보 이슈화 과정을 분석한다.

2022년 12월 미국 의회는 중국의 짧은 동영상 공유 플랫폼 '틱톡(TikTok)' 사용 금지를 결정짓는다. '2023 회계연도 연방정부 예산안'에 연방정부에서 사용하는 모바일 기기에서 틱톡 사용의 전면 금지를 포함시킨 것이다. 이러한 금지는 동영상 앱에 대한 정부 차원의 가장 광범위한 단속으로 평가된다. 틱톡은 원래 2016년 중국에서 처음 출시된 동영상 플랫폼인데, 동아시아에서 폭발적 반응을 얻자 2018년 전 세계로 출시하여, 2021년 9월 기준으로 사용자 10억 명을 넘어

---

7   데이터 안보 관련 여러 다른 사례들은 김상배(2022) 6장을 참조하라.
8   미중과 같은 적대적 관계에만 해당되는 것은 아니고, 미국과 EU 같은 동맹국 사이에도 해당된다. 2013 스노우든 폭로는 개인정보를 국가안보의 사안으로 여기던 첩보기관들과, 개인정보는 국가안보적 고려로부터 절연되어 지켜져야 할 인권으로 생각한 이들 간의 충돌을 부각시키게 된다. 세이프하버, 프라이버시 실드의 설립과 폐지는 이러한 충돌을 반영한다.

서는 인기를 얻게 된다. 미국에서만 월 이용자 수가 1억 5천만을 넘는 선풍적인 인기를 구가한 앱이 된다.

미국 정부의 금지 이유로는 국가안보에 대한 중국의 위협 및 해당 앱을 운영하는 기업의 중국 공산당과의 연결 의혹 등이 결합되어 존재했다. 우려되는 시나리오에 따르면, 중국 정부가 틱톡 혹은 바이트댄스(ByteDance)에 압력을 가해 미국 사용자의 개인정보를 넘기게 하거나, 중국 정보작전을 위해 또는 중국이 지원하는 허위정보를 퍼뜨리는 데 사용될 수 있다.

이전부터 미국 정부는 틱톡을 금지하려는 움직임을 보여왔다. 트럼프 대통령은 2020년 8월 틱톡을 금지하는 행정명령을 내리기도 하였다. 그러나 이 시도는 연방판사의 제동으로 불발이 되었었다. '수정헌법 1조', 즉 언론 및 표현의 자유가 핵심 근거가 되었다. 그리고 바이든 정부에 들어서자, 트럼프의 행정명령을 철회하고 대신 틱톡의 운영사 '바이트댄스'가 틱톡 지분을 믿을 만한 기업에 모두 매각하고 틱톡 사용자 정보를 저장한 서버를 미국 IT 기업이 관리하게 하는 방침을 제시하였고 틱톡 본사도 이를 수용하게 되었다. 그런데 바이트댄스 직원이 바이트댄스 내부 정보에 대해 보도한 파이낸셜타임스 기자 2명의 위치를 감시했다는 의혹이 제기되자, 틱톡은 이에 연루된 직원들을 해고했음에도 미국 내 여론이 급격히 악화되었고, 마침내 백악관은 2023년 2월 27일에는 30일 이내에 정부 기기에서 틱톡 앱을 모두 삭제하라고 통보하게 된다.

2023년 3월 초에는 연방 상원이 틱톡 사용을 금지하는 '정보통신 기술 위험 통제법안'을 발의한다. 더욱이 미 첩보기관 중 하나인 연방수사국(FBI)의 크리스토퍼 레이 국장이, 중국 정부가 틱톡을 통해 수백만 명의 데이터를 통제할 수 있고, 대만을 침공할 때 짧은 형식의 비디오로 여론을 형성할 수 있다고 구체적인 시나리오를 대며 우려를 나타낸다. 3월 23일의 하원 청문에서도 공화당 위원장 그리고 민주당 의원도 틱톡 최고경영자에 대해 강하게 의혹을 제기하였다.[9]

이러한 맥락에서, 미국 몬태나주에서는 2024년부터 '틱톡' 사용이 법적으로 금지된다. 2023년 4월 몬태나 주의회가 의결한 틱톡 금지 법안에 공화당 주지사가 서명했기 때문이다. 구글 플레이스토어 같은 앱 마켓들은 틱톡 앱을 다운 받지 못하게 비활성화해야 하며, 이를 어기면 하루 1만 달러 벌금이 부과된다. 미국 50개 주 가운데는 처음이다.

이러한 미국의 애플리케이션과 국가안보의 결합은 다른 중국 앱으로 확산될 가능성이 있다. 실제 발의된 여러 법안에는 틱톡과 바이트댄스의 동영상 편집 앱 '캡컷'은 물론이고, 나아가 중국의 온라인 패스트패션 브랜드 '쉬인(Shein)', 중국 대형 전자상거래 기업 '핀둬둬'의 미국 온라인 쇼핑몰 '테무(Temu)', 결제 앱인 '알리페이'와 메시지 앱인 '위챗' 등도 금지할 수 있게 된다.[10] 이 앱들의 공통점은 경

---

9   물론 틱톡 금지를 반대하는 의원들도 있다. 특히, 젊은 유권자들의 지지를 많이 얻고 있는 민주당 의원들의 경우가 그러한데, 그들로부터 외면을 받을 수도 있다는 우려와 젊은 연령대 유권자들이 선거 운동에 틱톡을 많이 사용하고 있다는 사실 때문이다.

10 이러한 중국 전자상거래 앱들은 2023년 3월 즈음에는 미국에서 가장 인기 있는 앱으로 부상하기도 하였다. 중국 앱에 미국 젊은이들이 열광하는 것은 미국보다 중국 업체의 기술력이 더 좋다는 평가도 있다(https://www.wsj.com/articles/why-chinese-apps-are-the-favorites-of-young-americans-a9a5064a?page=1). 그리고 틱톡은 미국 아마존 회사와 같은 전자상거래 회사로 발돋움하려는 움직임을 보여왔고, 이러한 시도가 미국에서 더 큰 압력을 초래했다는 평가도 있다(https://www.wsj.com/articles/tiktoks-next-plan-for-u-s-dominance-selling-made-in-china-goods-44943693; https://www.straitstimes.com/world/united-states/chinese-shopping-app-temu-wows-us-amid-tiktok-fears; https://www.dailymail.co.uk/news/article-12335617/TikTok-takes-retail-giants-Shein-Temu-new-e-commerce-business-selling-shipping-China-goods-one-billion-active-users-video-sharing-app.html).

제의 큰 부분을 차지하고 있는 전자상거래에서 사용되는 앱들이라는 점이다. 따라서 사람들의 상거래 행위가 사이버 영역을 통하면서, 국가안보의 사안으로 연계되었고, 이로 인해 정부가 민간의 경제적 상호작용에 개입하여 통제하고 있는 양상이 펼쳐지고 있다고 볼 수 있다.

이러한 미국의 사안 연계 행위로 인해, 미국과 함께하는 동맹국 혹은 파트너 국가들과 중국앱을 받아들이는 국가들로 나누어질 가능성도 거론된다. 캐나다는 2023년 2월 28일부터 캐나다 정부에 등록된 모든 기기에서 틱톡 사용을 금지하도록 했다.[11] 일본의 마쓰노 히로카즈 관방장관도 27일 기자회견에서 기밀정보 취급 기기를 대상으로 틱톡 이용이 금지되어 있다고 하였으며, 그리고 다른 사회관계망 서비스 이용도 금지하고 있다고 말하며 중국만을 겨냥한 조치가 아니다라는 투로 메시지를 완화시키려고 하였다. 23일에는 유럽연합(European Union, EU) 집행위원회도 집행위에 등록된 개인 및 업무용 휴대용 기기에서 틱톡 사용을 금지하였다.[12] 이들 국가들의 주된 이유는 개인정보보호와 사이버 보안 등의 이유이지만, 이러한 개인정보나 사이버 보안이 개인의 권리를 침해하기 때문이라는 이유보다, 국가안보를 위협할 수 있는 대상에게 위협할 수 있는 수단을 제공한다는 점이 더 크게 작동한다.[13]

---

11 화웨이와 비교하자면, 빠른 조치라 볼 수 있다. 이는 화웨이의 경우, 국내 이해당사자들에게 걸려 있던 이익이 컸지만, 틱톡 같은 앱의 사용자들과 관련한 정치경제적 이익이 그리 크지 않았다는 가설을 세울 수 있다.

12 인도는 이에 앞서 2020년 6월 사이버 안보상의 이유로 틱톡을 비롯한 중국의 59개의 앱 사용을 금지한 바 있다. 2020년 6월 인도군과 중국군이 국경분쟁지역에서 충돌한 이후로 양국 간의 관계가 악화되고 있었다.

13 한편, 아프리카에서도, 예를 들어 세네갈, 소말리아에서도 금지되었으며, 2023년 9월 기준으로 케냐, 우간다, 이집트에서도 그러한 노력들이 있어 왔다(https://www.wsj.com/world/africa/tiktok-ban-africa-3690e6af?mod=Searchresults_pos2&page=1).

II. 사안 연계 전략

1. 하드웨어 넥서스 관련 정책

여기서는 경제, 사이버 보안, 국가(사이버) 안보의 연계를 추진하는 국가의 행위를 전략, 정책 그리고 제도(법과 조직)를 통해 살핀다. 모든 나라들의 포괄적인 변화를 살피는 것은 가능하지 않다. 대표적으로 미국의 변화를 중점적으로 살피지만, 미국의 변화는 사이버 초강대국으로서의 변화이기 때문에 국제 정치·경제·사회적 파급효과가 크다. 이러한 이유뿐 아니라, 종종 다른 나라들에게 반향을 일으키며 (유사한) 대응 정책과 제도를 야기하기 때문에 주목할 가치가 있다.

미국은 경제, 사이버 보안, 국가(사이버) 안보를 지속적으로 연계해 왔다. 중국 통신장비업체 화웨이에 대해 사이버 안보상의 이유로 수출통제 체제를 재정비하는 방법으로 경제 제재를 가한 미국의 정책은 잘 알려져 있다. 물론 더 큰 맥락에서는 미국의 중국에 대한 위협 인식 증가와 2017년 이후 미중관계의 전략경쟁 성격이 크게 커진 것도 있다(유인태 2021; Yoo 2022). 그러나 동시에 미국 시스코사의 통신장비 인프라 세계시장 점유율의 확대와 대비되는 화웨이사 장비의 세계시장 점유율의 큰 증가 추세 그리고 중국의 5G 네트워크 기술표준 및 특허 최다 보유 등(김상배 2022), 중국의 시장 지배, 나아가 향후의 관련 기술과 산업의 지배에 대한 우려도 있었다. 미국의 화웨이 경제 제재 사례에서 보이듯이 상업적 이익을 잃어가는 현실이 존재했었고,

그러나 이러한 시도들은 국내 정치 차원에서 정권 유지를 위한 디지털 업압의 사례에 더 가깝다고 볼 수있다.

안보적 이익이 타협되는 것에 대한 우려가 결합되었다. 이러한 우려의 결합은 두 영역의 연계를 촉진시켰다.

그뿐 아니라, 경제와 사이버 안보의 두 영역의 연계는 정책으로 인해 더욱 강화되었다. 사이버 안보에 대한 우려를 새로운 경제책략(new economic statecraft)을 통해 대처하고자 했다(Aggarwal and Reddie 2020; Yoo 2022). 미국의 경제 책략은 처음에는 화웨이 기업에서 시작하여 그 제재 대상의 범위를 넓혀 나갔고, 제재 품목의 범위 또한 처음에는 화웨이의 완제품에서 시작하여 점차 제품 제조에 필요하나 핵심 소재·부품·장비로 범위를 넓혀 나갔으며, 제재에 참여하는 주체들도, 처음에는 정부기관들에서 핵심 인프라 사업자들, 민간, 그리고 제3국으로 확장해 나갔다. 2018년부터 여러 차례에 걸쳐, 그리고 2023년 현재에도, 그 기술적 범위와 제재 대상을 확장시켜 가며 진화하고 있는 현재진행형인 미국 정부의 중국 기업의 화웨이에 대한 경제 제재는 이를 단적으로 보여준다.

미국은, 한편으론 '청정네트워크(Clean Network)' 이니셔티브와 같은 외교 정책을 추진하면서,[14] 다른 한편으론 일국 차원에서 경제 책략을 동원하여 경제와 사이버 안보 넥서스에 대한 우려에 대처해 나갔다. 특히, 수출통제정책이 활발히 활용되었다. 주목해야 할 변곡점은 2018년에 제정된 수출통제개혁법안(Export Control Reform Act, ECRA)이다.[15] 대통령에게 이중용도 기술과 재화의 수출통제를 이행하

---

14 중국의 '일대일로' 그리고 '디지털 실크로드' 이니셔티브는 인프라에 초점을 맞추고 있지만, 인프라 설치에 사용되는 ICT 구성 부품이라던가, 이를 통해 이동하는 데이터 안보에 대한 우려도 제기 되고 있다. 이에 대항해, 미국과 그 우방국들은 '블루닷네트워크(Blue Dot Network),' '더 나은 세계 건설(Build Back Better World, B3W)'을 내놓았다.

15 물론 수출통제 이전에 혹은 수출통제와 병행하여 국방수권법(National Defense

기 위한 폭넓은 입법적 권한을 부여하는데, 이전 수출통제 관련 법들과 달리 만기일(expiration date)이 없다. 2018 ECRA는 미국 의회의 우려를 반영한 행정부 차원에서의 노력이며, 화웨이와 중국의 민군융합 프로그램, 감시와 억압에 사용되는 미국의 기술을 제한하기 위한 목적을 명시하였다.

2018 ECRA를 통해 수출통제체제의 정비에 시동을 걸며 2019년 5월 15일에는 수출관리규정(Export Administration Regulations, EAR)이 개정된다. 수출통제법(Export Control Act)은 다른 것들도 포함되지만 특히 이중용도 기술과 재화들의 수출을 통제할 수 있는 권한을 부여한다. 동법은 또한 상무부 장관에게 거래제한명단(Entity List, EL)을 세우고 유지하도록 요구한다. EL을 작성 시에는 국무부, 국방부 그리고 에너지부 장관들과 협의하는 것이 요구된다. EL에 실리는 외국 행위자들은 수출 라이센스 요구사항을 만족시켜야 하는데, 왜냐하면 이들은 미국의 국가안보와 외교정책에 위협으로 간주되기 때문이다. 동법은 행정부가 EL에 등재된 회사들의 수출, 재수출(re-export), 그리고 대내 이전(in-country transfers)[16]을 통제할 수 있는 권한을 부여한다. 미 상무부의 산업보안국(Bureau of Industry and Safety, BIS)이 EL을 유지한다. BIS는 EAR을 통해 수출통제의 구체적 범위를 조정한다.

따라서 해외 행위자가 미국의 기술이나 소프트웨어를 사용 시에

Authorization Act , NDAA)을 통해 취득법 차원에서 연방정부의 행동에 제한을 가하는 형태로, 화웨이에 타격을 주었다. 미국 의회는 2018년 그리고 2019년 NDAA를 통해, 처음에는 특정 기관들의 화웨이 제품 조달을 제한했지만, 후에는 모든 행정부 기관의 지출 제한으로 확대했다. 그러나 이들 NDAA의 제한은 조달, 무상보조(grant), 또는 융자(loan)의 형태로 연방 지출이 되는 거래에만 해당이 된다. 따라서 2019년 5월 트럼프 행정부는, 2018년 수출통제법(the Export Controls Act of 2018)에 근거하여 권한을 행사하여, 화웨이 관련 금지의 범위를 연방정부 지출과 관련된 범위보다 더 넓힌다.

16 외국 국가 내에서의 이전을 의미한다.

는 EAR의 적용을 받게 되는데, 이러한 맥락에서 화웨이의 반도체를 해외에서 디자인하거나 제조할 시에, 미국 기술이나 소프트웨어를 사용할 능력이 제한된다. 그리고 화웨이나 중국의 다른 전기통신회사들은 미국의 반도체와 같은 제품이나 장비들을 사용하기 때문에, 수출제한은 그들의 사업에 타격을 가하게 된다.[17]

미국의 수출통제체제는 또 다른 정책 수단도 있는데 해외직접제품규칙(Foreign Direct Product Rule, FDPR)이다. 2020년 5월 15일 그리고 연이어 8월 17일의 FDPR 개정을 통해, 기존 EAR을 통해 막지 못했던 틈새에서 일어나는 무역 거래 또한 차단하고자 했다. 즉, 화웨이와 같이 우려되는 국가에 속하는 기업들이 해외에 위탁생산하여 그 기업들에 들어가는 반도체를 막고자 하였다.[18]

2. 소프트웨어 넥서스 관련 정책

핵심 인프라의 사이버 보안 위협에 대해 정부들은 국가안보 사안으로 여기며 적극적으로 개입하기도 한다. 예를 들어, 미국의 공급망 강화를 위한 행정명령들은 공급망을 구성하는 ICT 제품의 보안뿐 아

17　일례로, 이러한 미국의 수출통제체제가 ZTE의 운영에 영향을 미친 사실이 알려져 있다. Sijia Jiang, China's ZTE Says Main Business Operations Cease Due to U.S. Ban, REUTERS (May 9, 018), https://www.reuters.com/article/us-zte-ban/chinas-zte-corp-says-main-business-operations-cease-due-to-u-s-ban-idUSKBN1IA1XF?il=0

18　이러한 무역정책이나 후술할 투자정책과 더불어 산업정책도 같이 진행된다. 예를 들어, "안전한 5G와 그 이후에 관한 법(Secure 5G and Beyond Act of 2020)(2020)"을 만들어서 계획 수립 및 시행을 위한 법적 근거를 마련하였고, "안전한 5G를 위한 국가전략(National Strategy to Secure 5G of the United States of America)(2020)"을 작성하여 목표를 설정하였으며, "안전한 5G를 위한 국가전략 이행 계획(National Strategy to Secure 5G Implementation Plan)(2021)"을 통해 목표 달성을 위한 구현 계획을 내놓았다.

니라, 이를 운영하는 소프트웨어의 공급망에 대해서도 대처를 주문하고 있다. 그리고 그러한 안보 우려에 대한 대처 중 하나가, 우려 국가를 (기술)제품과 서비스 제공 공급망에서부터 배제시키는 것이다. 이러한 목적에서 취해진 조치들은, 하드웨어와 유사하게 소프트웨어의 제조 및 유통 과정에서 우려 대상들의 개입을 철저히 검출해내고 배제하는 방향성을 띠게 되었다.

소프트웨어 제품의 경우, 제품의 설계, 생산, 배포 등의 모든 단계에서 위조와 변조가 가능하기 때문에 투명한 관리가 필요한데, 이러한 부담을 덜고, 위·변조된 제품을 타고 들어오는 사이버 공격을 원천으로부터 차단하기 위한 조치이다. 화웨이 사태에서 보였던 미국의 정책은 이러한 관점에서 채택된 단적인 예이다. 화웨이 사태에서 파생되어 더욱 확장된 미국의 첨단반도체 공급망의 재편 과정 가운데 채택되는 수출통제 정책은 크게 보면 중국 기술력의 억제와 전략경쟁에서의 우위 확보라는 목표도 있지만, 반도체의 물리적 공급 차원에서뿐 아니라 반도체 생산 공급망에서 심어질 수 있는 소프트웨어에서 비롯되는 사이버 위협을 근원부터 차단하겠다는 정책이 부상한다. 중국 기업 화웨이의 5G 하드웨어는 지속적 운영을 위한 소프트웨어 업데이트가 수반되는데, 이때 악성코드가 심어질 수 있다는 우려가 컸다. 이 때문에 미국의 수출통제체제가 변화하는 가운데, 2020년의 FDPR에서도 미국 기술이나 부품뿐 아니라 소프트웨어도 수출통제의 대상으로 포함되었다.

소프트웨어 공급망 공격에 대응하는 과정에서 미국의 경제 영역과 사이버 안보의 연계는 더욱 강화되었다. 위에서 소프트웨어 공급망 보안에 대해 미국 사회에 경종을 울린 솔라윈즈 해킹사건을 언급하였다. 특히, 이 사건은 미 정부 내의 공급망 사이버 안보와 관련한 주요한 변화들을 가져왔다. 대표적인 변화로, 유사한 공격에 대비하기 위해 내·외부망 구분 없이 모든 영역에서 보안성을 검증하는 '제로트러스트(zero trust)'가 미국 정부의 사이버 정책에 도입되었다.

2021년 5월 12일, 취임한 지 5개월도 되지 않아, 미 바이든 대통령은 행정명령("Executive Order on Improving the Nation's Cybersecurity" 또는 EO14028)을 내리는데, 여기서 연방정부의 사이버 안보를 현대화하기 위한 주요 방안으로 '제로트러스트'가 대두된다. '제로트러스트 아키텍처(Zero Trust Architecture)'는 연방정부가 클라우드 기술을 도입하는 데 특히 중요한 보안 정책으로 지목되었다. 그리고 동 명령은 정부 주요 기관들에게 주어진 기간 내에, 현 보안 상황에 대한 파악과 제로트러스트에 기반한 보안 절차의 현대화, 인원 훈련 및 훈련 프로그램의 설립 등을 지시한다. 이러한 제로트러스트의 맥락에서 '주요 소프트웨어(critical software)'를 정의하고, '주요 소프트웨어 공급망 안보(critical software supply chain security)'가 제시된다.[19]

EO14028은 'Software Bill of Materials(SBOM)'이나 'Zero Trust Architecture(ZTA)'라는 용어에 대해서도 자세히 정의를 내리고 있

---

19 흥미로운 점은, 연방정부의 기관들이 '제로트러스트 아키텍처'로 이전하는 과정에서, 상무부가 미국 국립표준기술연구소(National Institute of Standards and Technology, NIST)가 제시하는 표준, 도구 그리고 모범 사례를 따르라고 언급하는 부분이다. NIST는 미국 혁신과 산업경쟁력 증진에 있어서 핵심 기관이며 경제안보에도 깊이 관련되어 있다. NIST는 미국의 사이버 안보 프레임워크 제작에도 중요한 역할을 해 왔는데, 2014년에 책정되고 2018년에 업데이트된 'NIST 사이버 안보 프레임워크(Cybersecurity Framework)'는, 후에 행정명령(EO13800), "연방 네트워크와 주요 인프라의 사이버 안보 강화하기(Strengthening the Cybersecurity of Federal Networks and Critical Infrastructure)"에서 미 연방정부 기관들의 사이버 안보 프레임워크로 제시되기도 했다. 'NIST 사이버 안보 프레임워크'는, 2019년 '사이버 안보 성숙도 모델(Cybersecurity Maturity Model Certification, CMMC)'로 응용 및 확장되어, 기관들이 얼마나 표준들에 순응하고 있는가를 구체적으로 평가할 수 있도록 하였다.

는데, 이를 보아도, 이러한 개념이 도입 시에 연방정부 차원에서도 생소했음을 보이며, 또 중요하게 생각했다는 것을 간접적으로 보인다. SBOM이란 소프트웨어를 구축함에 있어 사용된 다양한 요소들의 상세와 공급망 관계를 포함하는 공식적 기록을 의미한다. 즉, SBOM을 통해, 완제품 구성 요소에 대한 심층 분석과 전체 목록, 그리고 결과적으로 발생할 수 있는 잠재적 위험성 등을 제공하는 소프트웨어용 '영양 정보(nutrition facts)'가 생성될 수 있다. 따라서 SBOM은 그러한 기록들을 통해 개발자들이 구성 요소들이 최신 상태인지를 확인할 수 있으며, 새로운 보안 취약성에 신속하게 대응할 수 있도록 한다.[20]

행정명령14028의 연장선상에서, 미 국방부는 2022년 11월 22일 '제로트러스트 전략과 로드맵(Zero Trust Strategy and Roadmap)'을 내놓는다.[21] 그리고 28일 내놓은 '제로트러스트 설계를 통한 사이버 안보로의 길(Path to Cyber Security Through Zero Trust Architecture)'에서 제시하는 제로트러스트 전략은, 네트워크 내에 이미 있는 사용자들에게 어느 정도의 신뢰를 가정하는 전통적인 네트워크 보안 방법과 다르다. 제로트러스트는 이미 네트워크가 타협되었다는(compromised), 즉 침해되었을 수 있다는 것을 가정한다. 그리고 반복적인 사용자 인증(authentication)과 인가(authorization)를 통해, 적의 네트워크 움직임을 좌절시키거나 확인하며, 손해나 취약성을 완화시키고자 한다. ZTA는 "신뢰하나 검증하라(trust but verify)"가 아니라 "결코 신뢰하

---

20 동 행정명령은 미국 표준기술 연구소(National Institute of Standards and Technology, NIST)로 하여금 SBOMs 지침 개발을 의무화하였고, CISA 또한 SBOMs을 발전시키고 대중화하기 위한 2018년 프로젝트를 더욱 확대시키기 위해 노력해 가기로 했다.

21 https://www.defense.gov/News/Releases/Release/Article/3225919/department-of-defense-releases-zero-trust-strategy-and-roadmap/ 상기 전략서는 국가안보국(NSA)과 협동으로 작성되었다.

지 말고, 항상 검증하라(never trust, always verify)"라는 경구로 요약될 수 있다.

　미국의 2023년 사이버 안보 전략서는, 러시아에 의한 솔라윈즈 사태와 중국에 의한 마이크로소프트 익스체인지 서버 해킹 사태에 대한 반성을 바탕으로, 미국의 사이버 안보 능력을 향상시켜 왔다고 한다(The White House 2023). 미국의 사이버 안보 향상을 위한 노력은, 새로운 전략과 정책의 도입뿐 아니라, 미국 정부 내의 조직 개편도 있었다. 예를 들어, 솔라윈즈 사태에 의해 촉진된 하나의 변화는 2021년 1월의 국무부 내의 사이버안보 · 신기술국(Bureau of Cyberspace Security and Emerging Technologies, CSET)의 창설이다. 한정적 분야에 국한된다는 이유로 과거 설립이 반려된 적이 있지만, 마이크 폼페이오 국무부 장관은 솔라윈즈 사태의 맥락에서 2021년 8월 7일 설립을 승인한 것이다. 이는 미 정부 내에서 사이버 보안이 일부 영역에 국한된 것이 아니라, 국가안보가 달린 포괄적 문제라는 의식의 전환이 있었다고 할 수 있다. DHS 산하 사이버 · 인프라안보국(CISA)이 민 · 관을 사이버 공격으로부터 보호하는 것이 목적이라면, CSET은 사이버 안보 분야의 외교적 접근에 초점을 맞추어, 적국과 사이버 갈등 예방, 사이버 안보 분야 정책과 신기술 추진 등을 담당했다.[22]

22　CSET은 바이든 정부에 들어서고 2022년 4월 '사이버 공간과 디지털 정책국(Bureau of Cyberspace and Digital Policy, CDP)'으로 바뀐다. CDP 설립 공표는 2021년 10월에 있던 바이든 정부의 '30개국의 랜섬웨어 정상회의(30-nation virtual summit on ransomware)' 직후에 나왔다.

3. 데이터 넥서스 관련 정책

미국의 데이터의 국가 간 이동에 대한 기본적 입장은 '신뢰할 수 있는 데이터의 자유로운 이동(Data Free Flow with Trust, DFFT)'으로 압축될 수 있다. 2019년 일본 오사카의 G20에서 대두되기 시작한 개념이며, 중국의 데이터 주권을 강조하는 원칙과는 대척점에 위치하지만, 유럽의 (개인 사생활권을 포함한) 인권이나 미국의 자유로운 데이터 이동의 절충점을 지향한다(유인태 2020).

미국의 데이터 이동에 대한 원칙 자체는 상업적 이익에 초점을 두고 안보 영역과의 연계는 명시적으로 나타나지 않아 보인다. 이는 자유로운 데이터 이동이 많은 빅테크 기업의 모국이기도 한 미국의 상업적 이익에도 부합하고, 또 국내 헌법적 정신과도 부합하기 때문이기도 하다. 따라서 공공질서나 국가안보상의 이유로 데이터의 자유로운 이동을 제한하는 중국과 같은 권위주의 국가들과는 다른 정책을 표방할 수밖에 없다.[23] 즉, 미국은 상업적 데이터와 국가안보의 연계를 통해 국가안보의 목적으로 상업적 데이터의 자유로운 이동을 제한하기가 어렵다. 따라서 데이터 안보에 대한 우려는 데이터 이동 차원에서가 아니라, 데이터를 생성, 처리, 이전시키는 행위자 차원에서 대처된다. 위의 중국 플랫폼 틱톡에 대한 미국의 대응은 그 대표적 예이다.

즉, 자유로운 데이터의 이동이라는 원칙을 손상시키지 않는 범위에서 글로벌 데이터 거버넌스를 수립하고자 하는 미국은, 경제와 안

---

23 예를 들어, 2017년 6월 1일부터 발효된 중국의 네트워크 안전법의 경우, 중국 경내에서 운영 중 수집, 생성된 개인정보와 중요 업무 데이터는 반드시 경내에 저장해야 하며 필요에 의해 해외에 저장하거나 기관이나 개인에게 제공할 경우 국가 네트워크 정보 부문 및 국무원 관리 부문과 함께 안전성 평가를 진행해야 한다(제37조).

보의 연계를 통해 오히려 초국경 데이터 이전을 더욱 강화하고자 한다. 이러한 움직임은 적대적 경쟁국과의 관계에서가 아니라, 대서양 건너편의 동맹국들과의 관계에서 더 명확히 드러난다. 물론, 이러한 연계 전략은 정부 외 행위자인 초국가(transnational) 혹은 국가 내(substate) 행위자로부터 도전을 받고 있다. 특히, 경제와 사이버 안보가 연계되는 데이터 넥서스는 미국 정부에게 도전이 되고 있다.

대표적인 예가 미국과 유럽연합(EU) 간의 2015년 '세이프 하버(Safe Harbor)', 2020년 '프라이버시 실드(Privacy Shield)'의 폐지이다. 미국과 EU 간의 개인 데이터의 이동을 상업적 목적을 위해 원활히 하기 위한 협정들이었는데, 미국 첩보기관에 의한 상업적 데이터의 안보적 목적을 위한 사용 정황이 2013년 스노우든 폭로에 의해 드러났다. 폭로된 사실들에 기반해서 오스트리아 인권 운동가 맥스 슈렘스(Max Schrems)가 소송을 제기하였고, 유럽 사법재판소는 유럽 법과의 불합치 판결을 내리게 되면서, 상기 상업적 데이터 이전을 위한 협정들이 폐기되었다.[24] 이러한 일련의 과정은, 경제, 사이버 안보뿐 아니라, (프라이버시 레짐을 포함하는) 인권 영역이 서로 연계되며, 역내 정치와 국제정치가 서로 반향을 일으킨 결과이기도 하다.

데이터 넥서스에 대한 미국의 연계 전략은 미국의 데이터 이전에 관한 역외 적용 법안에서도 주목되었다. 2020년 8월, 미국의 국경 간 데이터 이동에 관한 법, '합법적인 해외 데이터 활용의 명확화를 위한 법률,' 일명 '클라우드법(Clarifying Lawful Overseas Use of Data Act,

---

24 2022년 10월 바이든 대통령이 '미국-유럽연합 데이터 프라이버시 프레임워크(the European Union-U.S. Data Privacy Framework)'를 위한 새로운 행정명령에 서명하여, 미국과 유럽 간의 데이터 전송 협정은 그 명맥을 유지하고 있다. 하지만 이 또한 이전과 유사한 이유로 폐지될 가능성이 크다.

CLOUD Act)'이 제정되었다. 미국이 여러 국가들과 맺은 자유무역협정이나 EU와 양자 간에 여러 데이터 이동 간의 국제협약을 맺어 왔지만, 국외에 있는 자국 정보(즉, 미국 통신서비스 제공자들이 보유 또는 관리하는 통신 내용, 트래픽 데이터, 가입자 정보 등)에 접근할 수 있는, 더 폭넓게는 합법적으로 해외 데이터 활용의 법적 근거를 마련한 것은 처음이었다. 이 'CLOUD Act'는 '데이터의 위치에 관계 없이'라는 문구를 통해, 기존 법률에 없었던 역외 데이터의 접근 권한에 대해 명확히 하고 있다.

'CLOUD Act'는 실제적으로는 개인정보의 국외 이전을 제한하기보다 국외에 있는 정보에 보다 신속하고 용이하게 접근할 수 있는, 즉 해외 데이터의 이전을 더욱 용이하게 하는 법적 근거를 제공한다. 그리고 그 근거는 사회적 질서와 국가안보를 위한 것이기에, 상업적 데이터 넥서스가 경제와 안보를 연계한다. 이러한 성격은 CLOUD Act 도입이 촉발된 사례를 보아도 명확하다. 미국에서 발생한 마약 사범 수사에서, 사법 당국은 2013년에 마이크로소프트를 상대로 이메일을 열람하기 위한 수색영장을 발부 받았다. 그런데 미국 서버에 저장되어 있던 자료는 넘겨 받을 수 있지만, 아일랜드 더블린에 있는 서버에 저장된 데이터의 제출은 거부되었다. 영장의 효력이 미국 영토 내에만 국한되었기 때문이다. 이러한 실례가 CLOUD Act 제정의 배경이 되었고, 데이터 보호를 둘러싼 수사기관의 권한 및 허용범위에 대한 분쟁 해결 절차가 마련된다.[25]

---

25   향후, 클라우드 서버 이용이 더욱 활성화될 것인데, 사이버 범죄와 관련하여 외국 서버에 있는 범죄자들의 정보 수집 필요가 더 클 것으로 전망된다. 많은 국가들이 기존 사법공조조약(Mutual Legal Assistant Treaty, MLAT)의 비효율성을 극복하기 위해 CLOUD Act와 같은 입법을 추진하고 있다.

4차 산업혁명 시대, 데이터의 양적·질적 확보가 중요하기 때문에, 미국은 국가 이익 차원에서도 데이터의 이동에 제한을 가하지 않는 것이 중요하다고 생각한다. 그러나 개인정보는 보호받아야 하는 데 반해, 사법당국은 법의 집행을 위해 개인정보에의 접근이 필요하다. 상업적 이익, 개인의 권리, 사회 안정과 국가안보라는 상충되는 이익 혹은 가치들에 대해, 미국식 해결 방법은 CLOUD Act에 잘 나타난다. 물론 해당 법은 데이터의 위치에 관계없이 개인정보보호와 외국의 주권을 존중하며, 동시에 공공의 안전을 보호하기 위한다는 목적을 명확히 하고 있만 이러한 가치들이 상충할 수 있다는 것은 명백하며, 미국은 경제와 안보의 연계를 통해 데이터의 이동을 더욱 자유롭게 하고자 하고, 국가의 대내외적 안보를 우선시 하고 있다.

CLOUD Act는 미국 정부의 사안 연계 해결책을 보인다. 즉, 상업적 데이터에서 공공의 안정과 안보적 목적을 찾고, 이러한 목적을 달성하기 위한 데이터 접근을 명시화한 것이다. 그런데 개인의 신상, 행동, 그리고 경제적 행위를 담은 데이터 보호보다, 국가안보적 목적이 우선시되는 것이 특징이다. EU의 GDPR과 비교해 보았을 때, GDPR은 EU내 저장된 데이터를 EU 외부로 이전할 경우, 여러 제한 규정을 포함하고 있다. 따라서 이 둘 간의 상충하는 문제가 여전히 남아 있다.

참고문헌

김상배. 2022. 『미중 디지털 패권 경쟁: 기술·안보·권력의 복합지정학』. 서울: 한울아카데미.
유인태. 2020. "자유무역질서의 파편화인가 아니면 분화인가?: 복수국가 간 특혜무역협정을 통한 디지털 무역 레짐들의 경합." 『국제정치논총』 60(3): 49-84.
_____. 2021. "디지털 패권 경쟁 속에서 중견국 연대 외교의 갈림길: 화웨이 사례에서 보는 파이브 아이즈의 연대와 일탈." 『동서연구』 33(2): 5 - 31.
_____. 2023. "첨단 과학 기술의 국제정치: 차세대 네트워크 인프라, 인공지능 분야에서의 한·미 간 협력." 『동서연구』 35(4): 5-28.

Aggarwal, Vinod K. and Andrew W. Reddie. 2020. "New Economic Statecreaft: Industrial Policy in an Era of Strategic Competition." *Issues & Studies: A Social Science Quarterly on China, Taiwan, and East Asian Affairs* 56(2).

Buzan, Barry, Ole Waever, and Jaap de Wilde. 1998. *Security: A New Framework for Analysis.* Boulder. CO: Lynne Rienner Publishers.

Choucri, Nazli, and David D. Clark. 2018. *International Relations in the Cyber Age: The Co-Evolution Dilemma.* Cambridge, MA: The MIT Press.

Drake, William J., Vinton G. Cerf, and Wolfgang Kleinwächter. 2016. *Internet Fragmentation: An Overview.* Geneva. Switzerland: World Economic Forum.

Emmers, Ralf. 2013. "Securitization." In *Contemporary Security Studies.* ed. Alan Collins. UK: Oxford University Press, 131-143.

European Union. 2021. "EU Toolbox for 5G Security: A Set of Robust and Comprehensive Measures for an EU Coordinated Approach to Secure 5G Networks." Luxembourg: Publication Office of the EU.

High Representative of the Union for Foreign Affairs and Security Policy of European Commission (HR). 2021. "Joint Communication to the European Parliament, the Council, the European Economic and Social Committee, the Committee of the Regions and the European Investment Bank: The Global Gateway." Brussels: European Commission.

Segal, Adam, and Gordon M. Goldstein. ed. 2022. *Confronting Reality in Cyberspace: Foreign Policy for a Fragmented Internet.* Washington, DC: Council on Foreign Relations.

Stritzel, Holger. 2007. "Towards a Theory of Securitization: Copenhagen and Beyond." *European Journal of International Relations* 13(3): 357 - 383.

The White House. 2023. National Cybersecurity Strategy. Washington, DC: The White House.

Yoo, In Tae. 2022. "Emergence of Indo-Pacific Digital Economic Order: US Strategy and Economic Statecraft Toward China." *Asian Journal of Peacebuilding* 10(2): 387-410.

Zuboff, Shoshana. 2019. *The Age of Surveillance Capitalism: The Fight for A Human Future at the New Frontier of Power.* New York: PublicAffairs.

제7장

사이버 안보와 주권

차정미 국회미래연구원

* 이 글은 『국제정치논총』 제64집 1호(2024)에 게재된 논문을 수정·보완한 것임.

I. 서론: 사이버 안보와 주권 논쟁

오늘날 인터넷 거버넌스는 글로벌 무역 및 환경 정책과 마찬가지로 국가 간 균열과 논쟁의 중점이 되고 있다. 특히 사이버 공간에 대한 기술의 발전과 전 세계적인 디지털 전환의 흐름 속에서 사이버 공간은 국가의 권한과 국가관계에 있어 중요한 질문들을 제기하고 있다. 특히, 자국 영토 안의 사이버 공간을 통제하고자 하는 국가의 열망 속에서 '사이버 주권 (cyber sovereignty)' 개념의 부상과 이를 행사하기 위한 다양한 제도적 조치들이 부상하고 있다(Palaniappan 2022). 이는 역사적으로 지속적인 개념 변화와 논쟁을 경험하였던 '주권(sovereignty)' 개념에 새로운 라운드의 논쟁을 불러오고 있다.

주권 개념은 시간에 따라 변화했을 뿐만 아니라, 매 시기마다 개념을 둘러싼 논쟁이 있어 왔다(Brown 2022, 189). 이러한 주권 개념 논쟁은 디지털 시대 영토 경계가 불분명한 네트워크 공간의 부상과 함께 새롭게 재점화되었고, 최근 사이버 주권 논쟁은 강대국 경쟁의 부활, 자유주의 국제질서의 쇠락과 권위주의 국가의 부상이라는 국제질서 변화와 밀접히 연계되어 나타나고 있다. 정보화를 넘어 지능화의 시대에 세계 주요국들은 새롭게 부상하고 있는 인터넷 공간에 대한 담론과 가치규범, 거버넌스 경쟁을 가속화하고 있으며, '주권'은 사이버 공간과 연계된 담론과 규범, 거버넌스 경쟁의 핵심 요소가 되고 있다.

중국은 사이버 주권 문제가 사이버 공간의 많은 문제들 중 특별한 위상을 갖는 중요한 의제로 강조하고 있다. 국가주권이 근대 국제질서와 국제법의 초석인 바와 같이 정보화 시대에는 사이버 주권 원칙이 사이버 공간 국제질서와 국제법의 초석이 되고 이 사이버 주권 문제에 대한 발언권과 주도권을 쥘 수 있는 사람이 사이버 공간 질서 구축과 규칙 경쟁에서 우위를 차지할 것이라고 인식한다. 오늘날 세계의 사이버 주권 논쟁은 곧 사이버 공간 주도권 경쟁이라고 강조한다 (黃志雄 2017, 1). 중국의 이러한 사이버 주권 강조에 대해 미국과 유럽은 권위주의 정권이 그들의 온라인 검열과 통제를 정당화하기 위해 사이버 주권을 언급해 왔다고 비판한다(Indo-Pacific Defense Forum Staff 2023). 특히 유럽은 미중경쟁 시대 사이버 공간의 기술 역량과 규범적 리더십을 발휘하기 위한 주요한 의제로 '디지털 주권'을 내세우면서, 체제 유지에 목적을 둔 중국의 주권론과 차별화되는 논의임을 강조하고 있다(European Union 2022).

사이버 주권 개념은 사이버 공간의 국제규범을 구축하는 데 있어 중요한 역할을 하는 요소이면서, 한편으로 사이버 이슈에 대한 다양한 논쟁과 갈등의 주요한 배경이다(Hao 2017, 110). 미중경쟁의 부상과 함께 글로벌 거버넌스와 가치규범 경쟁이 심화되고 디지털 경제와 사이버 안보가 부상하는 환경 속에서 사이버 공간의 '주권' 논의 또한 다양하게 부상하고 있다. 전통적 주권 개념의 사이버 공간에 대한 적용과 이를 둘러싼 중국과 서구의 논쟁은 글로벌 인터넷 거버넌스와 사이버 안보 협력을 위한 보편 원칙과 규범 창출, 이행에 주요한 제약이 될 수 있다. 이에 본 연구는 사이버 공간의 주권 논쟁을 중국과 EU를 중심으로 비교하고, 사이버 공간의 안보화 관점에서 주권 담론의 차이와 그 배경을 분석한다. 강대국 경쟁의 부활과 함께 사이버 주권 논쟁은 새로운 공간의 규범 주도, 질서주도 경쟁과 밀접히 연계되어 있음에 주목하고, 결론에서 이러한 사이버 주권 논쟁이 중국과 서구 간의 신흥기술 분야에 대한 규범 경쟁과 글로벌 거버넌스 경쟁 구도 속에서 지속될 가능성과, 향후 사이버 공간 협력과 글로벌 거버넌스 구축에의 함의를 제시한다.

II. 사이버 안보화와 주권 논쟁

1. 주권 개념과 사이버 공간에의 적용

초기 근대 정치사상에서 비롯된 다른 개념들과 마찬가지로 주권(sovereignty) 또한 단일한 일치된 개념적 정의가 존재하지 않는다. 주권 개념이 설명하고자 했던 현실들이 변하거나 추가적인 도전들이 등장하면서 주권의 개념 또한 내용적 변화를 겪어야 했다. 근대 국민국가가 경험한 다양한 도전과 이에 따른 국제관계의 변화는 주권의 일반적 특징들을 다양하게 재구성해 왔다(Campos and Cadilha 2021, vii-viii). 슈미트(C. Schmitt)는 모든 법률 개념 중에 주권 개념이 가장 실질적 이익에 의해 통제되고 있는 개념이라고 강조한다. 보뎅(J. Bodin)에 의해 시작된 개념이긴 하나 개념이 다양한 정치권력 싸움에 의해 발전되고 지속적으로 변화해 왔다는 것이다. 그럼에도 불구하고 지속 반복되고 있는 전통적 개념은 주권은 최고의 법적으로 독립된, 기본적 권력이라는 것이다(Schmitt 2005, 17). 주권이라는 용어의 의미는 시간에 따라 변화했을 뿐만 아니라, 매 시기마다 개념의 논쟁이 있어왔다(Brown 2022, 189).

홉스(Hobbes)의 리바이어던은 서문에서 "주권은 인공적 영혼(artificial soul)"이라고 언급한 바 있다. 국가(라틴어 *Civitas*)라고 불리는 거대한 리바이어던은 인간보다 더 크고 강하지만 인공적인 것에 불과하며, 주권은 그 안의 인공적 영혼이라는 것이다(Hobbes 1651, 7). 결국 국가는 인간에 의한 창조물이며, 주권은 보호와 방어를 목적으로 인간에 의해 그 국가에 제공된 권한이다. 보뎅(Bodin)은 이러한 주권이 연방의 절대적이고 영원한 권력이라고 강조한다(Bodin 1992, I). 주권의 핵심 아이디어는 영토에서 정치적 권한 혹은 권위의 궁극적 요소이다. 오늘날 관례적으로 '내적 주권(internal sovereignty)'과 '외적 주권(external sovereignty)'을 구분하고 있으며, 내적 주권은 국가의 구성에 관한 것이고, 외적 주권은 국가 간 관계에 관한 것이다. 내적 주권은 국민들에 대한 국가의 권위에 관한 것이고, 외적 주권은 독립 혹은 국가의 자율성에 관한 것이다(Morris 2021, 21). 주권은 국가에게 영토 내 통제권 행사와 국제사회에서 영토와 국민을 대표하는 권리(right)를 갖고, 한편으로 다른 국가의 주권을 인정하고 개입하지 않고 자국 영토 내에서 일어나는 활동을 통제할 의무(obligation)를 부여한다(Jensen 2014, 282-284).

이러한 전통적 주권 개념은 탈냉전기 세계화와 정보화의 흐름 속에서 주요한 도전을 경험하여 왔다. 21세기 세계화와 함께 주권국가가 초국적 거버넌스의 네트워크 형태로 변형되면서 사라질 것이라는 주장은 국가와 주권의 위기, 포스트 베스트팔렌 시대(post-Westphalian era)에 대한 보편화된 믿음으로 이어졌다. 그러나 주권 개념은 여전히 세계질서 속에서 사라지지 않고 '포스트 주권' 등으로 설명되고 있다(Campos and Cadilha 2021, viii). 인터넷이 주권국가에 주는 주요한 도전은 초국적 범위, 무한 규모, 통제권의 분산이다. 네트워킹에 대한 권한과 네트워크 운영에 대한 의사결정은 정치 권력 기구와 밀접히 연계되지 않고 초국적 정책 네트워크 형성 등 정치 자체를 바꾸기도 한다. 뮬러는 이러한 것들이 결국 소통과 정보에 대한 국가통제와 주권을 변화시키고 있다고 강조하였다(Mueller 2010, 4-5). 챈더와 선은 'Sovereignty 2.0'에서 인터넷은 주권을 종식시키도록 되어 있었다고 강조한다(Chander and Sun 2021, 3). 발로우(J. Barlow)는 'A Declaration of the Independence of Cyberspace(사이버 공간의 독립

선언)'에서 "사이버 공간은 당신들의 국경 안에 있지 않다. 당신이 그 것을 건설할 수 있다고 생각지 마라. 그것은 불가능하다. 그것은 자연 의 행위이며, 우리의 집단적 행위를 통해 성장한다"고 밝힌 바 있다 (Barlow 1996). 국민들에 대한 국가의 권위를 말하는 '내적 주권'과 대 외관계에서의 독립과 자율성에 관한 '외적 주권'의 측면에서 사이버 공간은 여전히 주권에 대한 전통적 논의들이 도전받는 공간이다. 그 럼에도 불구하고 사이버 내적 주권과 외적 주권 차원에서 모두 전통 적 주권 개념이 사이버 공간에도 적용된다는 주장이 힘을 받아 왔다. 젠슨(Jensen)은 국가가 사이버 공간에서도 주권적 의무를 갖지만, 그 에 따른 상응하는 책임도 수용해야 한다고 강조한다(Jensen 2014, 287-288). 세계는 사이버 공간에도 주권국가의 권위와 통제의 필요성을 유 지하고 규범과 룰을 만드는 주체로서 절대권력을 유지하기 위한 담론 과 입법 등의 조치들을 강화해 가고 있다.

2013년 사이버 전쟁에 적용되는 국제법에 대한 〈탈린매뉴얼〉은 첫 번째 원칙으로 주권을 강조하면서, "국가가 주권 영토 내의 사이버 인프라와 활동에 대해 통제권을 행사할 수 있다"고 서술하고 있다. 어 느 국가도 사이버 공간에 대한 주권을 주장할 수 없으나 자국 영토 내 에 설치된 인프라와 그 인프라와 연계된 활동에 대해서는 국가가 주 권을 행사한다는 것이다(Schmitt 2013, 25). 2017년 개정된 〈탈린 매뉴 얼 2.0〉 또한 국가 영토 내 주권 개념이 사이버 공간으로 확장되는 것 임을 재확인하고 있다(Schmitt 2017,15-16). UN GGE 보고서 또한 "국 가의 ICT 관련 활동에 대한 주권 적용과 영토 내의 ICT 인프라에 대한 관할권에 이르기까지 국가 주권과 국제규범과 원칙이 적용된다"고 명 시하고 있다(UN General Assembly 2021, 17).

디지털화의 흐름 속에서 국가들 또한 다양한 방법과 수단으로 그들의 주권을 주장하여 왔다. 어떤 국가들은 미국 지배의 인터넷으로부터의 독립을 주장하는 데 중점을 두는가 하면, 다른 국가들은 자국의 물리적, 논리적, 사회적 인프라에 대한 더 강한 통제를 확보하는 데 중점을 두어 왔다(Cattaruzza, Danet and Taillat 2016, 3). 크라즈너(S. Krasner)의 유명한 주장처럼 '주권'은 복잡한 역사적 과정을 통해 사회적, 정치적으로 구성된 것들에 의존하는 논쟁적 개념이라는 것이다(Krasner 1999).[1] 디지털 시대 사이버 공간의 주권 개념은 이렇듯 각 국가마다 다른 정치사회적 구성에 따라 다르게 접근될 수 있다는 것이다.

2. 사이버 '안보화(securitization)'와 주권 논쟁

비에스테커(T. Biersteker)는 국가, 주권, 영토의 개념은 모두 사회적으로 형성되는 것으로, 각 국가의 사례와 같이 다른 조직들의 규범, 행동, 실천에 의해 규정되고 재규정된다고 강조한다(Biersteker 2013, 245). 바르킨(J. Barkin) 또한 국가주권을 어떠한 하나의 정해진 개념이 존재하지 않는 사회적 구성(socioal construct)으로 해석한다(Barkin 2021, 21). 이는 사이버 주권 개념 또한 사회적으로 구성되는 것으로 각국의 정치사회적 요건에 따라 다르게 구성될 수 있음을 의미한다.

주권은 역사적으로 그 개념이 지속 변화해 왔지만, 영토 내에서의 최고권위(supreme authority within a territory)라는 핵심적 개념이 존재한다. 국가가 자신의 안전을 보호하는 대가로 개인이 국가에 권한과 권력을 부여한다는 국가주권(state sovereignty) 원칙 하에 개인과

---

1   Cattaruzza, Danet and Taillat(2016, 3)에서 재인용.

국가가 통합된다. 그래서, 안보(security)를 '국가안보(national securi-ty)'로 정의하는 것은 '이상적' 국가가 제공하는 개인 안보의 추상적 개념을 표현한 것이다(Hansen and Nissenbaum 2009, 1159-1160). 즉 주권은 국가가 개인의 안보를 목표로 국가에 부여하는 권한과 권력이다. 그러나, 실제 개인의 안보를 위협하는 요소가 무엇인지를 규정하는 것은 정책결정자들의 정치적 동원과 담론 형성의 과정이라는 것이 '안보화' 이론의 주장이다. '안보'의 일반적인 개념은 국가안보 담론으로부터 도출된 것으로 위협과 적을 대응하고 결정할 역량, 비상조치 채택 등의 권위에 대한 강조를 의미한다. 안보는 특별한 정치적, 담론적 힘을 가지고 있으며, '안보화'의 정확한 개념과 분류는 실제로는 정치적 영향을 미치기에 충분한 현저성을 지닌 실존적 위협의 상호주관적 구축에 의해 구성된다(Hansen and Nissenbaum 2009, 1158). 결국 안보 담론과 전략은 권력을 가진 정책결정자 혹은 그룹이 위협을 규정하고 보호해야 할 대상을 설정하는 '안보화' 과정을 거쳐 확정되고 구체화된다고 할 수 있다(차정미 2018, 8).

결국 주권 개념의 사회적 구성과 안보화의 관점에서 사이버 주권 논쟁 또한 위협을 상호주관적으로 구성하고 이에 대응해야 한다는 담론을 구체화하는 '안보화'에 근거한다고 볼 수 있다. 그러나 국가마다 인식하고 대응하고자 하는 위협의 성격이 다르고 주권 형성의 역사가 상이하다는 점에서 주권 개념은 매우 논쟁적이다. 비에스테커의 주장처럼 주권 개념은 무엇을 위협으로 규정하고 무엇을 보호해야 하는가에 대한 안보화의 과정 속에서 규정되고 이는 국가마다 다르게 형성될 수 있다. 다른 국가의 주권을 인정하는 내정불간섭 의무와 주권 행사에 제약이 있더라도 안보리 결의를 따르고 인권의무를 따라야 한다는 의무가 사이버 공간에도 적용되나(Jensen 2014, 289), 안보화에 따라 국가들은 이 의무를 다르게 접근하기도 한다. 사이버 주권 개념을 둘러싼 중국과 서구의 논쟁은 무엇이 핵심 위협인지 그리고 무엇을 보호해야 하는지에 대한 정치사회적 구성과 담론화의 차이에서 비롯된다고 할 수 있다.

본 연구는 이러한 사이버 공간의 안보화라는 관점에서 위협의 근원과 보호의 대상이 다르게 인식되고 형성되는 안보화의 차이를 중국과 서구 간의 논쟁적 사이버 주권 개념 형성의 주요한 배경으로 주목한다. 미국은 상대적으로 사이버 주권 문제를 자국의 안보화와 연계하여 강조하는 경향이 낮다는 점에서 본 연구는 사이버 '주권' 개념을 강하게 내세우는 EU와 중국의 내러티브를 중심으로 사이버 주권 논쟁을 분석한다.[2] 중국의 사이버 주권 개념이 영토 주권의 확장으로서 국가통제권의 권리와 내정불간섭의 의무에 중점을 둔 것인 데 반해, EU는 강대국 경쟁과 외국 빅테크 기업들의 영향력으로부터 전략적 자율성을 확보할 수 있는 기술적 역량, 자국 개인정보보호에 중점을 둔다. 중국은 사이버 공간을 영토 국경의 확장으로 강조하고 내정불간섭의 의무를 강조하는 반면, 유럽은 전략적 자율성과 개인정보보호를 목표로 한 기술 주권과 데이터 주권을 핵심 구성요소로 하는 '디지털 주권(digital sovereignty)'을 내세우고 인권의무를 강조한다.

중국과 유럽 간의 사이버 주권 담론은 또한 전통적 주권 논쟁의

---

2 미국의 경우는 2023년 3월 발표된 National Cybersecurity Strategy에서 주권국가를 강압하기 위한 러시아의 사이버 공격에 대한 언급에서 주권 문제가 간략히 언급될 뿐이다 (The White House, 2023). 미국 내에서는 EU가 디지털 주권을 강조하는 것에 대한 부정적 의견도 존재한다. 아톨리타노(S. Autolitano)는 유럽의 디지털 주권 담론이 유럽의 첨단기술 분야 취약성을 노출하고 사이버 안보 과정에서 중요한 주체들을 배제하는 결과가 될 것이라고 비판한다. 디지털 주권을 추구하는 대신 유럽이 해야 할 일은 신뢰할 수 있는 정부 밖의 조직들과 사이버 안보 파트너십 촉진을 강조하는 디지털 책임성 (digital responsibility) 개념을 도입해야 한다는 것이다(Autolitano 2023).

연장선에서 분석될 수 있다. 우선 국가주권과 국민주권 간의 충돌, 국가의 역할과 권한에 대한 논쟁이다. 국가주권과 국민주권 간의 논쟁은 가치논쟁과 연계되어 나타난다. 그로티우스는 국가가 주권의 공통적 주체라고 강조하고, 국민(people)은 그 자체로서 국가가 아니라고 말한다(Neff 2012, 51). 유엔헌장도 한편으로 국가주권에 대한 강한 원칙을 제시하고 있으나, 한편으로 인권 개념의 촉진은 이 원칙을 잠재적으로 뒤집고 있다(Brown 2022, 190). 이러한 국가주권과 인권존중의 잠재적 충돌 가능성에도 불구하고 UN GGE 보고서는 여전히 주권과 인권을 동시에 강조하고 있다. 보고서는 서론의 마지막 부분에서 "지속가능한 디지털 발전뿐만 아니라 주권, 인권, 근본적 자유에 대한 존중이 보고서의 핵심"이라고 강조하고 있다(UN General Assembly 2021, 6). 국가주권과 국민주권의 관점에서 중국과 서구의 접근에 차이가 나타난다. 둘째, 국가 간 관계에서 간섭, 개입(intervention)의 문제이다. 유엔헌장 2조는 주권평등의 원칙과 함께 7항에서 국내관할권 내의 문제에 대해 유엔의 개입을 승인하지 않는다는 주권존중의 원칙과 함께 다만 이 원칙이 7장 "평화 위협, 평화 파괴, 침략 행위에 대한 조치"에 방해가 되지는 않는다고 전제한다. 국제평화와 안보 유지에 필요한 경우 안보리의 결정을 이행하기 위한 조치들이 가능하다는 것이다.[3]

본 연구는 이러한 사이버 안보화의 차이와 전통적 주권 논쟁의 연장선상에서 중국과 유럽의 사이버 주권 논쟁을 분석한다. 사이버 공간의 데이터, 네트워크, 활동에 대한 국가의 통제 권한의 측면을 강조

---

3 UN. "United Nations Charter." https://www.un.org/en/about-us/un-charter/full-text

하고 영토 내 사이버 공간에 대한 국가 점유의 측면을 강조하는 중국과 이에 반해 기술적, 전략적 의존성에서 벗어날 수 있는 기술역량과 규범역량을 토대로 전략적 자율성과 개인보호를 강조하는 유럽 간의 사이버 주권 논쟁의 내용과 배경을 분석한다.

III. EU의 사이버 안보화와 주권 논쟁

1. EU의 사이버 안보화와 디지털 주권 담론의 형성

2022년 말 발간된 EU의 디지털 주권 보고서는 다자적 국제질서의 부활이라는 배경 속에서 EU의 주권과 전략적 자율성을 강조하기 시작했고 2019년 European Commission 「A Europe Fit for the Digital Age」 제하의 디지털 전략 보고서에서도 디지털 주권 강화 필요성이 강조되었다. 디지털 주권, 기술 주권, 데이터 주권과 전략적 자율성에 대한 유럽 내 논쟁은 EU 차원에서는 물론 개별 회원국들 차원에서도 최근 지속적으로 발전되고 있는 개념이다(European Union 2022, 9).

EU의 디지털 주권 강조의 배경은 기술 취약성, 대외 의존성으로 인한 취약한 전략적 자율성과 자국 국민의 정보보호 권한 약화에 있다. 미국 빅테크 기업 등이 자국의 데이터 및 디지털 인프라에 대한 통제를 확대하는 상황에 대한 위협인식으로 디지털 생태계의 경계를 다시 확인하고 데이터 및 디지털 인프라에 대한 통제권을 되찾으려는 시도를 강화하고 있는 것이다. 유럽의 Gaia-X 사례가 이를 잘 보여주는 것으로, 외국 기업으로부터 독립성을 되찾고 전략적 자산을 통제하는 능력을 향상시키고자 노력하고 있다(Celeste 2021, 6).

이러한 EU의 디지털 주권 담론은 사이버 문제와 연계된 두 가지 중대한 위협인식에 근거한다. 첫 번째는 외국 기업의 영향력 확대와 이에 대한 의존이고, 두 번째는 미중경쟁이라는 강대국 경쟁에 따른 강압에의 노출과 취약성이다. 이러한 위협으로부터 EU의 전략적 자율성과 EU 국민들의 개인정보를 보호한다는 차원에서 디지털 주권이 강조되고 있다. EU의 사이버 주권 논의는 미중경쟁의 부상과 지정학적 불안정이라는 국제환경의 추세 속에서 강화되었다. 2019년 유럽연합 집행위원회는 디지털 전략 〈A Europe Fit for the Digital Age〉에서 유럽이 "다른 나라의 표준을 따르기보다는 디지털 주권을 강화하고 표준을 설정해야 한다"고 발표했다. 2022년 EU의 디지털 주권 보고서는 국제질서의 다극화, 미중 지경학적, 정치적 경쟁, 러시아의 군사공세 등을 배경으로 EU가 (디지털) 주권, (개방된) 전략적 자율성이라는 용어를 사용해 자신의 주장을 펼치기 시작했다고 강조하고 있다 (European Union 2022, 11).

또한 유럽의 취약한 디지털 기술과 산업, 이로 인한 외국 기업에 대한 높은 의존도는 주권 담론의 중요한 배경이다. 비EU 테크기업들의 영향이 EU 정책결정자들에게 큰 우려였고, 특히 EU의 데이터 경제와 혁신잠재력, 그리고 EU의 개인정보와 데이터 보호, 안전한 디지털 환경에 대한 외국 테크기업들의 영향이 중대한 우려였다(Madiega 2020). 2020년 유럽의회연구소의 보고서 〈Digital sovereignty for Europe〉은 구글, 페이스북 등 외국 기업들이 주로 광고 수익을 창출하기 위해 온라인 사용자들의 개인 데이터를 수집하고 있으며, 온라인 플랫폼들이 이러한 개인 데이터들을 정치적 프로파일링 목적으로 추출할 수 있으며 이는 궁극적으로 유럽시민들이 점차 개인정보보호에 대한 통제력을 상실하게 할 것이라는 위협인식을 강조하고 있다(Madiega 2020, 3). 사이버 안보 분야에서도 중국 5G 인프라에 대한 의존과 통합된 유럽 사이버 공간의 부재로 외국 기업 영향력에 노출되어 있다는 것은 유럽의 핵심 취약점으로 강조되어 왔다. EU 회원국들은 단일 공급자에 대한 과잉의존이 안보위험을 초래할 것으로 인식하였다 (Madiega 2020, 4).

EU 시민, 기업인, 회원국들이 점점 더 그들의 데이터, 혁신역량, 그리고 디지털 환경에서 규범을 형성하고 강제하는 역량에 대한 권한을 잃어가는 데에 대한 우려가 심화되고 있고, 이러한 쇠퇴에 대응해 디지털 분야에서 유럽의 전략적 자율성을 강화하기 위한 새로운 접근이 필요하다는 인식이 점점 더 힘을 얻어왔다는 것이다(Madiega 2020). 2023년 유럽연합 집행위원회가 발표한 〈디지털 시대 보고서 (Report on the state of the Digital Decade)〉 또한 '디지털 기술이 지정학적 긴장과 심화되는 기술경쟁의 핵심'이라고 강조한다. 본 보고서는 디지털 서비스, 인프라와 지적 재산권뿐만 아니라 디지털 상품의 80%가 외국에 의존하는 상황을 주요한 위협으로 강조하고, '주권적 경쟁력 있는 유럽을 위한 디지털 전환(Digital transformation for a sovereign and competitive Europe)'을 핵심과제로 제시하고 있다(European Commission 2023).

2. EU의 디지털 주권 개념의 구성과 특징: 기술 주권과 데이터 주권

유럽의 디지털 주권은 데이터 주권, 기술 주권을 중점으로 한다. 사이버 공간에 대한 최고 권위와 통제권에 중점을 둔 중국의 담론과 달리, 전략적 자율성을 확보할 수 있는 기술적 역량, 자국 개인정보보호에 중점을 둔다는 것이다. 유럽의 디지털 주권 개념은 전략적 자율성과 개인정보보호를 목표로 한 기술 주권과 데이터 주권을 그 핵심 구성요소로 한다.

EU는 지난 10년간 사이버 안보(cybersecurity)를 포함하여 '디지털 주권' 담론을 강조하여 왔다. 디지털 분야에서 미국 기업의 지배력과 중국의 기술 발전에 대한 반발로 등장한 디지털 주권은 EU 담론의 주요 주제가 되고 있다. 많은 학자들이 EU가 전략적 자율성을 강화하는 데 있어 기술 주권(technological sovereignty)을 확보하는 것을 핵심 목표로 강조하고 있다(Barrinhaa and Christou 2022, 356). EU가 2020년 사이버 안보전략에서 언급한 주권 또한 기술 주권에 중점을 두고 있다. 사이버 안보전략 보고서는 '기술 주권(technological sovereignty)' 맥락에서만 세 차례 주권을 언급하였다(European Commission 2020). 2022년 발표된 EU의 '사이버 국방(Cyber Defense)' 보고서에서도 주권은 '기술 주권' 차원에서만 5차례 언급되었다. EU가 사이버 공간에서 기술 주권, 디지털 주권을 확보해야 한다고 강조한다(European Commission 2022). 검색엔진, 브라우저, 주요운영체제 등 소프트웨어 제품이 대부분 EU 밖에서 개발되면서 EU의 디지털 의존성이 높다는 점에서, 디지털 주권 담론은 외국 기업과 EU정부 사이의 긴장을 형성하게 된다(Autolitano 2023).

21세기 초기 20년은 사실 '디지털 기업주권(digital corporate sovereignty)'이 부상하였고 이는 기업 자체 규제가 통제권을 형성하고 국가 차원의 법적 개입은 불필요하다는 인식이 존재했다(Floridi 2019, 371-372). 그러나, 외국 기업과 기술에 대한 의존과 이로부터 자국의 개인정보를 보호할 필요성과 이에 대한 대응 차원에서 기술 주권 담론이 부상하였다. 유럽의 디지털 주권 담론에서 가장 가시적인 충돌은 기업과 국가 간의 충돌이라고 할 수 있다. 결국 유럽의 '디지털 주권'이 말하는 것은 기술적 독립을 확보하고 데이터와 디지털 자산에 대한 통제권을 확보하는 것을 의미한다(Autolitano 2023). EU의 2020년 사이버 안보전략(Cybersecurity Strategy)은 새로운 기술이 사이버 공간에서 새로운 기회와 도전을 제공하고 있는 환경에서 보다 더 "기술적 주권"을 가지기 위한 포괄적 접근을 강조하고 있다(Barrinhaa and Christou 2022, 356). 기술 주권, 데이터 주권을 기반으로 특정국에 의존하지 않는 전략적 자율성, 전략적 주권(strategic sovereignty)을 확보하는 데 중점을 두고 있다.

EU는 '주권'이 매우 논쟁적 개념이라는 점에서 국가마다 다른 이해를 나을 수 있음을 인식하고 있다. 디지털 분야와 연계된 주권에 대한 개념과 해석은 시민, 국가, EU 차원의 우려를 모두 반영하고 있다. 기본권 보호부터 지경학적 강점과 취약성, 유럽의 군사적 우려사항 해결까지 그 범위가 다양하다고 할 수 있고 결국 목표와 공동의 이익을 연결하고 전략적 혼선의 위험을 낮춰야 한다고 강조한다(European Union 2022, 11).

3. EU의 디지털 주권 개념 차별화와 권위주의적 주권 개념 비판

미국과 유럽은 중국, 러시아, 북한과 같은 권위주의 정권은 그들의 온라인 검열과 통제를 정당화하기 위해 전통적으로 사이버 주권을 언급해 왔다고 비판한다(INDO-PACIFIC DEFENSE FORUM STAFF 2023). 2022년 말 발간된 EU의 디지털 주권 보고서는 "EU의 디지털 주권 내러티브의 부상은 지정학적 경쟁, 특히 러시아와 중국이 유사한 용어를 오랫동안 사용하여 왔다는 점에서 특히 주목할 만한 것"이라고 강조했다. "중러 양국이 사이버 주권(cyber sovereignty)이라는 표어 아래 정보흐름의 대내외적 통제와 체제 유지라는 외교 어젠다를 추구해 왔다"고 언급하고, 이러한 EU의 디지털 주권이 권위주의 국가들의 사이버 주권 논의와 실질적으로 다른 것임에도 불구하고 중러의 사이버 주권 개념에 대한 서구의 비판을 거부하는 데 사용될 수 있고 이는 UN 차원에서 EU가 해온 외교적 노력에 방해가 될 수 있다고 설명하고 있다(European Union 2022, 11).

이러한 차원에서 EU는 디지털 주권 내러티브가 반드시 기본권의 틀에 확고히 자리 잡게 할 것이라고 강조하고, 이를 통해 디지털 시대 주권과 관련 용어에 대한 논쟁을 주도할 기회를 확보할 것이라고 강조하고 있다(European Union, 2022, 11). EU는 보고서에서 디지털 주권 내러티브가 정보통제의 권위주의적 사이버 주권 내러티브에 호도될 수 있다는 점을 경계하면서 인권과 근본적 가치 위에 구축된 정체성을 강조한다(European Union 2022, 17).

IV. 중국의 사이버 안보화와 주권 논쟁

1. 중국의 사이버 안보화와 주권 담론의 형성

중국도 사이버 주권에 대한 이론적 주장을 위해 기존 주권이론 논의를 차용하고 있다. 중국은 사이버 주권이 명백히 존재하며, 중국은 유엔헌장에서 제정한 주권평등 원칙을 인터넷 공간에 적용해야 한다고 주장한다(国务院新闻办公室 2022). 국가 주권의 범위가 영토, 영공,

영해 등 영역에서 정보 영역까지 확장된다는 것이다. 사이버 주권은 국가주권이 사이버 공간에 자연스럽게 확장된 것을 표현한 것으로, 사이버 공간 주권 유지가 국가 이익, 안보 및 독립성을 보호하는 것을 의미한다고 강조한다(姬文波 2018, 43). 2010년에 발간된 〈중국 인터 넷 현황(中国互联网状况)〉 백서는 "인터넷은 국가의 중요기반시설로, 중국 국경 내 인터넷은 중국 주권 관할 범위에 속하고, 중국의 인터넷 주권(互联网主权)은 당연히 존중되고 유지되어야 한다"고 강조하였다 (中华人民共和国国务院新闻办公室 2010).

2014년 11월 제1차 세계인터넷대회에서 시진핑이 사이버 주권 (网络主权) 개념을 처음으로 언급한 이후 주권은 사이버 공간의 핵심 원칙으로 자리하고 있다(人民网 2015). 시진핑은 축사에서 "중국은 세계 각국과 협력해 국제협력을 심화하고 사이버 주권 존중, 사이버 안보를 수호할 것"이라고 강조한 바 있다. 사이버 주권은 시진핑이 제기한 글로벌 인터넷 거버넌스 체제 개혁의 4대 원칙 중 최우선 원칙으로 제시되고 있다.[4] 시진핑 주석이 최초로 사이버 주권을 언급한 이후, 2015년 30여 명의 다양한 기관의 연구자들이 중앙사이버업무영도소조(Central Leading Group for Cyberspace Affairs)와 중국공학원으로부터 '사이버 공간의 주권에 관한 연구' 과제를 받았다. 연구는 세대, 발전, 분쟁, 안보와 사이버 공간 주권에 대한 다양한 이슈들에 대한 것이었고, 중국공학원의 천줘닝 부원장은 본 연구의 중요성을 강조하였다 (Fang 2018, xi).

이후 다양한 연구와 법제도 분야에서 사이버 주권 관련 논의와 제

---

4   4대 원칙은 사이버 주권, 평화와 안전 유지, 개방 협력 촉진, 건전한 질서 구축이다(姬文波 2018, 43).

도화가 구체화되었다. 2020년 중국중앙사이버안보와정보화위원회 판공실이 발표한 '사이버 주권: 이론과 실천(2.0버전)'은 이러한 연구의 결과이다. 우한대·중국현대국제관계연구소·상하이사회과학원이 공동 발기하고, 중국사회과학원·칭화대·푸단대·난징대·국제경영경제대·중국사이버공간안보협회가 공동출판하는 방식으로 발표되었다. 본 발표문은 국가주권의 의미가 시간이 지남에 따라 변화하고 풍부해졌다고 강조하고, 정보화 시대 들어 사이버 공간은 인간활동의 실제 공간과 고도로 통합되어 현대 국가의 새로운 영토이자 글로벌 거버넌스의 새로운 영역이 되었고 여기서 사이버 주권이 탄생한다고 주장한다. 주권국가는 사이버 공간 활동을 전개하고, 사이버 공간에서 질서를 유지하는 행위자이고 〈유엔헌장〉에 확립한 주권평등의 원칙은 당대 국제관계의 기본 원칙이고, 이는 사이버 공간에도 적용된다는 것이다(中央网络安全和信息化委员会办公室 2020).

　이러한 중국의 사이버 주권 논의는 중국특색의 사이버 안보화에 근거한다. 보호해야 할 대상이 무엇인가, 그리고 보호해야 할 대상에 어떠한 위협이 제기되고 있는가에 대한 규정과 사회적 합의의 도출이라는 정치화 과정을 안보화라고 할 때 중국에게 가장 큰 위협은 사이버 공간이 사상적 침투가 가능한 '통제 밖의 영역'이고, 이는 공산당 영도체제에 위협이 될 수 있다는 것이다. 초국경적 사이버 공간이 중국의 사회주의 이념과 체제를 위협할 수 있고 미국의 패권주의적 사이버 안보 담론이 중국특색의 인터넷 발전의 길에 제약이 될 수 있다는 인식이다.[5] 중국의 사이버 주권 담론은 결국 체제안정, 즉 시진핑을 핵심으로 하는 공산당 영도체제의 장기집권이라는 '정치안전(政治安

---

5   중국특색의 사이버 안보화 논의와 전략은 차정미(2018) 참조.

全)'과 시진핑 신시대 중국특색의 사회주의 사상이라는 '사상안전(意识形态安全)'이 중요한 안보의 대상이고, 초국적 사이버 공간에서의 자유로운 정보 이동과 외세의 침투가 체제안보에 주요한 위협이라는 안보화 과정을 통해 형성되고 있다. 사이버 공간의 정치안전과 사상안전을 수호하는 것은 중요한 정치적 과업, 중대한 정치적 책임으로 사이버 사상사업에서 주도권과 영도권을 확고히 틀어쥐어야 한다는 것이다(庄荣文 2023).

이러한 체제안정, 즉 시진핑 핵심 공산당 영도체제라는 정치안전과 사회주의 사상안전은 중국의 사이버 주권 담론의 핵심적 배경이다. 중국은 인터넷 발전에 대한 중국방식, 중국 공산당의 인터넷 통제권, 관리권이라는 차원에서 '중국특색의 인터넷 통치 방안(中国特色治网之道)'을 강조하고 있다. 2022년 8월 중국공산당 중앙선전부도 기자회견에서 "인터넷을 통과하지 못하면 장기 집권도 통과할 수 없다(过不了互联网这一关就过不了长期执政这一关)"는 것이 시진핑 총서기의 결론이라고 강조하였다. 중국공산당은 최근 몇 년간 인터넷을 파악하고 사용하는 데 가장 큰 노력을 기울여 왔다고 강조하고, 중국공산당이 장기간 집권하려면 국정운영 능력을 지속 제고하고 거버넌스 역량을 현대화해야 하는데, 10억이 넘는 인터넷 사용자 수를 가진 중국의 거버넌스 현대화는 사이버 공간의 거버넌스를 강화해야 한다는 것이다(红星新闻 2022).

리단(李丹)은 사이버 주권 개념은 새로운 시대의 강대국 경쟁 상황, 특히 서구 열강이 사이버 공간을 이념적 돌파구로 간주하는 현 상황에서 점점 더 중요해지고 있다고 강조한다. 이념은 국가정치 안보의 중요한 요소로 인터넷 플랫폼은 여러 나라의 이념과 여론이 대결하는 중요한 장소이고, 인터넷 이데올로기 싸움은 최근 몇 년간 특히 주목받는 이슈로 사이버 주권 존중과 국가안보를 유지해야 한다는 것이다(李丹 2023). 중국에게 사이버 공간은 서구와의 이념 대결의 장이고, 사이버 주권은 시진핑을 핵심으로 하는 공산당 영도체제와 사회주의 핵심가치를 수호하기 이한 핵심 원칙으로 강조되고 있다.

2. 중국의 사이버 주권 개념의 구성과 특징: 중국특색 인터넷 통치의 길(中国特色治网之道)

사이버 주권은 중국이 사이버 공간 글로벌 거버넌스와 사이버 공간 국제규칙에 대한 핵심주장 중 하나이다(黄志雄 2017, 2). 인민일보는 과학에는 국경이 없지만, 과학자에게는 국경이 있듯이 인터넷 자체에 국경은 없지만 사이버 공간에는 주권이 있다고 강조하고, 중국 내 네트워크는 당연히 국가주권의 범위에 있고 영토 내 네트워크에 대해 중국의 입법과 사법 등으로 인터넷을 관리할 권리가 있다고 강조한다(人民网 2015).

사이버 안보 관련 각종 입법과 제도들도 최우선 원칙으로 주권을 내세우고 있다. 2016년 통과된 〈사이버 안보법(网络安全法)〉은 사이버 공간 주권 유지를 입법의 기본 목적으로 제시하였다. 2016년 〈국가 사이버 공간 안보전략(国家网络空间安全战略)〉도 사이버 공간 주권을 국가주권의 중요한 구성요소로 삼는다고 강조하였다. 2017년 〈사이버 공간 국제협력전략(网络空间国际合作战略)〉에서도 주권원칙이 협력의 기본원칙으로 제시되었다(中央网络安全和信息化委员会办公室 2020). 2021년 데이터안보법(中华人民共和国数据安全法)도 제1조에서 본 법의 취지를 국가주권 보호로 명시하였다. 그리고 국가가 중앙집중적, 통일적, 효율적이고 권위 있는 데이터 안보 위험 관리와 조치의 권한이 있음을 강조하고 있다(新华社 2021). 2023년 3월 〈신시대 중국 사이버 법치건설(新时代的中国网络法治建设)〉 백서 또한 국가 사이버 주권 원칙을 명확히 하고 있다(国务院新闻办公室 2023).

시진핑 3기 체제 들어 사이버 안보와 주권 개념은 점점 더 1인 권력 중심의 담론이 강화되고 있다. 시진핑은 인터넷 관리는 매우 정치적인 성격의 과제이며, 정치를 강조하는 것은 사이버 분야의 첫 번째 요구라고 언급했다. 정치방향을 확고히 하고 사이버 업무에 대한 당의 전면적 영도를 강화해야 한다고 강조하고 있다. 사이버 주권에 대한 올바른 견해를 강조하면서 사이버 주권은 국가주권을 입증하는 것이라고 강조하였다(中国青年网 2023). 시진핑 체제 들어 주권 담론은 점점 더 최고권력자에 부여된 권한에 무게를 두면서, 사이버 안보와 주권 논의 또한 시진핑의 사이버 주권론을 선전하고 있다. 최근 인민일보는 시진핑이 '사이버 안보가 곧 국가안보'라는 인식으로 직접 사이버 문제를 지휘하고 이끌어왔다는 것을 강조한 바 있고(中国政府网 2021), 2023년 7월 중앙사이버안보와 정보화위원회는 『시진핑총서기의 사이버강국에 대한 중요사상소개(习近平总书记关于网络强国的重要思想概论)』라는 책을 발간하였다. 이 책은 시진핑의 사이버 권력 사상이 시진핑 신시대 중국특색 사회주의 사상의 중요한 부분이라고 강조하고 사이버강국 건설을 위한 당의 전면적 영도 강화를 강조하고 있다(人民网 2023).

중국의 사이버 주권 담론은 중국특색의 인터넷 통치 방안에 대한 존중과 국가의 통치권한, 그리고 내정불간섭을 핵심 요소로 한다. 중국 중앙사이버안보와 정보화위원회가 공식적으로 정의하고 있는 사이버 주권은 "국가주권이 사이버 공간으로 자연스럽게 확장된 것으로, 국가주권을 바탕으로 자국 영토 내 네트워크 시설, 네트워크 주체, 네트워크 행위, 관련 네트워크 데이터와 정보 등에 대해 갖는 최고의 권한이면서 대외적 독립권리"라고 강조하였다. 그리고 주권국가의 권리는 구체적으로 외부 간섭 없이 인터넷 발전 경로, 거버넌스 모델 및 공공정책을 독립적으로 선택할 권리인 〈독립권〉, 유엔헌장의 주권 평등 원칙에 따라 주권국가가 사이버 공간의 국제거버넌스에 동등하게 참여하고 국제규칙을 공동으로 제정할 권리인 〈평등권〉, 입법규제권, 행정관할권, 사법관할권 등을 포함한 〈관할권〉, 자체 사이버 안보 역량을 구축할 권리와 외부 침해로부터 사이버 공간에서의 정당한 권리와 이익을 보호하기 위해 유엔헌장의 틀 내에서 합법적이고 합리적인 조치를 취할 〈방어권〉을 제시하였다. 사이버 주권의 의무로 〈불가침, 내정불간섭〉을 제시하고 있다(中央网络安全和信息化委员会办公室 2020). 중국의 사이버 공간 주권은 국가의 통제권과 외세의 개입으로부터의 독립권에 무게를 두고 있다.

마오신쥐안(毛欣娟)과 런자옌(任珈炎)은 영토 내 사이버 활동에 대해 갖는 국가의 권한을 강조하면서 데이터 주권은 사이버 공간의 국가주권의 하위개념으로 국가안보적 관점에서 데이터 주권의 주체는 국가이지 개인이 아니라(数据主权的主体是国家而非个人)고 강조한다 (毛欣娟·任珈炎 2023). 마오신쥐안과 런자옌은 사이버 주권을 "물리층 (物理层)", "논리층(逻辑层)", "데이터층(数据层)" 등 3개 층위로 구분하고, 물리층은 국가가 국가 영토 내에서 운영되는 사이버 활동에 대해 갖는 주권이고, 논리층은 컴퓨터 코드 차원에 대한 국가주권으로 데이터전송 통신 프로토콜 및 네트워크 상호 연결 특히 도메인 이름 시스템 등에 대한 국가주권을, 데이터층은 데이터 관할 및 데이터 소유권 측면의 국가주권으로 설명하였다(毛欣娟·任珈炎 2023). 중국의 사이버 주권은 이렇듯 사이버 공간과 인프라, 데이터 등 모두가 국가

안보적 관점에서 주권의 주체를 국가로 강조하고, 정치안전과 사상안전을 위한 대내 통제와 외세 개입 불가라는 차원에서 사이버 주권을 접근하고 있다.

3. 중국의 사이버 주권과 반패권/사이버 공간 운명공동체
(网络空间命运共同体)

유럽의 디지털 주권이 개인정보와 전략적 자율성 보호, 기본권 기반 원칙 등을 강조하는 데 반해 중국의 사이버 주권 담론은 사이버 패권의 예방과 저항을 강조한다(中央网络安全和信息化委员会办公室 2020). 중국은 사이버 주권 구축의 주요한 도전과제로 국제사회의 인식 차이를 강조하고 있다(黄志雄 2017, 30). 중국은 미국의 사이버 패권과 내정간섭, 불평등한 글로벌 거버넌스를 비판하면서 글로벌 거버넌스 개혁 등 사이버 공간 이슈에서 중국과 한목소리를 낼 수 있는 전략적 파트너십 구축에 주력하고 사이버 주권 원칙을 주요한 외교 의제로 내세우고 있다. 2015년 중국과 러시아 등은 '정보보호를 위한 국제행동강령(信息安全国际行为准则)'에서 인터넷 관련 정책결정이 각국 주권을 존중해야 함을 강조하였다(中央网络安全和信息化委员会办公室 2020). 중러 양국은 2022년 2월 공동성명에서도 글로벌 포럼에서 사이버 주권에 대해 한목소리를 낼 것을 재확인했고(Lee 2022, 11), 국가 사이버 주권을 제한하려는 어떠한 시도도 용납될 수 없다고 강조한 바 있다(新华社 2022). 중국은 어떠한 국가도 사이버 패권을 행사하거나, 타국의 국가 안보를 위협하는 사이버 활동을 묵인하거나 지원하지 않는다는 것이 중국이 주장하는 운명공동체 건설의 기본 전제라고 강조하고, 사이버 공간에 관한 국제규칙에 있어 사이버 주권의 원칙이 중요한 위치에 자리 잡고 있음을 분명히 하고 있다(金台资讯 2023).

2022년 말 발간한 중국의 '사이버공간운명공동체 구축(携手构建网络空间命运共同体)' 백서 또한 운명공동체 구축의 핵심으로 사이버 주권 존중을 내세우고 있다. 모든 국가가 사이버 정책을 독립적으로 선택할 권리를 강조하고 모든 형태의 패권주의와 권력정치, 내정간섭을 단호히 반대한다고 강조하고 국가안보를 위험에 빠뜨리는 사이버 활동을 묵인하거나 지원하지 않을 것이라고 강조한다. 중국은 유엔헌장에서 제정한 주권평등 원칙을 인터넷 공간에 적용하고 국가주권에 기초해 인터넷 공간에서 공정하고 합리적인 국제질서를 구축할 것을 주장한다(国务院新闻办公室 2022). 각국은 손을 잡고 사이버 공간에서 운명공동체를 구축하고, 사이버 주권 원칙을 견지하고, 사이버 패권을 단호히 반대하며, 사이버 공격에 적극적으로 대응하고, 사이버 간첩 행위를 효과적으로 방지 및 퇴치하며, 평화롭고 안전하며 개방적인 공간을 공동으로 구축해야 한다고 강조하고 있다(中国青年网 2023). 국무원 사이버정보판공실(国家互联网信息办公室) 양수전(杨树桢) 정책연구국국장도 사이버 공간 운명공동체 개념과 관련하여 '반패권'을 강조하고, 인터넷이 모든 국가의 주권, 안보 및 개발이익에 일련의 새로운 위협과 도전을 가지고 왔다고 강조하고 인터넷 주권 존중을 강조했다(中国经济网 2022).

중국은 스스로 사이버 주권 발의국이며 주창국이라고 주장하고 중국이 주창한 사이버 안보 주권은 이미 세계 국가들이 도입하고 있는 보편적 개념이라고 강조한다. 러시아, 브라질 등 신흥국들과 상하이협력기구 등이 적극적으로 사이버 주권 보호를 강조하고 있으며 러시아는 이미 국제무대에서 국가의 인터넷에 대한 실질적 관할을 주장하고 있다는 것이다(黄志雄 2017, 31). 중국은 사이버 주권 원칙이 대부분의 개발도상국에서 지지를 받고 있으며, 많은 국가들이 사이버 공간 전략에서 '사이버 주권' 개념을 강조하고, 디지털 시대의 발전권 보장을 강조한다고 주장한다. 베트남의 사이버 안보법도 독립, 주권, 영토보전, 상호 내정불간섭 등을 원칙으로 하고, EU도 사이버 공간의 기술 주권을 제안했다는 것이다(中央网络安全和信息化委员会办公室 2020). 이렇듯 중국은 중국의 사이버 주권 담론이 글로벌 보편성과 정당성을 확보하도록 하기 위한 서사에 주력하고 있다. 중국은 국가주권의 원칙이 사이버 공간에 적용된다는 점은 이미 많은 국제문서에서 확인된 것이라는 점을 강조하고 있다.

V. 결론: 네 번째 혁명과 사이버 주권 논쟁의 미래

시기별로 주권 개념의 변화가 있어 왔다. 1648년 베스트팔렌 조약부터 21세기까지 주권에 대한 논쟁이 지속되어 왔다. 주권은 과거의 군주적 주권(sovereignty of monarch)에서 대중적 주권(popular sovereignty)으로 이동하고, 최근에는 신흥기술의 부상과 기술혁신으로 새로운 공간의 주권 논쟁이 확대되고 있다. 사이버 공간의 주권 논쟁은 디지털 기술혁신의 가속화와 강대국 경쟁의 부활 속에서 중국과 서구 간 새로운 담론 경쟁의 장이 되고 있다. 글로벌 무역 및 환경 정책과 마찬가지로 인터넷 거버넌스과 규범은 이제 국가 간 국제 갈등의 중점이 되고 있다. 뮬러(M. Mueller)는 인터넷은 통제될 수 있을 것인가라는 초기 질문은 이제 과연 기존과 다른 새로운 어떤 것이 존재할 수 있을까라는 질문으로 넘어왔다고 강조한다. 국가는 여전히 효과적인 거버넌스의 제공자로 압도적 위상을 갖고 있으나, 여전히 영토에 제한된 국가주권과 네트워크로 창출된 사회적 상호작용의 비영토적 공간 사이에 강력하고 일관된 긴장이 존재한다고 강조한다 (Mueller 2010, 1). 챈더(A. Chander)와 선(H. Sun)도 디지털 주권은 필요하면서도 위험한 것이라고 언급한 바 있다. 디지털 주권은 대중적 주권(popular sovereignty)일 뿐만 아니라 진짜 싫은 것(bête noire)일 수도 있다는 것이다(Chander and Sun 2021, 8). 사이버 공간을 둘러싼 강대국 간의 담론 경쟁이 국가와 국민 간의 통제권과 기본권을 둘러싼 긴장과 연계되면서 사이버 주권 개념은 여전히 일치와 합의가 취약한 논쟁적 단계에 있다. 사이버 공간과 연계된 주권 논쟁은 주권 개념에 내재된 모호성과 변동성을 고려할 때 지속적인 변화를 경험할 수 있을 것으로 보인다. 전통적인 주권 개념의 모호성과 논란이 사이버 공간에서도 지속되는 상황에서 사이버 주권에 대한 공감과 합의를 이끌어내고 이에 근거한 보편 규범을 도출하고, 효과적인 글로벌 거버넌스를 구축하는 것 자체에 다양한 제약이 있음을 볼 수 있다. 이러한 논쟁적 환경 속에서 사이버 안보(cybersecurity) 문제는 주권국가에 가장 중대한 안보 위협이 되고 있다(Hao 2017, 109).

우주, 사이버, 인공지능 등의 신흥기술 공간의 부상은 전통적인 국가주권 개념에 근본적인 도전은 물론 국가 간 논쟁을 초래하고 있다. 전통적 국가주권(classic state sovereignty)이 대중 주권(popular sovereignty)을 넘어, 기술 주권(techno sovereignty)으로 이동하고 있다. 전통적인 주권 개념에 따르면 국가는 인간에 의한 창조물이며, 주권은 보호와 방어를 목적으로 인간에 의해 그 국가에 제공된 권한으로 영토 내에서 절대적인 권한을 행사한다. 디지털 기술의 발전과 지속적인 기술혁신으로 인해 역사적으로 지속 변화되어온 주권 개념 또한 새로운 라운드의 변화와 논쟁에 직면해 있다. 서로 다른 정치체제를 가진 강대국 경쟁의 심화, 그리고 급속한 기술혁신은 사이버 공간의 주권 문제를 더욱 복잡하게 하고 있다. 전통적 주권 논쟁에서부터 최근 부상한 기술 주권, 디지털 주권 논의에서 보듯 기술역량이 주권을 뒷받침하는 주요한 요소가 되면서 주권의 구성과 범위가 더욱 확장되고 진화하고 있다.

필포트(D. Philpott)는 두 가지 역사적 혁명—개신교 종교개혁 이후 유럽에 주권국가 체제를 도입한 1648년 베스트팔렌 평화, 2차대전 이후 평등과 식민 민족주의 사상에 따라 식민제국이 종식되고 주권국가 체제가 확산된 것—이 오늘날의 주권국가로 구성된 국제질서를 만들었다고 강조한다(Philpott 2001). 세 번째 혁명은 정보화와 세계화였다. 정보화와 세계화로 인한 사이버 공간의 부상과 초국적 연결의 부상은 국가주권 자체의 위기와 이후 새로운 형태의 거버넌스 요구들로 이어졌고 강대국 경쟁의 부활과 함께 주권 개념의 충돌과 혼선은 더욱 확대되고 있다. 인터넷이 주권국가에 주는 주요한 도전은 초국적 범위, 무한 규모, 통제권의 분산이다. 네트워킹에 대한 권한과 네트워크 운영에 대한 의사결정은 정치권력 기구와 밀접히 연계되지 않고 초국적 정책 네트워크 형성 등 정치 자체를 바꾸고 있기도 한다. 뮬러는 이러한 것들이 결국 소통과 정보에 대한 국가통제와 주권을 변화시키고 있다고 강조하였다(Mueller 2010, 4-5). 이제 네 번째 혁명인 지능화의 시대가 도래하고 있다. 생성형 AI 기반의 국제질서는 정보화 시대보다 전통적 주권 개념에 더 심대하고 중대한 도전들을 초래하게 될 것이다. 전통적 영토 경계 내의 최고 권위와 관할권, 타국으로부터의 내정간섭 반대와 반패권을 주장하면서 사이버 주권을 디지털 시대 글로벌 거버넌스와 국가통치의 주요한 원칙으로 강조하는 중국과, 중국의 권위주의적 사이버 주권 논쟁에 대응해 인권, 자유 등 보편규범과 가치에 기반한 사이버 공간의 질서를 주장하는 서구의 인식은 생성형 AI 시대 또 다른 라운드의 주권 논쟁에 직면할 것으로 전망된다. 정보화 시대보다 훨씬 더 통제하기 어려운, 경계짓기 어려운 공간과 커뮤니케이션 기술의 탄생은 주권 개념의 재정의와 적용에 새로운 도전을 제기할 것으로 보인다.

'주권'은 매우 논쟁적 개념이라는 점에서 국가마다 다른 이해를 낳을 수 있다. 하오(Hao)는 사이버 공간의 주권 논쟁이 3가지 측면에서 국제사회의 균열을 초래할 것으로 지적한 바 있다. 즉, 사이버 주권과 인터넷의 본질 간의 논쟁으로 사이버 공간의 분리가 결국 인터넷의 균열로 이어질 것이라는 것이다. 두 번째 사이버 주권과 인권 간의 충돌이다. 이것은 표현의 자유와 사이버 주권의 명분의 국가개입의 문제이다. 대체로 중국에 대한 비판이 제기되는 부분이다. 셋째로 사이버 주권과 다양한 거버넌스 이해관계자들 간의 충돌이다. 주권 정부가 주도하는 거버넌스가 다원화된 거버넌스에 도전이 될 수 있다는 것이다(Hao 2017, 109-110). 결국 이러한 주권 논쟁과 혼선, 갈등 속에서 목표와 공동의 이익을 연결하고 전략적 혼선의 위험을 낮춰야 할 필요가 있다(European Union 2022, 11). 중국의 사이버 주권, 유럽의 디지털 주권 등 각자의 안보적 환경과 필요에 의해 구체화되고 있는 서로 다른 내용의 주권 논의 속에서 한국의 사이버 주권의 개념화와 핵심원칙의 토론을 통해 양분화된 대결구도의 사이버 주권 논쟁을 미래지향적 건설적 논의로 이끌어갈 수 있도록 하기 위한 연구와 토론이 필요한 때이다.

참고문헌

차정미. 2018. "중국 특색의 사이버 안보 담론과 전략, 제도 분석." 『국가안보와 전략』18(1): 1-43.

国务院新闻办公室. 2023. "新时代的中国网络法治建设." 3.16. http://www.cac.gov.cn/2023-03/16/c_1680605020289829.htm (검색일: 2023.10.7.).

国务院新闻办公室. 2022. "《携手构建网络空间命运共同体》白皮书." 11.7. http://www.scio.gov.cn/zfbps/32832/Document/1732898/1732898.htm (검색일: 2022.5.21.)

金台资讯. 2023. "坚持推动构建网络空间命运共同体." 7.28. https://baijiahao.baidu.com/s?id=1772622724763493013&wfr=spider&for=pc (검색일: 2023.9.17.).

毛欣娟, 任珈炎. 2023. "国家安全视域中我国数据主权安全面临的挑战及其对策." 『社会治理』 2023年第1期. https://www.cssn.cn/gjaqx/202304/t20230410_5618788.shtml

新华社. 2021. "中华人民共和国数据安全法." 8.2. http://h5.cbbn.net/folder34/folder35/folder422/2022-08-02/0StloJmWadbL6yf5.html (검색일:2023.10.7.).

新华社. 2022. "中华人民共和国和俄罗斯联邦关于新时代国际关系和全球可持续发展的联合声明." 2.5. https://roll.sohu.com/a/520629145_119038 (검색일: 2023.9.12.).

人民网. 2015. "习近平强调"尊重网络主权"有何深意." 12.16. http://it.people.com.cn/GB/n1/2015/1216/c1009-27937865.html (검색일: 2022.5.21.).

人民网. 2023. "《习近平总书记关于网络强国的重要思想概论》出版发行." 7.12. https://baijiahao.baidu.com/s?id=1771164591362034307&wfr=spider&for=pc (검색일: 2023.10.7.).

李丹. 2023. "全面推进依法治网,为网络强国建设保驾护航." 环球网. 9.15. https://baijiahao.baidu.com/s?id=1777100224118258045&wfr=spider&for=pc (검색일: 2023.10.7.).

庄荣文. 2023. "坚决维护网上政治安全和意识形态安全 为强国建设民族复兴提供有力服务支撑." 长安街读书会干部文摘. 6.25. https://new.qq.com/rain/a/20230625A086D600 (검색일: 2023.11.16.).

中国政府网. 2021. "庄荣文: 深入学习宣传贯彻习近平总书记关于网络强国的重要思想." 5.5. https://www.gov.cn/xinwen/2021-05/05/content_5604771.htm (검색일: 2023.10.7.).

中国经济网. 2022. "总书记关于构建网络空间命运共同体理念主张可概括为'四句话'." 11.7. https://baijiahao.baidu.com/s?id=1748818754769213399&wfr=spider&for=pc (검색일: 2023.5.21.).

中国青年网. 2023. "把牢政治方向建设网络强国." 7.25. https://baijiahao.baidu.com/s?id=1772343034343251062&wfr=spider&for=pc (검색일: 2023.10.7.).

中央网络安全和信息化委员会办公室. 2020. "网络主权: 理论与实践(2.0版)." 11.25. http://www.cac.gov.cn/2020-11/25/c_1607869924931855.htm (검색일: 2023.10.6.).

中华人民共和国国务院新闻办公室. 2010. "中国互联网状况." 6.8. http://www.gov.cn/zhengce/2010-06/08/content_2615774.htm (검색일: 2022.5.21.).

红星新闻. 2022. "为什么"过不了互联网这一关就过不了长期执政这一关"?中宣部权威回应来了." 8.18. https://baijiahao.baidu.com/s?id=1741475327486407611&wfr=spider&for=pc (검색일: 2023.10.7.).

黄志雄. 2017. 『网络主权论: 理论, 政策与实践』. 社会科学文献出版社.
姬文波. 2018. "习近平国家安全思想的核心要义." 『党的文献』(2).

Autolitano, Simona. 2023. "Why the EU Should Stop Talking About Digital Sovereignty."
    CFR. 4.10. https://www.cfr.org/blog/why-eu-should-stop-talking-about-digital-
    sovereignty
Barkin, J. Samuel. 2021. *The Sovereignty Cartel*. New York: Cambridge University Press.
Barlow, John Perry. 1996. "A Declaration of the Independence of Cyberspace,"
    Electronic Frontier Foundation. 2.8. https://www.eff.org/cyberspace-indepen
    dence#main-content (검색일: 2023.5.26.).
Barrinhaa, André and G. Christou. 2022. "Speaking sovereignty: the EU in the cyber
    domain." *European Security* 31(3).
Biersteker, Thomas J. 2013. "State, Sovereignty, and Territory." in Walter Carlsnaes,
    Thomas Risse and Beth A. Simmons. *Handbook of International Relations*. 2nd
    edition. Sage Publication.
Bodin, Jean. 1992. *On Sovereignty: Four Chapters from the Six Books of the
    Commonwealth*. New York: Cambridge University Press.
Brown, Chris. 2022. "The State and Sovereignty." in Colin Hay, Michael Lister and
    David Marsh eds. *The State: Theories and Issues*. 2nd edition. London: Bloomsbury
    Academic.
Cattaruzza, Amaël, Didier Danet and Stéphane Taillat. 2016. "Sovereignty in Cyberspace:
    Balkanization or Democratization." *IEEE 2016 International Conference*.
Chander, Anupam and Haochen Sun. 2021. *Sovereignty 2.0*. Georgetown University Law
    Center.
Campos, André Santos and Susana Cadilha. 2021. S*overeignty as Value: Values and
    Identities: Crossing Philosophical Borders*. Lanham, MD: Rowman & Littlefield
    Publishers.
Celeste, Edoardo. 2021. "Digital Sovereignty in the EU: Challenges and Future
    Perspectives." in Federico Fabbrini, Edoardo Celeste and John Quinn (eds), *Data
    Protection beyond Borders: Transatlantic Perspectives on Extraterritoriality and
    Sovereignty*. Hart.
European Union. 2022. *Digital Sovereignty: From Narrative to Policy?* https://eucd.
    s3.eu-central-1.amazonaws.com/eucd/assets/_dpBkAW4/digital-sovereignty-from-
    narrative-to-policy.pdf (검색일: 2023.5.21.).
European Commission. 2023. "2023 Report on the state of the Digital Decade." 9.27.
    https://digital-strategy.ec.europa.eu/en/library/2023-report-state-digital-decade (검
    색일: 2023.11.11.).
European Commission. 2020. "Joint Communication to the European Parliament and the
    Conuncil: The EU's Cybersecurity Strategy for the Digital Decade." 12.16.
Fang, Binxing. 2018. *Cyberspace Sovereignty: Reflections on building a community of
    common future in cyberspace*. Singapore: Springer.
Floridi, Luciano. 2019. "The Fight for Digital Sovereignty: What It Is, and Why It Matters,
    Especially for the EU." *Philosophy & Technology* 33.

Hansen, Lene and Helen Nissenbaum. 2009. "Digital Disaster, Cyber Security, and the Copenhagen School." *International Studies Quarterly* 53.

Hao, Yeli. 2017. "A Three-Perspective Theory of Cyber Sovereignty." *Prism* 7(2).

Hobbes, Thomas. 1651. *Leviathan or the Matter, Forme, & Power of a Common-wealth: Ecclesiasticall and Civill.* London, printed for Andrew Crooke, at the Green Dragon in St. Pauls Church-yard.

Indo-Pacific Defense Forum Staff. 2023. "Cyberspace Freedom, Allied and Partner Nations Resist Authoritarian Controls Imposed Under the Guise of Digital Sovereignty." Dialogo Americas. 4.12. https://dialogo-americas.com/articles/cyberspace-freedom-allied-and-partner-nations-resist-authoritarian-controls-imposed-under-the-guise-of-digital-sovereignty/

Jensen, Eric Talbot. 2014. Cyber Sovereignty: The Way Ahead, 50 Tex. Int'l L. J. 275. https://digitalcommons.law.byu.edu/cgi/viewcontent.cgi?article=1239&context=faculty_scholarship (검색일: 2023.11.12.).

Lee, John. 2022. "China-Russia cooperation in advanced technologies: The future global balance of power and the limits of 'unlimited' partnership." Australia-China Relations Institute University of Technology Sydney.

Madiega, Tambiama. 2020. "Digital sovereignty for Europe." *European Parliamentary Research Service.* July. https://www.europarl.europa.eu/RegData/etudes/BRIE/2020/651992/EPRS_BRI(2020)651992_EN.pdf (검색일: 2023.11.11.).

Mueller, Milton L. 2010. *Networks and States: The Global Politics of Internet Governance.* MIT Press.

Morris, Chrisotpher W. 2021. "Sovereignty, Some Skeptical Thoughts." in André Santos Campos, Susana Cadilha. *Sovereignty as Value: Values and Identities: Crossing Philosophical Borders.* Lanham, MD: Rowman & Littlefield Publishers.

Neffm, Stephen C. 2012. *Hugo Grotius on the Law of War and Peace.* Student Edition. New York: Cambridge University Press.

Palaniappan, Madhuvanthi. 2022. "Cyber Sovereignty: In Search of Definitions, Exploring Implications." *ORF Issue Briefs and Special Reports.* 12.28. https://www.orfonline.org/research/cyber-sovereignty/ (검색일: 2023.5.21.).

Philpott, Daniel. 2001. *Revolutions in Sovereignty: How Ideas Shaped Modern International Relations.* Prinston University Press.

Schmitt, Carl. 2005. *Political Theology: Four Chapters on the Concept of Sovereignty.* University Chicago Press.

Schmitt, Michael N. 2013. *Tallin Manual on the International Law Applicable to Cyber Warfare.* International Group of Experts at the Invitation of the NATO Cooperative Cyber Ceter of Excellence. New York: Cambridge University Press. https://www.nowandfutures.com/large/Tallinn-Manual-on-the-International-Law-Applicable-to-Cyber-Warfare-Draft-.pdf (검색일: 2023.11.11.).

Schmitt, Michael N. 2017. *Tallinn Manual 2.0 on the International Law Applicable to Cyber Operations.* New York: Cambridge University Press.

UN General Assembly. 2021. "Group of Governmental Experts on Advancing Responsible State Behaviour in Cyberspace in the Context of International Security."

7.14. https://dig.watch/wp-content/uploads/2022/08/UN-GGE-Report-2021.pdf (검색일: 2023.5.21.).

UN. "United Nations Charter." https://www.un.org/en/about-us/un-charter/full-text

The White House. 2023. "National Cybersecurity Strategy."

제8장

사이버 안보와 문화

양종민 정보통신정책연구원

I. 서론

사이버 공간의 안보와 전략, 그리고 분쟁과 전쟁의 영역에서 국제관계의 여러 행위자는 서로 다르게 행동한다. 즉, 사이버 공간에서 다른 목적을 가지고 다른 방법을 통해 자신들이 가지는 사이버 능력을 행사한다(Valeriano 2018). 러시아가 2016년 미국 대통령 선거에 개입했던 것처럼 파괴적인 공격과 함께 여론을 조작하는 목적으로 영향력을 행사하려고 했다면, 미국은 이스라엘과 함께했던 이란의 핵 농축시설에 대한 스턱스넷 웜 공격에서 살펴볼 수 있는 것처럼, 지휘통제 시스템 등의 작전 대상을 핀포인트 하는 것으로 특징지어 볼 수 있다. 더불어 중국은 클라우드 호퍼 작전에서도 살펴볼 수 있는 것처럼 네트워크의 원활한 작동을 방해하고 서구 선진국과 기술적 격차를 줄이기 위해 지적재산을 가장 활발하게 훔치려 한다. 이란은 상대방의 시스템의 정상 운영을 방해하기 위해 분산 서비스 거부 공격(DDoS Attack)을 가장 효과적인 방법으로 택하지만, 북한은 거의 모든 국가 운영전략의 효과적인 도구로서 사이버력을 사용하고 있으며, 최근에는 국정에서의 경제적 어려움을 타개하기 위해서 암호화폐를 탈취하는 데에 주력하고 있다(Valeriano 2018; Joyce 2018).

사이버 공간에서 국가들의 다른 전략적 행위를 일반화해서 이해할 수 있을까? 국가 행위자가 모두 같은 기능을 가지고 합리적으로 계산해서 전략 행위에 대한 선호를 구성할 수 있다면, 같은 공간에서 비슷한 자극에 따라 나오는 대응의 양상은 비슷해야 할 것이다. 행위자의 안을 들여다보지 않고, 행위자가 가지고 있는 속성적 측면, 또는 사이버 공간이 가지는 모호성과 불확실성으로 국가의 사이버 공간에서의 여러 가지 다양한 전략적 행위를 이해하고 해석하기에는 여러 가지 다양한 동기, 즉 사이버 공간에서의 전략적 행위에 숨겨져 있는 그 무엇인가가 작동하고 있는 것으로 보인다. 다시 말해서, 사이버 공간에서 다양한 전략적 행동을 이해하기 위해서 행위자의 의사결정의 뒤에 있는 요소를 살펴보아야 할 필요가 있으며, 그것은 바로 합리적 행위자라는 블랙박스를 열어보아야 한다는 것을 뜻하기도 한다.

이러한 블랙박스의 안을 구성하는 문화라는 요소를 통해 전략적 행위의 근원을 이해하려는 시도가 진행되는 데에는 그동안에 분리된 영역에서 자리하고 있는 것으로 생각되던 문화와 안보라는 정치학적 요소들이 디지털 기술의 발전과 사이버 공간의 창발을 만나 다소 생경한 결합을 통해 이슈를 만드는 상황과 무관하지 않다. 이러한 소위 '문화와 안보의 연결'은 신흥안보의 시발점으로서 생각해 볼 수도 있지만, 연결만으로 신흥안보의 창발을 논하기에는 어려운 면이 존재한다. 각 국가는 역사적 경험에 기반해서 독특한 전략문화를 가지고 있으며, 전략문화를 통해 같은 문제를 다르게 인식하며 처리하는 방식을 이해할 수 있다는 일종의 대안적 설명을 위해 문화라는 요소를 이용했다. 전략이 만들어지는 과정에서, 그리고 그 안에서 무력의 정당한 사용에 관한 결정이 내려지는 상황에서 특정한 선택의 길이 생성된다는 것이다. 한편 문화라는 요소, 또는 변수는 사이버 공간에서의 안보를 연구하는 데에 또 다른 단계에서도 발견된다. 국가적 차원의 사이버 보안문화의 정착이라든지, 민간 영역에서의 조직적인 차원에서의 인간 중심 보안문화의 개선이라는 표현에서 살펴볼 수 있는 것처럼, 사이버 공간을 사용하는 개인적 차원에서의 '안전', '권리', '실천'의 모습을 만들어낼 수 있는 근원이자 맥락으로 문화라는 용어가 사용된다. 아무리 좋은 안보/보안정책이 마련되어 있다고 하더라도, 그것을 실제로 운용하는 것은 개인과 그 개인들이 속해 있는 조직이

라 할 수 있고, 개인이나 조직이 가지고 있는 문화가 규범이나 정책과
서로 맞아떨어지지 않는다면 안전의 문제가 시작될 수 있는 근원으로
작동할 수 있다.

이 글은 비교적 새롭게 등장하고 있는 사이버 안보 영역에 문화라
는 렌즈를 넣어서 생각해 본다면 어떠한 모습이 나타날지를 살펴보는
것을 목적으로 한다.[1] 따라서 본 연구의 연구 질문은 다음과 같다. 첫
째, 안보와 문화의 만남은 어떠한 국제정치적 문제를 새롭게 야기하
고 있는가? 둘째, 사이버 공간은 안보-문화의 넥서스로서 어떠한 모
습을 가지는가? 사이버 공간과 물리적 공간의 연속성-단절성은 안보
와 문화의 연결을 어떻게 뒤트는가? 셋째, 사이버 전략문화는 무엇을
의미하는가? 전략문화가 국가의 사이버 안보 전략 선호에 어떠한 영
향을 주는가? 넷째, 사이버 보안문화의 주체는 누구이며, 그 내용은
어떠한가?

이러한 질문에 답하기 위해서 이 연구는 다음과 같이 구성된다.
먼저 2절에서는 사이버 공간에서 문화와 안보의 만남 현상에 주목한
다. 이러한 현상의 중심에는 4차 산업혁명으로 급격히 중요성이 더해
지는 사이버 공간이 있고 신흥안보로서 창발의 단초를 제공하나, 미
완성의 한계를 가진다. 3절에서는 본격적으로 사이버 안보에 있어서
전략문화의 역할에 대해서 살펴본다. 전략문화는 사이버 공간에서 전
략 선호에 영향을 주는 독립변수인 것처럼 작동하지만 실제로는 매개

---

1   문화와 안보 변수의 얽힘 현상을 이슈별로 다루는 연구가 속속 등장하고 있다. 각각의
    연구는 국제정치학적, 문화정치학적 이론을 중심으로 현상을 분석한다. 이 글은 기존 연
    구와 달리 문화와 안보의 변수가 사이버 공간에서 얽히는 모습을 더욱 입체적으로 파악
    하고자 하는 목적을 가지므로 일종의 탐색적 연구라고 할 수 있다. 따라서 이 글에서는
    이러한 문화와 안보의 여러 모습을 하나의 이론적 틀로 무리하게 엮어내는 시도를 하지
    않는다.

변수, 또는 개입변수로서 기능을 한다. 4절에서는 국가 또는 조직의 사이버 안보/보안 정책의 결과로서 나타나는 문화를 살펴본다. 국가 또는 조직이 만들어내는 규범적, 실질적 목표에 어떻게 개인들이 따르게 할 수 있을지의 차원으로 문화가 사용되고 있으며, 그러기 위해서 목표나 정책에 어떠한 부분이 새롭게 작성되고 있는지를 종합적으로 검토한다. 5절에서는 글의 내용을 요약하고 함의를 제시하는 것으로 마무리한다.

II. 문화-안보/안보-문화

1. 문화와 안보의 얽힘

한 국가의 문화는 국가 구성원들에게 공유된 사고방식과 정체성의 중심을 구성하는 기능을 한다. 따라서 자국의 문화를 보호하면서 외국의 강력한 문화에 오염되는 것을 막으려는 시도는 늘 있었지만, 안보 영역과 문화 영역이 사이버 공간을 중심으로 얽혀 나타나는 소위 문화-안보적/안보-문화적[2] 양상은 비교적 최근에 나타나고 있다. 한국과 중국 사이에서 벌어지고 있는 한국 문화 콘텐츠에 대한 한한령, 그리고 미국과 중국 사이에서 숏폼 비디오 플랫폼인 틱톡을 둘러싸고 벌어진 갈등은 이러한 문화와 안보의 만남 현상을 보여주는 예

---

2   이렇게 문화와 안보가 기계적, 일시적으로 서로 얽혀 나타나는 현상을 한 단어, 또는 어구로 표현하는 방법은 현재 존재하지 않는다. 따라서 다소 의미의 왜곡이 있을 수 있지만, 문화-안보 또는 안보-문화를 병치함으로써 이러한 기계적인 연결을 표현하고자 한다.

로서 생각해 볼 수 있다.

"협의로는 중국 내에서 한국에서 제작된 콘텐츠 또는 한국 연예인이 출연하는 광고 등의 송출을 금지하는 것에서부터 광의로는 한국 기업과 한국 브랜드 등 한국을 담고 있는 모든 요소와 TV광고까지 금지하는 대대적인 조치"(김휘정 2017, 1)를 의미하는 한한령(限韓令)은 2016년 한국 정부가 사드(THAAD, 고고도미사일방어체계) 배치를 공식화하자 중국 정부의 국방, 외교적 문제를 넘어서서 문화 영역에 대한 일종의 보복 조치로서 등장했다. 2000년대에 접어들어 한국 대중문화가 동아시아, 특히 중국 시장에서 인기를 얻으면서 한국 정부는 한류붐을 조성하기 위한 산업정책적 지원을 시작했다(김규찬 2017, 277). 이러한 배경 아래에서 수출에 급물살을 타고 있던 한류문화 콘텐츠는 한한령으로 인해 중국으로 건너갈 수 있는 길이 대부분 막혀버렸다. 그동안 전통안보 차원의 국제분쟁에 있어 중국은 여러 가지 형태로 경제보복을 했지만, 문화적인 차원으로까지 확장되지는 않았었다. 그러다 유독 사드 배치에 관해서는 한국 문화의 중국 수입금지라는 보복을 선택한 것이다.

중국이 한국의 안보 이슈에 대해 문화산업적으로 대응하게 된 데는 몇 가지로 분석해볼 수 있다. 우선 경제적인 측면에서 문화산업이 가지는 통상분쟁의 비민감성의 차원이다. '한류'와 관련된 문화 콘텐츠 분야는 국제무역에서 예외 조항에 해당하기 때문에 자유로운 무역을 막는다고 해도 무역분쟁으로 비화할 가능성이 적다. 또한 문화 분야는 경제적인 보복을 한다고 하더라도 중국에 대한 재보복의 가능성이 적은 분야이다. 즉 긴밀하게 연결된 산업 분야에 대한 보복은 다시 중국의 산업발전에 악영향을 미칠 수 있기 때문에 이러한 가능성이 작은 문화 분야를 선택했을 수도 있다(김수한·유다형 2017). 마지막으로 기존에 진행되던 중국의 문화정책의 연장선에서 한류의 성공에 대한 대응, 즉 사드는 중국의 자국 문화산업 보호 발전을 위한 과정에서 단지 물꼬를 튼 하나의 역할에 불과한 것이며, 문화안보적인 차원에서 중국의 움직임을 살펴보아야 한다는 주장도 있다 (류설리 2017; 안창현 2018). 어떠한 이유이건 간에, 중국의 '한한령'을 중심으로 안보 영역과 문화 영역이 연결하는 모습을 보인다는 것에는 이견이 없다.

한류에 대한 한한령을 둘러싼 문제를 안보 분야와 문화 분야의 본격적인 연계로 생각하기에는 다소 무리한 해석이지만, 미국과 중국 사이에 틱톡을 둘러싸고 벌어진 공방은 새로운 기술혁신으로 인한 신흥 패권경쟁의 양상, 인터넷과 네트워크의 공간에서 벌어지는 안보화의 모습이 더욱 생생하게 그려진다. 15초에서 최대 60초의 짧은 동영상을 공유하는 앱인 틱톡은 중국을 기반으로 하는 스타트업인 바이트댄스가 개발하였는데, 바이트댄스는 이용자가 립싱크 영상을 찍어 공유하는 플랫폼이었던 '뮤지컬리(Musical.ly)' 앱을 벤치마킹하여 2016년 9월 더우인 앱을 출시하며 중국과 태국에서 1억 명의 이용자를 모았다. 바이트댄스는 1년 만에 더우인의 글로벌 버전인 틱톡을 출시하고 같은해 11월 뮤지컬리를 인수하는 데에 성공하면서 글로벌 시장에서 급속도로 인기를 얻었다(장재웅 2020). 2023년 틱톡은 미국 내 월활성 이용자 수가 1억 5,000만 명에 달하며, 이는 트럼프의 틱톡에 대한 행정명령이 떨어진 2020년의 1억 명에서 50퍼센트가 증가한 것이다(김희원 2023).

2020년에 트럼프 대통령은 바이트댄스의 틱톡 사용자들의 개인정보, 네트워크 정보가 축적되어 중국으로 흘러들어가 미국의 국가안보를 해칠 위협을 가할 수 있다며 틱톡의 미국 내 자산을 매각할 것을 요구하는 행정명령에 서명했다(김민혁 2020). 이에 중국 상무부는 12

년 동안 개정되지 않았던 「수출 금지·제한 기술목록」을 조정하여 핵심 기술을 해외 이전하게 될 때 중국 정부의 승인을 받도록 하였으며, 바이트댄스는 이에 따라 매각을 처리할 것이라고 공식적으로 성명을 발표했다(박민숙·김영선 2020). 미중 간의 줄다리기 속에서 틱톡은 갈피를 잡을 수 없었다. 2021년 바이든 대통령은 미국 법원에 의해 가처분신청이 받아들여진 틱톡 매각 문제를 해결하기 위해 기존의 행정명령을 철회하고 대신에 적대적인 활동으로부터 미국인의 민감한 데이터를 보호하기 위한 새로운 행정명령에 서명했다. 미국 정부와 의회는 지속적으로 바이트댄스가 틱톡 이용자 정보를 중국 정부에 제공할 수 있다는 우려를 제기하고 있으며 결국 2023년에 바이든 대통령은 연방정부 공무원이 정부기관의 기기에서 틱톡을 사용하는 것을 금지하는 법안에 서명하면서 직접적인 틱톡 제재에 나선 상황이다(추동훈 2023).

2. 연결의 장소로서 사이버 공간

안보와 무관해 보이는 문화 영역의 서비스나 상품에 대해 몇몇 국가들이 안보적인 차원으로 대응하게 된 배경에는 사이버 공간, 그리고 그 안을 구성하는 4차 산업혁명의 기술혁신이라는 변수가 작동하고 있다. 우선 한류의 시작과 함께했던 표층적 의미에는 한국의 대중문화와 연예인들에 빠져 있는 중국 젊은이들의 유행을 경계하고자 하는 일종의 한국에 대한 적의와 문화침투의 차원으로 한국 문화상품을 인식하는 경향이 있었지만(이지한 2018, 359), 한국이 바라보고 있었던 한류의 중심에는 한류문화산업의 세계시장의 진출이 가져오는 경제적 이익에 관한 관심과 함께, 한류문화 콘텐츠가 생산, 전파되는 과정에서 디지털 기술과 인터넷 공간이 일정한 역할을 하고 있었다는 특징을 생각해 볼 수 있을 것이다. 한류문화 콘텐츠가 만들어지는 데에 필수적인 디지털 기술은 한국이 보유한 지식역량을 바탕으로 하며 문화의 산업화를 위한 핵심이 된다. 이러한 일련의 문화기술은 좁게 보아서 문화상품의 생산, 유통, 소비에 활용되거나 관련되는 서비스에 사용되는 기술로 볼 수 있지만, 문화 콘텐츠가 담고 있는 문화유산, 생활의 양상 등으로 범위를 넓힌다면 정보통신을 포함하는 기술뿐만 아니라 인문사회에서의 지식을 융합하여 만들어지는 인간의 문화 활동을 통해 삶의 질을 다루는 복합적인 총합으로 볼 수 있다(우운택 2020, 11). 더불어 한류의 중국 시장에서의 성공에는 인터넷상에서 동아시아 신세대들을 중심으로 활발히 이루어지는 디지털 문화 콘텐츠의 교류, 그리고 이를 매개로 한 지식의 공개와 공유의 관념이 존재한다. 김상배(2007)에 의하면, 한류는 동아시아 지역의 젊은이들에게 일정한 정도로 네트워킹의 요소를 제공하고 있다. 1990년대 이후에 동아시아 젊은 층에서 소비되는 대중문화는 자국문화와 서구문화가 복합된 형태였는데, 각 지역의 근대화 과정에서 서로 얽히면서 한류의 대중문화가 수용될 수 있었으며, 경제적으로 먼저 성공한 한국을 동경하고 그리는 일종의 준거집단으로 삼고자 하는 막연한 유대감이 형성될 수 있었다. 그래서 한류문화 콘텐츠의 중국시장에서의 성공을 인터넷 공간을 중심으로 형성되는 동아시아 문화 네트워크의 차원으로 생각해 볼 수 있는 것이다.

한류가 중국시장에서 성공을 거두던 상황에서 한한령이라는 장벽으로 인해 어려움을 겪고 있는 이유를 산업적 차원, 경제적 차원으로만 생각할 수 없는 지점이 있다. 바로 중국이 '문화안보'의 개념을 확립하고 지속적으로 강화하고 있었기 때문이다. 중국의 문화안보는 서구문화의 침투와 확장이 중국 민족문화의 생존과 발전에 심각한 위협으로 인식되는 상황에서 수립되었다. 사회주의 시장경제 체제에서 경제적으로 급성장을 이룩하면서 중국 대중들에게 서구 대중문화가 급격히 확산되었는데, 이 중 한국 한류문화 콘텐츠는 형식적으로는 서구의 대중문화를 수용하면서도, 내용적으로는 익숙한 동아시아적 정서를 성공적으로 조합하고 있었기 때문에, 중국의 당시 상황에서 서구문화의 세찬 물결에 적용할 수 있었던 계기로 사용되었다. 결국 한국 대중문화는 서구문화의 직접 침투를 막는 1차적 장벽이었던 동시에 자국 문화산업을 발전시킬 수 있는 마중물의 역할을 하게 되었던 것이다. 항한류의 역풍에서도 한국 문화 콘텐츠들은 인터넷 스트리밍, OTT 서비스를 통해서 중국으로 확산될 수 있었는데, 중국은 이러한 흐름에 문화안보를 위한 규제를 늘려 자국의 문화산업의 성장을 위해 자체 생산능력을 늘리고자 하였다. 인터넷은 한류의 확산 통로가 되었던 동시에, 상품의 진입을 막고 그 안의 내용, 노하우를 흡수하여 역흐름을 만들기 위한 필터의 역할을 하고 있다(이지한 2018).

한편, 틱톡 사례에서 보이는 문화와 안보의 연결은 이전의 사드-한한령으로 이어지는 한중 간의 문화안보 사례보다는 더욱 복잡하고 긴밀한 모습을 살펴볼 수 있다. 겉보기에는 틱톡이라는 일개의 문화 콘텐츠 플랫폼이 안보와 무관해 보일 수도 있다. 하지만 미국의 틱톡 견제는 단순 중국의 앱에 대한 제제 이상을 의미한다. 데이터와 개인정보가 가지는 민감성이 극대화되는 4차 산업혁명의 기술혁신으로 인해 스몰 데이터 환경에서 야기되는 전통안보적 차원의 문제가 아니라 빅 데이터 환경에서 발생하는 신흥안보적 차원의 문제가 나타날 수 있다. 데이터 한 조각은 국가안보나 군사안보와 무관할 수 있지만, 양이 늘어나고 여러 가지의 이슈가 복잡하게 연계되다 보면 그동안에는 예측할 수 없었던 새로운 형태의 국가안보적 의미를 가지는 중요성이 창발할 수 있다(김상배 2021a, 38). 그렇기 때문에 플랫폼을 통과하는 수많은 데이터들은 4차 산업혁명 시대에 국가의 주요한 권력 요소이자 안보적 함의를 가지게 된다. 문화 플랫폼일지라도 특정 국가가 이를 장악한다면 플랫폼을 스쳐가는, 그리고 플랫폼이 저장하고 처리하는 수많은 데이터들에 접근하여 사용할 수 있는 능력을 지닐 수 있게 되는 것이다.

3. 기계적 연결과 신흥안보

앞에서 살펴본 문화와 안보 이슈의 얽힘 현상은 그동안에는 관심을 두지 못했던 서로 떨어져 존재하던 분야들이 만나 새로운 형태의 국제정치학적 이슈를 만들어내는 모습으로 생각해 볼 수 있다. 하지만 이러한 만남만으로 완벽하게 비전통적 안보, 또는 신흥안보의 개념으로 인식하고 살펴보기에는 어려운 점들이 존재한다. 단순한 연결의 상황은 신흥안보의 창발에 필요한 이슈연계의 모습으로 살펴볼 수는 있지만, 임계점을 넘어 새로운 안보 이슈를 만들어내는 모습까지는 도달하지 못했기 때문이다.

신흥안보 이슈들은 일상생활의 미시적 차원에서 발생하는 일종의 '안전'의 문제들이 특정한 계기를 만나서 거시적 '안보'의 문제로 증폭되는 특징을 지닌다(김상배 2016, 77). 한 분야에서 나타나는 전통안보 이슈와 달리 다양한 행위자가 관여하고 여러 가지 이슈들이 연계하면서 작은 위험이 다른 분야의 큰 위협으로 확산, 파급되기 때문에 원인과 과정, 그리고 효과를 예측하는 것이 쉽지 않다. 더욱 문제는 신흥안보의 이슈는 제대로 대처하지 않으면 극단적 사건의 형태로 발현될 가능성이 높을 뿐만 아니라 맥락에 따라 다르게 나타날 가능성이 높아서 보편적인 해법을 마련하기도 어렵다. 다시 말해서 신흥안보가 가지는 특성을 고려했을 때, 초기의 위험이 임계점에 도달하기 전에 연계의 고리를 끊지 않으면 거시적 차원의 안보 문제로 전환될 가능성이 크다. 위험은 양적으로 커질 수 있으며, 이슈연계를 통해 질적으로 변환될 수도 있다. 또한 위험이 커지면서 다른 이슈와 연계가 동시에 나타날 수 있다. 이렇게 신흥안보 이슈는 불확실한 단계에서부터 출발해서 동태적인 과정을 통해서 안보 문제로 전환되는 메커니즘을 지닌다(윤정현 2019, 24).

신흥안보의 이슈가 창발하기 위해서는 일종의 임계점을 넘어야한다. 양적 증가가 질적인 변화를 야기하는 양질전화의 임계점, 이슈들 간의 질적 연계성이 높아지다가 전체 이슈 구조의 변동이 발생하는 이슈연계의 임계점, 마지막으로 신흥안보의 이슈가 전통안보 이슈와 연계되어 국가 사이 분쟁의 대상이 되는 지정학적 임계점이다. 이러한 임계점은 창발 초기부터 순차적으로 나타나는 것이 아니라, 서로 중첩되어 벌어질 수도 있으며, 때에 따라서는 동시에 발생하기도한다(김상배 2016, 83-85). 문화 영역에서 나타날 수 있는 신흥안보의 창발을 가상적으로 예로 들어 본다면, 인터넷 공간에서 나타나는 개개인의 특수한 문화적 정체성의 충돌 양상이 문화 플랫폼을 통해 조금씩 발현되다 전혀 무관한 사건을 계기로 해킹, 테러와 연계되고 상대 국가에 심각한 안보적 위협으로 나타나 국가 행위자가 개입하는 근거가 발생하고 문제의 해결을 위한 국제협력의 메커니즘이 가동되는 것을 생각해 볼 수 있다.

하지만, 단순한 이슈의 연결을 임계점 통과로 볼 수는 없다. 중국의 '문화안보' 개념은 신흥안보적 차원에서의 문화와 국가안보 이슈의 적극적 융합으로 해석하기 어렵기 때문이다. 중국이 외국문화의 무분별한 유입을 막고자 하는 배경에는 통제에서 벗어난 대중에 대한 두려움과 함께하는 문화안보의 개념이 자리하고 있다. 2004년부터 중국은 국가안보전략을 확정하면서 문화를 정치, 경제, 정보와 함께 국가의 주요한 안보의 대상이자 목표로서 다루고 있다(안창현 2018, 124). 여기에서의 문화안보 개념은 중국의 문화 정체성을 유지, 발전시키고, 서구의 세련된 대중문화 콘텐츠의 문화적, 경제적 공격으로부터 중국 문화의 오염을 막으면서 자국의 문화산업을 발전시키려는 의도를 담고 있다. 즉, 타국의 문화를 공격하고 있다기보다는 자국의 사회통제 관리의 차원으로 이용하고 있다. 한한령을 둘러싼 이슈가 중국 대중에게서 볼 수 있는 한국문화에 대한 불만으로부터 시작해서 갑자기 사드를 둘러싼 양국 간의 군사안보적 문제로 확장되었다면 어느 정도 신흥안보의 임계점을 적용해 볼 수 있겠지만 실제로는 그렇게 진행되지 않았다. 더불어 한한령으로 인해 공식적으로 한국문화가 수입되는 길이 막힌 상황에서 중국 대중은 불법적이고 우회 경로를 통해서 그대로 한국 대중문화 콘텐츠를 즐기고 있었다는 점을 고려했을 때 문화적 이슈가 안보적 이슈로 연계되는 임계점을 통과했다고 살펴보기에는 어려운 면이 있다.

결과적으로 신흥안보의 개념을 통해 문화-안보의 연결 현상을 파악한다면 기존과는 다른 방식의 접근이 필요하다. 각각의 다른 특징을 가지고 있는 이슈들의 위험 양상은 전통적 안보 문제들과 달리 초기에서부터 살펴보기 어려우며 맥락에 따라서도 다르게 발현된다. 그러나 이 장에서 다루는 문화와 안보의 기계적 연결 현상은 신흥안보의 모습으로 살펴보기에 무리가 있다. 물론 틱톡 사례는 빅 데이터 환경에서의 신흥안보적인 문제로 창발할 가능성이 충분히 있지만, 현재의 중국과 미국의 대응은 국제정치적 차원에서의 기술패권 주도 다툼에 머물러 있으므로 여전히 전통안보적 차원에서 새로운 이슈에 대한 대응으로도 설명할 수 있다. 다시 말해서 21세기의 복합적인 안보환경과 신흥안보의 개념으로만 설명할 수 있는 정도까지 완벽히 무르익지 못했다는 모습을 가진다는 것이다. 특히 한한령과 관련한 안보 쟁점은 서로의 연계 현상이 임계점을 넘어서 새로운 안보 문제로 발화했다기보다 일종의 우연적인 연결, 또는 기존 안보 쟁점의 연장선상에서 촉매제의 역할 그 이상, 이하도 아닌 것으로 파악할 수 있을 것이다.

III. 사이버 전략문화

1. 전략문화

안보연구에서 전략문화를 국가의 행위를 설명하기 위한 주요한 원인으로 도입하려는 시도는 미국과 소련 사이에서 나타나는 미러이미징(mirror imaging), 즉 특정한 갈등 상황에서 비슷한 크기의 기술수준, 국가권력을 가지는 행위자는 비슷하게 반응할 것이다라는 국가의 합리성을 기반으로 안보전략을 설명하는 현실주의 이론의 문제를 풀어내기 위해, 국가 행위자들이 가지는 전략적 사고의 차이를 이해하고 설명할 필요성에서 출발했다. 이 접근법의 선구자인 잭 스나이더는 소련의 핵전략이 미국과 다르게 나타나는 이유는 국가안보전략을 수립하는 그룹의 구성원들이 지시라든지 모방을 통해서 서로 습득하고 공유하는 사상, 제한적으로 나타나는 정서적인 반응, 인지적으로 가이드된 습관적 행동의 패턴의 총합으로 나타나는 특수한 전략문화를 가지고 있기 때문이라고 설명한다(Snyder 1977, 8). 그는 국가안보 전략에 관한 이슈를 처리하고 실제 정책의 결정에 영향을 주게 되는 일종의 인식적인 렌즈로서 생각의 틀을 형성하고, 전략적 문제가 공식화되는 방식에 영향을 미치는 태도와 신념의 실체로서 전략문화를 들고 이를 전략선호와 안보정책의 설정에 대한 설명변수로서 사용한다(Snyder 1977, 9).

1980년대 초부터 등장했다고 할 수 있는 전략문화연구의 1세대는 스나이더의 문화변수를 엄격한 학문적인 개념으로 만들었다. 콜린 그레이는 특정한 국가가 가지는 역사적인 경험이 바로 전략문화로 결집된다고 보고, 안보전략을 설명하는 데에 전략문화는 주요한 전략적 국가의 신념으로 이어지는 힘에 대한 사고와 행동의 양식으로 파악한다. 이와 달리 데이비드 존스는 전략문화가 형성되는 데 중요한 요소를 거시적 환경, 사회적, 미시적 수준[3]으로 나누어 생각한다. 이렇게 1세대의 전략문화연구는 문화 개념을 구체화하고 안보연구에서 문화 개념을 포함한 방법론적인 원리를 확립하기 위해서 노력하고 있으나, 전략문화의 정의에 광범위한 문화적·사회적 변수를 포함하고 있어서 하나를 설명하기 위해 모든 것을 드는 엄밀성과 일관성의 차원에서 문제가 있는 것으로 비판받는다(Johnston 1995a, 36-37).

1980년대 중후반에 시작된 전략문화연구의 2세대는 지도자들이 공공연하게 언급하는 것으로 나타나는 전략행동의 표면적인 동기와 해당하는 행위자가 뿌리 깊게 가지고 있는 실제적인 동기 사이의 차이를 고려하면서 실제 전략적 운영과 선언적인 전략 사이에 나타나는

---

3 거시적인 환경 수준으로서 지정학적 위치와 역사, 사회적 수준으로 사회의 특정한 구조, 그리고 미시적 수준으로 군사조직의 현재 상태와 민군관계의 흐름으로 요약할 수 있다.

불일치를 다룬다. 여기에서 전략문화는 국가의 선언적인 전략을 지탱하면서 안보전략 결정을 하는 엘리트들의 그람시안적 헤게모니를 형성하는 데에 사용되지만, 실제 작전에서 사용되는 전략은 단순하게 이들 의사결정권자의 구체적인 관심사를 반영한다고 주장된다. 국가 행위자의 공식 안보전략, 선언적으로 나타나는 전략은 운영전략에서의 국가 행동이 문화적으로 얼마나 수용 가능한지에 대한 정당성을 형성하는, 그리고 잠재적인 정치적 도전자들의 대안적인 행동전략의 정당성을 줄이고, 이들을 오도하기 위한 노력의 하나로 해당 국가의 특수한 전략문화에서 유래한다고 보는 것이다(Klein 1988, 136; Stuart 1982). 그러나 2세대의 연구에서 사용되는 전략문화는 엘리트들의 의사결정에 영향을 미치지 못하거나, 문화적 제약을 비교적 쉽게 극복할 수 있다고 보고 있어서, 전략문화를 도구적인 수단으로만 다루고 있다는 비판을 받는다(Johnston 1995a, 39-41).

1990년대에 등장한 3세대는 2세대와 달리 전략문화가 국가의 전략적 행위에 영향을 미친다는 주장을 다시 한번 확인하면서 전략문화의 과학적 방법론을 구축하고자 한다. 이들은 특정한 정책결정에 영향을 미치는 구체적인 요소를 추적하는데, 독립변수로서 전략문화는 매우 긴 시간의 범위를 가진 역사적 요인에서 나타나는 것이 아니라 최근의 경험과 실제 사례에서 만들어지는 것으로 보고, 국가의 전략적 행위에 대한 구체적인 전략의 선택으로 종속변수의 범위를 한정했다. 이안 존스턴은 전략문화에서 비전략적 문화변수를 구분해야 한다고 주장하면서, 전략문화를 "국제관계에서 군사력의 역할과 효과에 대한 개념을 형성하고, 전략선호가 독특하게 현실적이면서도 효과적으로 보이게 하는 사실성의 아우라와 같은 개념으로 포장함으로써 비교적 오래 지속되는 전략선호를 특정하게 확립하는 역할을 하는 일종의 상징이나 기호 시스템"[4]으로 정의한다(Johnston 1995a, 46).

전략문화연구의 4세대는 구성주의 이론에 근거해서 전략문화를 "특수하게 확립된 사고의 방식으로 사회화된 엘리트들의 신념, 태도, 행동양식의 집합"으로 보는 스나이더의 정의로 돌아가는 모습을 보인다(Lantis 2002, 104). 그러면서 이들은 한 국가의 전략문화가 정적으로 확고하게 자리하는 것이 아니며, 전략문화 안에는 여러 하위문화가 존재할 수 있고, 이러한 하위문화 사이에서 나타나는 담론적 경쟁이 한 국가에서 선택할 수 있는 여러 가지의 전략적 옵션을 만들어낼 수 있다고 주장한다(Howlett and Glenn 2005). 한 국가 안에서 여러 가지로 존재할 수 있는 서로 다른 하위문화는 국가의 전략문화에 영향을 미치며, 조직 간 또는 조직 안에서의 담론의 형성과 경쟁을 이해하게 될 때, 결과적으로 국가의 전략문화가 어떻게 변화하는지, 그대로 기존의 전략문화를 고수하게 되는지를 살펴볼 수 있다는 것이다(Bloomfield 2012; Liebel 2016).

이러한 이론적 발전에도 불구하고, 여전히 정확하게 어떠한 것을 연구해야 하는지에 대한 신뢰할 만한 방법론을 정립하지 못하고 있다(Horton-Eddison 2018). 특히 어떠한 것이 전략문화를 구성하는지에 대한 문제에 대해서 지리적인 요소, 기후나 천연자원의 존재 여부와 같은 국가의 물질적인 요소나 정치체제의 특성과 같이 보다 거시적인 요인들에 의한 생각의 틀의 구성을 바라보고 있는 연구가 있는가 하면, 정책결정그룹이 역사적으로 공유하는 사회적·문화적인 신념체계

---

4   상징 시스템은 1. 인간 세계에서 전쟁의 역할, 2. 적과 위협의 성격, 3. 무력 사용의 효과로 이루어지는 전략환경의 질서성에 대한 기본 가정과 함께, 이렇게 구성된 위협환경에 대응하기 위해서 어떠한 전략적인 선택이 가장 효율적일 수 있는지에 대한 보다 실질적인 선호의 레벨에 대한 가정들로 구성되어 있다(Johnston 1995a, 47).

로 살펴보고 있는 연구도 존재한다. 다시 말해서 거시적인 요인들은 전략문화의 형성에 영향을 미치는 간접적인 배경 요인으로서, 공유된 신념체계는 실제 특정한 전략문화를 구성하는 데 있어서 중요한 요인으로 생각하고 있다고 볼 수 있다(황일도 2013). 이러한 것들을 하나하나 적절하게 배치하지 않고 모두 문화를 형성하는 요소로 그대로 생각한다면 한 나라가 고유하게 가지는 물리적 요소와 역사적 경험을 토대로 형성하는 전략문화적 가치를 도출하고 이것이 특정 국가의 안보전략을 형성하는 데 있어서 중요한 역할을 하는 일종의 결정주의적 오류를 범하거나, 문화를 변화하는 맥락으로 생각한다면 행위가 문화를 형성하고, 다시 문화가 행위자의 행위를 구성한다고 보게 됨으로써, 국가안보전략적 행위를 설명하는 데에 있어서 어떠한 해석도 참이 되는 동어반복의 오류를 범할 가능성이 높다고 할 수 있다.

전략문화를 통해 국가의 안보적 행위를 설명하기 위한 시도는 포괄적으로 보면, 상대방의 군사정책을 분석하고 예측하는 과정에서 자국이 가지는 일정한 생각의 틀, 사고방식에 끼워 맞추어 해석하는 문제를 어느 정도 보완할 수 있다는 장점과 함께, 일국의 일반적인 군사정책을 만들어가는 과정에서 자국이 가지고 있었던 전체적인 문화적 배경과의 관계를 살펴볼 수 있다는 의미를 생각해 볼 수 있다. 한 국가의 안보전략에 기반한 행위는 그 국가를 구성하는 문화를 벗어나기 어려운 면이 있다. 물론 특정한 행동이 문화를 벗어나 일탈적인 모습을 보일 수도 있지만, 그러한 일탈적인 안보 행동조차도 문화가 어떻게 만들어져 있는가에 따라서 설명해 볼 수 있다. 특정한 안보전략적인 문제를 다루는 데에 어떠한 행위자라도 문제와 관련하고 있는 주변 배경과 함께 자신이 할 수 있는 안보전략적 행위에 대한 여러 가지 선택지, 과거의 사례에서의 교훈, 그리고 각 선택지가 가지고 올 수 있는 비용과 편익을 생각하지 않을 수 없다. 이러한 계산에 있어 과거의 경험이나 역사에서 오는 일정한 생각의 틀, 문화와 완전히 단절될 수 없으므로, 전략문화가 국가의 안보전략적 행위에 가지는 역할을 무시할 수는 없다.

2. 사이버 안보와 전략문화

전략문화가 하위문화 사이에서 담론적 경쟁을 통해 만들어진다는 점(Howlett and Glenn 2005)을 생각해 본다면, 전략문화가 안보전략적인 이익을 달성하는 데에 정당성을 만들어 행위에 도움을 줄 수도 있지만, 반대로 안보전략적 행위를 일관적으로 하지 못하게 만들 수도 있다. 세대의 변화에 따라서, 기술의 발전에 따라서, 때로는 그동안 경험하지 못했던 안보전략적 이슈가 등장함에 따라 특정한 하위문화, 기존의 전략문화와 부합하지 않는 문화가 나타나 합리적이라고 간주하던 특정 전략의 선택을 쉽게 하지 못하게 할 수도 있다. 더불어 이러한 변화무쌍한 전략문화의 성격은 타국의 전략문화를 제대로 파악하지 못하게 하여 안보전략적인 문제에 제대로 대응하게 하지 못할 수도 있다. 전략문화는 국가의 안보전략을 수립하고 이에 따라서 행동하는 데에 기초가 되기 때문에, 이슈의 안보화 과정에서부터 작동하며 사회에서 납득할 수 있는 방식으로 움직인다. 안정된 사회가 지속되면서 역사가 축적되는 과정에서 전략문화도 국가의 안보전략적 경험을 반영하게 된다. 따라서 사이버 공간에서의 안보와 같이 새로운 이슈가 등장하고, 기존 공간에서의 일반적인 안보행위와 관련한 요소와 다른 외부적인 요소가 등장한다고 해서 일정 기간을 통해 만들어진 전략문화가 급격하게 변화할 것으로 생각할 수는 없다. 다만,

사이버 공간의 안보전략적 구성요소를 전통적 차원의 안보와 얼마나 연결지어 생각해 볼 수 있는가의 여부는 각 국가 행위자마다 다르게 개념화할 수 있으며, 연속성의 정도에 따라서 기존의 전략문화를 얼마나 적용할 수 있는가의 차원도 달라지게 될 것이다.

여기에서 사이버 공간이 가지는 물리적 공간과의 안보전략적인 연속성과 단절성이 전략문화와 사이버 안보를 생각하는 데에 중요하게 작동한다는 점을 생각해 볼 수 있다. 과연 물리적 공간에서 국가 행위자의 안보전략 수립과 안보전략적 행위에 대한 선호를 그 국가의 전략문화를 통해서 설명하려는 시도를 사이버 공간에도 그대로 국가 행위자의 행동 설명에 적용할 수 있을까? 각 국가가 사이버 공간을 국가안보의 공간으로 어떻게 인식하느냐의 정도의 차원에 달려 있지만, 사이버 공간이 물리적 공간과 완전히 단절된 것도, 완전히 연결된 것도 아닌 모호한 상태로 존재한다는 점을 생각해 보았을 때, 국가 행위자의 사이버 공간에서의 안보전략적 위협인식과 그러한 위협인식에 따르는 대응의 선택에 있어 안보전략문화의 구성은 어느 정도 영향을 주고 있다고 할 수 있다. 그렇다면 질문은 다시 안보와 전략문화의 관계로 돌아간다. 사이버 공간에서의 국가의 행위에 영향을 미치는 요인으로 해당 국가가 가지는 전략문화를 어디에 위치시켜야 할 것인가? 앞에서부터 언급했듯, 전략문화는 논리적으로 다소 일관적이지 못하고, 여전히 모호하게 정의되고 있지만, 사이버 공간의 안보를 구성하는 국가 행위자의 프레임워크와 행위의 선호를 설명하는 데에 맥락을 제공하는 도구로 사용할 수 있다.

사이버 공간에서의 국가의 안보전략적 행위와 선호를 설명하는 전략문화를 구성하는 요소로는 여러 가지를 들 수 있겠지만, 크게 나누어 보아 국가의 속성적 요인, 해당 국가가 가지는 정치군사적 요인,

사회문화적 요인과 함께 전 세계를 아우르는 규범적 요인의 네 가지로 나누어 볼 수 있다. 이러한 요인들 모두, 또는 몇 가지 중요한 요인의 선택, 때로는 필요한 요인들의 연결을 통해 사이버 공간에 대한 전략문화가 다양하게 구성된다.

우선, 국가의 지정학적 요인, 자원과 기술의 발전, 세대 변화의 양상과 같은 속성적 요인들은 국가의 전략적 사고와 행위를 형성하는 핵심적인 요인이자 전략문화를 이루는 중요한 원천이다. 그러나 사이버 공간에까지 물리적 공간의 지정학적 요인을 적용하는 것은 무리가 있을 수 있다. 그럼에도 살펴보아야 하는 이유는 전략문화의 틀 자체가 어떻게 형성되어 있는가를 살펴보기 위해서 해당 국가가 가지는 안보전략적 상황인식에서 지정학적 위치가 중요하게 작동하는 요소이기 때문이다. 또한, 국가 행위자의 전략적 선택지를 구성하는 사이버력에 대한 인식의 정도와 함께, 전략문화가 주로 형성되는 시기에 대한 분석의 시간적 범위의 설정도 필요하다. 이 중에 중요하게 생각해야 할 것은 사이버력을 만들어내는 기술의 발전 양상과 사회에서 사이버 공간에서의 국가 행위를 가능하게 하는 기술을 받아들이는 정도라고 할 수 있으며, 시간 범위의 설정에 있어서도 각 하위문화의 경쟁의 양상이 다르게 나타나고 사이버 공간의 특수성이 나타날 수 있는 부분이기 때문에 관심 있게 지켜보아야 한다.

두 번째는 역사적 경험, 국가의 국민성, 레짐이나 군사조직으로 나타나는 정치군사적인 요인이다. 국가의 안정적인 체제가 형성되어 있지 않은 상황에서는 전략문화에 기인하는 사이버 공간에서의 국가의 정체성 자체가 흔들릴 가능성이 있다. 국가가 경험하는 독특한 역사적 경험은 국가를 구성하는 국민들의 성격, 생각의 틀 등을 구성하는 데에 중요한 역할을 한다. 국민성이나 정체성은 같은 안보전략적 이슈에 대해서 국가들이 다르게 받아들이게 하는 요인으로 작동한다. 같은 정보라도 어떻게 처리하느냐에 따라서 합리적, 이성적으로 받아들일 수도 있고, 실제로는 그렇지 않더라도 합리적, 이성적으로 포장되어서 생각될 수도 있다. 또한 한 국가가 가지는 군사조직적 차원도 중요하다. 하나의 위계적인 사회에서 만들어지는 문화와 여러 경쟁하는 하위문화에서 나타나는 전략문화는 다르게 나타날 수밖에 없기 때문이다. 특히 사이버 공간과 관련해서, 안보군사 부문을 군사조직이 전적으로 담당하고 있는가, 아니면 민-군의 유기적인 연결을 통해 대응하려 하는가의 차이는 국가 행위자의 사이버 공간에서의 안보전략 선호에 크게 영향을 준다고 할 수 있다.

세 번째는 신화나 상징물, 군사전략적 고전으로 볼 수 있는 사회문화적 요인이다. 신화나 상징물은 문화의 구성에 있어 중요하며, 특정 행위자의 정체성이 구성되고, 때에 따라서는 변화하게 하는 요소로 작용할 수 있다. 특히 신화는 근본이 되는 신념의 실체로서, 정치적인 가치를 가지는 이념을 극적으로 표현한다. 물론 정치적 신화는 진실일 수도 거짓일 수도 있지만, 그것의 논리를 따지기보다, 문화를 구성하는 일종의 믿음이나 신념으로 보아야 한다. 또한 전략문화연구에서 군사전략적 고전은 주된 소재가 된다. 예를 들어 중국의 전략문화로서 손자병법이나, 근대유럽 전략문화의 근원으로 펠로폰네소스 전쟁사나 전쟁론을 살펴본다든지, 북한의 전략문화를 살펴보기 위해서 김일성의 주체사상을 파헤치는 것이다. 그러나 사이버 공간의 전략문화에까지 이러한 고전들이 얼마나 영향을 주는지에 대해서는 재고의 가치가 있다.

마지막으로 사이버 공간을 규율하는 초국가적인 규범도 전략문화의 근원으로 생각해 볼 수 있다. 초국가적 규범은 군사혁신의 목적과 가능성을 규정하고, 특정한 무력 사용과 관련한 지침을 제공할 수 있다(Terriff 2002). 초국가적 규범은 정치적 동원을 통해서 대상이 되는 행위자로 하여금 새로운 규범을 수용하도록 압력을 가하거나, 사회적 학습을 통해서 자발적으로 수용하도록 함으로써 전략문화로 나타날 수 있다. 시간의 흐름에 따라서 규범의 이식 과정은 점진적인 수용의 모습으로 나타나게 되고 초국가적 규범과 국가가 고유하게 가지는 규범이 문화적으로 결합한다. 이러한 맥락에서 현재 사이버 공간을 둘러싸고 벌어지고 있는 각 국가의 질서 확립을 위한 경쟁의 모습은 전략문화 구성의 차원에서도 중요하게 작동한다. 질서가 어떠한 방향으로 만들어지느냐에 따라서 사이버 공간에서의 국가의 행위에 대한 정당성을 구성할 수 있게 되고, 사이버력을 늘리기 위한 각 국가 행위의 틀도 마련되기 때문이다.

이러한 전략문화를 기반으로 국가의 사이버 공간에서의 안보전략 행위, 그리고 선호를 살펴볼 수 있는 대상은 크게 보아 선언적 전략, 사이버 공간의 안보 관련 기술발전, 그리고 국가 조직구조로 나눌 수 있다. 우선 선언적 전략은 국가 지도자나 안보전략 전문가의 공식적, 비공식적 발언이나 정부의 공식적 문건에서 찾아볼 수 있는데, 전략문화의 2세대 연구자들이 지적하고 있는 것처럼 선언적 전략과 실제로 운영되는 전략에는 차이가 있을 수 있다. 그러나 운영전략이 선언적 전략과 크게 다르지 않게 작동한다면, 그만큼 전략문화가 더 크게 작용한다는 강력한 근거가 될 수 있다. 선언적 전략 안에서 전략문화에 영향을 받는 부분은 국가에서의 힘의 역할에 대한 인식, 적과 사이버 위협에 대한 본질 인식으로 생각해 볼 수 있다. 두 번째로는 기술이다. 사이버 공간에서의 안보전략적 이슈에 대응하기 위해서 국가가 공격적, 또는 방어적 행위를 하는 데에 필요한 기술을 어떻게 발전시키고 있는가를 본다. 만일, 국가가 사이버 공간에서의 안보전략적 행위를 하기 위해서 사이버력을 행사할 수 있는 기술을 새롭게, 또는 기존에 존재하는 기술을 사용한다면, 이러한 기술이 사용되는 방식은 해당하는 국가의 전략문화에서 만들어지는 선호에 따를 수 있다. 기술의 선호는 기술로서 만들어지는 사이버력을 사용하는 효과성에 대한 인식으로 나타난다. 마지막으로 조직구조를 살펴봄으로써 국가의 사이버 안보를 파악할 수 있다. 사이버 안보를 국가의 어떠한 조직에서 주로 관장하고 있는지를 살펴보는 것은 그 안에 국가가 어떠한 의도를 가지고 사이버력을 행사하려고 하는지, 여러 가지 선택지 중에 어떠한 선호에서 우선순위를 설정하고 있는지를 확인할 수 있다. 전략문화를 각 국가 조직들이 가지고 있는 하위문화의 경쟁으로 생각해 볼 수 있다면, 정보, 외교, 국방 부문이 사이버 공간의 안보를 위해서 얼마나 조직적으로 결합해 있는지를 살펴봄으로써 전략문화가 국가의 특정 안보적 행위를 끌어내는 연결고리를 살펴볼 수 있게 될 것이다. 이는 사이버력을 행사하는 데 있어서 법적 체계가 어떻게 되어 있는지, 민간 행위자들을 국가의 안보를 위해서 어떻게 참여시킬 수 있는지에 대한 방법들로 찾아볼 수 있다.

3. 사이버 전략문화의 한계

전략문화를 통해 사이버 공간의 안보를 이해하기 위한 시도는 그동안 현실주의적 이론에 입각한 접근방법과 다른 모습을 가진다. 다시 말해서 국제정치학에서 안보연구는 실증적, 과학적인 접근방식을 취하고 있는 반면에, 전략문화연구는 선험적인 접근방식을 따른다. 현실주의의 미러이미징이 가지는 문제를 극복하기 위한 전략문화연구의 시도는 장점이자 단점으로 나타난다. 전통적 안보연구는 사회과학적 연구방법론적인 차원에서 독립변수와 종속변수를 설정하고 이러한 변수들 사이의 인과관계를 규명하려는 소위 '과학적' 연구이기 때문에, 반증과 반론의 가능성을 항상 가지고 있다. 그러나 대부분의 전략문화연구는 과학적 연구의 변수 사이의 관계를 규명하려고 하기보다는, 역사적인 고증을 통해 나타나는 각 국가의 독특한 안보전략의 속성을 맥락화해서 분석하고 있으며, 이러한 연구방법론에는 과학적 반증 가능성이 없이 대안적인 설명이 되기 전까지는 보편적인 명제로서만 이해될 수밖에 없다. 따라서 검증하기가 어렵다는 문제를 가진다. 전략문화연구는 각 국가의 전략문화를 통시적인 하나의 개념으로 정의하기 위해서 고전이나 이념에서 찾아볼 수 있는 일종의 역사적 경험을 과잉일반화하려는 경향을 보인다. 예를 들어 중국의 전략문화를 유교적인 차원에서부터, 또는 손자병법에서부터 근원을 찾으려고 시도하는 한편, 일본을 사무라이 무사도에 입각한 전략문화로 과도하게 일반화해버리는 문제가 있을 수 있다. 더욱이 한 국가 내에서도 실제로는 여러 가지의 다른 전략문화로 구성될 수 있으므로 서로 상충하지만 비교하기 어려운 상대성의 문제를 피할 수 없다.

두 번째로 전략문화연구는 문화결정론의 한계를 가진다. 전통안보연구에서 국가의 전략적 선택은 여러 가능한 대안을 설정하고, 각 대안을 선택했을 때 나타날 수 있는 비용과 효과를 고려해서 이루어지는 행위자의 합리성을 가정하고 이루어진다. 그러나 전략문화연구에서는 전적으로 해당 국가의 과거 역사나 사회문화에 의해서 영향을 받기 때문에, 국가 안보전략적 행위에 대한 결정은 행위자의 의지나 합리적인 계산과 관계없이 문화적인 속성에 의해서 예정되어 있다. 마치 전략문화가 행위를 결정하는 것처럼 설명하게 된다는 것이다.

하지만, 전략문화가 행위를 추동하는 중요한 인과적인 요인으로 설명할 수는 있을지라도 다른 요인들을 통제한 상태에서 문화의 유무를 확인할 수 없으므로 전략문화를 독립변수로 설정하기는 어렵다(Gray 1999, 142). 따라서 중심 패러다임이 가지는 특징을 파악하고 특정 행위자가 가지는 물리적 요인들과 사이버 공간에서 나타나는 안보전략적 이슈를 어떠한 방향으로 이끌 수 있는 요인으로, 다시 말해서 인과관계를 설정할 수 있는 독립변수로 보기보다 독립변수의 인과성에 영향을 줄 수 있는 매개변수나 개입변수로 생각해야 할 것이다.[5]

마지막으로 전략문화연구에서 국가는 역사적이고 특수한 행위자로서 단일하지도 않고 합리적이지도 않은 행위자이다. 보편적인 이론, 법칙을 찾기 어렵다는 것이다. 합리적인 행위자라면 과거의 역사적 경험과 무관하게 국가이익을 추구하기 때문에 동일한 상황에서 같은 안보전략적 선택을 할 것으로 예상할 수 있으나, 전략문화연구에서의 국가는 같은 속성을 가진 단일한 행위자가 아니며 서로 다른 전략문화를 가지고 있으므로 동일한 여건과 상황이라고 하더라도 다른 선택을 한다. 따라서 전략문화연구를 통해 국가의 사이버 안보전략적 선택에 대한 풍부한 설명은 될 수 있을지라도, 예측의 차원에서는 한계를 지닌다.

이와 같은 사이버 전략문화연구의 한계로 인해, 전략문화를 통해 사이버 공간에서 국가 행위자의 안보전략적 행위를 설명하는 데에 주의해야 할 점이 몇 가지 있다. 우선 전략문화가 만들어지고 특정으로 굳어지는 데 중요한 시기를 조심스럽게 설정할 필요가 있다. 역사적

---

5   물론 매개변수와 개입변수로 설정하게 될 때, 과연 독립변수는 어떻게 설정해야 할 것인가의 문제를 풀어내기 쉽지 않다는 한계를 가진다.

으로 연구의 대상 시기가 어떻게 설정되는가에 따라 같은 국가 행위자라도 다른 전략문화가 나타날 수 있기 때문이다. 예를 들어 중국의 경우, 역사 전체를 놓고 보면 유교사상에 입각한 소위 전쟁 혐오의 전쟁관이 보편적인 것으로 나타날 수 있지만(박창희 2015), 공산혁명 이후로 시기를 한정하면 현실주의적 전략문화로 급격히 전환되는 것으로 파악될 수도 있다(박창희 2013b). 사이버 안보에 관해 이러한 문제는 더욱 복잡해지는데, 전략문화는 전통과 오래된 철학의 기반 아래에서 만들어지는 것이 보통이지만 고정되어 존재하지 않는다. 최근의 경험을 통해 사람들은 전략문화를 간주관적으로 규정하며, 이렇게 만들어진 전략문화는 다시 사람들의 생각을 특정한 방향으로 이끌게 된다. 더군다나 일국의 전략문화가 하위문화의 경쟁으로 나타나는 상황이라면 새로운 공간에서 나타나는 전통안보와는 다른 이슈와 연관한 전략문화는 기존 전략문화연구에서의 시간 설정과는 다르게 되어야 할 것이다. 사이버 안보와 관련해서 도메인에서 행동이 만들어내는 인과적 함수로서 전략문화를 검토하고, 전략문화가 다시 같은 도메인에서의 행동을 유발한다고 주장한다면 일종의 순환론적인 함정에 빠질 수 있다.

두 번째로, 전략문화의 분석 수준에 따라 결과는 다르게 나타날 수 있다. 일반적으로 정치사상적 수준에 초점을 맞추게 될 때 대부분의 국가는 전쟁을 혐오하는 문화를 가지지만, 군사 전략적 수준에 초점을 맞추면, 국가는 정치적 목적을 달성하기 위해서 군사력을 적극적으로 사용하는 모습을 보여주기도 한다(박창희 2013a). 중국의 경우, 전략문화를 정치사상적 수준으로 분석하면 중국은 전쟁을 혐오하는 '공자-맹자' 패러다임을 가지게 되지만(Fairbank 1974), 군사 전략적 수준으로 무경칠서(武經七書)를 분석하면 중국도 서구와 별반 다르지 않은 전쟁 추구의 패러다임을 가지고 있는 것으로 나타난다(Johnston 1995b). 따라서, 전략문화의 연구에서 어떠한 분석 수준을 설정하는 것이 해당하는 안보전략적 이슈를 설명하는 데에 더욱 설명력을 가질 수 있게 되는가의 선택이 중요하며, 역사적인 전략문화의 연속성을 이해하는 가운데에서도 새로운 환경의 도래에 따르는 전략문화의 변화 가능성도 항상 염두에 두어야 한다.

IV. 사이버 보안문화[6]

1. 사이버 공간과 전통적 보안 관리

사이버 공격이 지능화, 고도화되면서 우리는 매일 새로운 사이버 보안 위협에 직면하고 있다. OpenAI가 2022년 말에 출시한 ChatGPT는 자연어 처리 기반 대화형 인공지능 서비스로서 대중의 관심을 세계적으로 얻었다. 하지만 ChatGPT가 사이버 범죄에 이용될 수 있다는 주장이 제기되었다. 자연어의 학습 과정에서 개인정보나 조직에 민감한 데이터가 유출될 수 있다는 것이다. 또한 인공지능을 이용해서 기업이나 국가조직의 네트워크 취약점을 식별하고, 실제로 데이터를 탈취하거나 랜섬웨어 공격에 필요한 악성코드를 제작하거나(최은희 2022), 다크웹 플랫폼을 새롭게 만들 수 있는 코드를 생성할 수 있었다(Check Point Research 2023). 최근에는 암호화폐 거래나 스마트

---

6   앞의 절과 달리, 여기에서 보안이라는 단어를 사용하고 있지만, 이는 영어의 'security'를 다양한 주체, 공간, 주제에 적용하면서 나오는 차이에 불과하다.

계약을 대상으로 하는 위협도 늘어나고 있다. 북한은 해커조직 '라자루스'를 필두로 스피어피싱이나 소프트웨어 취약점을 공격하는 등의 다양한 형태의 사이버 공격을 이어가고 있는데, 최근에는 디파이 시장에서 블록체인 비디오 게임 '엑시 인피니티'와 블록체인 기술 기업 하모니의 '호라이즌 브리지'를 해킹하고 불법으로 확보한 자금을 이전하고 세탁하여 사용하고 있는 것으로 드러났다(U.S. Department of the Treasury 2023, 24). 한국은 초고속 인터넷 인프라가 잘 발달되어 있어서 공격의 경유지를 넘어 표적이 되는 사이버 위협이 지속적으로 증가하고 있다. 2023년만 하더라도 중국 해커조직인 '샤오치잉(Xiao-qiying)'이 보안이 취약한 한국 학술연구기관 11곳을 공격하여 웹페이지의 화면을 변조하거나 데이터를 유출하여 개인정보가 공개되기도 했다(오현주 2023). 2023년 1월에는 LG유플러스가 사이버 공격을 당해 고객 29만여 명의 개인정보가 유출되었다. 조사 점검단에 따르면 네트워크 침입 차단 보안 시스템 부족, 보안정책 미비, 정보보호책임자 등 보안 관련 인력 부족 등 보안을 위한 대비태세가 총체적으로 부실했던 점이 원인으로 지적되었다(이혜선 2023).

　기술적으로 취약성이 있는 시스템을 사용함으로써 사고가 발생하기보다 사람의 실수 또는 관리 소홀로 인한 경우가 많아지고 있다. 조직의 전현직 직원, 협력업체 직원 등 내부 인프라 시스템에 접근 권한이 있는 내부인에 의해서 사회공학적 취약점을 통해 발생했다. 보안사고는 피해 규모가 크다는 문제뿐만 아니라 사고에 대한 대응이 늦어지면 늦어질수록 피해가 기하급수적으로 증가한다는 특징을 가지고 있는데, 이렇게 내부 직원의 실수와 관리 소홀로 인한 사고는 피해 사실을 인지하는 데에 외부 공격으로 인한 보안사고에 비해 대응에 많은 시간이 걸릴 수밖에 없다. 왜냐하면 내부 직원에 의해서 인지하지 못한 채로 노출된 취약성은 사전에 예측하기도, 공격에 대비하기도 까다롭기 때문이다. 이는 단순하게 우리가 비밀번호에 대해서 어떻게 생각하고 있는지를 예로 들 수 있다. 인터넷 시대에 비밀번호는 정보보호를 위해서 필수적이다. 어떠한 사이트, 어떠한 시스템을 이용하든지 간에 매번 비밀번호를 설정해야 한다는 것은 번거로운 일이고, 여러 가지의 계정을 사용함에 따라 더욱 복잡해지는 비밀번호를 모두 기억하는 것은 귀찮을 수밖에 없다. 따라서 모든 계정의 비밀번호를 동일하게 설정하거나, 다르게 설정하더라도 아이디와 비밀번호를 암기하지 않고 수첩이나 지갑에 수기로 기재하거나 문서로 저장하고 사용한다(한국인터넷진흥원 2020, 45). 개인에 대한 사이버 공격이 기업 및 사회조직에 대한 해킹 공격으로 이어질 수 있는 부분이 바로 여기에 존재하는 것이다.

　4차 산업혁명 시대에 정보통신 기술이 발전하고 사회적, 경제적 의존도가 높아지면서 사이버 보안 문제가 커졌고, 각 사회경제적 조직은 편리한 기술을 넓게 사용하기에 앞서서 기술이 야기할 수 있는 보안에 대한 중요성을 인식하고 그 관리 대책을 수립하고 있다. 보안 정책을 통한 안전 관리는 조직의 정보와 정보처리 과정을 보호하기 위한 예방 장치이므로 일관성 있는 관리 기준, 절차 등을 수립하고 조직원으로 하여금 준수하도록 하여야 한다. 이러한 보안 관리 정책은 현재 조직이 사용하고 있는 상대적인 보안의 수준을 측정하고, 조직이 보유하고 처리하는 정보를 보호하는 데 관련되는 필수적 법적 요구사항을 따르는 것으로 정보보안의 안전성을 담보하기 위한 기술적, 관리적, 물리적 차원의 보호대책으로 이루어져 있다. 정보에 대한 위협은 여러 가지의 형태로 나타날 수 있지만 일반적으로 위협으로부터 무엇을 안전하게 만들어야 하는지에 대해 넓은 보안 관리의 목표로서 기밀성, 무결성, 가용성의 3요소(Confidentiality, Integrity, and Availability, CIA triad)로 인식되어 있다(Samonas 2014).

이러한 전통적 보안 관리의 방법은 기술적, 통제적, 정책적 체계로서 위로부터 내려오는 하방 방식의 체계이다. 문제는 아무리 촘촘한 관리체계를 만들고 이를 엄격하게 적용한다고 해도 개개인이 따르지 않는다면 어딘가에는 취약점이 생긴다는 것이다. 다시 말해서 인간이 자발적으로 따를 수 있는 보안문화를 정립하지 않고 통제만을 요구하는 것은 한계가 있다. 우선 전통적인 보안 관리 방식은 사이버 보안 위협과 사고가 발생할 때 이에 대한 사후적 대응의 차원으로 더욱 강력한 통제 관리체계를 조직에 요구한다. 그러나 인간은 정보보안을 위해 설정된 여러 가지의 귀찮은 단계를 거치면서까지 생산적인 일을 하기보다는 어떻게든지 더욱 일을 쉽게 하도록 우회 경로를 찾게 된다. 악의적인 이유를 가지고 보안정책을 우회하기 위해서 고의로 승인되지 않은 프로그램을 사용하는 것이 아니다. 오히려 자신의 업무 성과를 높이고 업무를 더 쉽게 처리하기 위해서 우회의 방법을 이용한다. 또한 사이버 위협이 될 수 있는 방식과 요소들이 다양화되면서 조직 전체를 통제할 가능성이 떨어지고 있으나, 대응은 더욱 구체적인 보안대책의 마련이고 정책으로 대표되는 일종의 통제를 강조한다. 제로 트러스트 등의 정보보안 대책은 기본적으로 의심을 기반으로 예상되는 위험을 사전부터 통제하고자 하는 성향을 지니고 있으며, 잠재적인 위험요소를 통제하기 위해 일반의 자연스러운 행위를 매끄럽지 못하게 만든다. 대책은 언제나 마련되지만 대다수는 보안정책을 따라야 하는 것으로 생각하기보다 귀찮다는 인식을 가진다는 것이다. 사이버 공간에서 나타날 수 있는 소수의 악의적인 행동을 기반으로 하고, 대책은 정부를 중심으로 관료주의적으로 시행되기 때문에 관리 및 준수에 대한 모니터링에 들어가는 비용이 많이 들어서 더욱 커지고 있는 디지털경제의 혁신성, 유연성을 저해하게 된다는 문제점을 가진다(김정덕 2022).

2. 인간 중심의 보안문화 형성

앞에서 살펴볼 수 있듯이 사이버 공간의 정보보안을 위해서 조직보다는 결국 사람의 자발적인 움직임이 필요하다는 것을 알 수 있었다. 전통적 보안 관리 체계와 달리 인간이 중심이 되는 보안전략은 엄격한 정책의 하달과 준수로 안전을 만들어내는 것이 아니라 보안문화를 형성함으로써 인간의 행동을 적절하게 움직이게 할 수 있다는 것을 인식하는 데에서 출발한다. 조직이론, 산업보안 전문가들은 특정 조직이 가지고 있는 보안에 대한 인식 수준과 조직원들이 따르는 실제 행동에 따라서 문화가 형성될 수 있으며, 문화에 대한 이해와 진단을 바탕으로 조직이 처한 보안환경과 잠재적인 위협상황에 적절하게 조직원의 일상을 관리할 수 있는 보안정책을 수립해야 한다고 지적한다(Van Niekerk and Solms 2010).

사이버 공간에서의 정보안전에 대한 위협에 대처하기 위해서 이에 맞는 보안문화를 형성시킬 수 있어야 한다는 명제는 바로 인간이 중심에 있는 보안 개념으로 연결된다. 인간 중심 보안전략은 잠재적인 위험을 미리부터 통제하고자 하는 불가능한 목표를 세우지 않는다. 반대로 회복탄력성을 기반으로 가시화된 위험을 받아들이고 인간의 인식과 이해를 통해 행동을 교정하는 데에 중심 목표가 있다. 이는 위험에 집중한 대응이기 때문에 선의를 가지는 대다수의 일반에게 영향을 끼치지 않으며, 오히려 보안 관리가 일에 있어서 귀찮은 단계를 더하기보다는 필요한 단계를 거치는 것이라는 인식을 심어줄 수 있다. 모범사례를 기반으로 하고 있어서 정보안전이라는 목표를 지속적이고 효과적으로 달성하는 데에 도움을 줄 수 있다. 개개인이 받아들일 수 있는 문화를 형성하는 과정에서 신념, 행위, 생각의 틀이 작동하기 때문에 조직원들의 행동을 위에서부터 관리해야 하는 비용이 들지 않으며 사이버 공간과 디지털경제의 혁신성과 유연성을 적극적으로 이용할 수 있다는 장점이 있다(김정덕 2022).

문화는 인간의 행동에 영향을 주는데, 특히 불확실한 상황에서 특정하게 생각하고, 행동하게 하는 틀을 제시할 수 있고 사회조직, 국가에서 형성되는 문화는 일반적으로 한순간에 주어지는 것이 아니라 개개인의 상호작용과 역사적 경험에 따라서 만들어지기 때문에 시간에 따라서 변화하는 역동성을 가진다. 공동체의 문화는 구성원들이 공유하는 가치판단의 틀로서 행동에 영향을 주는 핵심가치가 되며, 환경의 특성과 개인의 행동 사이의 관계를 설정하고 때로는 조정할 수 있기 때문에 행동을 결정하는 데에 중요한 역할을 한다(Chang and Lin 2007). 그러나 문화를 특징짓는 것은 쉽지 않은 일이다. 공동체의 문화는 복합적이고 포괄적이며 애매한 요인들로 이루어져 있고, 그 성격상 구성원들이 당연하게 여기는 가치에 근거하기 때문에 도전받지 않고서는 자각되기 어려우며 객관적으로 평가하기는 더더욱 어렵다(Cameron and Freeman 1991, 25).

경영조직학에서는 조직의 문화를 진단하고 분석하기 위해서 경쟁가치모형(Competing Value Model)을 제시하였다. 일반적인 조직문화 유형을 신축성/역동성과 안정성/통제, 내부지향성과 외부지향성을 기반으로 네 가지 유형, 다시 말해서 관계지향문화, 혁신지향문화, 위계지향문화, 시장지향문화로 구분한다. 각각의 조직문화는 조직원의 목표와 행동에 영향을 미치므로 특성에 맞는 문화를 형성하고 개개인의 행동에 영향을 주기 위한 노력을 하는 것이 필요하다(Cameron and Quinn 2011, 38-51). 이를 정보보안과 관련해서 적용해 본다면 조직에서의 보안통제의 정도(자율/통제)와 보안전략이 가지고 있는 주요한 초점(내부적/외부적)으로 설정하고 보안문화를 네 가지 유형으로 구분할 수 있을 것이다. 우선 자율을 중심으로 하는 보안행위와 내부적 가치를 중시하는 신뢰 중심의 보안문화는 조직원에게 인간관계를 기반으로 공동체에 대한 몰입을 높이고, 느슨한 통제와 외부적 가치를 중시하는 자율 중심의 보안문화는 역동적, 진취적이기 때문에 개인은 위험을 감수하려는 성향을 보이며, 유연성과 혁신 같은 디지털경제에서의 효율성을 높이고 회복탄력성을 갖춘 체계의 구축을 강조한다. 위로부터의 강력한 통제와 내부적 가치를 중시하는 프로세스 중심의 보안문화는 결과 중심적이기 때문에 업적이나 목표의 달성을 중점적으로 고려하며, 표준화된 보안 절차를 강조해서 안정적이고 가시적인 보안활동을 중시한다. 마지막으로 강력한 통제를 기반으로 하는 보안행위와 외부위협에 대한 대응으로서 주어진 보안정책을 중시하는 준수 중심의 보안문화는 조직원의 행동을 통제적으로 구조화하여 이에 맞는 행동을 요구하기 때문에 법규 준거성, 반복 가능성, 정책의 문서화를 통한 외부감사나 대응활동을 강조한다(김정덕 2022). 각 조직마다 현재의 상태를 파악하기 위해서 이러한 요인들을 면밀하게 분석할 수 있고, 그래야 인간 중심의 보안문화를 형성하기 위한 조직적인 움직임을 만들어내어 이에 맞는 보안 관리체계를 적용할 수 있다. 좋은 전략과 계획도 구성원들의 문화와 연계되지 않으면 실효성을 거두기 어렵기 때문이다.

조직의 보안문화를 진단하고 그에 맞는 정보보안정책을 마련하는 것에 앞서, 보안문화 변화를 만들어내기 위한 목표도 설정할 필요가 있다. 인간 중심의 보안 관점에서 중요한 조직의 가치는 구성원 간의 신뢰라 할 수 있다. 신뢰가 높은 조직은 위험도가 높은 상황에서도 오히려 낮은 사고 발생률과 사고 이후 회복이 빠른 점에 착안한 '고신뢰조직(high-reliability organization)'의 개념을 보안 영역에 적용해서 보안사고에 대한 대응 능력을 높이고 인간 중심의 보안문화를 구축하기 위한 방안을 생각해 볼 수 있다(Hayden 2016, 203). 헤이든의 보안 FORCE 행위 모델에 따르면 인간 중심의 신뢰도가 높은 보안정책을 구축하기 위해서 다섯 가지의 가치(Failure, Operation, Resilience, Complexity, Expertise, FORCE)가 반영된 행위를 수행함으로써 보안문화를 형성, 변화시킬 수 있다.

첫 번째는 실패이다. 실패는 인간이 만들어내는 고도화되고 복잡한 기술 혁신에도 불구하고 실패, 또는 실수로 이루어지는 사고를 모두 완벽하게 통제할 수는 없다는 전제에서 출발한다. 그렇다면 실패를 통해 무엇을 어떻게 교훈으로 삼을 수 있는지, 현재의 정보보안을 위한 조치에서 부족한 점은 무엇인지, 앞으로의 예상치 못한 사고에 대해서 어떻게 유연하게 대처할 수 있을 것인지에 대한 준비가 필요하다. 실패를 받아들이지 못하는 문화보다는 실패를 두려워하지 않고 적극적으로 받아들임으로써 시나리오를 개발하고 문제와 취약점을 미리 적극적으로 탐지할 수 있는 행동을 장려하며 이전에 발생했던 사고를 분석하여 다시 발생하지 않도록 하는 체계를 구축하는 것을 중요하게 생각한다(Hayden 2016, 210).

두 번째는 운영이다. 보안 사고에 대한 매뉴얼은 어떠한 조직이든 가지고 있지만, 실제로 일어나는 상황과 매뉴얼에서 예측하는 것은 다를 수밖에 없다. 그렇다면 매뉴얼에 따라서 사전에 예측된 상황대로 보안업무를 따르는 소극적인 운영을 하기보다 한 단계 더 나아간 적극적인 모니터링을 해서 보안위협과 사고의 위험을 빠르게 탐지해 낼 수 있다. 이를 위해서는 현재의 상황을 투명하게 평가하고 공동체 전체가 받아들일 수 있도록 결과를 공유하는 것이 필요하다(Hayden 2016, 210).

세 번째는 회복탄력성이다. 어떻게 조직이 보안사고에 대응하느냐의 문제는 보안시스템이 실패하는가 또는 언제 실패하는가의 문제만큼이나 중요하다. 사고는 피할 수 없지만 사고에 의해서 대응되는 시스템이 마비되는 경우는 막을 수 있다. 회복탄력성은 사고에 대한 예방보다는 실제로 사고가 발생했을 때에 빠르게 탐지하고 이를 복구해내는 능력을 제고하는 것을 의미한다. 정보보안에 대한 교육이나 모범사례를 공유하는 것이 회복탄력성을 만들어내기 위한 방법으로 사용될 수 있다(Hayden 2016, 210-211).

네 번째는 복잡성이다. 실제로 나타나는 보안위협은 단순하지 않다. 복잡한 환경과 위협은 이에 대응하기 위한 효과적인 의사결정을 내리는 데에 어려움을 겪게 하는데, 대부분 문제는 복잡한 문제에 단순화된 모델을 적용하고 있기 때문이다. 지나친 일반화는 대응할 수 없는 사각지대를 만들어 잘못된 해결책을 결정하거나, 부분적으로만 해결하려는 우를 범하게 할 가능성이 있다. 따라서 복잡성에서 파생되는 보안의 가치는 보안사고 이면에 존재하는 잠재적이고 복합적인 원인을 파악하고 이에 대응하는 관리 조직적 측면 모두를 복합적으로 다룰 수 있어야 한다(Hayden 2016, 211).

마지막으로 전문성이다. 보안 전문가와 네트워크를 형성해야 한다. 정보 보안에 대한 전문지식을 항상 위계를 가진 사람이 가질 수 있는 것은 아니며, 이는 인간 중심 보안문화의 민주성을 위해서도 바람직하지 않다. 오히려 경직된 명령 체계와 계층적 권력 구조는 위기 상황에서 효과적인 운영을 방해할 수 있다. 조직 내에서 의사결정 권한을 분산하여 효율성과 영향력을 극대화하고, 새로운 위협에 대응하는 데에 가장 적합하게 대응하고 조치를 취할 수 있도록 신뢰와 협력을 기반으로 유연한 배치가 필요하다(Hayden 2016, 211).

3. 미래 디지털/사이버 문명을 향한 인간 중심의 가치

앞 절의 인간 중심 문화 논의에서 국가 차원의 안전/보안/안보, 그리고 사회조직을 넘어 국가 차원의 문화는 빠져 있다. 국가는 인간 중심의 안보문화와 관련해서 아무런 관련도 없다는 의미는 아니다. 각 국가는 '건전한' 사이버 문화를 정착하는 데에 필요한 가치를 들고 사이버 안보와 관련해 세계적으로 자신이 지향하는 질서를 정착시키고자 한다. 이 절에서는 이러한 국가들의 논의가 어떻게 진행되고 있는가를 살펴보고, 인간 중심의 사이버 안보 질서와 연관 지어 생각해 보고자 한다.

문화를 창출한다는 말은 작은 공동체에서 가능한 일일지도 모르지만, 국가적 차원에서는 쉽지 않으며, 가능하다고 할지라도 자국이 발전시킨 문화를 국가를 넘어 전체 사이버 공간을 아우르는 문화로까지 발전시킨다는 것은 그 말의 어색함만큼 어렵다. 그래서 각 국가는 사이버 공간의 이상적인 방향을 상정하는 데에 머무르고 있다. 이는 사이버 공간의 특성, 즉 물리적 공간과 완벽히 단절된 공간도 아니고, 물리적 공간과 완벽히 연결된 지정학적 공간도 아닌 복합적인 성격을 지닌다는 점과 함께, 각자 정보에 대해서 가지는 관념의 상이성 때문에 나타나는 현상이기도 하다. 각 국가는 사이버 공간을 인식하고 사용하는 데에, 전통적인 차원의 지정학적 공간으로 인식하는 것에서부터, 사이버 공간으로서 새롭게 나타나는 특성을 최대한 이용할 수 있는 방향으로 인식하는 데에까지 다양한 수준의 모습을 가진다.

따라서 사이버 공간에 대한 대부분의 국제적 논의는 사이버 안보와 관련한 국제질서를 어떻게 마련할 수 있을 것인가의 문제에 치중해 있다. 문화와 관련해서 사이버 공간의 질서는 크게 미국과 유럽으로 대표되는 서구의 버전과 중국으로 대표되는 버전으로 나누어 볼수 있다. 세계사이버공간총회는 주로 사이버 테러나 공격을 받아 피해를 받을 만한 인프라를 가진 국가들이 참여해서 안보 의제를 논의하기 위해서 2011년부터 정기적으로 모인다. 참여국은 사이버 안보, 안전, 자유와 프라이버시와 함께 사이버 안보에 대한 인식과 문화의 의제를 포괄적으로 다룬다. 세계사이버공간총회는 참여국들의 구체적인 이익이 걸려 있는 안보의 문제를 가지고 실효성 있는 방안을 도출하고자 하지만(김상배 2013, 90), 2020년 미국의 클린 네트워크 구상으로 시작된 동맹 네트워크를 구성하는 가치와, 유럽이 상정하는 네트워크를 위한 가치가 달라지면서 서방 안에서도 사이버 공간, 특히 인터넷의 미래가 분할될 가능성을 보이고 있다. 미국의 경우 국가안보와 범죄예방 등의 건전한 사이버 환경 구축을 위한 노력에 초점을 맞추고 있는 반면에, 유럽의 경우 개인의 프라이버시와 개인정보 보호를 강조하는 방향으로 가치를 맞추고 있다(김상배 2021b, 70).

중국은 디지털 권위주의 모델에서의 통제의 가치, 사이버 주권을 강조한다. 자국 영토 내 인터넷을 통제하는 이러한 주권의 원칙은 정보의 중립성, 자유로운 정보의 흐름을 강조하는 사이버 공간에서의 정보의 기본 원리와 상충하지만, 중국은 각 국가가 독립적으로 사이버 공간을 규제하고, 인터넷 정책을 가지면서 권리와 문화를 구축하는 방향을 상정한다. 이 안에서 사이버 안보문화는 정보환경과 시민의 행동을 통제하는 정부의 권한을 강화하는 방향으로, 그리고 시민들에 대한 검열을 선제적으로 실시할 가능성을 위한 밑그림이다. 중국 네티즌들의 자기검열, 사회적 신용 시스템에 의한 감독, 상호 감시의 문화는 정부에 대한 대항 담론이 형성되는 데에 사전 차단의 효과를 가지며, 권위주의적 정권이 표방하는 가치와 규범을 강화하는 방향으로 이어질 수 있다. 중국의 디지털 실크로드 이니셔티브는 이러한 모델을 개발도상국에 전파해 확장되고 있다는 점에서 우려를 낳고 있다.

문화와 관련해서, 각 국가의 사이버 질서는 어떠한 가치를 그 중심에 두고 있는가의 차원으로 생각해 볼 수 있다. 그렇지만 여기에서도 빠져 있는 것이 있다. 바로 '인간'이라는 것이다. 국가의 사이버 공간 질서는 국가 행위자 중심의 인식을 기반으로 한다. 국가를 기반으로 사이버 안보를 인식하게 되면, 민주주의가 아닌 전체주의나 비자유주의적 레짐과도 맥을 같이하게 되고, 많은 정부는 사이버 안보의 긴급성 차원에서 검열, 감시, 사이버 스파이, 가짜뉴스, 표현의 자유에 대한 제한, 데이터에 대한 접근과 통제 등과 같은 문제에 적극적으로 움직이는 정당성을 만들어내기 위해 가치를 든다.

그러나 사실, 사이버 안보와 사이버 질서의 수혜자는 국가가 아니라 인간이 되어야 한다. 사이버 안보의 인간 중심 가치를 생각해 본다면, 국제질서는 개인에게 이익이 되어야 하며, 주권국가는 이러한 자격의 대리자로 개념 지어 볼 수 있을 것이다. 국가에 사이버 안보를 관할하는 독점적 권리를 준다면, 공공의 영역과 민간의 영역이 분리되어 공공 영역에만 통제되지 않은 규율 권력을 주게 됨으로써 실제로 사이버 공간을 구성하고 사용하는 일반대중, 즉 개인과 분리되는 문제를 가져올 수 있다. 즉, 사이버 안보를 지정학적, 전통안보적 차원과 연관해서 보면서 인간 중심의 가치는 그 중요성의 차원에서 뒤로 밀려나 규율을 받아야 하는 상황으로, 논의의 차원에서도 중심에서 벗어나 부차적인 것으로 다루어질 가능성이 있다는 문제를 가진다는 것이다.

한국 정부는 2023년 9월에 디지털 공동번영사회를 위한 디지털 권리장전을 발표했다. 디지털 권리장전은 디지털 시대에 맞는 국가적 차원의 기준, 원칙과 함께 글로벌 디지털 질서 규범의 기본방향을 담은 것으로서 인간의 보편적 권리로 보장할 수 있는 디지털 규범의 형성에 앞장서겠다는 의지를 보여주고 있다(박수형 2023). 한국은 새로운 디지털/사이버 공간에서의 문화를 기반으로 새로운 문명을 준비하는 과정에서 국가가 어떠한 역할을 할 수 있을지의 고민을 기반으로 권리장전을 선언하게 되었다고 평가해 볼 수 있다. 물론 선언으로 실제적인 결과를 만들어낼 수 있을지의 여부, 다시 말해서 앞으로 국제사회에서 인간 중심의 디지털 문화 형성과 안보적 차원에서 이해당사자들의 관리체계를 효과적으로 만들 수 있을지 넘어야 할 산이 있다. 그러나 사이버 공간의 안보/보안의 문제는 수혜자로서 인간을 중심으로 하는 논의를 거쳐 새로운 디지털 문명/문화의 창발, 실질적으로는 안보를 넘어 사이버 평화로까지 나아갈 수도 있는 실마리를 제공할 수 있다는 점에서 의미가 있다.

단순히 인간이 중심이 되는 사이버 공간에서의 가치와 행동 원칙을 명시하고, 선언하는 것만으로 현재 벌어지는 사이버 공간에서의 패권 경쟁의 양상, 경쟁 우위의 상황이 바로 바뀌지는 않을 것으로 보인다. 그만큼 국가 또는 진영 사이의 경쟁이 복잡하고 치열하게 벌어지고 있기 때문이다. 하지만 인간 중심의 사이버 안보를 만들기 위한 조그마한 움직임은 이해당사자들이 모두 참여하고, 자신들의 이익 이상의 관점에서 각자의 가치들이 인간을 향해 갈 수 있도록 정당화하는 데에 첫걸음이 될 수는 있을 것이다. 또한 점점 압축되어가고 복잡해지는 사이버 공간에서 인간의 권리가 보호되는 공통의 환경을 어떻게 만들어낼 수 있는지에 대한 집단적인 관심을 이끌어내는 데에 도움이 될 수 있을 것이다. 경쟁에서도 모두가 잊지 않아야 할 것은 중심에 인간이 있어야 한다는 것, 그리고 그 안에 더욱 중요한 것은 합의된 질서와 디지털 공간에서 창발할 수 있는 문명을 만드는 차원에서 문화가 조성되어야 한다는 것이다.

V. 결론

이 글은 새롭게 나타나는 사이버 공간의 안보를 문화의 렌즈를 통해 살펴보았고, 세 가지의 양상을 발견할 수 있었다. 우선 서로 간에 연결될 것 같지 않아 보이던 두 영역이 기계적으로나마 만나 국제정치학적 문제를 만들어내는 모습은 비교적 최근에 나타나고 있으며, 한국의 사드 배치를 계기로 시작된 한류문화 콘텐츠에 대한 중국의 수입금지조치, 그리고 미국과 중국 사이의 틱톡을 둘러싼 공방의 모습에서 살펴볼 수 있다. 안보의 문제가 전통 군사적 차원에서만 벌어지는 것이 아니라, 여러 가지 다른 영역에서부터 촉발될 수 있다는 차원에서 이러한 예들을 단순히 우연적으로 발생한 사건으로만 생각할 수는 없다. 특히 문화는 다른 분야에 비해 비교적 안보화되기 쉽고, 패권을 두고 다툼이 심해지는 상황에서 언제 어디에서 급작스레 나타날 수 있다는 가능성을 배제하기 쉽지 않다. 하지만 이 글이 강조한 것은 이러한 기계적 연결을 바로 사이버 안보의 신흥안보적 차원으로 확장해서 생각할 수는 없다는 것이었다. 신흥안보의 이슈가 창발하기 위해서는 일종의 임계점을 지나야 하는데, 서로 다른 영역의 이슈가 연계되었다는 사실만으로 임계점을 통과했다고 보기는 어렵기 때문이다.

두 번째로 이 글이 살펴본 문화와 안보의 연계는 국가의 사이버 안보전략적 행위를 전략문화를 통해서 설명하고자 하는 움직임이었다. 안보연구에서 국가의 행위를 설명하기 위해 전략문화를 주요한 원인으로 두려는 시도는 국가 행위자가 합리적으로 동일한 성격을 가진다라는 국제정치학의 현실주의적 방법론을 벗어나고자 하는 차원에서 시작되었다. 군사안보의 공간으로서 사이버 공간이 가지는 물리적 공간과의 연속성과 단절성은 전략문화와 사이버 안보를 생각하는 데에 중요하게 작동하며, 전략문화 자체가 논리적으로 일관적이지 않고 모호하게 정의되고 있을지라도 사이버 안보를 구성하는 국가의 사이버력에 대한 인식과 행위의 선호를 설명하는 데에 중요한 도구로 사용될 수 있다. 그러나 전략문화연구가 가지는 비과학적 방법론의 한계를 그대로 이어받고 있다는 점에서 문제가 있으며, 사이버 공간에서 나타나는 안보 이슈를 전적으로 결정하는 독립변수로 전략문화를 보기보다 독립변수의 인과적 영향력에 영향을 주는 맥락에서 작동하는 매개변수나 개입변수로서 전략문화를 다루어야 할 것이라는 점을 밝혔다.

세 번째, 이 글은 안보와 문화의 순서를 바꾸어 사이버 안보로부터 만들어지는 문화의 양상을 살펴보았다. 다양한 사이버 공격이 지속적으로 증가하면서 시스템의 취약성을 줄이고자 하는 기술적, 정책적 대응은 더욱 늘어나고 있지만, 그럼에도 인간의 실수 또는 관리 소홀로 인한 사고로 인해 보다 넓은 차원의 대응을 필요로 하게 되었다.

하방 방식의 전통적 보안 관리와 달리 인간 중심의 보안문화 형성을 통한 대응은 문화에 대한 이해와 적절한 진단을 통해 환경과 상황에 적절히 인간의 행동을 관리할 수 있는 아래로부터의 관리체계를 말한다. 통제보다 자율 중심의 조직문화는 보안사고를 줄이고, 유연하게 대처하는 데 필요한 밑거름이 된다. 인간을 중심으로 하는 가치를 국가적 차원, 세계적 차원의 안보로 상정하게 되면, 인간이 궁극적인 안보의 수혜자가 되면서, 새로운 디지털 문명/문화를 만들어갈 가능성을 열어준다는 점에서 의미가 있다.

마지막으로 이 글의 연구 설계와 관련해서, 본 연구가 가지는 한계점과 향후 연구 방향성에 대해서 짧게나마 언급하고자 한다. 이 글은 문화와 안보라는 거대한 개념을 사이버 공간에서 어떻게 연결 지어볼 수 있을지에 대한 고민에서부터 시작되었다. 이러한 연결은 일종의 탐색적 목적으로 연역적으로 상정되었고, 현실에서 일어나는 사례들을 통해 뒷받침하고자 하였다. 따라서 어떠한 통합적인 분석틀을 제시하는 데에까지는 미치지 못하고, 새로운 사례들과 그것을 설명할 수 있는 인과적 메커니즘을 향후 연구를 위해 제시하는 데에 그쳤다. 이 연구를 바탕으로 향후 연구에서는 과학적 연구방법론을 통해 사례들이 가지는 의미와 그것을 설명하는 관계의 분석적 검증이 이어져야 할 것이다.

참고문헌

김규찬. 2017. "한국 문화콘텐츠산업 진흥정책의 내용과 성과." 『언론정보연구』 50(1): 276-309. 서울대학교 언론정보연구소.

김민혁. 2020. ""90일내 틱톡 팔아라" 트럼프, 행정명령 서명." 서울경제. 8월 15일. https://www.sedaily.com/NewsView/1Z6L83Z84V

김상배. 2007. "한류의 매력과 동아시아 문화네트워크." 『세계정치 7』 28(1): 193-233.

_____. 2013. "사이버 공간의 글로벌 지식질서: 네트워크 이론으로 보는 구조와 동학의 이해." 『국가전략』 19(3): 75-109.

_____. 2016. "신흥안보와 메타 거버넌스: 새로운 안보 패러다임의 이론적 이해." 『한국정치학회보』 50(1): 75-104.

_____. 2021a. "디지털 안보의 세계정치: 이론적 분석틀의 모색." 김상배 엮음. 『디지털 안보의 세계정치: 미중 패권경쟁 사이의 한국』. 파주: 한울아카데미.

_____. 2021b. "디지털 플랫폼 경쟁의 국제정치경제: 미중 기술패권 경쟁의 진화." 『국제·지역연구』 30(1): 41-76.

김수한·유다형. 2017. "사드 배치에 따른 한중 갈등 현황 및 전망." IN China Brief Vol. 336, 인천발전연구원.

김정덕. 2022. "보안도 결국은 사람의 문제, 전략 앞서 문화부터 바꿔라." 『DBR』 4월호. https://dbr.donga.com/article/view/1206/article_no/10429/ac/magazine

김휘정. 2017. "중국의 한한령(限韓令)과 문화콘텐츠산업의 과제." 『이슈와 논점』 1264. 국회입법조사처.

김희원. 2023. "美 '틱톡' 사용자수 3년 만에 150%로 '껑충'… 제재 가능할까?" 『세계일보』. 3월 21일. https://www.segye.com/newsView/20230321513304

류설리. 2017. "한한령의 도전과 '포스트 한류'의 응전." 『한류스토리』 4월호. 한국문화산업교류재단.

박민숙·김영선. 2020. "중국 「수출 금지·제한 기술목록」 조정의 주요 내용 및 시사점." 『KIEP 세계경제 포커스』 3(33). 10월 20일. 세종: 대외경제정책연구원.

박수형. 2023. ""디지털 새 질서 주도"… 정부, 디지털 권리장전 내놨다." 『ZDNET Korea』 9월 25일. https://zdnet.co.kr/view/?no=20230925141057

박창희. 2013a. "제10장 전략문화." 『군사전략론: 국가대전략과 작전술의 원천』. 서울: 플래닛미디어.

_____. 2013b. "중국의 공산혁명과 전략문화: '유교적 전략문화'에서 '현실주의적 전략문화'로의 이행." 『신아세아』 2(1): 95-123.

_____. 2015. "중국의 유교적 전략문화: 공자-맹자 사상을 중심으로." 『민족연구』 63: 36-57.

안창현. 2018. "한한령의 현상과 본질, 그리고 우리의 대안 모색." 『글로벌문화콘텐츠』 33: 113-131.

오현주. 2023. "中해커 '샤오치잉' 국내 서버 5곳 추가 공격… 인터넷 진흥원 "해킹 경로 확인 중"." 『뉴스 1』. 2월 15일. https://www.news1.kr/articles/4954257

우운택. 2020. "문화기술, 신한류의 날개." 『한류NOW』 9+10월호. 9-17.

윤정현. 2019. "신흥안보 거버넌스: 이론적 고찰과 대안적 분석틀의 모색." 『국가안보와 전략』 19(3): 1-46.

이지한. 2018. "한류를 바라보는 두 개의 시선 – 한국의 문화산업과 중국의 문화안보." 『中國學』 65: 357-378.

이혜선. 2023. "LG유플러스 개인정보 유출, 시스템 부재서 비롯." 『B!z watch』. 4월 27일. http://news.bizwatch.co.kr/article/mobile/2023/04/27/0041

장재웅. 2020. "틱톡의 인기와 '숏폼' 콘텐츠의 미래." 『DBR』. 12월 Issue 2. https://dbr.donga.com/article/view/1202/article_no/9864

추동훈. 2023. "틱톡發 미중 무역 전쟁 2라운드··· 전면 금지해야 vs. 경제효과 더 크다," 『매경LUXMEN』 149. https://luxmen.mk.co.kr/view.php?sc=42600117&year=2023&no=124284

최은희. 2022. "해외 사이버 보안 연구원 "챗GPT, 보안 결함 이용해 코드 작성"." 『CWN』. 12월 8일. https://www.cwn.kr/news/articleView.html?idxno=13896

한국인터넷진흥원. 2020. "계정관리 보안 실태 설문조사 결과." 『2020년 3분기 사이버 위협 동향 보고서』. 나주: 한국인터넷진흥원.

황일도. 2013. "전략문화 이론의 소개와 북한에 대한 적용: 최근 상황과 관련한 시사점." 『JPI 정책포럼』 2013-06/07/08.

Buchanan, Ben. 2017. *The Cybersecurity Dilemma: Hacking, Trust and Fear Between Nations*. London: Hurst & Company.

Cameron, Kim S. and Sarah J. Freeman. 1991. "Cultural Congruence, Strength, and Type: Relationships to Effectiveness." *Reserarch in Organizational Change and Development* 5: 23-58.

Cameron, Kim S. and Robert E. Quinn. 2011. *Diagnosing and Changing Organizational Culture* (the third edition). San Francisco, CA: Jossry-Bass.

Chang, Shuchih Ernest and Chin-Shien Lin. 2007. "Exploring organization culture for information security management." *Industrial Management & Data Systems* 107(3): 438-458.

Chech Point Research. 2023. "OPWNAI: Cybercriminals Starting to Use ChatGPT." Research Blog, January 6th. https://research.checkpoint.com/2023/opwnai-cybercriminals-starting-to-use-chatgpt/

Egoloff, Florian J. 2020. "Public attribution of cyber intrusions." *Journal of Cybersecurity* 6(1): 1-12.

Fairbank, John K. 1974. "Varieties of the Chinese Military Experience." Frank A. Kerman, Jr. and John K. Fairbank. eds. *Chinese Ways in Warfare*. Cambridge: Harvard University Press.

Geer, Daniel et al. 2003. *Cyberinsecurity: the Cost of Monopoly – how the dominance of Microsoft's Products poses a risk to security*. September 27. http://cryptome.org/cyberinsecurity.htm

Gray, Colin S. 1999. *Modern Strategy*. Oxford: Oxford University Press.

Hayden, Lance. 2016. *People-centric Security: Transforming Your Enterprise Security Culture*. New York and Chicago: McGraw Hill Education.

Howlett, Darryl and John Glenn. 2005. "Epilogue: Nordic Strategic Culture." *Cooperation and Conflict: Journal of the Nordic International Studies Association* 40(1): 121-140.

Johnston, Alastair I. 1995a. "Thinking about Strategic Culture." *International Security* 19(4): 32-64.

_____. 1995b. *Cultural Realism: Strategic Culture and Grand Strategy in Chinese History.* Princeton: Princeton University Press.

Joyce, Rob. 2018. "NSA Talks: Cybersecurity." Keynote Speech in DEFCON Conference. August 9-12. Las Vegas. https://www.youtube.com/watch?v=gmgV4r25XxA

Klein, Bradley S. 1988. "Hegemony and Strategic Culture: American Power Projection and Alliance Defence Politics." *Review of International Studies* 14(2): 133-148.

Lantis, Jeffrey S. 2002. "Strategic Culture and National Security Policy." *International Studies Review* 4(3): 87-113.

Libel, Tamir. 2016. "Explaining the security paradigm shift: strategic culture, epistemic communities, and Israel's changing national security policy." *Defence Studies* 16(2): 137-156.

Libicki, Martin C. 2007. *Conquest in Cyberspace: National Security and Information Warfare.* New York, NY: Cambridge University Press.

Lieberthal, Kenneth and Peter W. Singer. 2012. *Cybersecurity and U.S. - China Relations.* Washington, D.C.: Brookings Institution.

Nye, Joseph S. 2010. *Cyber Power.* Cambridge, MA.: Belfer Center for Science and International Affairs, John F. Kennedy School of Government, Harvard University.

Valeriano, Brandon, Benjamin Jensen, and Ryan C. Maness. 2018. *Cyber Strategy: The Evolving Character of Power and Coercion.* Oxford: Oxford University Press.

Rid, Thomas. 2013. *Cyber War Will Not Take Place.* New York, NY: Oxford University Press.

Samonas, Spyridon. 2014. "The CIA Strikes Back: Redefining Confidentiality, Integrity and Availability in Security." *Journal of Information Systems Security* 10(3): 21-45.

Slayton, Rebecca. 2017. "What is the Cyber Offence-Defense Balance? Conceptions, Causes, and Assessment." *International Security* 41(3): 72-109.

Snyder, Jack L. 1977. *The Soviet Strategic Culture: Implications for Limited Nuclear Operations.* Santa Monica. CA: the RAND Corporation.

Stuart, Reginald C. 1982. *War and American Thought: From the Revolution to the Monroe Doctrine.* Kent, OH: Kent State University Press.

Terriff, Terry. 2002. "U.S. Ideas and Military Change in NATO, 1989-1994." in Theo Farrell and Terry Terriff eds. *The Sources of Military Change.* Boulder. CO: Lynne Rienner Publishers. Inc.

U.S. Department of the Treasury. 2023. *Illicit Finance Risk Assessment of Decentralized Finance.* Washington D.C.: Department of the Treasury.

Van Niekerk, J. F. and R. Von Solms. 2010. "Information Security Culture: A Management Perspective." *Computers & Security* 29: 476-486.

제9장

사이버 안보와 윤리

안태현 서울대학교 국제문제연구소

I. 서론

인터넷이 대중화되고 그에 따라 사이버 공간이 형성되던 시기에 적지 않은 이들이 새로운 정보통신 기술로 인해 사회가 발전하리라고 생각하였다(Kelly 1995; Negroponte 1995; Mitchell 1996; Postrel 1998; Surowiecki 2004). 소통의 방식과 수단이 변화하면서 인간의 삶이 달라지고 진보를 이루었던 역사적 경험을 고려할 때 이러한 낙관론은 당연했는지도 모른다. 문자의 발명과 인쇄술의 보급이 시대와 지역을 넘은 지식의 전파를 가능하게 하고 우편·전신·전화 기술과 제도의 발달이 정보의 교환을 촉진하였듯이, 온라인 네트워크를 통한 디지털 통신은 오프라인 공간이 지닌 지리적 거리나 정부의 규제와 같은 제약을 상당히 극복함으로써 사람들 사이의 연계를 확장할 수 있는 기회로 여겨졌다. 시공간의 한계로부터 비교적 자유로운 통신에 다수의 사람이 쉽게 참여하게 되면 정보의 양이 폭발적으로 증가할 것이고 그 결과 배우고 지식을 습득하며 새로운 정보를 생산하는 기회도 증가할 것이다. 또한 사회적 관계가 지리적으로 근접한 영역 내에 머물지 않고 확대됨으로써 공동체의 의미와 모습이 변화함과 동시에 대형 언론사나 정치권력의 도움 없이 개인이 대중에게 생각을 전달하거나 다수가 의견을 나눌 수 있게 되고 게다가 익명으로 소통하는 것이 가능해지면서 사회적 토론과 교류가 활발해지고 시민민주주의가 활성화하는 여건이 마련될 것이라는 기대가 있었다.

인터넷의 등장과 활용이 우리의 삶과 사회를 크게 바꾸었음은 분명하다. 지난 수십 년간 우리가 인식하고 사고하고 배우고 가르치고 소통하고 교류하고 생산하고 소비하고 일하고 즐기고 협력하고 경쟁하고 대립하는 방식과 범위는 급격히 달라졌고, 이러한 변화는 사이버 공간이 확장되는 과정과 서로 영향을 주고받으며 진행되었다. 사이버 공간은 우리 일상의 거의 모든 영역에 침투하였고, 특히 최근의 코로나19 위기로 인해 정보통신 기술을 활용하고 온라인 공간에 의존하는 정도가 급증하면서 디지털 대전환이 가속화되었다.

변화는 기대하던 발전과 번영만을 가져오진 않았다. 사이버 공간이 인간의 주된 활동 영역으로 자리 잡고 정보통신 기반시설의 사회적 중요성이 증대함에 따라 인간의 삶은 사이버 위협에 더욱 취약해졌고 사이버 안보는 개인과 개별 기관의 디지털 기기와 네트워크, 데이터를 보호하는 문제에서 국가적 과제로 확대되었다. 에스토니아 주요 공공기관의 전산망을 대상으로 광범위하게 벌어진 2007년의 테러, 스틱스넷을 이용하여 이란의 핵 시설을 파괴한 2010년의 공격, 2016년 미국 대선을 겨냥하여 이루어진 러시아의 미국 민주당 이메일 계정 해킹과 문건 유포, 2022년 우크라이나에 대한 전면 침공 전부터 시작되어 이어지고 있는 러시아의 사이버 공격과 우크라이나의 대응은 국가 간 대립과 경쟁이 사이버 공격과 분쟁으로 표출된, 즉 사이버 공간이 군사안보 영역이 되고 사이버 안보가 국가적 사안이 되었음을 일깨우고 보여주는 사례의 일부이다. 사이버 안보 문제의 국가 안보화는 여러 양상을 통해 보편적인 경향으로 확인된다. 많은 국가가 사이버 안보 기관을 설립하고, 사이버 안보 법 제정과 전략 및 정책 수립에 노력을 기울이며, 점점 더 많은 예산을 사이버 공간의 방어를 위해 사용하여 사이버 안보 정책 연구와 기술 개발을 지원하고 있다. 그 결과 촉발된 사이버 군비경쟁은 더욱 치열해지고 있고, 국가 안보 개념이 사이버 안보 담론을 장악하였다.

국가 안보 차원에서 이루어지는 사이버 안보 활동이 실재하는 위협에 대응하는 필요한 조치임은 부인할 수 없다. 하지만 이러한 대처는 동시에 또 다른 위협을 초래하는 문제를 안고 있다. 가령 사이버 공격에 대처하고 네트워크 환경의 안전을 지키기 위한 사이버 검열과 감시는 프라이버시를 침해하고 사이버 공간에서의 익명성과 기밀성을 해침으로써 오히려 국민이 안심하고 누릴 수 있는 사이버 환경을 위태롭게 만들 소지가 있다. 국가 안보를 위한 조치가 안전을 도모하는 위험한 수단이 될 수 있다는 역설적 문제는 새로운 것이 아니다. 『국가』를 통해 플라톤은 풍요로운 국가를 만들고 침략을 막기 위해서는 전쟁을 전문적으로 수행할 수 있는 수호자가 필요하나 적에게 발휘되어야 하는 그들의 기개와 공격성이 동료 시민에게 향할 수 있음을 지적한다(372e-75c).

그렇다면 플라톤은 이 문제를 어떻게 해결할까. 훌륭한 수호자란 동료 시민에게는 온순하면서 적에게는 사나워야 하고 따라서 친구와 적을 분별하는 지혜를 가져야 하며, 국가는 이를 위한 교육을 시행해야 한다고 그는 주장한다(375c-76c).[1] 국민에게 안전한 사이버 환경을 제공한다는 궁극적인 목적에 부합하는 훌륭한 사이버 안보 정책의 시행 역시 분별력을 요구한다. 우리는 안보 조치의 혜택과 잠재적인 해악을 파악하고 각각의 경중을 따져 적절한 방안을 모색할 수 있어야 한다. 그리고 이는 곧 득실의 경중을 가늠하는 데 적용할 기준의 수립, 다시 말해 사이버 안보와 관련된 가치를 고찰하고 이해하는 윤리적 논의가 필요함을 의미한다.

---

1   로크의 표현을 빌리자면, 족제비와 여우의 해악을 피하겠다고 온갖 궁리를 하면서 사자에게 삼켜지는 걸 안전하다고 여기며 태평할 만큼 인간은 어리석지 않기에 안전을 위한 특정한 조치가 가지고 있는 위험을 배제하기 위한 노력을 할 것이다(*Second Treatise*, § 93).

II. 사이버 안보 분야의 주요 가치와 가치 간 갈등

가치를 단순하고 간략하게 정의하면 좋은 것 또는 좋다고 여겨지는 것이라고 할 수 있다(Tappoloet and Rossi 2016). 가령 건강, 아름다움, 지혜, 정의와 같이 보편적으로 좋다고 생각되는 것들 말이다. 또한 바람직하기에 추구해야 하는 것으로서 많은 경우 특정한 개인이나 집단이 이상으로 좇는 것도 가치라고 불린다. 서구적 가치로 흔히 꼽히는 자율성, 민주주의, 자본주의 등을 예로 들 수 있다.

가치와 연관된 분야 중 하나는 규범적 영역, 즉 있는 그대로의 사실을 서술하는 실증적 분석과 대조적으로 무엇을 해야 하는지에 관한 주장에 관계된 영역이다. 일반적으로 규범적 영역은 가치를 포괄하는 것으로 여겨진다(Dancy 2000; Zimmerman 2015). 분명 우리가 해야 하는 것 또는 하지 말아야 하는 것에 관한 규정의 다수는 무엇이 좋다거나 또는 나쁘다는 가치판단에 기초한다. 정직은 좋은 것이기에 진실을 말해야 하고 거짓말은 하지 말아야 한다는 식으로 말이다. 그리고 해야 하는 것과 하지 말아야 하는 것에 대한 논란이 지속되는 데에는 가치판단에서의 합의가 부재한 문제가 일부 작용한다. 일견 좋고 나쁜 것은 명백한 듯하지만, 설사 그 명백함을 받아들인다 해도 좋은 것도 나쁜 것도 적지 않기 때문에 그중 더 좋은 것과 더 나쁜 것을 가리는 과정에 이견이 발생하게 마련이다. 결국 가장 좋은 것을 해야 하고 가장 나쁜 것을 피해야 한다고 말할 수 있지만, 최선과 최악에 관한 보편적 합의를 도출하는 것은 물론 개인적으로 판단을 내리는 것조차 쉽지 않다. 만약 어느 독재자가 내 부모를 감금한 채 무고한 이를 붙잡아 오지 않으면 부모를 해치겠다고 위협하며 명령한다면, 이 상황에는 가족, 정의, 생명 등 여러 가치가 걸려 있으며 생명에 있어서도 가족의 생명과 무고한 타인의 생명을 동등하게 여겨야 하는지, 그렇지 않다면 그 차이는 어느 정도인지 판단하여 최종적으로 가장 좋은 가치는 무엇인지 가려내야 하는 과제를 안게 된다.[2]

이미 시사하였듯이 사이버 안보와 관련된 가치도 한 가지가 아니다. 우선 위험과 위협으로부터의 자유를 의미하는 안보를 가치라고 할 수 있으며, 안보는 생명과 안전 등의 가치를 내포하거나 이에 연관된다. 사이버 공간에서의 안보에 한정하여 보아도 이를 개인의 사이버 안보, 기업 등 기관의 사이버 안보, 국가의 사이버 안보로 나눌 수 있으며, 정보 안보, 데이터 안보 등과 연관된다. 사이버 안보를 정보통신 서비스와 시스템을 보호하고 이에 대한 해를 막는 것이라고 정의하고[3] 정보 안보를 정보와 정보 시스템을 보호함으로써 정보의 가용성, 무결성, 기밀성을 유지하는 것이라고 할 때,[4] 사이버 안보는 사이버 공간에 저장되거나 사이버 공간을 통해 전송되는 정보의 안보와 겹치는 부분이 있을 것이다.

게다가 정보 안보가 정보의 가용성, 무결성, 기밀성 유지를 목적으로 함을 고려할 때, 사이버 안보와 관련된 또 다른 가치, 프라이버시에 주목하게 된다. 프라이버시는 사이버 테러 및 공격 방지를 위해 정보를 수집하거나 사이버 위협을 감시하는 과정에서 침해될 수 있는 가치로서 흔히 거론되며, 세계인권선언을 비롯한 여러 인권 조약에 의해 기본적인 권리로 인정받고 있다.[5] 특히 유엔 총회나 인권이사

---

2   Plato, *Apology*, 32c-e; Aristotle, *Nicomachean Ethics*, 3.1.1110a6-8.
3   https://csrc.nist.gov/glossary/term/cybersecurity
4   https://csrc.nist.gov/glossary/term/infosec
5   세계인권선언 12조; 시민적 및 정치적 권리에 관한 국제규약 17조; 유럽인권조약 8조;
    American Convention on Human Rights 11조; 유엔아동권리협약 16조; 모든 이주노
    동자와 그 가족의 권리보호에 관한 국제협약 14조.

회는 여러 차례 「디지털 시대 프라이버시 권리에 관한 결의」를 채택한 바 있고, 이에 따르면 프라이버시는 인간이 타인, 타 기관, 정부 등의 간섭 없이 자유롭게 영위하고 교류할 수 있는 사적 영역으로 이해된다.[6] 그리고 이 중 어떤 종류의 간섭과 침해를 우려하고 경계하느냐에 따라서 프라이버시는 각기 다른 가치와 연계되는 모습을 보인다. 즉, 정부의 침해로부터 시민의 사적 영역을 지키려는 이들에게 프라이버시는 자유와 자율성의 문제로 이해되고, 개인들 간의 교류나 회사와 같은 사기관과 개인 사이의 관계 속에서 사적 영역이 위축되는 문제에 집중하는 이들에게 프라이버시는 인간 존엄과 깊이 연관된 가치로 여겨진다(Van de Poel 2020, 55). 또한 사적 영역의 부문 또는 유형에 따라서도 각각의 프라이버시와 연관되는 가치는 다르다. 쿱스 등에 따르면 프라이버시는 신체 프라이버시(bodily privacy), 지적 프라이버시(intellectual privacy), 공간 프라이버시(spatial privacy), 결정 프라이버시(decisional privacy), 소통 프라이버시(communicational privacy), 결사적 프라이버시(associational privacy), 재산 프라이버시(proprietary privacy), 행동 프라이버시(behavioral priavacy)로 나눌 수 있으며, 이들을 모두 관통하면서 별도의 영역을 가진 정보 프라이버시(informational privacy)가 있다(Koops et al. 2017). 이 중 사이버 안보와 가장 연관된 것으로 보이는 정보 프라이버시의 핵심은 개인정보의 보호, 다시 말해 개인정보의 기밀성을 유지하고 개인정보에 대한 통제를 확보하는 것이다(Van de Poel 2020, 53). 즉, 프라이버시와 사이버

---

6   U.N. General Assembly Resolution on the Right to Privacy in the Digital Age, U.N. Doc. A/RES/69/166 (Dec. 18, 2014); U.N. Human Rights Council Resolution on the Right to Privacy in the Digital Age, U.N. Doc. A/HRC/28/L.27 (Mar. 24, 2015); U.N. General Assembly Resolution on the Right to Privacy in the Digital Age, U.N. Doc. A/RES/71/199 (Dec. 19, 2016).

안보는 기밀성이라는 공통의 가치를 가지면서 때론 대립하는 셈이다.

정부 활동에 의한 프라이버시와 자유의 침해 문제는 사이버 안보와 연관된 또 다른 가치가 있음을 시사한다. 바로 민주주의다. 가령 사이버 폭력과 테러에 대응하는 방안으로 논의되는 인터넷 실명제와 같은 조치는 표현의 자유와 정치 참여의 자유를 비롯한 시민적 자유와 정치적 자유를 침해할 소지가 있다. 그리고 사이버 안보, 특히 국가 사이버 안보를 도모하기 위한 정부의 활동이 종종 비밀스럽게 이루어지는 점을 고려할 때, 이는 법적·제도적 절차를 어긴, 민주적으로 정당하지 못한 행위일 가능성이 있다. 요컨대 밀이 주목하고 탐구했던 자유와 공적 권위 사이의 다툼이 디지털판으로 이어지고 있는 셈이다(*On Liberty*). 한편 사이버 안보가 훼손됨으로써 민주주의가 위협받는 일도 있다. 2016년 미국 대선 기간에 일어난 민주당 이메일 계정 해킹과 가짜뉴스의 광범위한 유포가 대표적인 사례다. 즉, 안전한 디지털 공간의 조성은 우리가 표현의 자유와 결사의 권리를 누릴 수 있는 민주적인 환경을 만들기 위함이기도 하지만, 안보 조치가 민주주의를 해치기도 한다.

민주주의와 사이버 안보의 이같이 복잡한 관계는 사이버 안보를 둘러싼 가치 갈등의 문제를 해결하기 어려운 이유 중 하나를 보여준다. 표현의 자유를 억압한다고 해서 인터넷상의 발언과 활동에 아무런 제약을 두지 않는다면 가짜뉴스와 흑색선전이 판치면서 도리어 민주적 절차를 왜곡할 수 있기에, 민주주의와 사이버 안보의 갈등은 두 가치를 비교하고 어느 가치가 더 좋은 것인지 가늠하는 것만으로 해결할 수 없다. 사이버 안보와 프라이버시의 관계 역시 이러한 복잡한 성격을 지닌다. 위에서 예로 든 인터넷 실명제는 개인정보의 기밀성과 개인정보에 대한 통제권을 모두 위협하는 한편 무분별한 폭로와 허위 유포로부터 개인의 존엄과 명예, 프라이버시를 보호하는 측면도 있다. 게다가 인터넷 실명제의 사례는 사이버 안보와 관련된 가치 갈등이 일대일의 형태로만 일어나지 않음을 드러낸다. 이 사안에서 사이버 안보, 민주주의, 프라이버시가 모두 복합적인 관계로 얽혀 있고, 추측하건대 두 가치를 비교하고 가늠하기보다 셋 이상의 가치를 고려하여 최선과 차선을 가려내기는 더 어려울 것이다.

그런 한편 사이버 안보와 관련 가치의 관계는 하나의 가치, 즉 안심하고 살아가는 삶으로 귀결된다고도 볼 수 있다. 프라이버시와 민주주의는 그 자체로 좋은 가치이지만 우리가 평온하게 사는 데 필요한 가치이기도 하기 때문이다. 우리의 생존과 안전을 해치는 위험은 여러 근원에서 비롯되어 다양한 형태로 나타나며, 따라서 그 대처도 다양한 방식으로 이루어진다. 범죄, 테러, 외침으로부터 우리를 지키는 데에는 경찰과 군대가 유용하지만, 폭력적이고 부당한 공권력에 맞서 우리의 생명과 재산을 보호하려면 스스로 생각하고 판단하며 행동할 수 있는 자율성과 자유가 중요한 힘이 된다. 그렇다면 사이버 안보 조치에 의해 프라이버시와 민주주의가 침해되는 경우, 이는 세 가치의 갈등과 충돌인 동시에 우리의 평안한 삶이라는 가치를 구성하는 여러 가치의 균형이 깨어진 문제이기도 하다. 즉, 사이버 검열과 감시로 인해 디지털 공간에서의 프라이버시와 시민적 자유가 위축될 때 우리는 사이버 안보를 위한 활동이 오히려 우리의 사이버 안보를 저해하는 사이버 안보 딜레마에 직면한다.

사이버 안보 딜레마는 국제적 수준의 문제이기도 하다. 일반적인 안보 딜레마가 발생하는 과정과 마찬가지로 한 국가가 취하는 사이버 안보를 위한 노력과 행동은 다른 국가의 불안을 자극하여 사이버 안보 활동을 하게끔 유도하고 결과적으로 두 국가 사이의 불안과 안보

조치의 연쇄를 일으키면서 사이버 안보를 저해하는 역설적 결과를 낳는다. 더욱이 위에서 언급했듯이 국가 사이버 안보를 위한 정부 활동이 비밀스러운 경우가 많다는 점을 고려하면, 사이버 안보 딜레마는 국민이 지지하거나 승인하기는커녕 알지도 못했던 정책의 비용과 결과를 감당해야 하는 불의의 소지를 안고 있으며 투명성, 민주적 책임성 등의 가치와도 연결된다(Liaropoulos 2018, 18-19).

III. 사이버 안보 윤리의 필요

여러 가치의 충돌 또는 하나의 가치를 뒷받침하는 세부 가치들 사이의 불균형은 가치에 대한 탐구로서 윤리학이 필요함을 의미한다. 윤리학은 인간의 행위와 인간 사이의 관계에 있어서 옳고 그름을 규정하는 문제를 다루며, 자연히 규범적 논의가 포괄하는 가치에 관해서 연구한다.

가치 갈등과 연관해서 우리가 고찰할 수 있는 점 하나는 가치의 유형이다. 위의 서술에서 드러나듯이 가치는 그 자체로서 좋은 내재적 가치와 다른 좋은 것을 성취하는 데에 유용한 도구적 가치로 나뉜다. 그리고 많은 가치가 내재적 가치인 동시에 도구적 가치의 성격도 갖는다. 가령 건강과 진리는 그로부터 파생되는 결과와 관계없이 그 자체로 좋은 것이지만 행복한 삶에 이바지하는 가치이기도 하다. 일반적으로 내재적 가치가 도구적 가치보다 더 좋고 귀중한 것으로 여겨지며, 따라서 도구로서가 아니라 어느 경우에나 오직 그 자체로만 좋은 것, 즉 내재적 가치이기만 한 것을 최상의 가치이자 최고선이라고 할 수 있다. 아리스토텔레스에 따르면, 행복은 언제나 그 자체로 좋고 선택되는 가장 가치 있는 최고선이고, 명예, 즐거움, 미덕 등은 그 자체로 좋으면서도 행복을 위해 선택되는 가치이다.[7] 요컨대 순수한 내재적 가치, 유용하기도 한 내재적 가치, 도구로서 유용하기만 한 가치의 순서로 가치의 등급을 매길 수 있다.

　이 등급을 사이버 안보와 이에 연관된 가치에 적용하면 어떨까. 일단 각각의 등급을 판단해보자. 사이버 안보의 경우 도구적으로 유용한 가치로 보인다. 안전한 네트워크 환경과 기기는 그 자체로 좋은 것이라기보다 그것이 개인의 활동과 삶, 기관의 운영과 이익, 사회의 유지와 작동에 이바지할 수 있기에 가치로 간주된다. 범죄자의 휴대전화에 접근하거나 테러 조직의 네트워크를 공격한다고 해서, 이를 침범해서는 안 되는 절대적인 가치를 훼손한 행위, 가령 인간 존엄을 부정하는 고문과 같은 것으로 보기는 어렵다. 하지만 사이버 안보를 도구적 가치로 간단히 결론 내리기 전에 추가로 고려해야 할 점이 있다. 앞서 언급했듯이 사이버 안보는 개인 사이버 안보, 기관 사이버 안보, 국가 사이버 안보 등으로 나뉜다. 그리고 사이버 안보의 세부 유형도 모두 수단으로서 유용한 것으로 판단한다 해도 각 가치의 경중은 같지 않을 수 있다. 특히 개인 사이버 안보와 기관이나 국가 사이버 안보를 비교하면, 기관 및 국가 사이버 안보의 가치는 결국 개인의 삶과 안전을 지키는 데에서 비롯되기에 개인 사이버 안보가 우선한다고 여겨진다. 그러나 개인 사이버 안보의 우위가 절대적이라고 할 수는 없다. 개개인의 안전과 사회적 질서를 위해서 개인의 자유가 일정 부분 제한되듯이, 개인적 가치와 사회적 가치는 적절한 조율을 통해 균형을 이루어야 하는 관계로 볼 수 있다.

7　Aristotle, *Nicomachean Ethics*, 1.1.1094a1-1.2.1094a23, 1.7.1097a32-b7.

프라이버시의 경우, 앞서 언급했듯이 내재적 가치인 동시에 도구적 가치인 양면적 성격을 지니며, 프라이버시가 인간의 자유, 자율성, 존엄과 관련된 가치임을 고려할 때 그 관련성을 어떻게 이해하느냐에 따라서 어느 측면이 강한지에 관한 판단이 달라진다. 즉, 자유롭고 존엄한 존재로서 자율적으로 살아가는 인생을 위한 수단으로 간주한다면 프라이버시는 도구적 가치에 가깝다고 할 수 있지만 이를 대체할 수단이 마땅치 않다는 점을 생각하면 존엄하고 자율적인 삶을 구성하고 성립시키는 내재적 가치로 볼 수도 있다.

민주주의 가치 역시 비슷하다. 정부를 구성하고 국가를 통치하는 다양한 방식 중 하나로서 민주주의는 (비록 비효율적이고 다수의 폭정으로 왜곡될 수 있는 단점을 갖고 있지만) 국민 개개인의 자유롭고 평등한 삶을 가장 잘 보장할 수 있는 제도라고 할 수 있다. 그런 한편 자신의 공동체를 다스리는 규율을 만들고 집행하는 과정에 참여하는 활동이 인간다운 삶의 본질이라고 한다면 민주주의는 분명 내재적 가치기도 하다.

사이버 안보가 유용함이 두드러지는 가치인 것과 달리 프라이버시와 민주주의가 도구적 가치이면서 내재적 가치라는 점은 이들의 관계가 기본적으로 프라이버시와 민주주의를 위해서 사이버 안보가 필요한 구도임을 시사한다. 물론 개인 사이버 안보와 프라이버시가 중첩되고 사이버 안보, 프라이버시, 민주주의의 목적이 안전하고 평온한 삶으로 수렴된다는 것을 상기하면 사이버 안보에 대한 다른 두 가치의 절대적 우위를 주장하기는 어려우며, 따라서 여러 가치에 관한 더욱 세밀한 윤리적 논의가 필요하다.

그러나 국가 안보화되고 있는 사이버 안보 영역에서 윤리적 논의와 원칙이 필요한지에 대해 의문을 제기하는 이들도 있을 것이다. 특히 "어떤 방법이든 방어에 성공했다면 적절하다"라는 마키아벨리의 주장에 동조하는 이들이라면 국가 안보를 위한 정책과 활동에 대해서 윤리적 원칙에 근거한 제약이 가해지는 것은 온당치 못하며 그렇기에 윤리적 고찰은 무의미하다고 주장할 법하다(*Discourses on Livy*, 3.41.). 하지만 흔히 현실주의라고 칭해지는 이러한 관점에도 가치판단이 함축되어 있다. 방어를 강조하는 마키아벨리가 지향하는 목표는 정치적 공동체의 생존과 번영인데 같은 이유로 그는 자유에도 주목한다. "오직 자유로운 상태에서만 도시가 영토와 부의 증대를 이룩한다"라는 신념으로 그는 도시의 생존과 자유란 절대적인 가치이며 이를 지키기 위해서라면 수단의 정당함과 고귀함은 제쳐 두어야 한다고 주장한다(*Discourses on Livy*, 2.2., 3.41.). 마찬가지로 홉스가 리바이어던에 막강한 권한을 부여하고 그 권위에 대한 국민의 저항을 부정한 데에는 리바이어던의 부재가 생존에 가하는 위협이 리바이어던이 끼치는 위해보다 더 크며 생존은 절대적인 가치라는 판단이 자리한다(*Leviathan*, chap.18). 다시 말해, 이들은 가치를 가늠하고 옳고 그름을 가리는 윤리적 논의를 전적으로 부정하기보다는 특정한 가치(생존 또는 생존과 자유)를 침범할 수 없는 것으로 여기는 관점을 지녔다고 할 수 있다. 그리고 홉스나 마키아벨리의 관점을 단순히 거부하는 대신 그들과 같은 견해를 가진 이들을 향해 우리가 지켜야 하는 삶의 모습과 그 삶을 지키는 좋은 수단이 무엇인지를 질문함으로써 다양한 가치관과 윤리적 관점을 비교하는 논의를 시작할 수 있을 것이다.

IV. 윤리적 관점과 적용

본 절에서는 주요한 윤리적 관점인 덕 윤리, 의무론, 결과론을 각각 사이버 안보 영역의 국가와 개인의 관계에 적용하고자 한다.

1. 덕 윤리

덕 윤리학의 흐름을 거슬러 올라가면 아리스토텔레스에 이른다. 『니코마코스 윤리학』에서 아리스토텔레스는 모든 행위에 목적이 있으며 인간의 모든 행위가 궁극적으로 지향하는 목표가 있다고 말한다. 인간의 궁극적 목표, 다시 말해 최고선이 행복임은 대부분 동의할 수 있을 것이다. 문제는 행복이 무엇인지에 관해 제각각 다른 견해를 갖고 있다는 점이다. 기존의 견해가 부분적으로 타당하지만 충분하지 않다고 본 아리스토텔레스는 행복을 영혼의 덕스러운 행위라고 정의하였다. 즉, 행복하게 잘 살고자 한다면 우리는 영혼의 덕을 함양해야 한다. 덕은 영혼의 훌륭한 상태, 지나치지도 모자라지도 않은 중용으로 용기, 관대함, 절제, 정의, 정직 등을 들 수 있다. 그리고 아리스토텔레스에 따르면, 행복하다고 일컬을 수 있는 덕스러운 사람의 덕스러운 행위는 용기, 관대함, 절제, 정의, 정직을 그저 행하는 것이 아니라 덕 그 자체를 목적으로 삼아 올바른 방식으로 이루어지는 행위다. 가령 타인의 칭찬을 바라고 또는 비난을 두려워해서 전투에 적극적으로 나선다면 이는 용기 있는 사람의 용기 있는 행위가 아니다. 요컨대 행위를 하는 사람의 마음가짐과 행위의 방식이 행위의 성격에 영향을 미친다.

덕 윤리는 덕을 기르고 실천하도록 유도하는 최종적인 목적이 개인의 행복에 있다는 점에서 강력하고 현실적인 관점이다. 또한 중용의 덕이라는 개념은 해당 상황에서 지나치지도 모자라지도 않는 적절함을 찾게끔 하는 유연함과 실용성을 가진다.

기본적으로 개인의 윤리인 덕 윤리를 사이버 안보 영역의 국가와 개인의 관계에 어떻게 적용할 수 있을까? 아마도 국가 지도자의 덕을 고려해볼 수 있을 것이다. 즉, 국가 지도자는 국가의 행복을 목적으로 지혜, 용기, 절제, 정의를 함양하고 올바르게 실천해야 하며, 사이버 안보와 프라이버시가 충돌하는 것과 같은 상황에서 중용을 파악하고 행해야 한다고 볼 수 있다. 그리고 궁수가 활을 정확히 쏘기 위해서는 과녁을 바르게 알아야 한다는 아리스토텔레스의 말처럼 중용을 파악하려면 목적을 바르게 이해해야 한다. 특히, 안보, 자유, 민주주의와 같이 우리 삶에 중대한 가치들이 국가와 개인의 관계 속에서 충돌할 때는 더욱 그러하다. 국가의 행복이란 결국 국가 속에 사는 개개인의 안녕과 복으로 귀결되는데, 국가 안보적 조치가 개인의 권리와 충돌하다면 어떤 선택이 국가의 행복에 기여하는 것일까? 요컨대 덕스러운 국가 지도자의 역할이란 국가의 행복을 구성하는 본질이 무엇인지 이해하고 이를 달성하기 위한 올바른 방식과 수단을 파악하여 실행에 옮기는 것이다.

2. 의무론

의무론적 윤리학을 펼친 대표적인 학자는 칸트다. 그는 인간이 공통으로 가지고 있는 이성을 활용하여 도덕 법칙, 다시 말해 의무로서 수행해야 하는 절대적인 법칙인 정언명령을 도출할 수 있다고 믿었다. 정언명령은 그 자체로 선하고 옳은 행동을 지시하기 때문에 행동의 결과와 관계없이 따라야 하며, 그런 점에서 행동의 결과를 가늠하여 선택해야 한다는 결과론적 윤리학의 가르침과 대조된다(*Groundwork of the Metaphysic of Morals*).

정언명령은 절대적이고 무조건적인 의무이기에 모든 이에게 동일하게 적용된다. 즉, 덕 윤리의 경우, 국가 지도자의 덕과 평범한 시민의 덕이 (각각이 처한 위치와 맡은 역할이 다르기에) 다르다고 주장할 수도 있지만, 의무론은 공직을 수행하는지 여부가 우리가 마땅히 선택하고 실천해야 하는 행위가 무엇인지를 결정하지 않는다고 본다.

이성으로 도출한 보편적 법칙에 대해 일단 합의가 이루어진다면, 의무론에 따라 우리가 해야 하는 바는 명확하며 이는 분명 의무론의 장점 중 하나이다. 하지만 추상적인 도덕 법칙 몇 가지만을 토대로 사이버 안보, 프라이버시, 민주주의가 얽히고 충돌하는 다양한 상황들을 헤쳐 나갈 방안을 모색하기란 쉽지 않을 것이다. 그리고 이상적인 원칙을 엄격하게 적용한 결과의 선함이 보장되지 않는 점도 간과할 수 없다. 국가를 이끄는 지도자가 자신의 이성과 양심에 따라 행동한 대가를 다수의 국민이 치르는 것은 옳은 일일까? 오히려 그가 지도자의 의무를 다하지 못했다고 할 수 있지 않을까?

3. 결과론

반면 결과론은 행동에 결과에 주목하고 결과의 좋음을 적절한 행동이 무엇인지 판단할 기준으로 삼는다. 결과론적 윤리학의 잘 알려진 유형 중 하나인 공리주의는 최대 다수의 최대 행복을 가장 좋은 결과로 여기는 관점이다. 행복을 추구한다는 점에서 덕 윤리와 유사하면서도 기본적으로 개인의 행복을 염두에 둔 덕 윤리와 달리 다수의 행복을 목적으로 한다는 특징이 있다.

그렇기에 공리주의자는 자신의 행복만이 아니라 타인의 행복도 추구할 것이다. 예를 들어 적절한 사이버 안보 조치를 결정해야 하는 상황에서 공리주의자인 국가 지도자라면 해당 조치의 영향을 받는 국민 모두의 행복을 고려할 테고, 이는 의무론을 따르면서 국민이 피해를 당할 가능성을 감수하는 지도자에 비해 책임감 있는 태도를 취하는 것으로 여겨질 수 있다. 또한 다양한 대안의 효용과 비용을 가늠하여 최적의 결과를 도출하는 윤리적 사고는 인공지능도 배우고 실천할 수 있을 것으로 보인다. 사이버 위협을 측정하고 이에 대응할 윤리적인 방안을 채택하는 데에 인공지능을 활용할 수 있다는 뜻이다.

하지만 다수의 행복을 목적으로 삼는다는 것은 다수의 효용을 위해 소수의 희생을 요구할 수 있음을 내포한다. 이는 절대적인 의무를 지시하고 인간을 수단으로 취급해서는 안 된다고 주장하는 의무론에 의해서는 발생하지 않는 문제이다. 물론 공동체를 구성하여 살아감으로써 모든 개인은 자신의 권리에 대한 일정한 제약을 받아들일 수밖에 없으며, 이러한 맥락에서 다수의 행복을 위한 소수의 희생도 어느 정도 납득할 수 있을지 모른다. 그러나 수용할 수 있는 희생의 범위는 어디까지일까? 그 범위가 명확하지 않다면 여러 가치가 충돌하는 상황에서 자신의 행복과 아울러 다수의 행복을 고려해야 하는 통치자가 중립적인 입장을 유지하며 적절한 판단을 내리기란 쉽지 않을 것이다.

V. 결론

사이버 안보 문제가 국가 안보화되는 경향은 보편적으로 발견되며, 그 결과 정부가 사이버 위협에 대응하기 위해 취하는 조치는 국민의 프라이버시를 침해하거나 민주주의 가치를 훼손할 소지가 있어 논란을 일으킨다. 사이버 안보, 프라이버시, 민주주의 등은 모두 인간의 좋은 삶을 뒷받침하는 가치로서 이들이 충돌할 때 간단히 어느 하나를 선택하기는 어렵다. 즉, 다양한 가치를 평가하고 그 우열을 판단할 수 있도록 하는 윤리학이 사이버 안보에 적용될 필요가 있다. 본 연구는 주요한 윤리적 관점인 덕 윤리, 의무론, 결과론의 특징과 장단점을 분석함으로써 각각이 사이버 안보 윤리로서 기능할 수 있는 가능성을 살펴보았다.

참고문헌

Arisototle. 2014. *Nicomachean Ethics*. Translated by C. D. C. Reeve. Indianapolis: Hackett.

Chatterjee, Deen K., ed. 2013. *The Ethics of Preventive War*. New York: Cambridge University Press.

Christensen, M., B. Gordijn, and M. Loi, eds. 2021. *The Ethics of Cybersecurity*. New York: Springer Open.

Dancy, Jonathan, ed. 2000. *Normativity*. Oxford, UK: Blackwell.

Demy, T. and George Lucas. 2013. *Military Ethics and Emerging Technologies*. London: Routledge.

Douglas, D. M. 2015. "Toward a Just and Fair Internet: Applying Rawls's Principles of Justice to Internet Regulation." *Ethics of Information Technology* 17(1): 57-64.

Eberle, Christopher. 2013. "Just War and Cyber War." *Journal of Military Ethics* 12(1): 54-67.

Fabre, Cecile and Seth Lazar, eds. 2014. *The Morality of Defensive War*. Oxford: Oxford University Press.

Floridi, L. 2013. *The Ethics of Information*. Oxford: Oxford University Press.

Graham, David E. 2010. "Cyber Threats and the Law of War." *Journal of National Security Law* 4(1): 87-102.

Gross, Michael and Tami Meisels. 2016. *Soft War: The Ethics of Unarmed Conflict*. Cambridge: Cambridge University Press.

Hobbes, Thomas. 1991. *Leviathan*. Edited by Richard Tuck. Cambridge: Cambridge University Press.

Kant, Immanuel. 1998. *Groundwork of the Metaphysics of Morals*. Translated by Mary Gregor. Cambridge: Cambridge University Press.

Kelly, Kevin. 1995. *Out of Control: The New Biology of Machines, Social Systems, and the Economic World*. 1992. Reprint. New York: Basic Books.

Koops, Bert-Jaap, Bryce Clayton Newell, Tjerk Timan, Ivan Škorvánek, Tomislav Chokrevski, and Maša Galič. 2017. "A Typology of Privacy." *University of Pennsylvania Journal of International Law* 38(2) Spring.

Liaropoulos, Andrew N. 2018. "Reconceptualising Cyber Security: Safeguarding Human Rights in the Era of Cyber Surveillance." In *Cyber Security and Threats: Concepts, Methodologies, Tools, and Applications. By Information Resources Management Association*. Vol. 1. Hershey, PA: IGI Global. .

Locke, John. 1988. *Two Treatises of Government*. Cambridge: Cambridge University Press.

Lucas, George. 2017. *The Ethics of Cyber Warfare*. New York: Oxford University Press.

Machiavelli, Niccolò. 1996. *Discourses on Livy*. Translated by Harvey C. Mansfield and Nathan Tarcov. Chicago: University of Chicago Press.

Manjikian, M. 2017. *Cybersecurity Ethics: An Introduction*. London: Routledge.

Mill, John Stuart. 2015. *On Liberty, Utilitarianism, and Other Essays*. Edited by Mark Philp and Frederick Rosen. Oxford: Oxford University Press.

Miller, S. and T. Bossomaier. 2019. *Ethics and Cyber Security*. Oxford: Oxford University Press.

Mitchell, William J. 1996. *City of Bits: Space, Place, and the Infobahn*. rev. ed. Cambridge, MA: MIT Press.

Moore, A. D., ed. 2016. *Privacy, Security, and Accountability: Ethics, Law, and Policy*. London: Rowman & Littlefield International.

Negroponte, Nicholas. 1995. *Being Digital*. New York: Alfred A. Knopf.

Nissenbaum, H. 2005. "Where Computer Security Meets National Security." *Ethics and Information Technology* 7(2): 61-75.

Nissenbaum, H. 2009. *Privacy in Context: Technology, Policy, and the Integrity of Social Life*. Stanford: Stanford University Press.

O'Meara, Richard M. 2014. *Governing Military Technologies in the 21st Century: Ethics and Operations*. New York: Palgrave Macmillan.

Plato. 1997. *Complete Works*. Edited by John M. Cooper. Indianapolis: Hackett.

Postrel, Virginia. 1998. *The Future and Its Enemies: The Growing Conflict over Creativity, Enterprise, and Progress*. New York: Free Press.

Surowiecki, James. 2004. *The Wisdom of Crowds: Why the Many Are Smarter Than the Few and How Collective Wisdom Shapes Business, Economies, Societies and Nations*. New York: Doubleday.

Taddeo M. and L. Glorioso, eds. 2017. *Ethics and Policies for Cyber Operations*. Cham: Springer.

Tappoloet, Christine and Mauro Rossi. 2016. "What Is Value? Where Does It Come From? A Philosophical Perspective." In *Handbook of Value: Perspectives from Economics, Neuroscience, Philosophy, Psychology, and Sociology*. edited by Tobias Brosch and David Sander. Oxford: Oxford University Press.

Tripodi, Paolo and Jessica Wolfendale, eds. 2011. *New Wars and New Soldiers*. London: Ashgate.

Van de Poel, Ibo. 2020. "Core Values and Value Conflicts in Cybersecurity: Beyond Privacy Versus Security." In *The Ethics of Cybersecurity*. edited by Markus Christen, Bert Gordijn, Michele Loi. Cham, Switzerland: Springer Open.

Van den Hoven, J. A., ed. 2008. *Information Technology and Moral Philosophy*. New York: Cambridge University Press.

Zimmerman, Michael J. 2015. "Value and Normativity." In *The Oxford Handbook of Value Theory*. edited by Iwao Hirose and Jonas Olson. Oxford: Oxford University Press.

제3부

사이버 안보와 국제정치

제10장

사이버 안보와 외교

송태은 국립외교원 국제안보통일연구부

I. 머리말

'초연결 사회(hyper-connected society)'로 일컬어지는 현대 인류의 일상 삶과 국가의 기능에서 사이버 공간과 무관한 영역은 거의 찾기 힘들다. 사이버 공간은 사물과 사물, 사물과 인간, 인간과 인간, 온갖 조직과 기관, 전 세계 국가를 전방위로 서로 연결시키고 있기 때문이다. 사이버 공간은 사람들의 정보 획득과 공유, 정보의 생산, 전달 및 유포, 개인, 기관, 국가 간 교류, 통신, 행정, 교육, 금융, 군사활동을 비롯한 모든 종류의 상호작용(interactions)이 일어나거나 지원하는 곳이다. 그러므로 사이버 안보는 국가안보와 세계안보뿐 아니라 각국의 금융, 국가 간 디지털 협력, 지속가능한 성장(sustainable development), 인권, 시민의 정치적 참여, 학술연구 등 인류의 활동 전반에 영향을 끼치고 있다. 따라서 인터넷 연결이 차단될 경우 개인과 사회 전체에 일어날 만한 상황은 인터넷이 존재하지 않던 시대의 모습이 아니라 국가 전체의 기능이 마비되는 '국가위기'와 같은 상황이다.

사이버 공간이 국가와 사회의 기능에서 차지하는 절대적 위상으로 인해 현대 국가 간 사이버 공격은 군사시설이 아닌 금융기관이거나 혹은 정보탈취를 목적으로 한 사이버 첩보활동이라고 해도 국가 기능을 마비시키고 국가 기밀을 탈취하는 행위이므로 국가 안보에 대한 위협으로 간주된다. 세계 거의 모든 국가가 사이버 공간을 육상, 해상, 항공에 이어 네 번째 '전장(battlefield)'으로 간주하는 것은 국경이 없고 보이지 않는 사이버 공간을 통해 국가에 대한 공격이 이루어지기 때문이다. 즉 사이버 공간은 외부의 공격으로부터 국가가 반드시 지켜내야 하는 주권 수호의 공간이다. 또한 사이버 공간은 개인과 국가의 모든 활동의 정보와 기록을 지속적으로 생산시키고 있으므로 그

누구든 사이버 공간에서 획득한 데이터는 검열이나 사회감시의 목적으로든 상업적 이윤 창출을 위해서든 다양한 목적을 위해 사용할 수 있다. 이렇게 초국가적 공공재의 성격을 갖는 사이버 공간이 금전적 이익 창출의 공간이자 사회통제의 공간이 될 수 있기 때문에 국가 간 혹은 국가와 기업 간 '디지털 주권(digital sovereignty)'을 둘러싼 갈등과 분쟁도 지속적으로 등장하고 있다.

게다가 사이버 기술과 첨단 신기술(emerging technologies)이 융합되면서 사이버 공간은 지속적으로 첨단화, 안보화(securitization)되고 있다. 인공지능(Artificial Intelligence, AI), 블록체인(blockchain), 양자컴퓨팅(quantum computing), NFT(Non-Fungible Token, 대체불가능토큰), 바이오기술(biotechnology)과 같이 첨단 신기술 거의 대부분은 사이버 기술과 융합되고 군사 분야에 빠르게 적용되어 새로운 무기체계를 출현시키고 있다. 사이버 공간은 이러한 첨단기술과 결합되면서 더욱 복잡한 문제들을 출현시키며 군사적 긴장을 높이는 결과를 초래한다.

국경과 시간에 제한을 받지 않는 사이버 공간과 관련된 수많은 이슈와 문제의 대부분은 초국가적 공조와 대응을 요구한다. 한 국가에서 발생한 사이버 문제도 세계 전체의 사이버 안보 문제로 확산될 수 있기 때문이다. 디지털 역량이 열세한 국가에서 발생하는 사이버 보안 문제는 사이버 기술이 우수한 국가에도 확산되어 사이버 공간의 생태계 전체를 교란시킬 수 있다. 그런데 국가 간 사이버 공간과 관련한 다양한 합의와 협력에도 불구하고 국가조차도 사이버 공간에서 익명성(anonymity)을 유지하며 합의와 협력에 반대되는 행동을 은밀하게 추구할 수 있다. 즉 사이버 안보 협력은 사이버 공간 자체의 가장 큰 특징인 익명성으로 인해 국가 간 신뢰가 구축되기가 가장 어려운 외교 영역이다.

사이버 공간에서 일어나는 일의 책임을 국가에게 묻는 '사이버 공간에서의 책임 있는 국가 행동(responsible state behavior in cyber-space)'에 대한 국제규범이 오랫동안 논의되어 왔고 다수의 국가가 동의한 합의가 존재함에도 불구하고 사이버 공간은 진영 간에, 심지어 동맹 간에도 늘 갈등의 진원지가 될 수 있다. 사이버 공간은 경제적, 군사적으로 타국에 대해 가시적인 피해를 입히지 않고도 은밀한 정보수집이나 탈취 등을 통해 국가적 이익을 취하는 것이 가능한 곳이기 때문이다.

더불어, 비국가 행위자와 관련된 사이버 공간의 다양한 이슈와 문제는 사이버 안보 외교의 성격을 특징짓는 가장 큰 변수이다. 사이버 공간에서 갈등과 분쟁을 일으키는 행위자는 국가만이 아니고, 사이버 공간의 다양한 문제는 비국가 행위자인 해커, 테러리스트, 범죄조직 등이 일으키는 경우가 더 많다. 사이버 공간에 대해 국가보다 막강한 영향력을 행사할 수 있는 디지털 플랫폼 사업자와 같은 IT 기업이 사이버 공간을 통해 취할 수 있는 온갖 정보수집과 이윤활동은 국가 안보와 주권과 충돌하거나 도전하며 국가와 긴장관계를 일으키는 경우도 많다.

더불어 대부분의 사이버 공간에서 발생하는 문제는 국가 간 협력과 공조만으로는 충분하지 않고 사이버 공간의 주요 이해당사자인 민간의 전문성과 공조를 통해서만 해결책을 강구할 수 있다. 또한 단일해 보이는 하나의 사이버 이슈도 군사, 기술, 규범, 가치 등 다양한 영역에 걸친 문제 및 이슈와 연결되는 경우가 대부분이므로 사이버 안보 이슈는 종합적인 접근법을 요구한다. 다시 말해, 전통 안보 이슈와 달리 다양한 층위의 행위자가 개입하고 참여해야 하는 사이버 안보 외교는 가장 융합적이고 통합적인 외교적 접근법을 요구한다.

이러한 복잡한 맥락에서 이 글은 사이버 안보 협력을 위한 국가 간 외교가 다자외교와 양자외교 혹은 소다자외교의 차원에서 어떻게 이루어지고 있고, 다루는 이슈에 따라 외교의 성격이 어떻게 달라지는지 살펴본다. 즉 국가 간 사이버 안보 협력은 잘 이루어지고 있거나 혹은 반대로 갈등이 나타나는 분야와 영역에 따라 외교의 형태가 달라진다. 사이버 안보 분야에서의 국제협력이 디지털 역량 증대 노력과 같이 전반적이고 광범위한 차원에서의 디지털 협력을 추구할 때 국가들은 다자외교 차원에서 협력하는 모습을 보이는 반면, 사이버 공격에 대한 대응 및 군사협력 등 보다 공세적인 차원에서의 안보 협력을 추구할 때는 진영외교의 모습이 두드러지고 있다.

II. 디지털 역량 강화 중심의 다자외교

한 국가의 사이버 안보를 결정짓는 가장 중요한 조건은 사이버 공간이 원활하게 작동하는지의 여부, 즉 '디지털 연결성(digital connectivity)'의 유지 여부에 달려 있다. 이러한 디지털 연결성은 특별한 비용 지불 없이 사이버 공간에 접근할 수 있어야 하는 것과 공격으로부터 안전한 사이버 공간을 필요로 한다. 사이버 공간에 대한 규범을 논의하는 국제기구는 사이버 안보 다자외교의 주요 장이 된다. 사이버 안보 다자외교는 사이버 공간을 '디지털 공공재(digital public goods, DPGs)'로서 다루고 그러한 공공재로서의 사이버 공간을 안전하고 자유롭게 사용할 수 있도록 하는 의제를 다루게 된다.

이와 같이 군사협력과 구별된 차원에서 이루어지는 사이버 안보에 대한 국제사회의 다양한 협력은 '사이버 협력'이라는 용어가 아닌 '디지털 협력'이라는 용어로 일컬어진다. 이렇게 사이버 공간을 인류의 공공재로 인식하고 인류의 평화와 번영을 위한 공간이 될 수 있도록 하는 국제사회의 협력을 '디지털 협력'의 용어로 표현하는 것은 오늘날 디지털 기기와 디지털 인프라가 모두 사이버 공간을 통해 연결되기 때문이다.

특히 UN 차원에서 이루어지는 디지털 협력은 정보 접근성, 정보 공유, 교육, 표현의 자유, 정치적 참여에 있어서 사이버 공간이 안전한 공간이 되어야 할 것을 강조하고 있고, 사이버 공간에 있어서의 법과 인권을 중심에 둔 거버넌스를 강조한다. 이러한 시각에서 테러조직과 극단주의자들이 일삼는 다양한 형태의 사이버 공격과 사이버 공간을 통해 유포되는 '허위조작정보의 유포(disinformation campaign)'는 국제사회가 달성하려는 인권의 증진과 지속가능한 발전을 가로막는, '디지털 신뢰(digital trust)'와 '디지털 보안(digital security)'을 저해하는 행위로 인식된다(United Nations 2020).

2021년 9월 안토니오 구테레스(António Guterres) UN 사무총장이 '우리의 공통 어젠더(Our Common Agenda)'라는 제목의 보고서를 통해 제안한 '글로벌디지털 협약(Global Digital Compact)'은 인류 모두를 위해 '개방되고 자유로우며 안전한(open, free and secure)' 사이버 공간을 통해 인류 모두가 혜택을 누릴 수 있는 디지털 미래를 이루자는 취지로 발표되었다. 사이버 공간을 보호하고 사이버 공간에 대한 거버넌스를 강화하기 위한 가장 중요한 조건은 개방되고 자유로우며 안전한 사이버 공간이며, 이는 국가 혼자의 노력으로, 혹은 국가 행위자 간의 노력만으로 이룰 수 없기에 다중이해당사자(multistake-holders) 간 협약이 필요하다는 것이다. 다중이해당사자는 UN 회원국,

민간, 시민사회이며 글로벌디지털협약은 이들이 공유하는 원칙에 입각한 것이다.[1]

2021년 UN 사무총장 명의의 이 보고서는 디지털 연결성, 스플린터넷(Splinternet) 지양, 개인 데이터 사용과 관련한 개인의 결정권, 차별적이고 오도하는 인터넷 콘텐츠에 대한 책임성 부여 기준 등이 언급되었다. 또한 이 보고서는 2030년까지 인터넷 사용권은 인권이며 모든 인간은 연결되어야 할 것을 국제사회가 달성해야 하는 목표로 제시하는 등 사이버 공간의 연결성, 즉 디지털 연결성은 사이버 안보와 관련한 다자외교에서 가장 핵심적으로 다뤄지는 주요 의제이다.

다자 차원에서 이루어지는 사이버 안보 외교가 두 번째로 강조하는 핵심 의제는 '회복력(resilience)'으로서 디지털 연결성에 문제와 위기가 발생했을 때 이를 극복하는 '역량'을 일컫는 개념이다. 즉 회복력이란 사이버 공격, 재난과 재해, 소프트웨어 공급망에 대한 공격 혹은 경제적 문제로 사이버 공간에 문제나 위협이 생겼을 때 그러한 위협의 영향력을 완화하고 기관이나 국가가 원래 의도했던 시스템의 운영을 정상적으로 지속할 수 있는 능력이다.

2022년 9월 유엔 총회에서 개최된 회의인 "디지털 협력의 미래: 안전하고 신뢰할 수 있으며 포용적인 디지털 공공인프라에 기반한 회복력 구축(The Future of Digital Cooperation: Building resilience through safe, trusted, and inclusive digital public infrastructure)"도 국제사회가 도모하는 디지털 협력의 주요 의제가 회복력임을 강조했다. 이러한 맥락에서 유엔 차원에서 사이버 공간 및 다양한 디지털 인프라는 '디지털 공공인프라(digital public infrastructure, DPI)'로서 본격

---

1   https://www.un.org/techenvoy/global-digital-compact

적으로 언급되고 있다.[2]

　특히 사이버 안보를 다루는 다자외교에서 사이버 공간은 '지속가능한 성장'의 개념과 밀접하게 연결되어 언급된다. 이는 오늘날 세계 각국의 경제가 사이버 공간과 연결된 디지털 인프라에 압도적으로 의존하고 있기 때문이다. 이러한 사실은 정상적인 국가 간 무역과 교류가 지대하게 방해받았던 코로나19 팬데믹 기간 가시적으로 확인되었다. 팬데믹 기간 동안 세계 각국에서 실시된 재택근무와 화상수업과 같은 디지털 서비스는 인터넷 망과 PC, 스마트폰 등 디지털 디바이스에 대한 접근성이 제공되는 환경에서만 가능했기 때문이다. 이 기간 동안 최빈국과 빈곤층이 경험한 '디지털 격차(digital divide)'의 문제는 선진국에서도 장애인, 저소득층, 농어민, 노인층 등 취약계층이 디지털 기술로부터 소외되는 '디지털 래그(digital lag)'를 통해 나타났다. 즉 디지털 격차는 개도국만의 문제가 아닌 것이고, 그렇기 때문에 각국의 '디지털 역량'의 강화는 국제사회의 사이버 안보 외교에서 전방위적으로 중요하게 다뤄지는 주요 의제가 되고 있다.

　2021년 UN에서 채택된 "한 명의 낙오자 없는, 의미 있는 연결성을 이루기 위한 사람 중심의 접근법(Leave No One Behind: A People-Centered Approach to Achieve Meaningful Connectivity)"이라는 제목의 공동성명서도 사이버 공간이 국가의 안보와 경제 양 차원을 밀접하게 연결시키는 디지털 공공재임을 확인하고 있다. 다양한 다중이해당사자들이 채택한 UN의 이 성명서는 2030년까지 '디지털 디바이드 종식', '저렴한 기술을 위한 투자', '세계 모든 사람의 인터넷 접근

2　"Global leaders usher in a new era of digital cooperation for a more sustainable, equitable world." https://www.undp.org/press-releases/global-leaders-usher-new-era-digital-cooperation-more-sustainable-equitable-world (검색일: 2023.8.12.).

성 확보', '인터넷 연결성을 증진하기 위한 새로운 자금조달 모델 동원', '인터넷 취약층 보호'를 세부 목표로서 제시했다. 이 성명서를 통해 UN은 팬데믹 시기 국제사회가 저렴한(affordable) 인터넷 접근성, 디지털 리터러시(digital literacy), 디지털 기술과 관련된 교육이나 보건과 같은 기본적 복지를 확보할 것을 촉구했다.[3]

III. 사이버 공격 대응 중심의 진영외교

다자 차원에서 이루어지는 사이버 안보 외교가 지속적으로 강조하는 디지털 연결성이나 회복력 강화를 위한 국제사회의 노력은 국가 및 국가 배후 비국가 행위자 혹은 테러조직이나 범죄조직 등의 사이버 공격으로 끊임없는 도전과 좌절을 경험하고 있다. 이러한 사이버 공격은 전시와 평시의 구분 없이 국가의 주요 기관과 공급망, 핵심 인프라를 공격 대상으로 삼기 때문에 국가 안보 및 세계평화에 대한 중대한 위협으로 간주되고 있다. 게다가 전방위로 확장되고 있는 미중 경쟁과 그 결과로서 나타나고 있는 진영 간 경쟁은 익명성이 무기가 되는 사이버 공간에서 한층 더 적나라하게 가시화되고 있다.

그 중에서도 '랜섬웨어(ransomware) 공격'의 경우 비국가 행위자인 해커 혹은 국가 배후 비국가 행위자의 악의적인 활동을 그러한 행위자가 속해 있는 국가가 어떻게 제어할 것인지가 사이버 안보 외교

---

3 United Nations, "Leave No One Behind: A People-Centered Approach to Achieve Meaningful Connectivity." https://www.un.org/technologybank/news/leave-no-one-behind-people-centered-approach-achieve-meaningful-connectivity (검색일: 2023.4.1.).

의 주요 의제로서 빈번하게 논의되고 있다. 랜섬웨어 공격의 주요 진원지는 러시아, 중국, 북한, 이란으로 주로 서방과 외교적 갈등관계에 있는 권위주의 레짐(authoritarian regimes)인 경우가 많다. 그동안 UN에서 구축해 온 '사이버 공간에서의 책임 있는 국가행위(Responsible State Behavior in Cyberspace)'를 위한 규범적 프레임워크는 '유엔정부전문가그룹(U.N. Group of Governmental Experts, GGE)'과 '개방형워킹그룹(Open-ended Working Group, OEWG)'에서 국가 간 논의하고 합의한 조항들이다.

사이버 공간에서의 책임 있는 국가 행위에 대해 유엔이 제시하는 규범은 각국이 정보통신기술(Information & Communication Technology, ICT)의 안정성(stability)과 보안 증진을 위해 협력할 것을 요구한다. 즉 사이버 공간에서의 책임 있는 국가 행위에 대한 규범은 각국이 자국의 영토에서 이루어지는 악의적인 ICT 사용에 대해 그러한 행위가 발생한 원인이나 피해 범위를 국가가 파악하고 적절한 조치를 취할 것을 요구하고 있다. 또한 이러한 유엔의 규범은 ICT를 사용한 테러나 범죄에 대해 국가가 타국과 정보를 공유하고 공조할 것과 ICT 사용에 있어서 인권과 프라이버시 및 표현의 자유가 존중되게 할 것을 규정하고 있다. 또한 유엔 규범은 타국의 핵심 인프라, 공급망, 위기대응 시스템에 대한 사이버 공격에 대해서도 각국이 방관하지 말 것을 요구하고 있다. 요컨대 사이버 공간에 대한 유엔의 규범은 비록 구속력은 없지만 각국에 대해 평시 국가의 책임 있는 행동, 신뢰구축 조치(confidence building measures) 및 역량구축(capacity building)을 위한 국제협력을 요구하고 있다.

사이버 안보 외교가 국제적 차원에서 국가 간 합의를 유엔 차원에서 이끌어내었다 해도 개별 국이 국내 행위자들의 사이버 활동을 온전히 제어하는 것은 사실상 거의 불가능에 가깝다. 심지어 국가는 익명성을 무기로 국가를 배후로 한 비국가 행위자를 적성국이나 반대 진영에 대한 사이버 공격의 '프록시(proxy)'로 활용할 수 있기 때문에 악의적인 사이버 공격을 차단하기 위한 사이버 안보 외교는 우호국이나 유사입장국 혹은 진영 내에서 더욱 활발하게 이루어지고 있다.

가시적인 피해가 나타나는 디도스(Distributed denial of service, D-Dos), 랜섬웨어, 멀웨어 공격뿐 아니라 정보 수집과 정보 탈취를 목적으로 하는 사이버 첩보활동(cyber espionage)이나 사이버 영향공작(influence operations)도 국가 간, 진영 간 갈등을 야기하는 주요 사이버 공격이다. 특히 고도의 사이버 기술이 동원되는, 국가가 운영하는 이러한 정보 활동 혹은 감시정찰 활동은 국가 간 사이버 안보 외교의 노력에 의해 제한받지 않고 지속적으로 증대되고 있다.

사이버 공간에서의 책임 있는 국가 행위를 증진시키기 위한 국가 간 사이버 안보 외교는 랜섬웨어에 대한 대응에서 유사입장국 간 결집적인 노력이 두드러진다. 이는 사이버 공간에서 발생하는 문제 중 랜섬웨어의 공격으로 인한 피해가 가장 두드러지고 그러한 공격이 전 세계적으로 가장 빈번하기 때문에 가장 위협적으로 여겨지고 있다. 랜섬웨어 공격에 대한 유사입장국 간 협력이 가시화된 대표적인 사례는 2021년 10월 발족하고 2022년에 2차 정상회의를 개최한, 미국이 유럽과 아시아의 30여 개국과 발족시킨 '국제 랜섬웨어 대응 이니셔티브(International Counter Ransomware Initiative, CRI)'이다. CRI에 참가한 국가들은 각국의 핵심 인프라, 에너지, 보건기관에 대한 국가 배후 및 초국가 해커들의 랜섬웨어 공격을 규탄하고, 각국이 국내의 다양한 정책과 제도를 통해 랜섬웨어 생태계 시스템을 붕괴시키는 데에 있어서 자국의 영토 내에서 책임 있는 조치를 취할 것을 촉구했다

(The White House 2022).

　　최근 랜섬웨어 공격은 금전적 이익을 추구하는 것 외에도 정치적 목적에 의한 전략적 공격의 목적으로도 수행되고 있다. 전 세계적으로 랜섬웨어의 공격을 가장 많이 받고 있는 미국은 랜섬웨어 공격을 사이버 범죄가 아닌 국가 안보의 문제로 보고 있다. 미국은 랜섬웨어 문제를 미 국방부, 사이버사령부(U.S. Cyber Command), 국가안보국(National Security Agency, NSA)이 직접 다루고 있다. 사이버 공간의 문제에 대응하는 미국의 접근법이 지속적으로 공세적으로 변화하고 있는 것은 최근 러시아가 배후로 밝혀진 미국의 핵심 인프라에 대한 몇 차례의 거대 사이버 공격 사태가 결정적인 영향을 끼쳤다. 미국이 경험한 2020년 솔라윈즈공급망과 2021년 콜로니얼 파이프라인에 대한 사이버 공격은 정치적 목적에 의한 러시아의 랜섬웨어 공격이었던 것이다. 러시아의 사이버 공격이 미국의 사회기반시설을 공격의 대상으로 삼았으므로 미국은 이 공격들을 명백히 군사안보의 맥락에서 다뤘다.

　　〈그림 10.1〉에서 보는 바와 같이 랜섬웨어 공격에 가장 많이 노출된 국가는 대부분 서방 민주주의 국가들로서 최대 피해국은 미국이고(Reliaquest Threat Research Team 2023), 〈그림 10.2〉에서 나열하고 있듯이 미 연방수사국(Federal Bureau of Investigation, FBI)이 지명 수배한 가장 최근의 해커 10명 중 4명이 중국에 거주한다.[4] 보안업체 클라우드플레어(Cloudflare)가 분석한 바에 의하면 전 세계 D-DoS 공격을 가장 많이 수행한 해커가 거주하는 국가 1위는 중국, 2위는 미국,

---

4　"Cyber Terrorism: What It Is and How It's Evolved." Maryville University. https://online.maryville.edu/blog/cyber-terrorism/

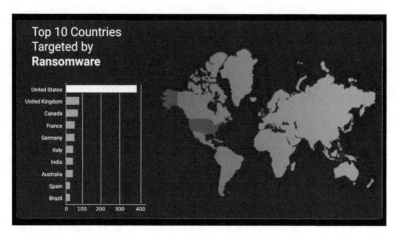

그림 10.1 2023년 랜섬웨어 공격 피해국가 랭킹

7위가 러시아로 나타났다(Miller 2022). 한편 2021년 기준 전 세계 랜섬웨어 공격에 의한 불법수익 74%를 거둬간 국가는 러시아로서 러시아 정부의 사이버 작전과 밀접하게 연관되어 있다(Chainalysis Team 2022).

  이와 같은 사실을 통해 볼 때 랜섬웨어 공격에 대한 대응에서 미국이 가장 적극적으로 사이버 안보 외교를 펼치고 있는 것은 대단히 자연스러운 현상이다. 사이버 공간에서의 다양한 위협에 대응하기 위해 미국이 동맹과 우호국들에게 제시하는 의제들은 양자 사이버 안보 협력에서도 모두 적용될 수 있는 실천적 내용을 담고 있다. 러시아가 2021년 말에 개최된 CRI 회의에 참석하지 않은 것과 CRI의 이니셔티브에 동참하지 않은 것은 지금 돌이켜보면 당연한 일이다. 러시아는 2022년 2월 24일 우크라이나 침공을 앞두고 1월부터 우크라이나에 대한 대규모의 사이버 공격을 수행했고 전쟁 개시와 함께 미국과 유럽의 많은 국가가 러시아 사이버 공격의 주요 대상이었기 때문이다(송태은 2023).

The FBI's Cyber Most Wanted

Four of the FBI's 10 newest most wanted cyber criminals reside in China, three are from south Asian countries, and three others are from European countries.

1 **Bjorn Daniel Sundin**
Sweden
(ties to Ukraine)

2 **Shaileshkumar P. Jain**
India
(naturalized U.S. citizen)

3 **Alexsey Belan**
Latvia
(Russian citizen)

4 **Nicolae Popescu**
Romania

5 **Farhan Ul Arshad**
Pakistan

6 **Noor Aziz Uddin**
Pakistan

7 **Sun Kailiang**
China

8 **Huang Zhenyu**
China

9 **Wen Xinyu**
China

10 **Wang Dong**
China

Source: U.S. Federal Bureau of Investigation

그림 10.2 FBI 지명수배 해커 명단

    36개국과 유럽연합(European Union, EU) 회원국 및 13개의 민간 단체 참가한 2022년 CRI 회의에서 회원국들은 랜섬웨어 대응을 위해 동맹과 파트너국이 어떤 툴키트(Toolkit)와 프레임워크를 마련할 것인지, 어떤 전략토론(Table Top Excercise, TTX)과 워크숍을 개최할 것인지, 그리고 다양한 집단적 대응태세가 어떤 내용을 담을 것인지 상당히 구체적으로 진전된 방안을 제시했다. CRI 회원국들은 랜섬웨어 공격을 일삼는 행위자들의 활동을 허용하고 있는 국가들이 정치적 비용을 지불하도록 외교적 개입을 강화할 것을 주장하고 있다(The White House 2022). 랜섬웨어 공격의 최대 진원지인 러시아, 중국, 이란, 북한이 참여하고 있지 않은 CRI는 사실상 미국을 중심으로 한 민주주의 진영의 결집된 외교적 대응으로 볼 수 있다.

　랜섬웨어 공격에 대한 위와 같은 미국 주도의 사이버 안보 외교 노력에도 불구하고 지속되고 있는 미중경쟁과 2022년 러시아-우크라이나 전쟁에 의한 진영화의 심화로 인해 진영 간 공격이 오히려 심화되고 있는 형국이다. 더군다나 러시아는 이번 전쟁에서 교육기관과 보건기관 등에 대해 무차별로 물리적 공격과 사이버 공격을 수행하여 그동안 진행되어온 사이버 공간에 대한 국제사회의 거버넌스 논의를 무용지물로 만드는 결과를 가져왔다. 즉 러시아의 제안으로 조직된 UN GGE(Group of Governmental Experts)와 OEWG(Open-Ended Working Group) 등 사이버 거버넌스 분야에서 러시아가 리더십을 발휘한 본래 목적에 대해 국제사회가 의문을 갖게 된 것이다. 결과적으로 이번 전쟁은 평화를 위한 각국 국방력의 강화와 민주주의 동맹과 우호국과의 연대가 곧 자국의 주권을 지키는 유일한 대안임을 설파한 효과를 가져왔다. 즉 이러한 상황은 불가피하게 각국의 사이버 안보 외교를 사이버 모의훈련을 중심으로 한 진영 간 협력으로 발전시키고 있다.

　미 사이버 사령부가 이끄는 대규모의 다국적 사이버 모의훈련인 사이버플래그(Cyber Flag)가 그러한 대표적인 사례로서 사이버 안보 외교의 공세적 국제협력으로 볼 수 있다. 2023년에도 7월에 'Cyber Flag 22'가, 10월에는 'Cyber Flag 23-1(CF23-1)'가 열렸다. 특히 Cyber Flag 23-1의 경우 사이버플래그 훈련 역사상 최초로 '아시아태평양전구(Asia-Pacific Theater)'를 대상으로 13개국에서 250명의 사이버 전문가와 한국을 비롯하여 프랑스, 호주, 일본, 뉴질랜드, 싱가포르 등이 참가했다(U.S. Cyber Command 2022). 이러한 사이버 군사훈련은 곧 미국을 중심으로 하는 사이버 안보 외교가 동맹과 우호국 중심의 진영외교의 성격을 갖고 있음을 여실히 보여준다.

나토사이버방위협력센터(NATO Cooperative Cyber Defense Center of Excellence, CCDCOE)가 주도하고 있는 '락트쉴드(Locked Shields)' 사이버 모의훈련도 사이버 안보 분야에서의 진영외교의 성격을 갖는다. 이 훈련에는 2023년의 경우 38개국에서 무려 3천 명의 전문가가 참가했다. 공격 역할을 담당하고 있는 레드팀(Red Team)과 방어 역할의 블루팀(Blue Team)으로 나누어 실시간 공격에 대응하는 이 훈련은 국가의 핵심 인프라와 IT 시스템에 대한 강도 높은 대규모 사이버 공격 상황의 보고, 전략적 의사결정, 범죄수사 및 법적 대응, 미디어 대응 등 종합적인 내용을 다루고 있다(NATO CCDCOE 2023). 나토의 이러한 사이버 모의훈련은 2022년 발발한 러시아-우크라이나 전쟁의 사이버전에서 나토의 우크라이나에 대한 사이버전 지원이 효과를 보임으로써 서구 및 민주주의 진영이 결집하게 만드는 동기로 작동하고 있다.

사이버 군사훈련 외에 통신 네트워크와 공급망에 있어서도 사이버 안보의 진영외교가 두드러진다. 2021년 5월 개최된 제3차 쿼드 정상회의에서 회원국들은 5G 이동통신 주제를 다루기 위해 민관 대화를 창설하고 중국이 배제된 글로벌 공급망 구축을 논의한 바 있다. 2022년 5월 제4차 쿼드 정상회의에서 회원국들은 '5G 공급다변화와 개방형 무선접속망 협력각서(Memorandum of Cooperation on 5G Supplier Diversification and Open RAN)'를 체결하기도 했다. 쿼드 4국은 국제전기통신연합(International Telecommunication Union, ITU)과 새로 출범하는 국제표준협력네트워크(International Standards Cooper-ation Network, ISCN)를 통해 유사입장국 및 파트너 국가들과 협력하고 주요 기술과 신기술 표준과 관련된 정보와 상황 인식을 공유, 협력하며 국제표준 이슈에 영향을 끼칠 것을 합의한 바 있다.

이러한 일련의 동맹과 우호국 및 유사입장국 간 공조는 국제기구를 통한 합의와 점차적인 규범 형성 자체에 사이버 안보의 문제 해결을 기댈 수 없기 때문이다. 결과적으로 격화되고 있는 미중경쟁 속에서 가치와 규범 및 입장을 공유하는 유사입장국 간 연대를 통해 문제를 공세적으로 해결하는 방법이 사이버 안보 외교의 더욱 효과적인 방식으로 인식되고 있는 것이다.

IV. 민간의 사이버 안보 외교에의 참여

사이버 공간과 관련된 이슈에서 국가와 비국가 행위자 간 이루어지는 협력과 공조가 평시뿐 아니라 전시에도 공격적으로 이루어질 수 있음은 러시아-우크라이나 전쟁의 사이버전을 통해 가시적으로 드러났다. 마이크로소프트(Microsoft), 구글(Google), 메타(Meta), 스페이스X(Space X)와 같은 미 IT 기업의 활약이 보여주듯이 국가는 사이버 작전을 수행하는 데에 있어서 IT 기업의 기술과 전문성을 필요로 하고 함께 전술을 구사하기도 한다. 또한 러시아와 우크라이나는 상호 간 사이버 공격을 수행하는 데에 있어서 익명의 전 세계 초국가 해커들이 자신들의 편에서 협공을 펼쳐줄 것을 호소했다.

사이버 공간에 대한 국가와 비국가 행위자 간 이러한 관계는 곧 사이버 공간에 대한 국가의 통제와 주권 수호가 물리적 공간인 국토에 대한 국가의 통제와 주권 수호와 동일하지 않은 것임을 말해준다. 즉 사이버 공간에 대한 영향력 행사에 있어서 국가는 비국가 행위자에 대해 비대칭적 권력(asymmetric power)을 갖지 못한다. 사이버 공간에서 일어나는 다양한 문제는 국가 안보와 직결됨에도 불구하고 문제에 대한 분석과 해결에 있어서 국가에 비해 민간이 상대적으로 더 풍부한 지식과 기술, 즉 전문성을 갖고 있기 때문이다.

더불어 사이버 공간에서 다양한 위협을 구사하는 대부분의 주체가 비국가 행위자이고, 국가가 근본적인 원인이어도 배후에서 비국가 행위자를 지원하는 형태로 문제를 일으키기 때문에 국가가 다뤄야 하는 대상은 해커조직인 경우가 대부분이다. 해커들은 대개 사이버 범죄의 형태로 사이버 위협을 구사하기 때문에 국가는 국제 범죄조직이나 테러조직을 다룰 때와 유사한 방식으로 사이버 작전을 펼치게 되고, 각국 정부의 다양한 부처와 민간 보안회사가 사이버 공격의 배후를 추적하는 데에 있어서 국제공조를 도모하게 된다.

국가의 민간과의 공조는 새로운 기술의 개발이 주로 민간에 의해 이루어지기 때문에 지속적으로 강화될 수밖에 없다. 예컨대, 2022년 11월 Open AI의 Chat GPT가 출시된 이후 생성형 인공지능(Generative AI)을 활용한 각종 디지털 서비스 개발이나 교육적 활용 등 다양한 프로젝트와 비즈니스가 전 세계적으로 활성화되면서 이러한 기술이 사이버 공격에도 악용되고 있다. 즉 사이버 공간의 문제가 인공지능 기술로 인해 더욱 복잡해지고 있는 것이다.

AI 챗봇(chatbots)을 악용한 허위조작정보의 유포 활동은 다양한 소셜미디어(social media)와 메타버스(metaverse)에도 적용될 수 있다. 따라서 한 국가의 여론 및 국내 정치과정에 영향을 끼치려는 평시 사이버 영향공작이나 유사시나 전시 사이버 심리전(psychological war-fare)의 위험성도 더욱 증대할 수밖에 없다. 개인의 이념, 가치, 정치성향에 맞춰진 형태의 생성형 AI 기술이 적용된 대화형 심리전이나 조직적인 범죄, 뇌과학이 직접적으로 적용되어 인간의 뇌를 직접적으로 공격하는, 한층 기술적으로 발전된 형태의 심리전인 인지전(cognitive warfare)도 가능해질 수 있다.

특히 정치적 표현의 자유에 대한 언론 검열이나 사회통제로 오해될 수 있는 허위조작정보 유포에 대한 국가의 사이버 안보 차원에서의 대응은 민간과의 공조가 반드시 수반되고 있다. 오픈소스에 대한 광범위한 조사와 구체적인 분석을 수행할 수 있는 민간의 씽크탱크와 대학 연구소는 사이버 공간에서 여론 교란을 추구하는 내러티브(nar-ratives)에 대한 객관적 분석과 그러한 분석에 대한 신뢰성(credibility)을 국가보다 더 효과적으로 대중에 제공할 수 있기 때문이다. 사이버 공간의 다양한 콘텐츠, 담론, 정치적 문맥의 동기와 의도를 분별해내고, 의심스러운 링크와의 연계를 밝혀내며, 국제정치학적 혹은 문화와 역사에 대한 지식을 요하는 지정학적 분석을 수행하는 일은 국가 행위자가 홀로 수행하기 어렵다. 이러한 일련의 작업은 국가가 민간과 공조하거나 혹은 민간이 독립적으로 수행할 경우 객관성을 담보하는 데에 더 효과적일 수 있다.

더불어, 민간의 사이버 안보 외교에의 참여는 사이버 안보와 관련된 사안에 있어서 국가와 대중이 일치된 관점을 갖고 효과적인 문제 해결 방안을 추구하는 데에 있어서도 바람직하다. 특히 사이버 공간을 이용한 해킹, 포르노·도박·마약밀매·사기 등 각종 범죄, 국가 기밀 유출, 스파이 활동 및 영향공작, 테러리즘 모의 등은 대중이 일상적으로 사용하는 소셜미디어, 메타버스 혹은 인공지능 챗봇 등을 통해서 이루어지기 때문에 민간의 안보의식이나 사이버 공간의 사용 방식은 국가 안보와 직결된다.

궁극적으로 '개방되고 안전하며 신뢰할 수 있는 사이버 공간의 증진' 및 '사이버 공간에서의 국가의 책임 있는 행동 규범' 등 유엔을 비롯한 국제사회가 사이버 공간에 대해 공유하는 가치와 원칙을 민간 및 시민사회가 인지, 이해할 수 있도록 관련 정보와 교육의 기회를 국가가 지속적으로 제공하는 일은 국가가 민간의 협조와 공조를 이끌어내기 위한 방법이 될 수 있다. 따라서 대중의 사이버 안보 의식 증진을 위해 국가가 다양한 교육 프로그램 및 토론과 훈련을 IT 기업 등 관련 종사자뿐 아니라 일반 시민들에게도 제공하는 노력도 사이버 안보 외교의 주요 활동이 되고 있다.

V. 결론

국가 안보 및 국제사회의 안보문제와 관련하여 사이버 안보 이슈가 연결되지 않는 영역을 찾기 힘들 정도로 사이버 공간은 세계안보의 광범위한 이슈에 개입되고, 그만큼 사이버 안보와 관련된 외교는 전략적 성격이 매우 커질 수밖에 없다. 사이버 공간에 대한 국가 간 갈등을 해결하거나 국가·비국가 행위자의 사이버 활동을 제어할 규범과 레짐은 부재하거나 구속력이 없고, 국제협력을 통한 문제 해결 효과는 미약할 뿐 아니라 합의한 규범도 쉽게 무효화될 수 있는 유인이 커서 사이버 공간은 무정부 상태가 쉽게 야기된다. 따라서 국가의 군사적 접근법이나 진영외교가 사이버 안보 문제에 대해 국가가 선호하는 외교방식이 되고 있는 것이다.

이러한 추세는 한국의 변화하고 있는 최근 사이버 정책에서도 나타나고 있다. 북한이 한국의 원전, 반도체, 우주 및 방위산업에 대한 해킹과 정보탈취 등 전방위적 사이버 도발을 감행함에 따라 한국은 미국과의 긴밀한 사이버 안보협력을 통해 북한에 대해 공세적인 접근법을 구사하고 있다. 2023년 4월 한미 정상회의에서 채택된 '한미 전략적 사이버안보협력 프레임워크'에서 밝힌바, 양국은 향후 북한의 가상화폐 탈취에 국한하지 않는 공격적 사이버 합동작전을 북한에 대해 전개할 것을 언급한 것이 그러한 사례이다.

게다가 사이버 안보 분야는 기술강국과 열세국 간 역량의 간극이 증대하고 있고, 사이버 안보 이슈에 대한 어젠더는 사이버 역량이 큰 선진국이 주도하고 있으므로 세계적인 사이버 안보의 문제는 효과가 미미한 국제규범보다 군사적 대응에 의한 해결 방식이 점차 더 선호될 가능성이 있다. 특히 민주주의 진영의 국가들은 권위주의 레짐이 지속적으로 준수하지 않는 국제규범에 의존하기보다 국가 안보를 적극적으로 수호하는 데에 더욱 효과적인 공격적인 접근법을 택할 가능성이 높아지고 있는 것이다.

앞으로 사이버 안보 이슈를 다루는 국가의 외교에 있어 민간의 참여조차도 공세적인 진영외교의 성격을 띨 가능성이 크다. 러시아-우크라이나 전쟁의 사이버전에서 우크라이나의 사이버 작전을 지원한 마이크로소프트, 구글, 메타 및 스페이스X의 활약은 사실상 미국의 거대 IT 기업이 민간군사기업(private military companies, PMCs)화되는 현상을 초래했다. 이렇게 민간의 사이버 안보에 있어서의 영향력이 커질수록 민관 공조는 디지털 협력을 중심으로 하는 다자외교에서도 진영화 양상을 보여줄 가능성을 높이고 있다.

참고문헌

송태은. 2023. "연합 사이버 전력의 역할과 한·미 사이버 안보협력의 과제." 『정책연구시리즈』 2022-12. 국립외교원 외교안보연구소.

Chainalysis Team. 2022. "Russian Cybercriminals Drive Significant Ransomware and Cryptocurrency-based Money Laundering Activity." (February 14). https://www.chainalysis.com/blog/2022-crypto-crime-report-preview-russia-ransomware-money-laundering/

Hogeveen, Bart. 2022. "The UN norms of responsible state behavior in cyberspace" UK government & Australian Government (March).

Maryville University. "Cyber Terrorism: What It Is and How It's Evolved." https://online.maryville.edu/blog/cyber-terrorism/

Miller, Ben. 2022. "Here Are the Top 10 Countries Where DDoS Attacks Originate." Government Technology (March 22). https://www.govtech.com/security/here-are-the-top-10-countries-where-ddos-attacks-originate.

NATO CCDCOE. 2023. "World's largest cyber defense exercise Locked Shields brings together over 3000 participants." https://ccdcoe.org/news/2023/6016 (검색일: 2023.10.1.).

Reliaquest Threat Research Team. 2023. "2023 Ransomware Attacks: First-quarter Highlights." *Reliaquest* (April 20). https://www.reliaquest.com/blog/2023-ransomware-attacks-q1 (검색일: 2023.9.20.).

United Nations Development Programme. "Global leaders usher in a new era of digital cooperation for a more sustainable, equitable world." News Center. https://www.undp.org/press-releases/global-leaders-usher-new-era-digital-cooperation-more-sustainable-equitable-world (검색일: 2023.8.12.).

United Nations. "Leave No One Behind: A People-Centered Approach to Achieve Meaningful Connectivity." https://www.un.org/technologybank/news/leave-no-one-behind-people-centered-approach-achieve-meaningful-connectivity (검색일: 2023.4.1.).

_____. 2020. "Report of the Secretary-General: Roadmap for Digital Cooperation." (May). https://www.un.org/techenvoy/sites/www.un.org.techenvoy/files/general/Roadmap_for_Digital_Cooperation_9June.pdf (검색일: 2023.8.1.).

U.S. Cyber Command. 2022. "CYBERCOM concludes CYBER FLAG 23 exercise." (November 4). https://www.cybercom.mil/Media/News/Article/3209896/cybercom-concludes-cyber-flag-23-exercise (검색일: 2023.4.6.).

The White House. 2022. "International Counter Ransomware Initiative 2022 Joint Statement." (November 1). https://www.whitehouse.gov/briefing-room/statements-releases/2022/11/01/international-counter-ransomware-initiative-2022-joint-statement (검색일: 2023.3.3.).

제11장

사이버 안보와 동맹

정성철 명지대학교 정치외교학과

I. 복합동맹의 등장

1. 동맹이란?

동맹이란 무엇인가? 사이버의 부상으로 동맹은 어떤 변화를 겪고 있는가? 월포스(Arnold Wolfers)에 따르면 동맹은 "둘 혹은 그 이상 주권 국가들 사이 상호 군사적 지원에 대한 약속"이다.[1] 실제로 오랫동안 동맹은 군사 협력을 위한 대표적인 제도로 평가받았다. 군사적 불균형을 극복하기 위한 전략으로 널리 활용된 것이다. 스스로 힘을 키워 군사 위협에 맞설 수 없는 경우가 다반사이다. 군사력 격차가 현격한 상황에서 상당한 시간과 자원을 요구하는 자강(自强)은 불가능하거나 비효율적일 수 있다. 특히 국내 자원의 동원이 정치적·사회적 이유로 어렵다면 상대적으로 동맹은 한층 매력적일 수밖에 없다(Barnett and Levy 1991).

하지만 동맹은 일정한 양보와 불안을 요구한다. 모로우(James Morrow)가 정리한 바와 같이 다수 국가는 동맹을 통해 안보를 추구할 때 자율을 희생시킨다(security-autonomy tradeoff; Morrow 1991). 자국 영토에 동맹국 군대가 주둔하기도 하며, 유무형의 영향을 동맹 상대로부터 받는다. 강대국은 상대적으로 동맹을 통해 자율을 포기하는 경우가 적다. 하지만 동맹 상대로 인해 원치 않은 분쟁에 말려들 가능성을 생각한다면 동맹은 분명 국가의 자율성을 감소시킨다. 더구나 동맹 상대가 사전 약속을 이행할지에 대한 불안은 쉽사리 해소되지

---

1 "An alliance is a promise of mutual military assistance between two or more sovereign states." Snyder(1991, 123)에서 재인용.

않는다. 자국의 피해를 무릅쓰고 우리를 지키고자 나설까라는 의심은 자주 출몰한다.

이러한 동맹을 월트(Stephen Walt)는 "둘 혹은 그 이상 주권 국가들 사이 안보협력에 대한 공식적 혹은 비공식적 관계"라 표현한다.[2] 단순히 군사적 지원을 약속한 사이가 아니라 다양한 형태의 안보협력을 지속하는 관계이다. 군사적 지원 혹은 불가침 조약을 약속한 동맹조약이 존재하는 경우도 있지만 그렇지 않은 관계도 동맹의 범주에 들어올 수 있다. 동맹을 '군사지원'에 국한하지 않고 '안보협력'을 위한 제도로 정의한 것이다. 안보를 "획득 가치에 대한 위협의 부재"라고 정의할 때(Wolfers 1952, 485), 자국의 핵심 가치를 지키고자 긴밀히 협력하는 두 국가는 동맹관계로 이해할 수 있다. 군사적 지원에 대한 공시적 약속이 없더라도 다양한 안보협력의 길은 열려 있기 때문이다.

21세기 복합위기를 맞이한 국가들은 다양한 형태의 안보협력을 선호하고 있다. 근대체제에서 국민국가는 영토를 둘러싼 경쟁을 펼치는 정치단위였다. 하지만 시간이 흐를수록 무역과 투자, 규범과 국제법의 활성화로 다영역 국가망이 형성되었다. 과학기술의 발전 속에 지정학의 영향력은 반감되는 가운데 세계화는 복합적 상호의존망 속에서 국가들이 세계경제를 구축하도록 만들었다. 단순히 군사력을 활용해 상대국의 영토·인구·자원을 빼앗는 영토국가의 시대는 막을 내렸던 것이다. 군사 영역에 국한된 협력과 경쟁을 제도화한 군사동맹 역시 변화를 피할 수 없게 되었다.

---

2 "A formal or informal relationship of security cooperation between two or more sovereign states." Walt(1987, 1) 각주 1.

2. 다영역 위협과 안보협력: 군사·경제·사회

21세기에 접어들어 대다수 국가는 다면적 위협에 맞서고 있다. 군사위협·경제위협·사회위협이 대표적이다. 최근 러시아의 크림반도 병합과 우크라이나 침공에서 나타나듯 군사적 수단을 활용한 전쟁은 사라지지 않았다. 군사위협은 실제 충돌로 이어질 경우 짧은 시간에 크나큰 인적·물적 피해를 야기하는 특징을 보인다. 따라서 군사위협에 대항하여 무력 분쟁을 사전에 예방하거나 대규모 충돌로 격화되지 않도록 관리하는 노력은 무엇보다 중요하다. 특히 핵무기 개발 이후 대량살상무기의 확산은 이러한 우려와 노력을 동시에 증가시켰다. 핵무장 국가 사이에서는 전면전이 바로 공멸이라는 인식이 확산했지만, 최근 우크라이나전쟁을 치르는 러시아의 핵위협은 대량살상무기에 대한 우려를 다시 증폭시키고 있다.

이러한 군사위협과 연계되어 경제위협이 부상하였다. 대량살상무기로 인한 군사 충돌의 피해가 극심해지자 다수의 지도자는 상대적으로 정치적 비용이 낮은 비군사적 수단에 관심을 기울였다. 그 중 경제제재는 널리 활용하는 비군사적 압박 수단이다. 냉전기 미국이 주도한 대공산권 수출통제위원회(Coordinating Committee for Multilateral Export Controls, COCOM) 이후 강대국과 국제사회는 수출입 제재와 금융 제재를 적극적으로 활용한다. 대표적으로 미국은 중국과 러시아까지 설득하여 2016년부터 포괄적 대북한 경제제재를 가하고 있다. 수출입뿐 아니라 금융 제재가 이루어지며 제재 사항을 위반한 제3국인도 제재하는 방안을 가동한다. 2022년 러시아가 우크라이나를 침공하자 미국과 서유럽 국가들은 광범위하고 신속한 제재를 발동하면서 유럽의 상호의존망의 재편을 본격화하며 상대를 압박한다.

이러한 경제위협은 역설적으로 상호의존에 기반하고 있다. 세계 경제망에 깊숙이 자리 잡은 국가일수록 경제위협에 민감할 수밖에 없다. 만약 두 국가가 그러한 의존관계를 맺지 않을 때 경제위협은 발생하기 어렵다. 하지만 21세기에 접어들어 자급자족경제를 지향하는 국가는 없기에 경제위협은 일상이 되고 있다. 놀라운 성장을 이룬 중국이 2010년대 들어 한국과 호주, 일본, 필리핀 등 주변국에 가한 경제위협은 아시아 국가들 모두의 경각심을 불러일으켰다. 경제제재가 소기의 목적을 달성하는 수단으로 비효율적이며 심지어 비도덕적이라는 비판은 꾸준히 제기되고 있지만, 군사위협의 유무형의 비용과 리스크를 감안할 때 경제위협과 이에 대한 저항은 줄어들지 않을 전망이다.

한편, 자국의 가치와 제도에 대한 사회위협은 꾸준히 존재했다. 냉전기 자유진영과 공산진영은 서로 상이한 이념과 제도에 기반한 정치사회를 유지하며 상대에 대한 비난을 이어갔다. 단순한 물리적 공격이 아니라 우리의 삶의 방식을 파괴하고자 한다는 인식은 실존적 위협으로 치부되었다. 이러한 사회위협 담론은 냉전 이후에도 9.11 테러와 미중경쟁을 겪으면서 '서구 대 이슬람', '민주주의 대 권위주의' 구도 속에서 사라지지 않고 있다. 이러한 위협인식이 사실에 기초한 것인지, 아니면 구성되고 과장된 것인지를 두고 다양한 시각이 존재하지만, 이러한 사회위협 인식이 전 지구적으로 영향력을 행사하고 있는 것은 사실이다. 트럼프 행정부 시기 미국은 중국을 '안보'·'경제' 위협뿐 아니라 '가치'에 대한 위협으로 규정한 바 있다(The White House 2020).

20세기 후반 사이버의 등장과 디지털 기술의 발전은 사회위협을 증가시켰다. 다른 국가의 정치와 사회에 영향을 행사할 수단이 다양해지고 강력해진 것이다. 러시아가 거짓 정보를 제공하거나 여론 조작을 시도하며 2016년 미국 대통령 선거에 개입한 사실은 널리 알려졌다. 최근 수년간 유럽과 아시아 국가들은 중국이 조직적으로 자국 정치·경제·사회에 영향력을 행사하고자 불법적 활동을 감행했다는 사실을 파악하고 경계를 높이고 있다(Hamilton and Ohlberg 2020). 이러한 상황에서 우리 사회의 가치와 제도를 외부 세력이 위협하고 있다는 인식은 자연스럽게 증가하고 있다. 러시아의 우크라이나 침공에 대한 민주국가들의 단합된 대응의 이면에는 이러한 공동위협(인식)이 깔려 있다.

앞서 언급한 다영역(군사·경제·사회) 위협은 상호 연계되어 국가 간 긴밀한 협력을 요구한다. 군사협력만으로 자국의 안보를 안심할 수 없는 시대이다. 군사위협을 대신하여 경제 제재를 감행하고, 경제 불안과 더불어 사회 불안을 동시에 유발할 수단이 평시에도 활용되고 있다. 따라서 국제정치의 숙적관계는 다영역 차원에서 동시에 긴장과 갈등을 경험하고 있다. 그러기에 동맹관계 역시 다영역 협력을 강화하는 것이 자연스럽다. 물론 각국의 특성에 따라 동맹국과 맺는 관계의 수준은 층위에 따라 상이할 수 있다. 자국이 지닌 자원의 종류와 특성을 활용하여 동맹을 다층적 관계로 변화시키고 있다. 복합동맹의 시대가 도래한 것이다.

이러한 복합동맹의 일부로서 사이버 동맹은 기능하고 있다. 양자 혹은 (소)다자 형태로 발전하고 있는 복합동맹에서 사이버 협력은 핵심적 지위를 차지하고 있다. 사이버 협력만을 내세우며 동맹관계를 형성하는 사례도 찾기 어렵지만, 반대로 사이버 협력을 배제한 채 동맹관계를 발전시키는 사례도 드문 현실이다. 한편, 다영역에서 안보 협력을 추구하는 쿼드(Quad), 한·미·일 삼국협력, 민주주의 정상회의와 같은 (소)다자 협력체 역시 사이버 협력을 핵심 어젠다로 삼고 있다. 이들 (소)다자협력체들이 조약을 통한 의무조약을 명시하지 않지만 안보협력을 추구한다는 점에서 사이버 준(准)동맹이나 사이버 연합으로 평가하는 것이 가능하다. 분명 과거 군사동맹과 비교할 때 느슨하지만 다영역을 관장하는 새로운 안보협력이 신속하게 진행 중이다.

II. 사이버 동맹의 이중 기능

1. 사이버 안보와 동맹의 변환

사이버는 독립적 공간이자 다른 공간(육·해·공·우주)으로 나가는 통로이다. 이러한 사이버의 연결성은 모든 영역에서 나타난다. 그러기에 사이버 안보는 앞서 논의한 군사·경제·사회 영역에 있어서 핵심적 사안이다. 러시아의 우크라이나 침공이 사이버 영역에서 시작되었다는 사실은 사이버와 군사위협의 관계를 여실히 보여준다. 사이버 공간의 핵심기술과 주요 정보의 유출은 곧바로 경제적 위협으로 연결된다. 사이버 공간에서 이루어지는 정보전과 심리전은 사회안정을 위협한다. 간단히 말해, 사이버 안보를 경시한 채 군사위협·경제위협·사회위협에 적절하게 대처할 수는 없다.

이처럼 사이버는 저택의 홀(hall)의 역할을 담당한다. 독립적 공간인 동시에 다른 공간으로 인도하는 통로이다. 이러한 특징 때문에 사이버 안보를 군사안보·경제안보·사회안보와 병렬적으로 바라보는 것은 어색하다. 사이버는 각 영역의 일부이면서 모든 영역을 매개한다. 따라서 사이버 안보를 다른 안보 영역과 별개로 바라보는 접근은 적절하지 않다. 사이버 위협은 근본적으로 다른 영역과 연계되어 작동한다. 군사 무기를 무용지물로 만들거나, 경제 활동을 마비시키거나, 사회 불신을 고조시키는 구체적 목적을 달성하고자 사이버 공격을 감행한다. 단순히 사이버 인프라의 파괴만을 최종 목적으로 삼는 공격은 드물다.

따라서 최근 양자·다자 동맹은 사이버 협력을 주요 의제로 삼고 있다. 다영역 위협에 공동으로 대응하는 국가들에게 사이버 협력은 핵심 사안이다. 사이버를 활용해 군사력과 경제력을 갖춘 선진국은 역설적으로 사이버 공격에 가장 취약한 행위자이다. 이들은 서로 사이버 동맹을 맺거나 사이버 숙적으로 대립한다. 그렇다면 사이버 동맹의 기능을 어떻게 이해할 수 있는가? 일반적으로 동맹은 대외 위협에 대한 공동 방어와 더불어 동맹 상대에 대한 제지·관리 기능을 수행한다고 알려졌다.[3] 따라서 후술하는 바와 같이, 사이버 동맹 역시 대외적 기능과 대내적 기능을 수행한다고 볼 수 있다. 대외적 위협에 공동

표 11.1 사이버 동맹의 이중 기능

	대외 기능(동맹 외부)	대내 기능(동맹 내부)
동인	공동 위협	상호 통제
영역	사이버 분쟁, 사이버 범죄	디지털 경제, 기술 혁신
내용	• 억지 - 공수 우위, 공수 구분 • 방어 - 선제적 방어	• 표준 - 상호운용성, 플랫폼 • 규범 - 사이버 질서

출처: 저자 작성.

3   동맹의 기능(균형, 편승, 억지)에 대한 논의는 정성철(2020, 64-67)을 참조. 동맹의 대내 기능, 즉 동맹 상대에 대한 '제지(restrain)'와 '결박(tether)' 관련 개념과 사례에 대해서는 이동선(2014); Pressman(2008); Weitsman(2004)을 참조.

으로 대응하여 억지와 방어를 꾀한다. 대내적으로 사이버 표준을 공유하고 사이버 규범을 생성한다. 이러한 작업을 통해 사이버 동맹은 사이버 숙적에 대항하여 사이버 질서를 확립하고 국가안보를 달성하고자 노력한다.

2. 사이버 동맹의 대외 기능: 억지와 방어

사이버 분쟁은 대부분 전략적 숙적(strategic rivalry) 사이에서 발생하고 있다. The Dyadic Cyber Incident Dataset(DCID) v2.0에 따르면 2000년부터 2021년까지 총 425회의 사이버 양자 분쟁이 발발했다. 그중 대다수 분쟁(414회)은 숙적 관계에 놓인 국가 사이에서 2회 이상 재발하였다. 대표적으로 20회 이상 분쟁을 겪은 양자는 미국-중국(63회), 미국-러시아(47회), 한국-북한(38회), 미국-이란(30회), 우크라이나-러시아(30회), 이스라엘-이란(28회), 인도-파키스탄(24회), 미국-북한(20회)이다. 이들은 물리적 공간에서 상대를 경쟁자이자 위협의 근원, 즉 전략적 숙적(strategic rivalry)으로 바라본다.[4] 이러한 갈등관계는 사이버 분쟁과 연계되어 더욱 악화되는 상황이다.

오늘날 사이버 분쟁은 '민주주의 대 권위주의' 구도를 강화하고 있다. 국가의 정치체제를 민주주의, 혼합체제, 권위주의로 분류했을 때, 사이버 분쟁의 79.05%는 상이한 체제 사이에서 발발하였다. 특히 민주주의-권위주의(52.24%), 민주주의-혼합체제(22.82%)가 차지하

---

4   톰슨(William Thompson)과 그의 공저자들에 따르면 미국-중국(1996년 이후), 미국-러시아(2007년 이후), 남북한(1948년 이후), 미국-이란(1982년 이후), 우크라이나-러시아(2014년 이후), 이스라엘-이란(1979년 이후), 인도-파키스탄(1947년 이후)은 전략적 라이벌로 분류된다(Thompson, Sakuwa, and Suhas 2021).

는 비중은 가장 높다(그림 11.1 참조). 미국과 중국의 전략경쟁이 심화하면서 두 강대국이 주도하는 다자 동맹망이 인도태평양을 무대로 부상하고 있다. 이러한 민주주의와 권위주의의 대결이 이미 사이버 분쟁이라는 결과를 낳고 있다. 향후 이러한 사이버 분쟁 양상이 지속될 경우 물리적 공간에서의 민주주의-권위주의 충돌 가능성은 한층 높아질 것이다. 러시아의 우크라이나 침공은 사이버 공격으로 시작되었다. 영토 침공에 앞서 정보·통신망의 마비와 정보심리전의 개시가 앞섰다는 사실을 기억할 필요가 있다.

수년 동안 한국의 경우도 북한·중국·러시아의 사이버 위협에 대한 경각심이 상승하였다. 이른바 디지털 권위주의에 대한 공감대가 미국과 유럽뿐 아니라 아시아에서 확산하는 추세를 반영한 것이다. 2023년 6월 한국 정부는 북한 해커조직 김수키(Kimsuky)에 대한 독자 제재를 발표하였다. 북한은 한국 개인·기업·기관을 대상으로 해킹과 사이버 공격을 훔칠 뿐 아니라, 무기 및 위성 개발 등에 필요한 기술을 절취하고, 암호화폐 탈취 등을 통해 핵과 미사일 개발에 필요한 재원을 마련하고 있다(이종현 2023). 2023년 초 중국 해커조직 '샤요치잉'이 한국 정부와 학회를 대상으로 사이버 공격을 감행하거나 예고하였으며, 러시아 해커에 의한 한국 기업과 기관의 정보유출 사례도 다수 보고된 바 있다(이종현 2023).

이러한 위협인식의 변화 속에서 한미 양국은 한미동맹 70주년 기념 한미 정상 공동성명에서 '한미 전략적 사이버안보 협력 프레임워크'의 체결을 선언하였다. 양국 정상은 사이버안보 협력 프레임워크의 목적을 네 가지—(1) 사이버 적대세력 억지에 관한 협력, (2) 핵심 기반시설의 사이버 안보, (3) 사이버 범죄 대처, (4) 가상화폐 및 블록체인 애플리케이션을 보호—로 발표하면서 북한의 사이버 활동에 의

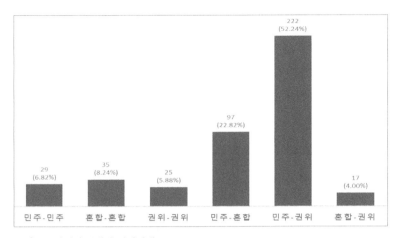

그림 11.1 사이버 분쟁과 정치체제, 2000-2021

출처: The Dyadic Cyber Incident Dataset v2.0을 활용하여 저자 작성.

한 무기개발 자금 확보에 대한 차단 의지를 밝혔다(대한민국 대통령실 2023). 양국은 사이버 협력에 대한 별도의 문서("한미 전략적 사이버안 보 협력 프레임워크")에서 (1) 협력 분야, (2) 협력 원칙, (3) 협력 매커 니즘을 구체적으로 밝혔다. 오랫동안 군사동맹 파트너인 한미는 사이 버 안보가 국가안보에서 차지하는 비중을 강조하며 포괄적 안보협력 의 주요 공간으로 사이버를 지목한 것이다.

　한미동맹에서 드러나듯 사이버 안보협력은 일반적으로 특정 행위 에 대한 억지에 초점을 맞춘다. 정보통신기술의 발전과 인터넷망의 확 산으로 자국 기반시설을 마비시킬 수 있는 사이버 공격, 오정보와 역 정보를 활용한 사이버 공작, 주요정보와 핵심기술을 훔치는 사이버 해 킹은 주요 위협으로 부상하였다. 이에 대한 각국의 노력은 다른 국가 와의 협력도 포함하고 있다. 전통적 동맹이 물리적 공간에서 제3국의 무력공격을 억지하는 데 초점을 맞춘 것처럼, 사이버 동맹 역시 사이 버 공간에서 불법적이고 위협적인 행위를 억지하고자 노력한다. 하지만 공격자와 공격지를 파악하기 어렵다는 사이버 공격의 특성은 사이버 억지를 둘러싼 오랜 논쟁을 야기하였다. 공수 구분이 모호한 사이버 공간에서 전통적 안보 개념과 전략이 얼마나 유용하고 적실한지를 둘러싼 논의가 이어졌다.

사이버 공간은 (1) 공격-수비 우위와 (2) 공격-수비 구분을 고려할 때 안보딜레마가 손쉽게 발생할 수 있는 환경이다.[5] 공격이 수비보다 쉽거나 공격과 수비의 구분이 어려울 때 두 국가의 안보 경쟁은 한층 치열해진다고 알려졌다. 사이버는 이러한 두 조건을 모두 충족하는 공간이다. 사이버 수비는 사이버 공격보다 어려운 점이 많고, 공격이 아니라 수비에만 활용되는 사이버 역량은 존재하기 어렵기 때문이다. 따라서 사이버 영역에서 수비는 공격보다 열위에 놓인 관계로 안보딜레마로 빠진 행위자들은 사이버 분쟁에 휘말릴 가능성이 높다. 사이버 분쟁이 직접적으로 인명 살상을 초래하는 경우는 드물다. 하지만 주요 인프라와 군사시설의 마비와 정보심리전의 영향 등을 우려한 국가는 빠른 속도로 늘어났다.

이러한 사이버 위협인식을 공유하는 국가는 신속하게 협력을 발전시켰다. 그러한 국가들은 일정한 사이버 역량을 갖춘 가운데 사이버 분쟁을 경험하는 행위자라는 특징을 보인다. 앞서 언급한 DCID 데이터셋에 따르면 2000년부터 2021년까지 사이버 분쟁은 총 31개국 사이에서 발생했다. 이 중 분쟁을 5회 이상과 10회 이상 경험한 국가들은 각각 총 20개국과 총 16개국이다. 총 20회 이상 분쟁을 경험한 국가들은 미국(161회), 러시아(125회), 중국(119회), 이란(80회), 북한

---

5   안보딜레마와 관련해 공수 우위와 공수 구분에 대한 대표적 논의는 Jervis(1978, 167-214)을 참조. .

(63회), 한국(48회), 인도(32회), 이스라엘(30회), 우크라이나(30회), 파키스탄(25회), 일본(22회)이다. 이들 국가는 사이버 인프라를 구축한 강대국 혹은 중견국으로 사이버 공격에 취약한 가운데 사이버 분쟁에 대한 공동대응 필요성에 공감한다.

최근 들어 이러한 국가들은 사이버 억지와 방어를 둘러싼 집합적 노력의 증가는 두드러진다. 북대서양조약기구(NATO)의 사이버방위센터(CCDCOE)의 확장이 대표적이다. 2007년 러시아의 에스토니아 사이버 공격으로 다음 해 발족한 사이버방위센터는 우크라이나, 아일랜드, 아이슬란드, 일본이 가입하면서 2023년 5월 총 39개 나토 회원국과 비회원국이 참여하는 사이버 안보 협력체이다. 대한민국은 아시아 최초로 2022년 5월 가입하면서 사이버 안보 네트워크에 깊숙이 참여하게 되었다. 이에 대해 중국 관영매체는 역내 갈등을 고조시키는 행위로 비판하며 나토의 역내 영향력 강화를 경계하였다(장지현 2023). 미국과 유럽 국가뿐 아니라 한국, 일본, 호주가 참여하는 사이버방위센터는 사이버 공간에서 '민주주의 대 권위주의' 구도가 재현되고 있음을 여실히 보여준다.

2021년부터 한국은 북대서양조약기구 사이버방위센터가 주최하는 락드쉴즈(Locked Shields) 사이버 방어 훈련에 참가하고 있다. 2010년부터 열린 락드쉴즈 훈련은 2023년 38개국 회원국의 사이버 전문가 2,600여 명이 참석한 가운데 진행되었다(오규진 2023). 창립 15주년을 맞이하여 마트 누르마(Mart Noorma) 사이버방위센터장은 사이버방위센터의 고유한 역할을 사이버 위협에 대한 공동대응(addressing cyber threats as a coalition)이라고 규정하면서, 협동작업·경험공유·공동학습을 통해 "사이버 공격으로부터 시민, 인프라, 핵심 자산을 보다 잘 보호"할 수 있음을 강조하였다. 더불어 그동안 나토 회원국 국민들뿐 아니라 자유세계의 가치를 공유하는 사람들에게 보다 안전한 사이버 환경을 조성한 것을 사이버방위센터의 중대한 기여로 언급하였다(CCDCOE 2023). 이는 나토가 유사국가들 간 사이버 동맹의 대외 기능을 충실히 이행했음을 보여준다.

이러한 민주국가들의 사이버 연대는 국제 제재와 맞물려 더욱 중요해지고 있다. 단순히 권위주의 국가들의 사이버 공격에 대한 대응뿐 아니라 그들에 대한 경제 제재의 실효를 확보하는 것이 중요해졌다. 우크라이나 전쟁으로 러시아에 대한 광범위한 무역·금융 제재를 부과했고, 핵무기와 미사일 개발에 전념하는 북한에 대한 국제사회의 제재가 수년 이상 지속되고 있다. 하지만 이들 국가들이 사이버 범죄를 통해 자금을 확보하면서 제재를 회피한다는 우려가 커졌다. 광범위한 제재를 지속적으로 받은 북한이 최근 역대 최다 미사일 도발을 감행하였다. 이러한 군사도발을 가능케 한 재원의 상당 부분이 바로 가상화폐 절취에서 확보되었다는 분석이 발표되고 있다(유한주 2023). 사이버 위협과 물리적 위협의 경계선이 더욱 모호해지는 상황인 것이다.

3. 사이버 동맹의 대내 기능: 규범과 표준

앞서 살펴본 바와 같이 사이버 동맹은 대외 위협에 대한 공동 대응을 핵심 목적으로 삼고 있다. 이와 별도로 사이버 동맹은 공동 규범과 표준을 창설하려는 기능을 감당한다. 공동의 위협에 대처하는 대외 기능과 더불어 동맹 상대 서로를 제약하는 대내 기능은 사이버 동맹의 주요 특징으로 부상하고 있다. 사이버 공간에 적용되는 규범과 표준의 수립은 서로에 대한 신뢰를 증진할 뿐 아니라 공동 기술·경제망을 구축하는 길을 열어준다. 사이버 공간이 수립되고 이를 기반으로 하는 산업발전이 눈부시게 이루어졌지만 이를 규율하는 규범 마련이 지체되는 상태에서 혼란의 발생을 원천적으로 막을 수는 없다. 더구나 인공지능 기술의 개발로 사이버 공간에서 이루어지는 정보수집과 이를 활용하는 방안을 둘러싼 논쟁과 갈등은 최근 급속히 증가하고 있다. 따라서 유사국가들 사이에서 서로 동의하고 준수하는 규범과 표준 마련은 더욱 중요해졌다.

사실 '부다페스트 사이버범죄 협약'(1997년) 이후 사이버 규범을 둘러싼 노력은 이어졌다. 미국과 유럽, 러시아와 중국은 서로 다른 두 진영을 대표하는 규범 기획자로 유럽평의회, 나토 CODCCE, 유엔 GGE(정부 전문가 그룹), 사이버스페이스 총회, 상하이협력기구라는 조직을 활용하여 사이버 규범 창출에서 경쟁을 펼쳤다(배영자 2017). 서구가 '사이버 범죄'와 '사이버 작전'이라는 프레이밍을 활용하여 사이버 규범을 주도하고자 했다면, 러시아와 중국은 '정보안보(information security)'를 내세우며 사이버에서 국가의 역할과 영향을 규정하려는 시도를 펼쳤다(배영자 2017). 하지만 유엔 GGE와 OEWG(개방형 작업반)의 운용 사례에서 나타나듯, 두 진영 간 이견과 대립, 다양한 정부 및 비정부 행위자들의 참여 속에서 전 지구적 차원의 사이버 규범의 등장은 어려움에 봉착하였다(유인태 2022). '사이버 안보'와 '정보안보'의 프레임 충돌 속에서 사이버 거버넌스의 원활한 작동이 늦어지고 있다.

이러한 상황 속에서 사이버 규범과 표준을 창설하려는 진영 내 노력이 배가되었다. 대표적으로 유럽과 미국의 디지털 협력이다. 2021년 6월 미국과 EU 정상은 무역기술위원회(Trade and Technology Council, TTC)의 설립을 발표하였다. 이는 트럼프 시기 경직된 유럽과 미국 관계를 회복하려는 노력의 결실로 단순한 무역협정이 아닌 플랫폼 협의체를 의미한다(강유덕 2023, 33-64). TTC는 총 10개의 작업반 (Working Group)—(1) 첨단기술 표준협력, (2) 기후변화와 청정기술, (3) 공급망 안정화, (4) 정보통신 보호 및 경쟁, (5) 데이터 통합관리 및 기술 플랫폼, (6) 기술남용과 인권침해, (7) 수출통제, (8) 투자심 사 강화, (9) 중소기업으로의 첨단기술 보급, (10) 무역분쟁—을 구성 하면서 미국과 EU의 담당 부서 간 네트워크를 제시하고 있다(강유덕 2023, 44-45).

이러한 TTC의 구성은 미국과 유럽이 경제와 기술 협력을 위한 사 이버 질서 수립을 지향하고 있음을 보여준다. 2020년대에 접어들면 서 대서양 '디지털 동맹'을 촉구하는 목소리는 양측에서 제기되었다 (Wheeler 2021). 이는 디지털 권위주의에 대한 우려에서 촉발되었다. 자유롭고 개방된 민주국가의 취약성을 적극 활용한 사이버 공격을 우 려한 인터넷 분리 여론이 거세지면서 자유주의 가치를 반영한 디지털 규범의 수립과 적용에 대한 논의가 힘을 얻었다. 특히 미국과 유럽 주 요국의 선거에 영향을 미칠 수 있는 러시아의 사이버 공작에 대한 사 실이 밝혀지면서 민주주의 보호를 위한 권위주의 견제를 지지하는 목 소리가 커졌다. 나아가 중국이 국내 감시와 통제를 위해 적극적으로 정보통신 기술을 활용하고 다른 국가에 수출한다는 것이 드러나면서 사이버 질서의 당위성은 더욱 강화되었다.

무엇보다 TTC의 첫 번째 작업반이 첨단기술의 표준 협력을 담당 한다는 점은 시사하는 바가 크다. 핵심 및 신흥 기술 표준과 관련한 조 정과 협력을 담당하고 밝힌 첫 번째 작업반은 미국과 유럽의 핵심 가 치에 어울리는 기술 표준의 발전을 지원하고 국제 표준화 활동의 중 요성을 파악하고 있다고 밝히고 있다 (The White House 2021). 디지털 경제의 도래를 앞당기며 사이버와 물리적 공간에서 영향력을 행사할 신흥기술에 대한 표준 마련이 미국과 유럽의 이익과 가치 보호에 필요조건임을 인식하고 있다는 점을 확인할 수 있다. 분명 신흥기술과 디지털 경제 관련 규범과 규제에 대한 양측의 인식 차가 존재하지만, 그것을 극복하지 못할 경우 자유세계의 미래가 어둡다는 점에 동의하고 있는 것이다. 그리고 그 출발이 표준과 규범의 공유를 위한 협력이 되고 있다.

과거 핵무기의 개발과 확산에 대응하여 국제규범이 만들어졌듯이 사이버 공간에 대한 규범을 요구하는 목소리가 커졌다. 과학기술의 발전에 발맞추어 규범 창출이 필요하다는 주장이다. 핵무기의 개발과 사용을 거부하는 핵 터부(Nuclear Taboo)가 냉전기를 거치면서 강화되면서 핵확산을 가로막으면서 국제안정을 유지하는 역할을 감당하고 있다. 물론 이러한 규범적 영향력이 일부 제한적인 것은 부인할 수 없으나, 사이버 공격과 범죄에 대하여 공동 규범의 창출을 미룰 수 없다는 인식이 민주국가들 사이에서 강화되고 있다. 사이버 무정부상태를 더 이상 방치할 수 없다는 조셉 나이의 주장이 대표적이다 (Nye 2022, 32-42).

다만 유럽과 미국은 사이버 질서의 수립을 둘러싸고 상이한 입장을 노출한다. 유럽은 자유롭고 안전한 정보 이동과 데이터 보호를 강조하고 있다. 우르줄라 포데어라이엔(Ursula von der Leyen) 집행위원장은 취임 이후 유럽연합은 디지털 시대와 관련한 주요 비전—(1) 인간을 위한 기술, (2) 공정하고 경쟁력 있는 경제, (3) 개방되고, 민주적이며, 지속가능한 상회—을 발표하였다. 무엇보다 디지털 변환과 관련된 논쟁에서 유럽이 '트렌드세터(trendsetter)'가 될 것을 공언했고 '유럽 가치와 유럽의 규칙에 기반을 둔 디지털 사회'를 강조하였다 (European Commission 2020). 이는 디지털 변환에 있어 미국과 중국에 비하여 늦은 유럽의 현실을 자인하는 한편, 자신들의 이익과 가치를 실현하는 데 앞장설 의지를 표명한 것이다. 실제로 디지털 규범에 있어서 유럽연합은 구체적 목소리를 내고 있다.

유럽의 '디지털 주권' 논의는 무엇보다 빅테크 규제와 데이터 이동 관련해서 구체적 움직임을 낳고 있다(Burwell and Propp 2022). 지난 9월 유럽연합은 애플, 알파벳(구글 모기업), 메타(페이스북 모기업), 아마존, 마이크로소프트(이상 미국), 바이트댄스(틱톡 모기업, 중국) 기업을 디지털 시장법의 적용 대상으로 발표했다. 이들 글로벌 디지털 기업들은 유럽에서 자사 서비스로 획득한 개인정보를 활용할 수 없으며 자사의 서비스와 제품을 우선 사용하도록 유도하는 활동을 지속할 수 없다(최인준 2023). 결국 미국과 중국 빅테크 기업들의 폐쇄적 서비스와 데이터 활용을 제한하는 유럽연합의 결정은 유럽이 미국 주도의 사이버 질서 구축에 있어서 하위 파트너에 머물지 않고 있음을 보여준다.

하지만 유럽의 전략적 자율성이 미국과 중국 사이에서 중립을 의미하지는 않는다. 유럽-미국 무역기술위원회의 등장은 유럽의 가치 동맹과 기술동맹을 결합하려는 시도이다(한승완 2021, 57-60). 트럼프 행정부의 노골적인 자국우선주의에 입각한 동맹 경시 정책이 유럽의 전략적 자율성 논의를 강화시킨 것은 분명하나, 중국과의 가치와 제도를 둘러싼 간극과 초국가 도전 속에 미국과의 협력은 필수적이다. 미국의 아시아 중시 전략으로 유럽의 상대적 중요성이 하락한 것은 분명하나, 미국-중국-유럽이라는 세계경제의 삼극체제 속에서 우크라이나 전쟁 이후 서구 연합의 동인은 그 어느 때보다 크다. 사이버 질서를 공동 창출할 때 미국과 유럽은 자연스럽게 중국에 대한 경제·기술 견제를 달성할 수 있게 된다.

한편, 사이버 표준과 규범을 창출하려는 노력은 유럽-미국 동맹만의 특징은 아니다. 유럽연합은 2022년 5월 일본, 같은 해 11월 한국, 2023년 2월 싱가포르와 디지털 파트너십을 체결하였다(European Commission 2023). 반도체, 인공지능, 통신망 등과 관련된 기술협력과 표준제정을 둘러싼 협력을 추구할 것을 유럽연합과 주요 아시아 국가들이 합의한 것이다. 한편, 미국과 일본이 디지털 동맹으로 나아가야 한다는 논의는 2020년대 들어서 본격화되었다. 두 국가가 이제 사이버 공격에 대한 공동 대응뿐 아니라 디지털 경제와 기술개발에 있어서 표준설정을 창출하는 협력을 지향해야 한다는 주장이 제기되었다(Solís 2021). 이렇듯 주요 민주 선진국 사이에서 디지털 분야의 표준설정과 규범 제정에 대한 논의는 활발하게 진행 중이다.

새로운 사이버 질서의 부상은 경제·기술 의존망의 형성과 밀접히 연관되어 있다. 공동의 표준과 규범을 수용한 국가 간 군사·경제·기술 협력은 촉진되지만, 다른 국가들은 소외될 수 있기 때문이다. 2010년대 후반부터 미국이 주도한 이른바 부분적 디커플링은 주요 물자의 생산망에서 중국을 배제하는 것을 추구하며 진행되고 있다. 만약 중국이 동의하지 않고 받아들일 수 없는 사이버 질서가 자리 잡을 경우 사이버 플랫폼과 디지털 산업에서 두 진영 사이의 장벽은 더욱 높아지는 결과를 낳을 것이다. 비록 미국과 유럽이 빅테크 규제와 데이터 활용을 두고 이견을 보이지만 중국과 러시아를 공동 위협으로 인식하는 한 서로를 번영의 동반자로 삼을 가능성이 높다. 이러한 이유로 주요 민주국가들은 사이버 동맹의 틀 속에서 공동의 표준과 규범을 창출하리라 예상된다.

III. 부상하는 인도태평양과 사이버 동맹망의 양분화

향후 사이버 동맹은 대외 기능(공동 위협 대응)과 대내 기능(표준·규범 창출)을 수행하며 부상할 것이다. 이는 전통적 군사동맹과 차별화된 모습의 안보협력을 지향한다. 우선, 사이버 동맹은 군사동맹과 달리 조약 의무를 명시하지 않은 채 안보협력을 추구한다. 군사동맹에서는 유사시 자동 개입 혹은 군사 원조를 약속하는 조약을 체결하면서 시작된다. 따라서 국내 비준을 거친 조약의 존재는 동맹 상대를 신뢰하는 장치로 기능한다. 물론 방기와 연루의 두려움은 동맹에 대한 신뢰를 종종 약화시킨다. 하지만 조약동맹과 비조약동맹의 차이는 명확하다. 향후 사이버 동맹이 조약동맹의 모습으로 변화할 가능성을 배제할 수 없지만, 현재로선 비공식적 포괄적 안보협력의 일부인 준(准)동맹의 형태로 기능하리라 예상된다.

반면, 사이버 동맹은 사이버 역량을 갖춘 국가 간 대칭적 의존관계를 보여준다. 물리적 공간과 사이버 공간에서 공동 가치와 이익을 함께 추구하는 국가들 사이에서 사이버 역량을 공유하고 사이버 질서를 건설한다. 따라서 사이버 동맹은 전통적 군사동맹과 비교하여 대칭적이다. 군사동맹의 경우 약소국이 하더라도 군사적 자원이 아니라 지리적 위치를 통하여 동맹 파트너로 기능하지만, 사이버 동맹은 일정 수준 이상의 사이버 자원을 보유한 국가들 사이에서 체결된다. 물리적 공간에서 지리적 위치는 일종의 자원이지만, 사이버 공간에서 주요 자원은 핵심 기술과 우수 인력이다. 서로를 유사한 수준으로 의존하기 때문에 사이버 협력을 제도화한 국가들은 상호 협력을 오랫동안 유지할 가능성이 높다.

더구나 복합 동맹망 내 상호 민감성과 취약성은 사이버 동맹의 내

구성을 증가시킬 것이다. 사이버 동맹이 군사·경제·사회 복합동맹의 핵심으로 기능한다면 사이버 협력을 제도화하는 복합적 의존관계는 급속히 심화할 것이다. 특히 사이버 규범과 표준을 토대로 사이버 질서를 구축한 이후 유사국가 간 경제적·기술적 의존관계는 강화되고 글로벌 차원의 진영화는 촉진될 것이다. 반대로, 복합동맹망 외부의 국가들에 대한 민감성과 취약성은 줄어들면서 타(他) 진영 국가와의 상이성은 증가할 것이다. 사이버 규범을 공유하지 않고 상이한 표준을 채택한 국가들과의 경제·기술 협력은 제한되면서 상호의존은 약화되는 것이다. 물리적 공간의 '민주주의 대 권위주의' 구도가 사이버 공간의 진영화를 통해 고착화되는 미래를 예상할 수 있다.

글로벌 차원의 복합 동맹망의 부상과 대립은 미국-유럽-중국의 삼극체제 시각에서 예상할 수 있다. 2023년 세계 구매력 기준 GDP에서 미국, 유럽, 중국이 차지하는 비중은 각각 15.39%, 14.56%, 18.92%이며 각자의 성장률은 1.6%, 0.7%, 5.2%이다.[6] 장기적 관점에서 볼 때 중국에 대하여 열위에 놓인 미국과 유럽은 가치와 제도를 공유하는 가운데 연대를 강화되고 있다. 러시아의 우크라이나 침공, 신장 위구르족 인권 문제, 중국-대만 문제, 남중국해 등을 둘러싼 논쟁과 갈등은 서방 연합의 공고화로 이어지고 있다. 앞서 논의한 것처럼 유럽이 전략적 자율성을 언급하지만 미중 사이에서 기계적 중립을 지키겠다는 뜻이 아니라 국제질서의 변환 속에서 핵심 역할을 감당하겠다는 의지를 표명한 것으로 이해할 수 있다.

이러한 경제 3강이 삼극을 이루며 세력균형을 유지하는 상황도

---

6 https://www.imf.org/external/datamapper/PPPSH@WEO/EU/CHN/USA (검색일: 2023.9.30.).

생각해볼 수 있다. 미국-소련 양극체제와 마찬가지로 미국-유럽-중국 삼극체제가 지속되는 미래이다. 하지만 삼극체제의 유지는 전략적 관점에서 어려움을 안고 있다. 세 극 중 두 극이 연합할 경우 남은 극을 쉽사리 압도할 수 있기 때문이다. 따라서 삼극체제는 그 어떤 체제보다 불안정한 속성을 지니고 있다는 평가가 있다(Schweller 1998). 이러한 주장을 받아들인다면 현재 글로벌 차원에서 '민주주의 대 권위주의'라는 신냉전이 섣부른 평가일 수 있지만, 현재의 삼극 구도가 재편될 가능성은 높다. 현재로선 미중 사이에서 경합국(swing states) 지위와 역할을 선호하는 국가가 다수 존재하지만, 미국-유럽 연대를 시작으로 국제체제의 전환이 가속화되리라 예상된다.

하지만 미국·유럽·중국이 내부적 안정성을 지속할지는 중요한 관심사이다. 민주당과 공화당의 거대 양당 체제를 넘어 두 개의 나라라는 평가까지 받는 미국이 내적 단합을 유지한 채 글로벌 리더십을 행사할지 무엇보다 큰 주목을 받고 있다. 2024년 11월 미국 대선에 세계의 관심이 쏠리는 이유이다. 만약 트럼피즘을 주창하는 후보가 대선에서 승리할 경우 바이든 행정부의 소위 자유 동맹망의 근본적 변화는 불가피하며 미국-유럽 연대는 급속히 쇠락할 것이다. 한편, 중국 역시 코로나 이후 경제 회생에 어려움을 겪으며 중진국 함정과 사회 불안이라는 중대 과제를 안고 있다. 다수의 전문가는 정치 개혁 없이 경제 및 사회 문제 해결이 어렵다는 전망을 제시하지만, 일당체제의 변혁을 지향하는 중국 정치 엘리트는 찾기 어렵다. 유럽 역시 브렉시트 이후 극우세력과 포퓰리즘의 강화를 잠재우며 유럽 정체성을 공고히 할 방안 마련에 어려움을 겪고 있다.

한편, 사이버 질서를 둘러싼 정부와 민간의 협력은 또 다른 숙제이다. 비록 국가 차원에서 유사국가 간 협력을 지향한다고 하더라도,

민간 영역의 반발은 글로벌 차원의 동맹망 등장을 가로막을 수 있다. 이런 관점에서 최근 미국 내 빅테크 기업 관련 규제포획(regulatory capture) 논의는 시사하는 바가 크다. 지난 십 년 동안 디지털 무역에 대한 논의가 바로 빅테크 기업의 이익에 부합하는 규범과 법률 제정으로 이어졌다는 주장이 제기된다(Li 2023; Dayen 2023). 데이터 이동의 억제는 국제 무역을 가로막는 관세와 같으며 빅테크의 이익이 바로 국익이라는 생각을 빅테크 기업이 확산시킨다는 지적이다. 이러한 현상이 지속된다면 글로벌 플랫폼 기업은 국가의 통제에서 자유로운 세계정치 주요 행위자로 등극할 것이다.

향후 사이버 동맹은 국가-국가, 국가-민간이라는 두 차원의 상호작용 속에서 부상할 것이다. 현재로서는 미국-중국 간 국가 간 경쟁이 주목을 받으며 사이버 공간을 신냉전의 전장 일부로 바라보는 시각이 우세하다. 하지만 사이버 질서의 수립 영역에서 유럽의 디지털 주권 논의와 관련 활동은 미국·중국·유럽이라는 3강의 존재를 일깨워 준다. 한편, 미국 내 빅테크 기업의 영향과 활동을 살펴볼 때, 주요 국가의 사이버 전략의 향방을 둘러싼 불확실성은 더욱 커진다.[7] 특히 미국과 유럽이 적극적 대외정책에 대한 대내 불만에 직면한 상황에서 서구 연합은 깊은 불안 요소를 안고 있다. 글로벌 팬데믹 이후 경제 불황이 장기화되는 상황에서 국익을 규정하고 추구하는 작업은 다양한 이해관계를 반영할 때 가능하다.

20세기 후반 국가와 더불어 민간이 주체와 대상이 되는 공공외교

---

7 미국 대외정책에 있어서 이익집단의 로비 영향력에 대한 대표적 연구는 Mearsheimer and Walt(2007). 흔히 국가를 단일하고 합리적인 행위자로 간주하는 현실주의 국제정치학자들인 저자들은 미국의 대중동정책이 '이스라엘 로비'로 인하여 미국 국익을 극대화하는 방향으로 추진되지 못했다고 비판하고 있다.

가 부상하였다. 향후 일부 기업의 역량과 영향이 확대될 경우 국가와 기업이 함께 연대의 주체가 되는 새로운 동맹이 부상할 수 있다. 특히 사이버 영역에서 이른바 빅테크 기업이 행사하는 영향력은 최근 우크라이나 전쟁에서 드러난 바 있다. 반면에, 사이버를 비롯한 주요 공간에서 영향력을 발휘하지 못하는 약소국의 경우 동맹 상대로서 매력을 크게 잃을 것이다. 과거 지리적 위치를 점한 일부 약소국은 강대국의 동맹 파트너로 그 입지를 확보하고자 하였으나, 현재 주요 동맹과 연합은 일정한 역량을 갖춘 국가들만을 대상으로 형성되고 있다. 그들만의 국제정치가 외교에 이어 동맹에서 더욱 두드러진 미래가 오고 있다.

IV. 나오는 글: 사이버 동맹의 미래와 한국의 과제

최근 대한민국은 글로벌 중추국가로서 인도태평양의 주요 행위자로 부상하고 있다. 미국과 중국의 전략경쟁이 심화되는 상황에서 한국의 역량과 위치에 대한 관심은 커질 수밖에 없다. 한국의 군사력, 경제력, 기술력의 성장이 한미 군사동맹의 포괄적 동맹으로의 전환을 낳은 것이다. 특히 한미 간 사이버 협력에 대한 논의는 양국 사이버안보협력 프레임워크의 제정을 낳으면서 구체화되고 있다. 이러한 양국 간 협력은 북한과 중국 위협의 복합화에 기인하고 있다. 군사 무기에 기초한 영토 위협뿐 아니라 사이버 공간을 활용한 군사·정치·사회 위협이 급증했으며, 사이버 범죄로 인한 자금과 자원 확보는 권위주의 부상의 토대를 강화하는 밑바탕이 되고 있다. 이러한 한미 포괄적 동맹은 글로벌 환경의 변화에 발맞춘 긍정적 모습이라고 할 수 있다.

앞으로 사이버 공간과 물리적 공간의 상보 작용에 기초한 국가전략의 수립과 이행이 필요하다. 사이버를 무시한 지정학 전략의 유효 기간은 끝났다. 인도태평양을 둘러싼 '민주주의 대 권위주의' 대립은 사이버 분쟁에서 그 모습을 여실히 보여주고 있다. 따라서 사이버 협력을 활용하여 군사·경제·사회 위협에 대비하려는 움직임은 한미뿐 아니라 다양한 동맹관계에서 구체화되고 있다. 이러한 동맹 협력은 외부 위협에 대한 대비뿐 아니라 규범과 표준의 구축을 지향한다. 단순히 억지와 처벌을 위한 사이버 동맹이 아니라 경제·기술 공동체를 건축하려는 움직임이다. 따라서 사이버 동맹은 앞으로 글로벌 동맹망 구축 경쟁의 방향타가 되리라 예상된다. 물론 국가전략의 총합으로만 동맹망 미래가 결정되지는 않는다. 주요국의 국내정치와 빅테크 기업의 영향 속에 국가들의 이합집산이 이루어질 것이다.

'민주주의 대 권위주의' 구도 속에서 우리의 이해와 가치를 반영한 국제질서 구축을 시도할 때이다. 아직 신냉전의 도래를 단언할 때는 아니지만, 소위 자유주의 국가 간 협력이 다양한 형태로 제도화되는 상황에서 우리의 전략적 움직임은 더욱 중요하다. 우리의 확대된 역량을 활용하여 어떠한 질서 구축을 어떠한 행위자로 더불어 시도할지에 대한 다영역에 대한 복합적 사고가 필요하다. 가치와 역량에 있어서 유사한 행위자들과 대칭적 의존관계를 형성하는 한편, 한반도 문제의 장기적 해법에 대한 국내적 합의를 도출하는 작업이 우리의 핵심 과제이다. 21세기 사이버 동맹은 복합동맹과 국제연대의 핵심으로 안보협력의 주요 기능을 수행할 것이다.

참고문헌

강유덕. 2023. "경제안보 시대의 미국 통상정책과 변화: 무역기술위원회와 인도-태평양경제 프레임워크의 비교연구."『EU학 연구』28(2): 33-64.

대한민국 대통령실. 2023. "한미동맹 70주년 기념 한미 정상 공동성명."(4월 27일) https://www.president.go.kr/newsroom/press/B4x547qk (검색일: 2023.9.22.).

배영자. 2017. "사이버안보 국제규범에 관한 연구."『21세기정치학회보』27(1): 105-128.

오규진. 2023. "국정원, 세계 최대 사이버 방어훈련 3년 연속 참가."『연합뉴스』(4월 14일). https://www.yna.co.kr/view/AKR20230414106800017 (검색일: 2023.11.10.).

유인태. 2022. "경쟁적 사이버 안보 다자주의의 출현: 2004년 유엔 정부전문가 그룹부터 2021년 개방형 작업반까지의 분석."『국제정치논총』62(1): 143-180.

유한주. 2023. "북한, 최근 석달간 가상화폐 3천억원어치 훔쳤다,"『연합뉴스』(9월 16일). https://www.yna.co.kr/view/AKR20230916029500009?section=international/all (검색일: 2023.9.27.).

이동선. 2014. "동맹국 제지의 이론과 실제: 북중동맹 사례."『국제관계연구』19(1): 5-39.

이종현. 2023. "북한·중국·러시아, 세계 사이버안전 위협하는 문제아 3인방 활동 활발."『디지털데일리』(6월 25일). https://ddaily.co.kr/page/view/2023062514254530809 (검색일: 2023.10.1.).

장지현. 2023. "中 관영지 '韓나토사이버방위센터 가입, 역내 갈등 부추겨."『시사저널』1772호(9월 23일). http://www.sisajournal.com/news/articleView.html?idxno=238099 (검색일: 2023.9.27.).

정성철. 2020. "북한 핵개발과 북중동맹의 변환." 김태형 외.『북한이 핵 보유국이 된다면 어떻게 달라지는가』. 서울: 사회평론아카데미.

최인준. 2023. "EU '초강력 빅테크 규제안' … 삼성전자 빠졌다."『조선일보』(9월 7일).

한승완. 2021.『유럽의 '전략적 자율성' 논의와 시사점』INSS 연구보고서 2021-20, 서울: 국가안보전략연구원.

Barnett, Michael N. and Jack S. Levy. 1991. "Domestic Sources of Alliance and Alignments: The Case of Egypt, 1962-73." *International Organization* 45(3).

Burwell, Frances G. and Kenneth Propp. 2022. "Digital Sovereignty in Practice: The EU's Push to Shape the New Global Economy." Atlantic Council Europe Center (October). https://www.atlanticcouncil.org/in-depth-research-reports/report/digital-sovereignty-in-practice-the-eus-push-to-shape-the-new-global-economy/ (검색일: 2023.9.22.).

CCDCOE. 2023. "Celebrating 15 Years of Excellence: CCDCOE Continues to Safeguard Cyberspace." https://ccdcoe.org/news/2023/celebrating-15-years-of-excellence-ccdcoe-continues-to-safeguard-cyberspace/ (검색일: 2023.11.10.).

Dayen, David. 2023. "Big Tech Lobbyists Explain How They Took over Washington." *The American Prospect* (April 18) https://prospect.org/power/2023-04-18-big-tech-lobbyists-took-over-washington/ (검색일: 2023.10.1.).

European Commission. 2020. "Shaping Europe's Digital Future." (February). https://

commission.europa.eu/system/files/2020-02/communication-shaping-europes-digital-future-feb2020_en_4.pdf (검색일: 2023.9.22.).

European Commission. 2023. "Digital Partnerships." Shaping Europe's Digital Future https://digital-strategy.ec.europa.eu/en/policies/partnerships (검색일: 2023.9.22.).

Hamilton, Clive and Mareike Ohlberg. 2020. *Hidden Hand: Exposing How the Chinese Communist Party Is Reshaping the World*. London: Oneworld Publications.

Jervis, Robert Jervis. 1978. "Cooperation Under the Security Dilemma." *World Politics* 30(2).

Li, Wendy Y. 2023. "Regulatory Capture's Third Face of Power." *Socio-Economic Review* 21(2).

Mearsheimer, John J. and Stephen M. Walt. 2007. *The Israel Lobby and U.S. Foreign Policy*. New York: Farrar, Straus and Giroux.

Morrow, James D. 1991. "Alliances and Asymmetry: An Alternative to the Capability Aggregation Model of Alliances." *American Journal of Political Science* 35(4).

Nye, Joseph S. 2022. "The End of Cyber-Anarchy? How to Build a New Digital Order." *Foreign Affairs* 101(1).

Pressman, Jeremy. 2008. *Warring Friends: Alliance Restraint in International Politics*. Ithaca: Cornell University Press.

Schweller, Randall L. 1998. *Deadly Imbalances: Tripolarity and Hitler's Strategy of World Conquest*. New York: Columbia University Press.

Snyder, Glenn H. 1991. "Alliances, Balance, and Stability." *International Organization* 45(1).

Solís, Mireya. 2021. "Toward a U.S.-Japan Digital Alliance." *Shaping the Pragmatic and Effective Strategy toward China Project: Working Paper* Vol. 1. The Sasakawa Peace Foundation (October) https://www.spf.org/iina/en/articles/mireya-solis_01.html (검색일: 2023.9.22.).

Thompson, William, Kentaro Sakuwa, and Prashant Hosur Suhas. 2021. *Analyzing Strategic Rivalries in World Politics: Types of Rivalry, Regional Variation, and Escalation/De-escalation*. Berlin: Springer Nature.

Walt, Stephen M. 1987. *The Origins of Alliances*. Ithaca: Cornell University Press.

Weitsman, Patricia A. 2004. *Dangerous Alliances: Proponents of Peace, Weapons of War*. Stanford: Stanford University Press.

Wheeler, Tom. 2021. "Time For a U.S.-E.U. Digital Alliance." *Brookings Research* (January 21). https://www.brookings.edu/articles/time-for-a-us-eu-digital-alliance/ (검색일: 2023.9.22.).

Wolfers, Arnold. 1952. "'National Security' as an Ambiguous Symbol." *Political Science Quarterly* 67(4).

The White House. 2020. "United States Strategic Approach to the People's Republic of China." (May 26). https://trumpwhitehouse.archives.gov/wp-content/uploads/2020/05/U.S.-Strategic-Approach-to-The-Peoples-Republic-of-China-Report-5.24v1.pdf (검색일: 2023.11.10.).

_____. 2021. "U.S.-EU Trade and Technology Council Inaugural Joint Statement." (September 29). https://www.whitehouse.gov/briefing-room/statements-releases/2021/09/29/u-s-eu-trade-and-technology-council-inaugural-joint-statement/ (검색일: 2023.11.10.).

제12장

사이버 안보와 규범

김소정 국가안보전략연구원

* I, III 및 V절의 주요 내용은 아래 보고서를 기반으로 일부 내용을 추가·수정하였다. 김소정. 2023. "사이버 안보 규범 이니셔티브와 데이터 주권." (디지털 대전환 메가트렌드 연구) 가 상용합시대 글로벌 규범 변화와 사회적 연대의 확장. KISDI. 281-299.

I. 서론

지난 20여 년간 사이버 공간을 규율할 수 있는 규범 정립에 대한 논의가 지속되어 왔음에도 불구하고, 사이버 공간을 악용한 공격은 지속되고 있으며 이에 대한 책임부과는 전무한 실정이다. 2022년 발발한 러시아의 우크라이나에 대한 사이버 공격은 피해국인 우크라이나에 심각한 피해를 야기했음에도 불구하고, 국제사회가 이에 대해 책임을 부과할 수 있는 규범은 아직 정립되지 않았다(김소정 2022c). 사이버 공간에서 발생한 무력공격 수준의 심각한 공격에 대해서도 그 귀속을 명확히 하고 책임을 부여한 사례가 없다.

물론 국제사회가 무법지대로 사이버 공간을 두고 있었던 것만은 아니다. 국제사회는 NATO의 CCDCOE를 중심으로 사이버 공간에 적용 가능한 국제법 제정을 위한 노력을 진행했고, 동시에 비구속적·자발적 규범 정립을 위한 논의를 다자적 국제기구 차원과 지역기구 차원에서 진행했다. 또한 자발적 규범 정립 노력은 다양한 형태의 소다자회의체와 양자협력 시 다루어지기도 했다. 규범 형성을 위한 노력의 주체적 측면에서 보면, 상기 플랫폼에서 국가 중심의 규범 형성 논의들과 병행해 민간기업 및 시민사회 등 주도의 이니셔티브들도 진행되었다. 이 속에서 국제사회는 국가가 주도한 사이버 공격 행위를 어떻게 규제 및 저지할 것인지에 대한 국제적 규범을 자국에 유리한 방향으로 정립하고자 치열히 경쟁해 왔으며, 인터넷 공간을 규율하는 규범 및 원칙 설립에 큰 이견을 보여왔다.

상기의 규범 형성 논의들은 주로 국제법 및 주권 개념의 적용 가능성, 비구속적 규범 제안 및 이행 등에 대해 논의해 왔다. 특이한 사항은 해당 주제들이 논의되는 플랫폼과 관계없이 진영 간 의견이 명확히 갈리고 있어, 합의점을 얻기 어려운 상황이라는 점이다.

본 장에서는 규범의 개념과 정의에 대해 살펴보고, 사이버 공간에 적용 가능한 규범 정립 노력을 강제성의 측면, 규범 형성 주체의 측면에서 살펴본다. 그리고 이들 논의가 주목하는 대주제별 진영 간 입장과 논리를 살펴본다. 특히 2024-2025 기간 동안 한국은 유엔 안보리 비상임이사국에 진출하여, 안보리 내에서 평화유지와 평화구축, 여성·평화·안보뿐만 아니라 사이버 안보, 기후와 안보 등 신흥안보 논의를 주도해 나갈 계획이라고 밝힌 시점에서,[1] 앞으로 전개될 사이버 안보 규범 형성 논의의 방향을 전망함으로써, 해당 논의에서의 우리나라의 역할과 시사점을 찾는 데 활용하고자 한다.

II. 규범의 개념 및 이론적 배경

국제규범은 국제사회에서 통용되는 권리와 의무로 규정된 행동 기준으로 국가 행위에 영향을 미치며, 국가이익을 재구성한다. 특히, 냉전 종식 후 국제사회에서 전쟁과 같은 고강도 분쟁이 점차 사라지면서, 국제규범의 영향력이 상대적으로 증가하고 있다. 성공한 국제규범은 출현, 확산, 그리고 내재화로 구성되는 생애주기를 가진다(조동준 2019).

규범이란 "특정한 정체성을 지닌 행위자들을 위한 적절한 행위의 기준"이다(Finnemore and Sikkink 1998). 규범은 습관(habit)에서 기인

---

1   외교부 보도자료. "2024-25년 임기 유엔 안보리 비상임이사국 진출." 2023년 6월 7일, https://www.mofa.go.kr/www/brd/m_4076/view.do?seq=370029&page=1

하거나 혹은 인센티브 제공, 설득, 사회화 등의 과정을 통해 적극적으로 구축할 수 있다(Finnemore 2017). 따라서 규범은 국가의 행동을 제약함에 따라 갈등의 범위를 제한하고, 국가 간 안보, 무역, 정치적 이슈의 상호 연계에 대한 예측과 기대를 가능하게 한다. 국제안보규범은 국제안보질서의 안정성과 평화를 위협하거나 유해한 결과를 초래하는 행위를 통제하려는 기준이며 국제안보질서의 안정성을 유지하기 위해 주요 행위자에게 요구되는 행위를 규정한다.

안보협력을 통한 이해득실에 따라 규범의 시발점, 형태, 주요 초점에 관한 이슈를 해결함으로써 국제규범은 정립될 수 있으나, 사이버 분야는 규제 성격의 규범이 형성되는 규범 등장의 단계로 볼 수 있다(김소정 2018). 이는 규범 형성을 위한 규제 대상 및 범위 논의에 있어 미·러·중 등 강대국의 입장차가 커 단시간 내 국제적 규범 형성이 어려울 것으로 보이기 때문이다. 세력 우위에 있는 국가가 자국의 전력을 통제하는 규범을 수용하여 안보전략의 효과를 제한시키는 양보를 하지 않을 것이기 때문에 단기간에 규범이 만들어질 것으로 기대하기는 어렵다(장노순 2016).

국가안보 측면에서 국제규범은 안보위협 행위나 행위자에 대한 대응 요건과 수단에 대한 가이드라인의 역할을 한다. 예방과 대응, 복구활동 전반에 걸쳐 허용되는 조치의 기준과 활용할 수 있는 규범적 해결책을 제시한다. 국가는 이러한 제약 하에 자신에게 주어진 재량에 따라 적절한 수단과 수준을 선택한다. 어떤 수단을 언제 발동할 것인지는 정책적 결심의 문제이다(김소정·김규동 2017).

사이버 공간에 대한 규범은 결국 각국이 기존 국제법과 주권 등의 개념을 온라인에 어떻게 적용할 것인가를 구체화한 내용이 큰 틀에서 합의되어 만들어지는 과정으로 볼 수 있는데, 이에 대해서는 세계 각국의 환경과 기술수준의 편차가 커 쉽게 형성될 수는 없을 것이다. 기존 국가안보의 일부 요소로서 사이버를 인식하는 시각과 IT기술을 활용한 사이버에 기반한 국가안보의 다양한 확장성을 고려한 인식은 국가안보가 사이버를 해석하는 맥락을 다르게 규정하고, 이는 국제사회에서 자국의 전략적 이익 달성을 위한 목표지향을 다르게 설정하고 있다(김소정·김규동 2018).

III. 사이버 안보 규범 논의 현황

사이버 공간에서의 국가 행위에 대한 규범 논의는 크게 순수 정부간 논의와 다중이해당사자 참여 논의, 학계에서의 논의로 구분될 수 있다. 정부 간 기구 논의의 대표적인 예로 UN GGE와 OEWG가 있다. 이는 ICT 기술 발전이 국제안보에 미치는 영향을 위해 해결되어야 할 문제로 국제법과 규범, 신뢰구축조치, 글로벌 역량강화 등을 선정하여, 이에 대한 각국의 입장을 반영한 보고서를 도출함을 목적으로 한다.

안보문제의 특성상 지역 또는 우방국 간의 소다자적 차원에서 보다 구체적 논의가 진행되기도 한다. 그중 유럽안보협력기구(Organization for Security and Co-operation in Europe, OSCE)의 신뢰구축조치 프로세스와 상하이협력기구(SCO)의 국제정보안보행동수칙이 대표적이다. OSCE는 사이버 공간에서의 국가 간 긴장 방지를 위하여 투명성–협력–안정화 단계의 신뢰구축조치를 구체적으로 발전시켰으며,[2] 아시

---

2 OSCE Decision No. 1039, "Development of Confidence-Building Measures

아 지역에서는 아직 구체성은 부족하나 아세안지역안보포럼(ASEAN Regional Forum: 이하 ARF)을 중심으로 지역 사이버 신뢰구축조치 발전을 위한 작업반이 설립되는 등 논의가 진행중이다. 본 절에서는 UN을 중심으로 한 GGE, OEWG 및 SCO 국가들이 제안한 Code of Conduct, 민간 중심의 활동을 구체적으로 살펴본다.

1. UN 중심의 진영 간 경쟁

1) 정부전문가그룹(GGE)과 개방형 워킹그룹(OEWG)

경과

UN 총회에서 다루는 의제에 관한 실체적 이슈를 검토하기 위해, 총회는 군축·국제안보위원회(제1위원회), 경제·금융위원회(제2위원회), 사회·인도주의·문화위원회(제3위원회), 정치 및 탈식민지 특별위원회(제4위원회), 행정·예산위원회(제5위원회), 법률위원회(제6위원회)의 6개 주요 위원회를 두고 있다. UN 총회의 사이버 관련 논의는 제1위원회의 정보안보 논의, 제2위원회의 개발을 위한 정보통신기술 문제, 제3위원회의 디지털 인권 문제로 구분되고, 각각 총회 결의를 채택하고 있다. 그중 사이버 공간의 안보적 측면과 규범적 차원의 논의는 제1위원회에서 진행되고 있다.

사이버 안보 또는 디지털 안보는 그 영역이 점차 더욱 확대되고

to reduce the risks f conflict stemming from the use of information and communication technologies." PC.DEC/2039, 2012. 4. 26; Decision No. 1201, "OSCE Confidence-Building Measures to Reduce the Risks of Conflict Stemming from the Use of Information and Communications Technologies." PC.DEC/1202, 2016. 3. 10. 참조.

있다. 이들은 사이버 첩보, 검열, 프라이버시 침해, 디도스 공격, 랜섬웨어, 멀웨어 오퍼레이션 등이 포함된다. 이들은 국가들과 개인에게 다양하게 영향을 미치며, ICT를 표적으로 하거나 활용하여 이루어진다. 국가들의 이러한 활동은 필수적인 물리적 기반시설 또는 국가안보 및 시민의 인권을 저해하거나 무력화시키고, 파괴하기도 한다.

국제사회는 국가가 주도한 사이버 공격 행위를 어떻게 규제 및 저지할 것인지에 대한 국제적 규범을 자국에 유리한 방향으로 정립하고자 치열히 경쟁해 왔다. 미국과 영국으로 대표되는 서방 측과 중국과 러시아로 대표되는 비서방 측은 인터넷 공간을 규율하는 규범 및 원칙 설립에 큰 이견을 보여왔다. 특히 미국, EU 등 서방국가는, 기업 등 민간을 논의에 포함시키는 다중이해당사자주의를 표방하여, 국가 중심적 규제와 규범체계를 추구하는 러시아, 중국 등의 국가들과 대립적인 양상을 보였다. 이 국가들은 정부 간 국제기구인 UN 및 ITU에서의 논의를 통해 국제적으로 우위를 확보하고자 노력하는 한편, SCO 등 지역협력을 통한 주도권 경쟁을 지속하고 있었다(김소정 2013).

1998년 이래 국제사회에서 사이버 공간에 보편적으로 적용 가능한 국제규범의 필요성을 논의해 왔으나, 규범 창출 과정에서 진영 간 대립과 이해관계 득실에 따른 입장 차이가 지속되었다. 제1위원회에서 ICT 어젠다를 다루기 시작한 것은, 1998년 러시아가 정보안보에 관한 결의안을 제출하면서 시작되었다. 러시아는, 정보통신기술의 발전에 따른 국제안보적 위협을 UN 총회 제1위원회(군축)의 의제로 다룰 것을 제안하였다. 이 결의안은 UN 총회에서 투표 없이 채택되었고 (A/RES/53/70), 그 이후 국제안보 차원에서 ICT의 이용을 다루는 여러 정부 간 절차가 진행되었다.

2003년 러시아가 제1위원회를 통해 제출한 결의안(UN Doc.

A/58/457)을 채택하여, 사무총장에게 자문을 제공하는 역할로서 정부 전문가그룹 설립을 권고하였고, 2004년 제1차 UN 정보안보 정부전 문가그룹(Group of Governmental Experts on Development in the Field of Information and Telecommunications in the Context of International Security, 이하 'GGE')이 설립되면서부터 국제안보 차원에서 ICT의 이 용에 의한 위협을 어떻게 다룰 것인지에 대한 논의가 본격화되었다. 2015년에 채택된 최종보고서를 포함하는 UN 결의(A/RES/70/237)에 서는 국가들이 자국의 ICT 이용에 대해 2015 GGE 보고서에 따르도 록 촉구하였다.

6차에 걸친 GGE 논의 중, 특히 제3차, 제4차 회의에서 괄목할 만 한 성과를 거두었다. 2013년 제3차 GGE에서 참가국들은 기존의 국제 법과 주권이 온라인에도 적용된다는 점에 합의함으로써, 사이버 공간 국제규범 형성을 위한 기초를 다졌다(김소정·김규동 2017). 2015년 종 료된 제4차 GGE는 주요 기반시설에 대한 공격 금지 등 11개 규범에 합의함으로써 최소한의 규범 형성을 위한 기본이 되고 있다.

2015년 "국제안보에서 정보통신 분야의 발전에 관한 정부전문가 그룹 보고서"는 미국과 러시아의 입장이 기본 골격으로 반영되어 있 고, 우리나라가 제출한 보고서의 일부 내용도 신뢰구축 방안에 담겨 있다. 특히 2022년 발발한 러시아의 우크라이나 침공은 주요 기반시 설에 대한 공격을 지양하고자 합의한 GGE 결의의 위반이라는 점에서 국제사회의 비난을 받을 수 있는 근거가 되었다(김소정 2022e).

2019년부터 러시아가 제안한 개방형 워킹그룹(Open-ended Working Group, OEWG)과 미국이 제안한 제6차 UNGGE가 동시에 진 행되었다. 제6차 GGE는 뚜렷한 성과 없이 종료되었음에 반해 OEWG 는 제2차 회기(2021-2025)가 진행중이다. 2021년에 종료된 제6차

GGE는 최종보고서를 제출(GA Resolution 73/266)하고, 국가 간 이견이 존재하고 있는 국가의 책임 있는 행동에 관한 규범, 규칙 및 원칙, 신뢰구축조치(Confidence-Building Measures, CBMs) 및 역량강화(Capacity Building), 국가의 ICT 사용에 있어 국제법 적용 문제 등에 관해 지속적으로 연구할 필요성을 제기하였다.

두 개의 유사한 포럼 창설은, 미국과 러시아 사이의 마찰의 결과로 나타난 것으로서, 대부분의 UN 회원국들은 우려를 갖고 있었다. 제1차 OEWG는 2021년 3월 마지막 세션에서 보고서를 채택하였고 (A/75/816), 2020년 UN 총회 제1위원회에서는 러시아가 2021-2025년 제2차 OEWG 설립 결의안을 상정하면서 마찰이 재발했다. 다수의 회원국들은 제1차 OEWG가 작업을 완료하기 전에 제2차 OEWG의 설립에 동의하는 것은 시기상조라는 이유로 반대했지만, 결국 이 결의안은 투표로 채택되었고, 2025년까지 제2차 OEWG가 진행중이다.

OEWG의 논의는 현존 및 잠재적 위협, 국제법, 규범, 정기적 대화체 설립, 신뢰구축조치, 역량강화의 여섯 가지 의제로 나누어 진행되고 있으며, 국가들은 의제별 회의를 통하여 자국의 의견을 교환하였다. 2022년 7월 제2차 OEWG의 제3차 실무회의는 연례보고서(annual report) 의장 초안을 검토하고 채택하는 과정으로 진행되었다. 채택된 연례보고서는 기존 GGE 및 OEWG 보고서 등에서 합의되었던 사항들에 대한 재확인이 주를 이루었으며, 신규 어젠다 추가는 제한적이었다(김소정 2022e).

UN 제1위원회의 사이버 안보 관련 규범 논의와 사이버 안보 정책 발전을 위한 회원국들의 노력은, 앞으로도 다양한 플랫폼을 통해 추진될 것으로 예상된다. UNIDIR는 사이버 안정성 작업과 컨퍼런스, 그리고 사이버 정책포털 등을 통하여, 국가들의 보다 심화된 논의와 정보공유를 지원하는 역할을 하고 있다. 또한 UN GGE와 OEWG 프로세스에서는 사이버 안보 관련 규범과 국제법 분야를 포함한 어젠다를 논의하여, 회원국 간 보다 진전된 컨센서스를 도출하기 위해 노력하고 있다.

[2022년 OEWG 연례보고서 의장 초안 주요 내용]

서론에서 국가 및 비국가 행위자의 주요 정보통신기반시설 및 핵심시설 대상 악의적 정보통신기술 사용 증대에 따른 위험성을 제기하고, 지역 및 소지역 기구들의 활동 및 정보공유 활성화, 여성 참여자 증대 및 논의 활성화를 긍정적으로 평가했다. 기존 및 신규 위협으로 군사적 목적의 정보통신기술 사용 증대, 국가 · 비국가 행위자 · 테러리스트 · 범죄조직의 악의적 정보통신기술 사용 증대, 국가 간 분쟁 시 정보통신기술 활용 증대 등을 지속적인 위협으로 재확인하였다. 주요 기반시설 정보통신기술에 대한 위해 행위, 신규 및 신흥 기술 발달에 따른 신규 취약점을 악용한 악의적 활동, 특히 인터넷 및 의료분야 서비스 가용성 및 무결성에 필수적인 주요 정보통신 기반시설을 대상으로 한 악의적인 정보통신기술 사용에 대한 위험성을 재인식하였다.

책임 있는 국가 행위에 관한 규칙, 규범 및 원칙 분야에서는 규범 이행 현황 및 결론과 제안 의견 추가, 기술용어 정의에 관한 국가 입장 공유, 추가 규범 개발 및 제안, 공급망 무결성 강화 활동 지원 및 협력 강화 등이 추가 활동 분야로 식별되었다. 국제법 적용에 있어서도 기존 논의와 유사했으며, 추가적으로 유엔헌장의 적용에 관한 각국 입장 파악 등이 식별되었다. 기타 신뢰구축을 위한 지역기구들의 활동의 중요성을 인정하면서, UN 차원에서 외교 및 기술 담당 컨택포인트 디렉토리 개발, 정보공유 등의 투명성 조치 시행, 비국가 행위자 및 관련 다중이해관계자와의 적극적 교류를 지원할 필요성을 인식하였다. 또한 디지털 격차 극복 방안 개발, 2030 지속가능 개발 과제(Sustainable Development Agenda)와의 연계성, 관련 예산 지원 증액, 디지털 분야 성격차 해소, 다중이해관계자와의 협력 강화 등을 고려하면서 액션 프로그램(Programme of Action, PoA) 정교화 등 정례적 교류 및 역량 지원을 위한 플랫폼 개발 논의를 지속할 필요성을 강조하였다.

쟁점

이러한 UN 차원에서의 논의를 추구하면서도, 국제사회는 국가가 주도한 사이버 공격 행위를 어떻게 규제 및 저지할 것인지에 대한 국제적 규범을 자국에 유리한 방향으로 정립하고자 치열히 경쟁해 왔다. 미국과 영국으로 대표되는 서방 측과 중국과 러시아로 대표되는 비서방 측은 인터넷 공간을 규율하는 규범 및 원칙 설립에 큰 이견을 보여왔었다. 우선 서방 측의 주장을 살펴보면 다음과 같다. 첫째, 사이버 공간과 인터넷 표현의 자유·개방·신뢰 등 기본 원칙 존중, 둘째, 개인·산업계·시민사회·정부기관 등 다양한 구성원들의 의견이 수렴된 국제적 규범 제정, 셋째, 유엔헌장 등 기존 국제법이 사이버 공간을 규율하는 국제규범의 모태가 되어야 한다, 넷째, 사이버 공간에 적용 가능한 신뢰구축조치(CBMs)의 이행이 필요하다. 이에 대립하는 중국 및 러시아 등의 주장은 첫째, 사이버 공간에서도 국가주권은 인정되며 필요 시 정보통제가 가능한 공간임, 둘째, 서방 측의 의도대로 인터넷과 사이버 공간을 규율하는 체제를 수용 불가, 셋째, 국가의 인터넷 통제 강화 등을 내용으로 한 국제정보보안 행동수칙(Code of Conduct)에 대한 합의의 필요성 강조 등이다(김소정 2013).

2015년 보고서에서는 사이버 공격이 무력공격으로 인정되는 요건을 제시하였고, 자위권의 정당성이 명시되었다. 하지만 자위권 행사를 위해서 국제법과 유엔헌장이 규정하고 있는 무력사용 억제와 자위권 행사의 정당성을 둘러싸고 강대국들 사이에 힘의 균형이나 안보 취약점을 극복하려는 전략적인 고려가 첨예하게 대립하고 있음을 보여주었다. 그러나, 사이버 공간에서 비국가 행위자 혹은 대리행위자(proxies)의 유해한 행위를 규제할 필요성을 인정하고 있고, 국가의 의무를 포괄적으로 제시하고 있다.

역량강화 필요성 인정

GGE와 OEWG 모두 개발도상국과 저개발국의 사이버 안보 수준 향상이 보편적 사이버 안보 수준 향상에 기여할 것이라는 점에는 합의하고 있다. 이는 보안의 속성상 가장 취약한 고리가 전체 보안의 수준을 결정한다는 점을 인식한 때문이다. 이에 진영에 관계없이 모든 국가들은 역량강화의 필요성에 대해 공감하고 이를 강화하는 데 적극적으로 노력할 것을 요구하고 있다. 물론, 일부 국가들은 역량강화 활동이 자국 기업의 시장진출 기회를 확보하는 행위라고 보는 시각도 있으나, 그럼에도 불구하고 대다수 저개발국 및 개발도상국들은 자국의 역량강화 기회를 절실히 원하고 있기에, 별다른 힘이 실린 주장이 되지는 않고 있다.

특히, 국제법 등 경성규범의 합의 도출은 단기간 성공할 가능성이 희박하지만, 역량강화는 대다수 참가국들이 동의하는 가치이므로, 이에 대해서는 우리나라도 쉽게 지지의사를 표명하고 있으며, 실질적으로도 많은 역량강화 활동을 시행하고 있다. 하지만 우리는 이를 개발협력이나 ODA 등과 체계적으로 맵핑시키지 못하고 있어, 이 부분은 앞으로 제도적 개선이 필요한 부분으로 식별된다(김소정 외 2022).

사이버 안보를 위한 국제법 및 규범 형성은 더디게 진행되고 있다. 특히 국제연합을 모태로 하는 플랫폼에서는 국가 간 이해관계가 첨예하게 대립하며, 저개발국 및 개발도상국의 표심이 규범 결정에 큰 기여를 하고 있다. 이들 저개발국 및 개발도상국들과 IT 선진국 간 기술 격차는 심각한 수준이나, 보안의 속성상 이들의 보안 수준이 전 세계 전체의 보안 수준을 결정하는 수준이다. 이에, 요원한 규범 마련을 통한 사이버 공간 악의적 행위자 대응 외, 이들 저개발국 및 개발도상국의 사이버 보안 역량 강화를 지원함으로써 전 세계 보안 수준 향상에 기여하고, 이를 통한 사이버 안보 규범 형성 시 우리 입장을 옹호할 수 있는 우호세력을 확보할 필요가 있다. 또한 대통령이 발표한 디지털 권리장전의 주요 원칙을 확산시키는 데 긍정적으로 활용할 수 있는 어젠다가 될 수 있다. 대상국가의 법·제도·인력양성·교육훈련 등 제반 역량강화에 기여함으로써 궁극적으로 우리 보안산업의 해외 진출을 위한 기반 마련하는 간접 효과도 기대 가능한 분야이다.

그러나 한국은 개발협력에 대해 KOICA 재원을 활용한 일부 사업을 추진하고 있으나, 사이버 역량강화가 별도 ODA 재원 항목으로 구분 설정되지 않은 실정이다. 기존 ODA 사업은 IT 설비 및 시설 확충, 사이버 안보센터 구축 사업, 관련 인력 교육훈련이 파편적으로 운영되어, 국가 차원의 종합적인 사이버 역량강화 사업을 추진하지는 못하고 있다(김소정 외 2022). 2023년 외교부 과학기술자문회의에서 발간한 정책권고안에도 ODA 체계를 개선하여 사이버 분야 ODA를 활성화함으로써 인류보편적 IT접근권 보장 및 사이버 보안 수준 향상에 기여할 것을 피력했고, 2022년 발표한 우리나라의 인태전략에도 사이버 역량강화를 인태전략의 주요 축으로 다루고 있어, 국내 관심은 제고되기 시작한 상황이라고 볼 수 있다.

2) Code of Conduct

UN 차원의 사이버 안보 규범 논의는 GGE와 OEWG를 중심으로 진행되고 있으나, 중국·러시아를 중심으로 비서방 진영 국가들은 사이버 공간의 책임 있는 국가 행위를 규율하기 위한 가이드라인으로 Code of Conduct를 제시했다.

2011년 UN 총회 제66차 회기에서 중국, 러시아, 타지키스탄, 우즈베키스탄 4개국은 미국, 유럽 주도의 서방 중심적 사이버 공간 국제

규범 수립에 대응하여 사이버 공간 국가주권, 인터넷 거버넌스 체계 개선, 국가의 정보통제권 인정 등을 주요 내용으로 하는 국제정보보안행동수칙(International Code of Conduct for Information Security)을 제안하였으며, 카자흐스탄, 키르기스탄이 추가로 가입하였다. 6개 당사국은 2015년 UN 사무총장에 정보보안국제행동수칙 개정을 통보하였다.[3]

개정안은 제3차 UN GGE 보고서 권고 내용 및 UN 인권위원회의 인터넷 인권 결의를 반영하여 개정되었으며, 신뢰구축조치 등 현안이 추가되었다. 정보안보 영역에서의 기존 및 잠재적 위협과 국가 행위에 관한 규범, 규칙, 원칙, 정보공간에서의 신뢰구축조치 등 위협 대응을 위한 협력조치, 관련 국제적 개념에 관한 연구에 대한 제3차 UN GGE의 평가 및 권고사항 고려를 선언했다. 국가에 의한 ICT 이용에 관한 기존 국제법 규범의 적용 방법에 대한 보편적 이해 도출 필요성을 강조하고, 향후 ICT 고유의 특성에 따른 추가적 규범 발전 가능성을 인식했다.

그리고 정보무기 또는 관련 기술 확산 금지에 관한 명시적 규정 삭제, 국내 문제 불간섭 원칙 강화, 민족적, 인종적, 종교적 증오를 부추기는 정보 유통 억제, 자국 정보공간 및 주요 정보통신기반시설 보호 권리/의무 강조, 인터넷거버넌스, 국가 정보안전에 관한 국가 중심적 기술 완화 등이 주요 내용이다. 개정안은 사이버 국제규범 관련, 기존 입장에서 크게 벗어나지 않았다. 인권 존중 선언에도 불구, 국가의

3　United Nations, A/69/723, "Letter dated 9 January 2015 from the Permanent Representatives of China, Kazakhstan, Kyrgyzstan, the Russian Federation, Tajikistan and Uzbekistan to the United Nations addressed to the Secretary-General", Jan. 9, 2015.

정보통제 및 정보통신기술 독립성, 정보공간 주권 등 통제 가능성을 열어두고 있다.

2. 소다자 협의 활성화

UN 차원의 사이버 안보 규범 논의는 현재 지지부진한 실정이다. 국제사회는 UN 외 OSCE, ARF 등의 지역기구를 통한 사이버 안보 규범 논의도 활성화했고, 특히 OSCE의 경우 신뢰구축조치(Confidence Building Measures, CBMs)의 개발에 합의, 이를 시행한 바가 있었다. 한국과도 격년으로 사이버 안보 컨퍼런스를 진행해 오는 등 역량강화를 위한 활동을 지속하고 있다. ARF에서도 OSCE의 CBMs을 적용할 수 있는 노력을 지속해 오고 있다.

2011년 런던에서 시작된 런던프로세스의 일환으로 세계사이버스페이스 총회를 5회 개최했으며, 서방 진영 중심의 사이버 안보 규범 논의를 주도하고자 노력했다. 우리나라도 2013년 서울에서 제3회 세계사이버스페이스 총회를 개최한 바 있다. 2015년 네델란드, 2017년 인도 이후 개최가 중단되었다. 2014년 중국도 우젠회의를 개최하면서, 중러 주도의 사이버 안보 규범 논의를 별도로 발족시키면서, UN 차원이 아닌, 그러나 중국이 주도하는 사이버 안보 규범 논의도 별도로 진행되었다. 현재는 진행되지 않고 있다.

이에 2021년을 전후로 새로운 소다자 차원의 협력을 추진해 오고 있으며, 특히 QUAD와 AUKUS 등 미국 동맹국과 우방국 중심의 활동이 활발히 진행되고 있다. 이하에서는 이들의 노력에 대해 살펴보고자 한다.

1) 쿼드(Quad)

QUAD(Quadrilateral Security Dialogue)는 인도, 호주, 일본 및 미국 간의 안보 및 국방 협력을 강화하기 위한 포럼으로 주로 안보, 국방, 지역 안정성 및 자유와 개방을 강조하는 원칙에 초점을 맞추고 있다. 2004년 재난대응을 위한 협력체로 출범했으나 각국의 정치 상황과 중국의 반발 등으로 중단되었다. 이후 2017년 쿼드 재결성 이후, 자유롭고 개방적이며 포괄적인 인도·태평양에 대한 비전을 공유하고 역내 안보와 발전을 위한 협력을 추구했다.[4]

바이든 행정부는 인태전략에 중요한 쿼드를 정상급 협의체로 격상해 쿼드 국가와의 상호 전략적 이해 증진과 연대를 강화하고 있으며,[5] 미·중 간 사이버 안보를 둘러싼 경합이 첨단기술 경합으로 확전되면서 협력 사안들이 확대되면서 안보적 함의가 강한 협력이 점차 증가하는 추세이다. 사이버 안보 이슈는 이러한 안보협력의 중요한 측면 중 하나로 간주된다. 사이버 공격의 증가와 사이버 범죄의 위협에 직면하면서, 회원국들은 정보 공유, 사이버 위협 정보 교환, 사이버 보안 정책 조율 등을 통해 사이버 공간에서의 협력을 강화하고자 한다.

2021년 9월 쿼드 정상회담에서 사이버 안보에 대한 논의가 더욱 확장되었다(The White House 2021). 이전의 쿼드 정상회담 공동성명과는 다르게 사이버 안보 관련 내용을 별도로 구성하여 쿼드 차원의 대응 방안을 보다 구체적으로 제시했으며, 중점 협력 분야를 기반시설, 사이버 안보, 우주로 확대하고 각 분야별 전문가 워킹그룹을 구성하기로 결정했다. △ 공유된 사이버 표준의(cyber standards)의 채택

---

4 https://www.voakorea.com/a/world_behind-news_quad-china/6058122.html
5 2022년 2월 새로운 『인도-태평양 전략서』를 통해 "자유롭고, 개방적이며, 번영하고, 안전하며, 탄력적인 인도-태평양 지역을 위한 포괄적인 비전"을 발표.

과 이행, 보안이 안전한 소프트웨어(secure software) 개발을 위한 민관 협력, 인적 자원(workforce) 확대, 확장성(scalability) 증진과 보안이 안전하고 신뢰할 만한 디지털 인프라의 사이버 안보 증진, △ 차세대 과학자 및 기술자 간의 유대 관계 구축을 위한 Quad Fellowship을 공식 출범시켰다.

2022년 5월 도쿄 정상회의에서는 '쿼드 사이버 안보 파트너십(Quad Cybersecurity Partnership, QCP)' 체계 강화와 쿼드 각 국가가 주도하고 있는 분야를 구체적으로 명시하였다(The White House 2022a; 2022b). 이를 위해, 첫째, 사이버 취약점과 위협에 대응하는 '새로운 공동 사이버 원칙(new joint cyber principles)'을 마련하고, 사이버 보안 취약점(vulnerabilities)과 사이버 위협에 대응하여 회복력 구축을 위해 개별국의 주도 분야를 설정했다. 둘째, 국가 주요 기반시설 보호 강화를 위해 △ 디지털 공급망 위험 요인 식별 및 평가, △ 정부 조달 소프트웨어 보안 표준 기준선 조정, △ 집합적인 구매력을 활용해 광범위한 소프트웨어 개발 생태계 개선, △ 5G 및 기술 공급망에 대한 파트너십, 기술 표준 설정, △ Quad Fellowship 프로그램 등을 시작했다. 셋째, 잠재적인 사이버 사고 예방·대비와 신속 대응을 위한 역량 구축 사업 조율, 국가 CERT(Computer Emergency Response Teams) 간의 교훈과 모범 사례 교환 등 정보 공유 강화를 추진하고자 한다. 넷째, 사이버 안보에 대한 인식과 행동 강화 : 민관 협력으로 '사이버 안보의 날 캠페인' 추진 등이다.

2023년 1월 말 쿼드는 북한과 중국의 사이버 위협에 대한 대응 방안을 논의하고 "책임 있는 사이버 습관 증진을 위한 협력을 위한 쿼드 공동성명(Quad Joint Statement on Cooperation to Promote Responsible Cyber Habits)"을 발표했다.[6]

2023년 5월 히로시마 정상회의에서는 사이버 안보, 첨단기술뿐만 아니라 인프라 투자, 해양 안보, 공급망 다각화를 위한 공공-민간 파트너십, 기후, 건강, 우주에 대한 주요 이니셔티브 강화를 강조하면서, 2023년 처음으로 쿼드 사이버 챌린지가 개최[7]되어 사이버 인식을 제고하였으며, 중요 인프라, 소프트웨어에 이르기까지 사이버 보안을 위한 공동 원칙을 개발하고자 한다.

2) 오커스(AUKUS)

오커스는 호주, 영국 및 미국 간의 안보 및 군사 협력을 강화하기 위한 구심점이다. 오커스 출범은 인태 지역에서 일본, 호주, 인도를 거쳐 유럽의 영국까지 연결하는 거대한 해양 안보 전선을 구축한다는 의미로 대중 견제를 위한 미국의 의도가 반영된 것으로, 주로 군사, 정보 교류, 기술 협력 및 안보 문제에 초점을 맞추고 있다. 특히 영국은 오커스는 물론 미국의 정보 동맹인 '파이브 아이즈' 핵심 국가로 러시아, 중국 등의 사이버 공격 행위에 대한 공동성명, 사이버 규범 제정 등에서 미국과 긴밀하게 공조하고 있다.

오커스의 회원국인 호주, 영국 및 미국은 모두 사이버 공격 및 사이버 범죄에 대한 대응 및 방어를 강화하기 위해 노력하고 있다. 이러한 노력은 국가 간 정보 공유, 기술 협력, 사이버 보안 정책 조율 등 다

---

6   The White House, "Quad Joint Statement on Cooperation to promote Responsible Cyber habits", Feb. 07, 2023. https://www.whitehouse.gov/briefing-room/statements-releases/2023/02/07/quad-joint-statement-on-cooperation-to-promote-responsible-cyber-habits/

7   인도 태평양 전역에서 약 85,000명이 챌린지에 참여했으며 약 600개의 학교, 대학, 기업 및 비영리 단체가 자신과 지역 사회를 보호하기 위해 조치를 취했다고 언급(The White House 2023a).

양한 측면을 포함한다.

특히 인태지역의 중요성이 커짐에 따라, 사이버와 AI를 포함하는 신기술 분야 협력 강화는 3국 간 주요 협력 아이템이 되고 있다. 사이버, 인공지능(AI), 양자 컴퓨팅, 핵심 기술 분야에서 협력을 강화함과 동시에 안보 정보 및 기술 공유에 주안점을 두고 있다(The White House 2022c). 여기에는 전략적 차원의 사이버 안보 대응 외, 사이버 보안 기술적 측면의 협력 강화, 정보전 및 심리전 대응 공조 강화, AI와 사이버 간 융합 현상 대응, 주요 기반시설보호, 자율무기체계의 보안, 우주 및 5G 인프라 측면 등 다양한 측면이 고려되어야 한다.[8]

오커스는 자유롭고 개방적이며 평화롭고 안전한 사이버 공간을 위한 글로벌 거버넌스 구축을 지향하며, 대서양 지역과 인태 지역을 연계해 사이버 안보 진영화를 선도하고자 한다. 인태 지역에서 해저 케이블의 안전 확보와 데이터 보호 등 사이버 공간의 안전성 확보를 위한 국제 협력 강화로 대중국 견제에 공조하고 있다.

쿼드에 참여하는 호주의 오커스 동참과 미국이 예외적으로 호주에 핵 잠수함에 대한 기술을 제공하기로 한 것은 인태지역에서 중국 견제 전선을 강화하려는 목적으로 볼 수 있다. 2022년 9월 자료에 따르면, 영국과 미국 양국이 지원하는 호주의 핵 원자력 잠수함 구축 삼자 협정은 사이버 스파이들에게 큰 공격 대상이 될 수 있다는 점을 인식하고, 동 프로그램에서 사이버 보안의 중요성이 크다고 언급하고 있다(Magnuson 2022).

2022년 2월 미국의 FBI, CISA, NSA, 호주의 ACSC, 영국의 NCSC

---

8   Vijay Varadharajan. "AUKUS-Cyber Security Aspects." https://www.newcastle.edu.au/__data/assets/pdf_file/0008/864323/AUKUSCyberSecurityAspectsAAPowerToday.pdf

등 사이버 안보 당국은 오커스 차원의 랜섬웨어 위협에 관한 공동 안내서를 발표했다.[9] 안내서를 통해 사이버 공간을 이용한 중국의 기술 탈취를 차단하고 사이버 공격에 대한 책임귀속과 비용 부과를 위한 규범 정립과 제재, 비난 성명 발표, 수출통제, 전진 방어 등 외교적으로 협력하고자 함을 알 수 있다.

또한 2023년 5월 오커스 정상회의에서는 사이버 역량강화 및 온라인 아동 보호를 강조했다(The White House 2023b). 미래 사이버 보안 역량 구축 과정에서 인태 파트너 국가의 우선순위를 반영하고, 온라인 아동 성착취 퇴치를 위한 호주-미국 합동위원회 설립을 명시했다.

3) 랜섬웨어 대응 이니셔티브

미국 바이든 대통령은 전 세계적인 랜섬웨어 공격 활성화에 대응하기 위해, 35개국 정상들과 긴급 협의 후 랜섬웨어 대응 이니셔티브(Counter Ransomeware Initiative, CRI)를 발족시켰다.[10] 이후 CRI는 3개 분과로 나뉘어 교육 및 훈련, 시나리오 개발 등을 진행한 것으로 알려지고 있으나, 세부사항은 비공개로 진행되고 있다.

일부 언론에 공개된 내용에 따르면, △ 국제 랜섬웨어 태스크 포스(InternationalCounter Ransomware Task Force) 구축, △ 지역 사이버 방어센터(Regional Cyber Defense Centre) 지역거점 설립, △ 조사관을 위한 툴킷 제공, △ 적극적, 지속적 민간 분야 협력 강화, △ 주요 식별된 행위자들의 TTPdp 대한 합동 권고문 발간, △단일 프레임워크로

---

9 https://www.minister.defence.gov.au/media-releases/2022-02-10/australia-us-and-uk-stand-together-confront-global-ransomware-threat

10 https://therecord.media/u-s-convenes-30-countries-on-ransomware-threat-without-russia-or-china

우선순위가 높은 타겟 식별 및 조율, △역량강화 툴 개발, △랜섬웨어 대응 격년 훈련 실시 등을 논의한 것으로 알려졌다.[11]

3. 민간 주도 규범 경쟁

1) 디지털 제네바 협약

디지털 제네바 협약(Digital Geneva Convention)은 마이크로소프트가 2017년 제안한 국제사회에서 디지털 영역에서의 국가 행위에 대한 규범을 설정하고 사이버 공격과 사이버 전쟁을 방지하기 위한 노력을 목표로 하는 제안이다. 이 협약은 국가 간의 협력, 사이버 보안, 개인 정보 보호 등 다양한 측면을 다루고 있다.

디지털 제네바 협약은 사이버 공격의 방지와 사이버 전쟁의 규범화에 초점을 맞추고 있다. 이는 국가 간의 사이버 공격을 금지하고, 개인 정보와 사이버 인프라의 보호, 국제 사이버 공간에서의 협력 강화 등을 목표로 한다. 또한, 국가 간의 전쟁 상황에서도 국제 인도적 법률의 적용을 보장하고 사이버 공격으로 인한 인재적 피해를 최소화하는 것을 목표로 한다.

디지털 제네바 협약은 현재까지 국제사회에서 폭넓은 지지를 받고 있으며, 여러 국가와 국제기구들이 이를 채택하고자 노력하고 있다. 그러나 아직까지 협약이 완전히 구체화되거나 법적으로 구속력을 갖추지는 않았다. 디지털 제네바 협약은 국제 커뮤니티의 논의와 협력을 통해 계속 발전하고 있으며, 사이버 보안과 사이버 공간에서의

---

11 https://www.whitehouse.gov/briefing-room/statements-releases/2022/11/01/fact-sheet-the-second-international-counter-ransomware-initiative-summit/

국제규범을 강화하기 위한 중요한 노력으로 인식되고 있다.

2) 인터넷 미래 선언

미국은 2022년 4월, 60개 글로벌 파트너 국가와 함께 인터넷의 미래를 위한 선언(Declaration for the Future of the Internet)을 발표했다(The White House 2022d). 동 선언은 미국과 60개의 글로벌 파트너 국가가 인터넷과 디지털 기술의 비정치적 비전을 제시하고, 세계의 단일 인터넷을 촉진하기 위해 발표했다. 우리나라는 2022년 한미 정상회담에서 이에 동참하는 것을 선언했다(김소정 2022d).

IV. 사이버 안보 규범 논의―진영 간 입장 중심[12]

1. 국제법 적용

제4차 UN GGE의 가장 두드러진 특징 중 하나는 국제법의 적용 방법과 새로운 자발적 규칙의 분야를 구분하여 논의하였다는 점이다. 자발적 규범은 기존 국제법에서 아직 불명한 부분을 추가적으로 규율하기 위한 것으로, 이를 수정하거나 대체하는 것은 아니다(para. 10). 그러나 이 역시 진영 간 시각차가 존재한다. 미국 등 서방은 기존 국제법 적용이 이미 원칙으로 합의된 상황에서 자발적 규범이 새로운 규칙을 정하고자 하는 것이 아니라는 입장을 취한 반면, 비서방 국가는

---

12 이 절의 내용은 GGE와 OEWG에 제출된 각국 position paper를 참고하여 김소정·김규동(2017) 논문의 주요 내용을 재정리하였다.

기존 국제법이 모든 행위를 규율하지 못하기 때문에 필요한 새로운 규범이라고 보았다.

국제법의 적용 방법에 대해서는 상당히 심도 있는 논의가 이루어졌으나, 최종적으로 UN 헌장 등의 국제법상 기본원칙을 재확인하고, 적용 방법의 권고는 단지 6개의 예시적 단락을 제시하는 데 그쳤다는 아쉬움을 남겼다. 명시된 기본원칙으로는 주권평등의 원칙, 국제분쟁의 평화적 해결 원칙, 무력사용의 위협 또는 행사 금지, 인권과 자유의 존중, 국내문제 불간섭 원칙으로 UN 헌장의 기본원칙과 일치한다. 구체성은 부족하나, 사이버 공격에 대한 자위권 행사의 가능성[para. 28(c)], 무력충돌 시 국제인도법상 기본원칙인 비례성과 필요성, 구분의 원칙 적용을 명시하였다는 점은[para. 28(d)] 진일보한 것으로 평가할 수 있다. 또한 국제법에 따른 국제위법행위에 대하여 국제적 의무를 준수할 것을 규정하여 국가책임법의 적용을 재확인하였다[para 28(f)]. 다만 국제위법행위가 국가의 의무 위반 행위를 전제로 한다는 점에서 개별 행위가 어떠한 규범을 어떻게 위반하는지에 대해서는 즉시 적용하기에 어려움이 있으며, 또한 이에 대한 국가의 대응에 대해 피해국의 입증책임 여부에 대해서는 합의가 이루어지지 않았다.

미국은 제네바 협약이 전 세계적으로 비준된 몇 안 되는 국제조약의 하나라는 점을 강조하고, 제네바 협약은 국제인도법의 성문화뿐만 아니라 전쟁 중의 윤리적 행동규범으로서도 기능해 왔다고 하였다. 미국은 민간인과 민간물자에 대한 보호는 무력충돌이 사이버 공간에서 수행되는 경우에도 계속 적용되어야 한다는 점을 인식하고 있다. 이에 따르면 사이버 공간에서 국제인도법 적용의 재확인은, 장래의 충돌 가능성을 증대시키는 것이 아니라, 국가들에게 무력충돌 상황에서 민간인을 존중하고 보호하는 중대한 책임을 상기시키는 것이다. 역량강화에 관한 향후 작업은 귀속의 문제를 다루는 데 도움이 될 것이지만, 법적 관점에서는 국가책임법이 귀속행위에 대한 기준을 규정하고 있으며, 국가책임법에서는 국가들이 프록시를 통하여 국제위법적 사이버 행위를 하는 경우에도 그 책임을 면할 수 없다는 점을 명확히 하고 있다고 강조하였다.

중국은 무력충돌법을 적용하는 것은 사이버 전쟁의 규칙을 제정하고 사이버 전쟁을 허용하는 것과 같은 잘못된 정치적 메시지를 전달할 수 있다고 우려하였다. 이에 따르면 사이버 공간에서 *jus ad bellum*과 *jus in bello*의 적용은 법적·기술적으로 어려움이 많고, 국가 간 사이버 충돌에서는 승자를 가릴 수 없으므로, 전쟁이 발생해서는 안 된다. 대신 UN 헌장의 적용에서 인식해야 하는 핵심 이슈는, 무력사용 또는 무력사용의 위협 금지, 국제분쟁의 평화적 해결, 다른 국가의 국내문제 불간섭이다. 따라서 OEWG의 최종 보고서에는 이러한 내용이 포함되어야 한다고 강조하였다.

러시아는 국제법이 사이버 공간에 적용된다고 확정되더라도 이를 적용하는 데는 여전히 문제가 있을 것이라고 지적하고, 사이버 공간에 적용되는 협약 초안을 작성할 것을 제안하였다. 이에 따르면, 사이버 공간에 국제법을 적용하는 것은 찬성하지만 사이버 세계의 현실에 적절하게 적용되어야 할 것이라는 점을 지적하고 있다. 국제법의 적용을 어렵게 하는 것은, 모든 국가가 사이버 공격을 무력공격으로 인식하지 않는다는 사실이다. 많은 국가들이 '예방적 사이버 타격(preventive cyber strike)' 이론을 갖고 있으며, 먼저 타격할 권리를 주장하는데, 이는 먼저 타격할 절대적인 권리에 대한 경쟁으로 이어질 수 있고, 따라서 사이버 전쟁의 발발로 이어지게 될 것이다. 이와 함께 모든 사이버 안보 이슈를 함께 다룰 수 있는 상설기관을 창설할 필요가 있다고 하였다.

2. 주권 적용

인터넷 주권은 사이버 주권(cyber sovereignty) 또는 디지털 주권 (digital sovereignty) 등과 같은 확대된 개념으로도 사용된다. 이는 각국 정부가 사이버 영역에 존재하는 각종 디지털 자원에 대해 독립적인 통제 권한을 행사하는 것을 의미한다. 예를 들어, 중국은 자신들의 영토 내 인터넷을 통제하고 규제할 권리가 국가에게 있다고 주장하며, 2003년부터 국가 차원에서 인터넷을 검열하는 시스템인 만리방화벽(Great Firewall)을 구축해 구글(Google)·페이스북(Facebook)·유튜브(YouTube) 등의 일부 해외 서비스와 콘텐츠를 차단하고 있다. 또한 중국과 국경 문제로 갈등 중인 인도는 2020년 틱톡(TikTok)·위챗 (WeChat)·웨이보(Sina Weibo) 등의 중국 모바일 앱이 인도의 주권과 안보 및 공공질서를 침해한다며 이들에 대한 접속을 금지했다. 또한 러시아는 2019년 자국의 인터넷망이 글로벌 인터넷과 단절될 경우를 대비한다는 명분으로 러시아 인터넷인 루넷(Runet)을 구축하고 인터넷에 대한 국가 통제를 강화했다.[13]

사이버 주권의 개념은 사이버 안보 규범 논의에 있어 종종 등장하고 있으나, 현재 명확한 개념 정립이 되어 있지는 않다. 기술의 발전과 전 세계적인 디지털 전환의 흐름 속에서 사이버 공간은 국가의 권한과 국가관계에 있어 중요한 질문들을 제기하고 있다. 자국 영토 안

---

13 [네이버 지식백과] 인터넷 주권 [Internet Sovereignty] (두산백과 두피디아, 두산백과) https://terms.naver.com/entry.naver?docId=6685412&cid=40942&category Id=32854

의 사이버 공간을 통제하고자 하는 국가의 열망은 '사이버 주권(cyber sovereignty)' 개념의 부상과 이를 행사하기 위한 다양한 제도적 조치들이 부상하고 있다(Palaniappan 2022). 동시에 미국과 유럽은 중국, 러시아, 북한과 같은 권위주의 정권은 그들의 온라인 검열과 통제를 정당화하기 위해 전통적으로 사이버 주권을 언급해 왔다고 비판한다.[14] 사이버 주권 논쟁은 강대국 경쟁의 부활, 자유주의 국제질서의 쇠락과 권위주의 국가의 부상이라는 국제질서 변화와 밀접히 연계되어 나타나고 있다.

UN GGE 보고서는 6장 국제법 부분에 "국가의 ICT 관련 활동에 대한 주권 적용과 영토 내의 ICT 인프라에 대한 관할권에 이르기까지 국가주권과 국제규범과 원칙이 적용된다"고 확인하고 국가가 ICT 관련 위협으로부터 자국 영토의 ICT 인프라를 보호하는 데 필요한 메커니즘을 수립하는 등 관할권을 행사하는 데 국제법에 따른 기존 의무가 국가의 ICT 관련 활동에 적용된다고 명시하고 있다(UN GA 2021, 17).

UN GGE 보고서는 대내적 주권과 대외적 주권의 문제와 연계해서도 다른 국가의 주권을 고려하여 자국의 영토에서 초래되는 악의적인 ICT 활동을 완화하는 합당한 요청에 응해야 한다고 강조하고 있다. 이는 국제평화와 안보를 위협할 가능성이 있는 행위를 다룰 때 중요하다고 강조한다(UN GA 2021, 13-14).

사이버 공간은 기본적으로 국가주권이 인정된다는 전제를 부정

---

14 INDO-PACIFIC DEFENSE FORUM STAFF. "Cyberspace Freedom, Allied and Partner Nations Resist Authoritarian Controls Imposed Under the Guise of Digital Sovereignty." 2023.4.12. https://dialogo-americas.com/articles/cyberspace-freedom-allied-and-partner-nations-resist-authoritarian-controls-imposed-under-the-guise-of-digital-sovereignty/

하지 않고 있다. 사이버 공간에서 유해한 행위는 다른 국가의 주권, 영토 불가침, 정치적 독립을 침해하는 것으로 간주될 수 있음을 유엔 보고서, 미국, 러시아, 중국의 보고서에서 모두 일치하는 내용이다. 사이버 공간에 관한 국가의 정책은 개별 국가의 독자성을 인정하고, 자국의 영토상 사법권과 국가 통제는 인정하고 있다. 이는 영토적인 위치, 정보통신기술의 시설 혹은 국가기간시설에 대해 주권적 권한을 확인한 것이다.

미국의 입장은 국가주권의 기본 원칙을 인정하지만, 사이버 공간에서 국가의 책임을 강조하고 있다. 미국은 국가주권의 제약 요소가 되는 인권 혹은 인도주의적 국제 규칙이나 협정에 각 국가가 부합하도록 노력해야 한다는 주장을 강조하고 있다. 하지만 중국은 인터넷 활용과 정책에서 주권을 강조하고 외부의 내정 간섭을 차단하려는 의지를 강력하게 보인다. 중국은 사이버 주권이 명백히 존재하며, 중국은 유엔헌장에서 제정한 주권평등 원칙을 인터넷 공간에 적용해야 한다고 주장한다.[15]

3. 비구속적 규범 제안 및 이행

제4차 GGE 보고서에서 자발적 규범은 상대적으로 발전적 내용이 다수 추가되어 일반적 협력 의무, 상당주의 의무, 기반시설 보호, 침해사고 대응 시 긴장 고조 방지, 디지털 프라이버시와 인권 증진, 공급망 보안 등 11개의 규범이 규정되었다(para. 13). 이들 중 일부는 국제법적 지위 또는 내용의 명확성에 대한 합의가 도출되지 못한 부분

---

15   http://www.scio.gov.cn/zfbps/32832/Document/1732898/1732898.htm

표 12.1 2015 GGE 보고서 자발적 규범 주요 내용

	주요 내용
13. a	국제 정보안보를 위한 조치 개발, 적용을 위해 협력할 것
13. b	CT 침해사고시 관련 정보와 환경에 대한 종합적 고려를 거친 대응 요구
13. c	영토의 국제위법행위 사용 허용 금지
13. d	정보교환, 사법공조 등 협력조치 이행을 위한 방법을 개발할 것
13. e	정보인권 관련 총회 및 인권이사회 결의 준수를 강조
13. f	국제적 의무에 반한 주요 기반시설 위해 행위의 수행 또는 지원 금지
13. g	자국 주요정보통신기반시설 보호를 위한 조치를 취할 것
13. h	타국 주요 기반시설 침해 시 피해국의 공조 요청 대응
13. i	CT 제품 공급망 보안과 악성도구, 기능 확산 방지 위한 노력
13. j	기반시설 보안을 위한 ICT 취약성의 보고 및 해결책 국가 간 공유
13. k	타국의 CERT 위해 금지 및 CERT를 활용한 위해행위 금지

출처: 김소정·김규동(2017, 102).

을 반영한다.

　　미국은 사이버 공간에서 국가행동을 규율하고 위협을 다루는 새로운 국제법문서(international legal instrument)는 필요하지 않다고 강조하였다. OEWG가 새로운 법적 구속력 있는 규칙을 발전시키는 데 중점을 두는 제안을 하기로 한 부분에 관하여, 미국은 장기적인 시간을 필요로 하는 법적 협상은 악의적 사이버 활동에 의해 나타나는 새로운 위협에 대응하기에 올바른 방법이 아니라고 언급하였다. 그보다 비구속적 규범에 대한 기존의 정치적인 약속이 이행되는 것이 바람직하며, OEWG는 모든 회원국들에게 이들 규범에 대해 인식을 제고시켜야 하고, 역량 있는 국가들은 이들 규범의 준수와 광범위한 국제 사이버 안정 프레임워크를 위해 노력해야 한다고 강조하였다.

　　EU는 2016년 채택된 EU NIS 지침을 통한 규범과 원칙의 이행 경험을 공유하였다. 이 EU의 사이버 안보 입법은 국가 역량과 국가 간 협력 증진, EU 전역의 중요 분야에 대한 감독을 증대시킨다. 동 입법

은 합의한 규범을 어떻게 이행할 것인지, 그리고 회원국 간 신뢰구축을 어떻게 이행할 것인지에 대한 구체적인 사례가 되며, 지역체제 차원에서 악의적 사이버 활동 문제를 다루는 시도라고 하였다.

중국은 국가들이 정보통신기술과 ICT 네트워크를 국제평화와 안보 유지에 반하는 활동을 수행할 목적으로 이용하지 않겠다고 선언해야 한다고 하였다. 중국은 모든 국가가 국제 인터넷 자원의 관리와 유통에 동등하게 참여할 권리가 있다고 보며, 핵심 기반시설에 관하여 국가는 다른 국가의 핵심 기반시설을 훼손해서는 안 된다고 언급하였다. 중국은 OEWG가 국가의 ICT 기반시설 보호에 대한 권리와 책임을 논의해야 하며, 개인정보 및 국가안보, 공중 및 경제안보에 관한 데이터 안전을 보장하는 권리와 책임을 다루어야 한다고 권고하였다. 사물인터넷, 인공지능, 빅데이터, 클라우드 컴퓨팅, 블록체인에 관하여 아직 발전 중인 규칙, 규범 및 원칙은, 이들 기술의 위험을 최소화하면서도 기술이 경제 발전에 주는 혜택을 얻을 수 있는 방식으로 탐색되어야 한다고 강조하였다.

중국은 또한 5G 이슈에 대해서도 언급하며, 2015년 UNGGE 보고서 9항이 공급망의 안전에 대해 언급한 것을 상기하였다. 특히 5G 공급망 안전에 대한 규범을 지지하는 국가들이 중국 기업을 비윤리적으로 차별하고자 하는 상황에서, 5G 공급망 안전을 별도의 규범으로 다루는 것이 적절한지 의문을 제기하고, 중국은 다음과 같은 규범을 고려해야 한다고 하였다. 첫째, 국가들은 자국의 우월적 지위를 다른 국가의 ICT 상품과 서비스의 공급망 안전을 훼손하는 데 이용해서는 안 된다. 둘째, 국가들은 ICT 상품 및 서비스 제공자가, 불법적으로 이용자의 데이터를 획득하고 이용자의 시스템과 장비를 통제 및 조작하기 위해, 상품과 장비에 백도어를 설치하는 것을 금지해야 한다. 셋째, IT 공급자는 자신의 상품에 의존하는 이용자에 대해 우월적 지위를 이용하거나, 이용자가 시스템 또는 장비를 업그레이드하도록 강제함으로써 부당한 이익을 추구하는 것이 금지되어야 한다. 넷째, 공급자들은 자신의 상품에서 심각한 취약점이 탐지된 경우, 자신의 협업 파트너와 이용자들에게 시의적절하게 통지하도록 노력해야 한다. 다섯째, 국가들은 공정하고 비차별적인 시장 환경을 유지하기 위해 노력해야 한다. 여섯째, 국가들은 국가안보를, 정상적인 ICT 발전과 협력을 제한하거나, ICT 상품에 대한 시장 접근과 하이테크 상품 수출을 제한하는 구실로 이용해서는 안 된다.

V. 평가 및 전망

국제연합에서의 사이버 안보 규범 형성 논의는 약 20여 년간 답보상태를 밟고 있으나, 그럼에도 불구하고 해당 플랫폼을 배제한 사이버 안보 규범 논의가 이루어지지도 않고 있다. GGE는 사이버 공간에 대한 국제법 적용에 관한 합의를 이루고 컨센서스에 의한 보고서를 여러 차례 채택하였다는 점에서 그 자체로 어느 정도 성공적이라 평가할 수 있다. 다만 종래부터 논란이 되어 왔던 사이버 공간에서의 국제 위법행위에 대한 대응조치의 적용을 명시적으로 언급하지 못하였고, 주권과 상당주의에 대한 국제법적 지위에 관하여 합의하기 어려웠다는 한계가 있다. 그럼에도 6차 GGE에서는 자발적 규범에 대해 발전적 논의를 하였고, 사이버 공간에서 책임 있는 국가 행동에 대한 규범들이 향후 국제관습법으로 발전될 수 있는 가능성을 열어놓았다는 점에서 그 의미가 있다.

한편, UN 전 회원국이 참여하는 개방형 워킹그룹(OEWG)에서도 결과보고서(A/AC.290/2021/CRP.2)를 통해, 사이버 공간의 위협 인식, 국가행동에 대한 규범, 국제법 적용, 신뢰구축, 역량강화, 정례적·제도적 협의체 등 의제에 대한 유엔 전체 회원국들의 현재 인식을 확인하였다. GGE와 OEWG 모두 추후에도 활동을 지속할 것을 결의하였으나, GGE에서 드러난 바와 같이 진영 간의 근본적 시각차는 여전히 지속되고 있다. 자위권 행사의 수단과 범위, 사이버 공간에서 주권의 범위, 민간 분야의 정보통신기술 기반시설에 대한 공격 허용 여부, 비국가 행위자 혹은 대리 행위자들의 사이버 활동에 대해 국가 책임의 범위 등은 향후 지속적인 논의를 통해 구체화될 필요가 있다.

OEWG는 제한된 회원국만이 참여하는 GGE 논의 구조에 대한 비판적인 관점에서 출범했으나, OEWG가 갖는 구조적인 한계도 인식할 필요가 있다. UN 전 회원국과 비정부기구, 다중이해관계자에게까지 참여가 확대된 플랫폼은, 기존 논의 결과를 단순 취합하는 연례보고서 채택에도 상당한 이견이 제시되어 의견 수렴을 어렵게 하고 있으며, 특히 견해가 첨예하게 대립하는 분야에서는 유의미한 결과를 도출하기 어려울 것으로 예상된다.

다만, 국가들이 다양한 의견을 제시할 수 있고, 국제법의 적용에 관한 국가들의 입장보고서 제출을 독려하는 등, 공개된 포럼이면서도 앞으로 다른 전문 분야별 포럼을 구성하여 진행될 수 있는 가능성이 열려 있다는 점에서, 우리나라의 준비가 필요하다. 특히 구체적인 규범이나 국제법 분야의 논의는, 국가들이 실행을 통하여 자국의 규범을 형성해 나가는 과정에 있으므로, 우리나라도 주요 원칙들에 대해 입장을 정립하고, 향후 규범 형성 논의에 기여할 수 있도록 대비해야 할 것이다.

미중 간 경쟁의 심화, 한미일 동맹 강화에 따른 북중러 협력 강화로 진영 구분이 두드러지면서 앞으로의 규범 형성도 쉽게 성과를 낼 수 있을 것으로는 판단되지 않는다. 더욱이 러시아-우크라이나 전쟁에서 사이버 공격을 물리전을 지원하는 보조적 수단으로 활용했고, 이에 대응하기 위해 미국이 전진 방어(Defend Forward) 전략을 시행했다는 점에 있어, 미국의 직접적 개입과 동맹국들의 직간접적 지원이 더욱 증가할 것으로 보여진다. 이는 보편적으로 적용 가능한 규범이 아직 형성되지 않은 시점에서, 특정 국가의 행위에 기반한 관습이 규범으로 굳어질 가능성이 높아진 것이다.

2022년 한미정상회의 이후 우리나라는 미국과의 동맹을 강화하면서, 사이버 공간에서의 협력도 강화하고 있다. 이는 2023년 한미정상회의 시 체결된 "전략적 사이버 안보협력 프레임워크"로 증명되고 있으며, 2023년 8월 개최된 한미일 정상회의를 계기로 일본을 포함한 협력 확대를 천명하고 있다. 이는 미국이 주도하는 가치 기반의 동맹 간 협력 강화를 통해 적대 세력에 대응하고 기술적, 전략적 우위를 지속 과정에 주요 구성원으로 참여함을 의미한다. 이는 랜섬웨어 대응 이니셔티브 등에서와 같이 미국 주도의 소다자협의에 무게가 실리고 있다는 점에서도 알 수 있다.

우리나라는 아직 사이버 안보 규범 경쟁 속에서 적극적인 목소리를 내오지는 않았으나, 한미정상회의 이후 미국이 지지하는 "인터넷 미래를 위한 선언"에 동참하기로 하는 등 조금씩 진영을 분명히 해 가고 있다. 이 과정에서 모든 규범 논의 과정에 동일한 지분으로 참여하기보다는 우리의 국익에 직접적 연관이 있는 대북 대응 등에 집중함으로써 실리와 명분을 같이 찾을 수 있는 길을 모색해야 할 것이다. 또한, 동맹국으로서 향후 요구받을 수 있는 역할과 기대에 대해 충분한 고려가 필요할 것이다.

앞으로 우리나라가 사이버 안보 관련 규범 논의, 사이버 안보 강화를 위한 정책 및 기술 협력 시 고려해야 할 사항을 다음과 같이 제안한 바 있다. OEWG의 활성화 및 구체적 협력 아이템 도출에는 구조적인 한계가 존재한다는 점을 인지하고 그에 맞는 대응을 취해야 한다. 둘째, 국제안보 차원의 규범 논의 대응 과정에서 사이버 공간과 관련한 다양한 이슈 대응력을 향상시키기 위한 관련 부처의 인력 지원 및 역량강화가 절실하다. 셋째, 앞으로 구체적·실무적 사이버 안보 정책 및 제도개선 논의, 협력 구체화는 양자 및 소다자 회의체를 통해 논의될 가능성이 높을 것으로 예상되므로, 개별 부처의 단독 행동보다는 유관 부처 간 충분한 정보 공유와 공통된 상황인식을 바탕으로 올바른 정책 방향을 결정하고 추진이 필요하다(김소정 2022e).

참고문헌

국가보안기술연구소 정책연구실. 2015. 『2014-2015 UN 정보안보 GGE 결과자료집』.

김소정. 2013. "사이버 안보 국제협력과 국가전략." 『JPI PeaceNet』 2013-08. 제주평화연구원.

_____. 2022a. "사이버공간에서의 정보기관의 역할 확대와 시사점." 『이슈브리핑』 170. 서울대 국제문제연구소.

_____. 2022b. "우크라이나에 대한 러시아의 사이버 공격: 특이성과 함의." 『JPI-PeaceNet』. 제주평화연구원.

_____. 2022c. "러시아-우크라이나 전쟁과 사이버안보 전략구상의 함의." 『INSS 이슈브리프』 358. 국가안보전략연구원.

_____. 2022d. "한미정상회담과 사이버안보 억지력 강화를 위한 전략적 과제." 『INSS 이슈브리프』 361. 국가안보전략연구원.

_____. 2022e. "유엔 정보안보개방형워킹그룹(OEWG) 회의결과와 한국에의 시사점." 『INSS 이슈브리프』 381. 국가안보전략연구원.

_____. 2022f. "북한의 가상자산 탈취 대응을 위한 한·미 협력 고려사항." 『INSS 이슈브리프』 395. 국가안보전략연구원.

_____. 2022g. "미국의 사이버공격 대응정책과 한국에의 시사점: 솔라윈즈 해킹 대응사례를 중심으로." 『INSS 연구보고서』 2022-04. 국가안보전략연구원.

김소정 외. 2022. "사이버 안보와 개발협력 연계 전략: 영국과 한국 사례 비교." 『전략보고』. 국가안보전략연구원.

김소정·김규동. 2017. "UN 사이버안보 정부전문가그룹 논의의 국가안보 정책상 함의." 『정치·정보연구』 20(2): 87-122.

_____. 2018. "사이버공간의 규범 형성을 위한 UN의 노력과 전망." 서울대 국제문제연구소 워킹페이퍼 No. 96.

김소정·박상돈. 2013. "국제협력을 통한 사이버안보 강화방안 연구." 『융합보안논문지』 13(6).

박노형. 2012. "사이버안전 관련 국제규범의 정립을 위한 연구." 『안암법학』 37.

박노형·정명현. 2014. "사이버전의 국제법적 분석을 위한 기본개념의 연구." 『국제법학회논총』 59(2): 65-93.

박영서. 2021. "[뉴스 따라잡기] 4자 안보 협의체 '쿼드(Quad).'" 『VOA』 2021.4.23.

이지선·김소정, 2023. "사이버 안보와 개발협력 연계 접근에 관한 연구-영국과 한국 사례 비교." 『21세기정치학회보』 33(1).

장노순. 2016. "사이버안보와 국제규범의 발전: 정부전문가그룹(GGE)의 활동을 중심으로." 『정치·정보연구』 19(1).

장노순·김소정. 2016. "미국의 사이버전략 선택과 안보전략적 의미: 방어, 억지, 선제공격전략의 사례 비교 연구." 『정치·정보연구』 19(3).

조동준. 2019. "국제규범을 둘러싼 사회세력 간 경쟁." 『규범의 국제정치』 세계정치 33. 서울: 사회평론아카데미.

조지프 나이. 2012. 『권력의 미래』. 윤영호 옮김. 서울: 세종서적.

한인택. 2013. "사이버 시대의 국가 안보." 『JPI PeaceNet』 2013-01. 제주평화연구원.

NATO 사이버방어센터 초청 국제전문가그룹. 2014. 『탈린매뉴얼: 사이버 전쟁에 적용 가능한 국제법』. 한국전자통신연구원 부설연구소 옮김. 글과생각.

Finnemore, Marth. 2017. "Cybersecurity and the Concept of Norms." *Carnegie Endowment for International Peace*. Nov. 30.
_____. 2017. "Theory & Precedents for Cyber Norms." *MIT CCN* 5.0.
Finnemore, Marth and Duncan B. Hollis. 2016. "Constructing Norms for Global Cybersecurity." *The American Journal of International Law* 110(3): 425-479.
Finnemore, Marth and Kathryn Sikkink. 1998. "International Norm Dynamics and Political Change." *International Organization* 52(4).
Hastie, Hon Andrew. 2022. "Australia US and UK stand together to confront global ransomware threat." *Australian Government Defence*. 10 February.
Magnuson, Stew. 2022. "JUST IN: AUKUS Agreement Poses Cybersecurity Risk to Allies." Sept. 29. https://www.nationaldefensemagazine.org/articles/2022/9/29/aukus-agreement-poses-cybersecurity-risk-to-allies
Markoff, Michele. 2015. "Advancing Norms of Responsible State Behavior in Cyberspace." DipNote: U.S. Dept. of State Official blog. 9 July.
Matishak, Martin. 2021. "U.S. convenes 30 countries on ransomware threat: without Russia or China." *The Record*. October 13.
Maurer, Tim. 2011. "Cyber Norm Emergence at the United Nations: An Analysis of the Activities at the UN Regarding Cyber Security." *Belfer Center for Science and International Affairs*.
Nye, Joseph. 2011. "Nuclear Lessons for Cyber Security?" *Strategic Studies Quarterly* 5(4).
_____. 2014. "International Norms in Cyberspace." http://therisingnepal.org.np/news/3607
Palaniappan, Madhuvanthi. 2022. "Cyber Sovereignty: In Search of Definitions, Exploring Implications." *ORF ISSUE BRIEFS AND SPECIAL REPORTS*. 2022.12.28. https://www.orfonline.org/research/cyber-sovereignty/ (검색일: 2023.5.21.).
Ruhl, Christian. et al. 2020. "Cyberspace and Geopolitics: Assessing Global Cybersecurity Norm Processes at a Crossroads." *Carnegie Endowment for International Peace*, Feb.
UN GA. "Group of Governmental Experts on Advancing Responsible State Behaviour in Cyberspace in the Context of International Security." 2021.7.14.
_____. Draft Resolution. "Developments in the field of information and telecommunications in the context of international security." 21 October 2015, UN Doc. A/C.1/70/L.45
_____. Draft Resolution. "Developments in the field of information and telecommunications in themcontext of international security." 18 October 2013, UN Doc. A/C.1/68/L.37
_____. Report of the "Group of Governmental Experts on Developments in the Field of Information and Telecommunications in the Context of International Security"(2005 Report), UN Doc. A/60/202, 5 August 2005.

_____. Resolution on "Developments in the Field of Information and Telecommunications in the Context of International Security." UN Doc. A/RES/53/ 70, 4 January 1999.

_____. Resolution on "Developments in the Field of Information and Telecommunications in the Context of International Security." UN Doc. A/RES/58/ 31, 8 December 2003.

_____. Resolution on "Developments in the Field of Information and Telecommunications in the Context of International Security." UN Doc. A/RES/68/243, 9 January 2014.

UN. "Letter Dated 9 January 2015 from the Permanent Representatives of China, Kazakhstan, Kyrgyzstan, the Russian Federation, Tajikistan and Uzbekistan to the United Nations: International Code of Conduct for Information Security." UN Doc. A/66/359, 14 September 2011.

The White House. 2021. "Fact Sheet: Quad Leaders' Summit." September 24, 2021.

_____. 2022a. "FACT SHEET: Quad Leaders' Tokyo Summit 2022." May 23, 2022.

_____. 2022b. "Quad Joint Leaders' Statement." May 24, 2022.

_____. 2022c. "FACT SHEET: Implementation of the Australia – United Kingdom – United States Partnership (AUKUS)." April 5, 2022.

_____. 2022d. "FACT SHEET: United States and 60 Global Partners Launch Declaration for the Future of the Internet." April 28, 2022.

_____. 2022e. "FACT SHEET: The Second International Counter Ransomware Initiative Summit." 01 November 2022.

_____. 2023a. "Quad Leaders' Summit Fact Sheet." May 20.

_____. 2023b. "Australia-United States Joint Leaders' Statement – An Alliance for our Times," May 20, 2023.

胡宵雯. 2024. "习近平主持召开中央全面深化改革委员会第四次会议."『新华社』. 2.19.

제13장

사이버 안보와 평화

윤정현 국가안보전략연구원

* 이 글은 이수연·윤정현, "사이버 공간의 평화 개념 모색과 실천적 접근 방향." 『국가전략』 제30권 1호(2024)를 토대로 작성되었음.

I. 들어가며

미 백악관 국가 사이버 국장(National Cyber Director)인 존 크리스 잉글리스(John Chris Inglis)는 "21세기의 인류가 사이버를 위해 존재하는 것이 아니라 사이버 때문에 존재한다"는 점을 강조한 바 있다. 이처럼 인류의 의존성이 절대적으로 증대하고 있는 사이버 공간은 기술과 사회의 발전을 주도하고 있으며 끊임없이 변화하고 있다. 사용자 간 연결성이 강화되고 지연(latency)의 정도가 감소하면서 사이버 공간의 양적, 질적 확장 또한 가속화되는 중이다. 무엇보다도 디지털 전환의 심화에 따라 상호 영향력이 증대됨으로써 사이버-물리세계 간의 경계가 허물어지는 현상 또한 관찰된다. 그 결과 오늘날 사이버 세계는 기존의 온라인 세계에 대한 의미를 넘어 보다 확장된 공간으로서의 개념적 접근이 필요해지고 있다. 나아가, 이러한 확장에 따라 기존의 온라인 세계에 한정되어 있던 사이버 위협 또한 보다 확장적인 의미를 가지며 진화하고 있다.

이처럼 사이버 공간에 대한 여러 위협의 양상이 복잡화되고, 비물리적뿐만 아닌 물리적 공간에까지 영향을 미치게 되면서, 군사안보에 비해 부차적 사안으로 다뤄졌던 사이버 위협 이슈가 이제는 평시와 전시를 가리지 않고 주목받고 있으며, 하이브리드전 형태의 통합적 작전뿐만 아니라 EMP 공격과 같은 공격 또한 이제는 살상무기만큼이나 심각한 이슈로 제기되는 중이다. 실제로 2023년 4월 열린 한미 정상회담의 결과로 발표된 공동성명에서 보듯이, 사이버 안보 이슈는 워싱턴선언의 핵안보 이슈와 함께 한미 전략적 사이버안보 협력 프레임워크를 통해 대등한 의제로 다뤄진 바 있다(조은정 외 2023). 미국의 경우, NATO 회원국들과 주로 협력하던 공간인 사이버 공간에서 다른 동맹국들의 중요성을 인지하고 협력을 확대시키고 있으며 사이버 안보가 안보의 핵심 축이라는 점을 보여준다. 중국, 일본, 러시아, EU 또한 급변하는 사이버 공간과 그에 대한 파급력에 대응하기 위해 법제화를 진행하거나 군 편제를 개편 중이며, 이러한 공통된 행보들은 사이버 안보가 이미 국가안보에서 중요한 부분으로 간주되고 있음을 시사한다.

그러나 이 같은 사이버 안보 이슈를 향한 관심과 대응 노력에 비해 보다 궁극적 목표라 할 수 있는 사이버 공간의 안정성, 나아가 사이버 평화에 대한 실천적인 논의는 거의 부재한 실정이다. 물론, 물리적 세계의 평화 개념을 사이버 공간에 대입하여 시사점을 짚어본 일부 연구들이 존재하지만(Bloom & Savage 2011; Inversini 2020), 사이버 공간이 갖는 동태적 확장성과 초월적 특징이라는 물리적 세계와의 차별성을 면밀히 고려하여 검토한 시도들은 찾기 어렵다. 또한, 사이버 공간의 작동 메커니즘을 지정학적 혹은 탈지정학적 시각으로 재해석한 접근이 있으나(Alperovitch 2022; 나용우 2022), 물리적 공간과 본질적으로 구별되는 사이버 공간의 특성과 구성 원리에 초점을 두기보다는 안보 및 '전장(warfare)'으로서의 유의미성에 보다 집중하는 경향이 있다.

사이버 평화에 대한 심층적인 논의는 더욱 더 찾기 어렵다. 비물리적 세계의 '사이버'와 물리적 세계의 '평화'라는 다른 영역의 분리된 두 개념을 접합하여 사용하고 있는 경우가 대부분이기 때문이다. 물론, 평화 이론가인 요한 갈퉁(Johan Galtung)의 적극적·소극적 평화론의 확장된 논의를 사이버 공간에 적용함으로써, 표면적인 사이버 평화 개념이 내재하고 있는 수면 아래의 취약성, 다시 말해 사이버 공격과 방어가 끊임없이 교차하는 사이버 공간 본연의 역동성을 강조한 연구들도 존재한다(Roff 2016; 윤정현·이수연 2023). 그러나 이들 역시 안정과 불안정의 교차 공간으로서 사이버 공간의 본질적 특성을 부각시킨 기여에도 불구하고, 여전히 전통적 공간에서 통용되던 평화 개념을 비물리적 영역인 사이버 공간에 그대로 적용하고 당위론적 필요성에서만 머무른 한계가 존재한다.

무엇보다도 기존 연구들은 급속한 기술발전에 따라 양적·질적 측면에서 진화하고 있는 사이버 공간의 창발적 현상들과 그 의미를 면밀히 고찰하지 못한 부분이 존재한다. 사이버 공간이 창출된 이후로 인류가 영위하는 활동 범위는 비약적으로 확장되어온 만큼, '안전하고 평화적인 사이버 공간'이 갖는 포괄적 의미는 점차 한정하기 어려워지고 있다. 여기에 양질전화와 이슈연계, 창발적 특징에 기반한 사이버 안보의 '신흥안보(emerging security)'적 양상의 흐름은 사이버 공간의 평화 탐색을 위해 일반론으로서의 평화 개념을 접목시키는 시도에 대한 적실성의 문제를 제기하는 중이다. 즉, 사이버 평화에 대한 논의의 시작은 기존의 물리적 세계를 기준으로 국가 중심적 시각에서 정태적으로 통용되던 협소한 관점을 넘어, 사이버-물리 공간의 경계 초월과 다양한 주체와 이슈 간 연계, 동태적 특징을 반영한 평화 개념의 도입이 필요함을 시사한다.

그렇다면 이 같은 사이버 공간의 진화적 특징을 고려한 사이버 평화 개념을 바라봐야 하며, 그 실천적 접근방향은 무엇인가? 본 연구는 이에 대한 질문에 대한 답하고자 한다. II절에서는 기존 사이버 평화 논의의 쟁점과 한계점을 검토한다. 물리적 세계를 상정한 평화 개념의 접근이 지닌 구조적 문제와 사이버 전쟁의 대척점으로 바라본 협소한 시각들을 비판적으로 고찰하는 한편, 사이버 공간 속 평화의 확장적 특징이 부재함을 짚어볼 것이다. 이를 토대로 III절에서는 대안적 '사이버 평화' 개념을 제시하기 위해 국제정치이론의 관점에서 사이버 영역의 특징과 작동 메커니즘을 고찰한다. 주류 이론이라 할 수 있는 지정학 기반의 현실주의적 접근으로 설명할 경우 나타나는 문제점과 대안적 시각으로서 네트워크 이론에 기반한 탈지정학적 접근의 유용성을 검토하고자 한다. 폭력의 유무를 넘어, 사이버 공간의 조직 원리와 힘의 배분 상태, 사이버 공간의 동태적, 진화적 특징이 주안점이 될 것이다. 이어 IV절에서는 사이버 평화 실현을 위한 조건과 주요 가치로서 앞 장의 이론적 검토에 근거하여 사이버 평화를 실현하기 위한 주요 조건들을 제시하고자 한다. 유의미한 참여자 확대에 따른 다중이해당사자주의적 접근, 과정으로서 사이버 평화 개념 지향, 항상성 기반의 회복력 강화 방안 등이 대표적이라 할 수 있다. 이를 통해 마지막 V절에서는 사이버 평화를 실현하기 위한 주요 가치로서 향후에 다뤄야 할 사안들을 짚어보기로 한다. 나아가 본 연구가 갖는 의의와 한계뿐만 아니라 후속 논의에서 검토할 몇 가지 방향들을 제시하며 글을 마무리하고자 한다.

II. 기존 사이버 평화 논의의 쟁점과 한계

1. 물리적 세계를 상정한 평화 개념의 접근

사전적으로 평화는 "평온하고 화목한 상태로서 전쟁이나 분쟁 등이 존재하지 않는 상황"으로 정의된다. 그러나 이와 같은 전통적 의미의 평화 개념으로는 더 이상 복잡성과 다양한 이해당사자가 난립하는 현실에서 발생하는 평화의 난제를 이해하기 어려워졌다. 갈퉁에 따르면 소극적 평화는 부정적인 무언가가 없는 상태(without), 적극적 평화는 무언가가 없는 상태를 넘어 기본적으로 긍정적인 무언가가 보장된 상태(with)를 의미한다(Galtung 1969). 그의 논의를 사이버 공간에 적용한다면, 소극적 사이버 평화는 '사이버 전쟁', '사이버 테러', '사이버 범죄' 등이 부재한 상태라 볼 수 있다. 그러나 이 같은 물리적 환경에 기반한 개념적 특징들은 사이버 공간에 그대로 적용되기 어렵다. 예를 들어, '전쟁권(*Jus ad Bellum*)'의 경우, 전쟁의 선포에는 명확히 규정되고, 책임을 귀속시킬 수 있는 '적'이 존재해야 한다(윤정현·이수연 2023, 5). 그러나 물리적 영역과 달리 사이버 공간은 명시적인 공격자를 식별하는 것이 불가능한 경우가 대부분이다. 공격 대상과 공격의 목표 등을 명확하게 구분할 수 없는 상황에서 물리적 공간에서와 같은 기준으로 전쟁의 시작이 언제인지 파악하는 것은 무의미해진다. 오히려, 공식적인 전쟁 선포 없이도 사이버 공간에서는 전쟁과 같은 폭력적 상황에 놓일 수 있는 위험이 상존하며, 실제로 치열한 사이버전(cyber warfare) 역시 물리적 공격을 함께 수반하는 예외적인 경우를 제외하고는 암묵적으로 벌어진다. 이는 사이버 공간에 소극적 평화 개념을 그대로 원용하는 데에 한계가 있다는 것을 의미한다.

두 번째 문제는 '직접적 폭력의 부재' 이상의 적극적 평화를 사이버 공간에 적용할 수 있는가이다. 모두가 받아들일 수 있는 평화와 폭력에 대한 보편적인 정의를 수립하는 것은 갈퉁 역시 비현실적이라 보았다(Galtung 1969). 사회와 기술이 변화함에 따라 평화와 폭력에 대한 범위와 사회적 이해 또한 변화할 수밖에 없기 때문이다. 또한, 부정적인 상태가 제거되고 기본적으로 보장되는 무언가를 사회적으로 합의하는 데 있어 가치판단의 개입은 필연적이다. 그러나 여기에는 가치판단의 주체를 누구로 설정할 것인지의 문제를 수반하게 된다. 결국, 적극적 평화 역시 앞서 언급한 사이버 공간의 속성이 '무결한 환경'의 달성을 목표로 하는 것은 비현실적이며, 달성하기 어려운 문제이다. 특히, 앞서 언급한 것처럼, 디지털 세계에서 우리는 언제나 인지하지 못하는 순간에도 사이버 공격과 방어의 메커니즘에 끊임없이 노출되어 있다. 그것이 체감할 수 있는 임계점에 도달하지 못했을 뿐이다. 이는 적극적 평화의 기본 전제가 되는 부정적 상태를 해소하려는 시도조차도 쉽지 않음을 의미한다.

나아가, 상술한 정의에서 알 수 있듯이, 사이버 평화는 인권, 경제, 안보, 국제협력 등 초국가적이며 거시적 측면을 지닌 특징뿐만 아니라 개인정보 보호 이슈 등 개인 단위에서도 일상에서 마주하는 미시적인 문제들까지도 포괄해야 하는 대단히 복합적이고 다차원적인 조건을 만족시켜야 하는 사안일 수도 있다. 그러나 이 모든 것을 포함한다는 것은 달성하기 어려운 문제이자 과잉 안보화의 위험으로 귀결될 위험성을 내포한다. 또한, 소극적·적극적 평화 개념이 담을 수 없는 사이버 평화의 사각지대 역시 존재할 수 있다. 사이버 평화 논의는 사이버 공간의 실질적 안전 확보나 이를 위한 실천적 측면에서 보더라도 물리적 세계의 적극적·소극적 개념의 구분을 넘어서야 할 필요성을 제기하는 것이다.

2. 사이버 전쟁의 대척점으로서의 협소한 시각

사이버 공간은 근대적 공간이라기보다는 탈근대적 속성을 보이는 공간이다. 이를 고려할 때, 우리는 사이버 평화 개념에 대한 본격적인 논의에 앞서 사이버 공간의 특징과 작동 메커니즘에 대해 검토할 필요가 있다. 불충분한 논의 속에서 '사이버 평화'는 어렴풋이 '사이버 전쟁(cyber war)'의 대척점에 있는 개념 정도로 간주되어 왔다(In-versini 2020, 264). 그러나 이 같은 이분법적 구분은 실제 사이버 공간을 둘러싼 작동 메커니즘을 충분히 설명하지 못하며, 논의의 폭을 대폭 한정시킬 수 있다(NATO 2019; 박동휘 2022, 56). 심지어 국가 및 국가에 준하는 정치집단, 또는 이들을 지지하는 개인이 정치적 의지를 달성하기 위해 수행하는 다양한 교란, 첩보, 파괴, 선전, 조작 행위 등 '사이버전(cyber warfare)'과 관련된 직간접적 활동(박동휘 2022, 56)조차 다루지 못하는 협소한 논의에 머물 수 있다. 실제로 국가 간 폭력적 대립, 갈등 전반을 의미하는 'war'의 하위 개념인 'warfare'는 '화생방전', '전자전'처럼 사이버 전쟁을 수행하는 메커니즘, 방법론 등을 의미하기 때문에(NATO 2019), 이들은 명시적인 폭력으로 드러나기도 하지만, 정보심리전과 같이 표면적인 평화를 가장한 형태로도 발현된다(RAND 2023). 즉, 긴장과 갈등마저도 인지하지 못하는 고도로 은폐된 상태로도 존재할 수 있는 것이다. 이 같은 가능성은 사이버 평화를 단순히 사이버 전쟁의 대척점으로 바라보는 접근이 내재한 설명력의 한계를 보여준다.

다행히도 현재까지 '사이버 진주만(cyber Pearl Harbor)'에 버금가는 사건은 발생하지 않았지만(Nye 2022, 35), 사이버 공간에서 이루어지는 공격행위에 대한 정의가 모호하다는 난제 역시 존재한다. 사이버 공간 내부에서 발생하는 공격이나 갈등은 물리적 폭력으로 정의하기 어려운 것들이 많으므로, 갈퉁이 구조적·문화적 폭력에 주목한 것처럼 눈에 보이지 않는 비물리적 폭력의 부재와 같은 상태의 본질적 속성에도 주목할 필요가 있는 것이다.

나아가, 근대 국제정치에서 안보 개념은 무엇보다도 국가의 생존을 전제로 하고 있는데, 사이버 안보는 국가의 생존에 한정하여 볼 수

있는 문제인지도 의문이다. 그렇다면 사이버 공간에서 국가의 생존
도, 인간의 생존도 위협하지 않고 치열하게 벌어진 공격행위가 발생
하면 이는 안보가 부재한 상황이라고 볼 수 없는 것인가? 근대적 이분
법적 구조에서 생존에 위협을 받지 않았으니 평화 상태에 있는 것인
가? 공간의 성격이 바뀌었으니, 근대에 정의된 생존의 문제로만 제한
해서 안보의 문제를 바라보는 접근은 적절하지 않은 것이다.

　　사이버 평화 논의에서 중요한 또 하나의 쟁점은 사이버 안보와 평
화와의 관계성이다. 평화 상태를 당연한 것으로 영위할 수 있는 상태
에서는 평화에 대한 개념적 정립의 필요성을 인식하지 못한다. 평화
가 부재한 상황, 즉 안전을 보장해야 하는 필요성이 절실함을 인식하
는 순간부터 평화는 인지되기 시작한다. 이러한 이유로 안보와 평화
개념은 상호 분리할 수 없는 관계로 형성되어 왔다. 실제로 안보는 평
화를 위한 필요조건으로 간주되며 평화적 상태로 나아가기 위해 우선
적으로 달성되어야 하는 단계와 등치되기도 한다. 따라서 평화 논의
의 시작에는 평화와 안보의 관계에 대한 검토가 필요하다. 일반적으
로 국제정치에서 안보는 생존과 긴밀하게 연결되어 있다. 잘 알려진
대로, 홉스(Thomas Hobbes)는 자연 상태를 "만인의 만인에 대한 투
쟁" 상태로 보면서 이것이 바로 안보 부재의 근원이자 죽음에 대한 두
려움으로 연결함으로써 안보를 생존의 문제로 만들었다(민병원 2012,
208). 즉, 근대적 개념의 안보는 생존과 연계되어 있는데, 이를 사이버
공간에 그대로 가져갈 경우, 사이버 안보도 생존을 전제로 해야지만
안보화될 수 있느냐의 문제가 발생하게 된다.

　　전쟁이나 분쟁이 없더라도 인간의 삶을 혹은 세계를 뒤바꿀 만한
변수들은 다양하게 존재하므로, 평화를 좁게 정의할수록 현실의 문제
를 해결하는 것은 어려워질 수밖에 없다. 과거 미국은 9.11테러에 직

면했을 당시 '테러와의 전쟁'을 통해 평화를 해치는 폭력 행위에는 그에 상응하는 폭력 행위로 대응하겠다는 의지를 표명한 바 있다. 이와 유사한 맥락에서 지난 20여 년간 발표된 미국의 사이버 전략은 단순한 대응에 그치지 않고 잠재적 위협요소에 대한 불안정성을 적극적으로 해소하기 위한 방향으로 발전해왔다. 2003년 부시 행정부는 최초의 국가사이버안보전략인 '안전한 사이버 공간을 위한 국가전략(National Strategy to Secure Cyberspace 2023)'의 경우, 사이버 공격에 대하여 자국 이익에 미치는 해악에 비례하는 무력으로 대응하겠음을 천명한 바 있다(US DHS 2003). 동 전략은 미국 정부의 최초 사이버 안보 전략으로 민관협력 체계 구축과 사이버 사고 대응을 위한 연방 차원의 대응 계획을 수립하는 데 기여한 것으로 평가된다(김소정 2023, 2-3). 2018년에는 2003년 사이버 안보 전략을 개정한 '국가사이버전략(National Cyber Strategy)'을 발표했는데, 여기에는 사이버 공격에 대한 '전략적 억지력' 달성을 강조한 점이 특징이다. 가장 최근인 2023년 3월 발표된 국가사이버안보전략은 보다 광범위해진 사이버 안보 확보 영역을 구체적으로 열거했으며(The White House 2023), 주요 정보통신 기반시설과 공급망 보호, 신기술 발달에 따른 국가안보 강화 방안 및 보안 생태계 구축, 민관협력 강화 등이 명문화되었다(김소정 2023, 2-3).

3. 사이버 공간 속 평화의 확장적 특징 부재

전술한 바와 같이 갈퉁은 구조적·문화적 폭력 개념을 도입함으로써 표면적인 폭력과 갈등에서 확장된 평화 개념을 제시한 바 있다. 그의 통찰이 평화 논의를 새로운 궤도에 올려놓았다는 점에서 분명한 의의가 있는 것은 사실이다. 실제로 국제전기통신연합(ITU)조차 사이버 평화를 "무질서, 혼란, 폭력이 부재한 건전한 평온의 상태(wholesome state of tranquility, the absence of disorder or disturbance and violence)"에 기반한 "사이버 공간의 보편적 질서(universal order of cyberspace)"로 정의함으로써(윤정현·이수연 2023, 7), 드러나는 폭력성과 무질서에 초점을 맞췄기 때문이다. 그럼에도 불구하고 갈퉁의 논의가 안고 있는 중요한 한계는 정태적 평화 개념에 기반한다는 점이다.

케네스 볼딩(Kenneth Boulding)은 갈퉁의 평화 개념이 정적인 차원에 지나치게 초점을 맞춤으로써 동적인 진화 과정을 간과한다고 비판한 바 있다(민병원 2023, 10). 이는 갈퉁의 평화 개념이 단선적 확장에만 머물렀기 때문에 제기된 비판이기도 하며, 사이버 공간에 적용해 본다면, 공간이 확장된다고 하여 그 공간에서의 평화 개념이 단순히 외연을 확장하는 데서 그치는 것이 맞을지에 대한 의문으로 연결된다. 공간이 단순히 양적으로만 확장하지 않고 질적으로도 진화한 만큼 그 공간에 대한 평화 개념의 정립을 위해서는 단선적 확장이 아닌 사고의 전환이 필요한 것이다. 볼딩에 따르면, 세계에서 발생하는 동적인 변화들은 무한 생존경쟁이 아니라 오히려 공존하기 위한 상황에서 피할 수 없이 나타날 수밖에 없는 상호작용으로 이해되어야 한다(민병원 2023, 10). 정적인 상태를 포착하려는 사고에서 동적인 과정을 이해해 보려는 시각으로 보는 각도를 달리 해보는 것이다.

이러한 관점에서 최근 진행되고 있는 평화 개념 연구에서 주목해 볼 만한 개념들이 있다. 먼저, '일상적 평화(everyday peace)'이다. 이는 기존에 구조적이고 거시적 차원에서 평화 논의가 진행됨에 따라 간과되었던 미시적 수준의 개인적이고 평범한 평화까지 아우른다는 점에서 의미가 있다. 미시와 거시를 단순히 이분법적으로 접근하지 않으며 미시와 거시의 관계를 구성하는 데 초점을 맞추고 있으며, 이는 '신흥평화'라는 개념을 내세워 새롭게 제기되고 있는 논의에서 말하는 창발(emergence)과도 연결된다(허지영 2022, 180-181; 김상배 2023, 236). 다음은 '양질의 평화(quality peace)' 개념이다. 기존의 주류 국제정치이론에서 국가들은 자력구제(self-help)를 위하여 폭력을 사용할 수밖에 없음을 주장하였기에 여기서 평화는 과도기적으로 존재할 수밖에 없는 개념이었다. 하지만 양질의 평화는 다양한 형태로 존재하는 폭력을 넘어서고 그 상태를 '지속'하는 데에 초점을 맞추고 있다. 이는 신흥안보와 신흥평화 논의에서 복잡계 이론을 원용하여 제시하는 '항상성 유지'와도 맥을 같이한다(서보혁 2022, 108-109; 김상배 2023, 241).[1] 따라서 우리는 사이버 평화 개념의 본격적인 논의에 앞서 물리적 공간과 대별되는 사이버 공간의 특징을 국제정치이론의 시각에서 살펴보고 평화 개념의 의미를 폭넓게 고찰할 필요가 있다.

III. 국제정치적 이론으로 본 사이버 공간의 구성원리와 작동 메커니즘 탐색

1. 지정학 질서에 기반한 현실주의적 접근

따라서 우리는 사이버 평화를 정의하기에 앞서 '평화' 개념이 적

---

1   김상배는 탈근대 시대의 복합적 안보위협의 창발 속에서도 환원적 제어를 부과하는 상호작용이 발생함으로써 시스템의 안정성을 유지하는 현상이 나타나고 있다고 보았다. 그리고 이를 자기조직화의 메커니즘에서 생성되는 '항상성(恒常性)'의 개념으로 설명한다(김상배 2023, 225).

용되는 사이버 세계의 물리적 공간과의 차별적 특징에 대해 우선적으로 살펴봐야 한다. 현실세계 혹은 물리적 공간을 암묵적으로 전제해 왔던 평화 논의에 사이버라는 조건 개념을 접목시킬 경우 앞서의 전제들과 구분되는 사이버 공간의 특징을 이해할 필요가 있다. 그렇다면 사이버 공간과 물리적 공간 사이에는 어떠한 차별점이 존재하는가? 사이버 평화의 개념 논의는 이러한 질문에서 출발해야 한다. 국제정치를 설명하는 다양한 패러다임 중, 현실주의 이론은 물리적 공간에 대한 시각을 가장 잘 대변해 왔던 접근이었다. 특히, 지정학의 중요성과 국제정치 구조의 메커니즘을 강조해온 현실주의 이론은 물리적 공간의 특성을 이해하는 데 중요한 인식론적 틀을 제공해왔다(Flint 2007, 45).[2] 예를 들어, 구조적 현실주의는 주권을 통해 형식적인 평등을 누리고 있는 근대국가들의 관계를 단위 간 위계가 존재하고 기능이 분화된 국내 정치와 구분하여 무정부 상태에 단위들의 기능이 분화되어 있지 않은 상태로 설명한다(Waltz 1979, 88-97). 또한, 국가들이 불평등한 상태에 있다고 느껴 위계가 존재하는 것이 아닌지에 대한 의문에는 '구조 내 힘의 배분 상태'로 설명을 대신하고 있다(전재성 2014, 8-9). 이처럼 국가 단위로 구성되어 있는 국제체제를 무정부 상태로 규정하고 있지만 진정한 의미에서의 무정부 상태는 사이버 공간의 조직 원리에 해당하는 것일 수도 있다. 국가는 주권을 가진 상위의 '권위체(authority)'라고 볼 수 있는데, 사이버 공간에는 주권의 기본 전제가 되는 물리적 영토부터 존재하지 않으므로 문자 그대로 '무정부' 상태에 있기 때문이다. 물론 근대 주권국가의 틀 안에서 기술의 발

---

2   지리학, 특히 정치지리학에 기반하고 있는 지정학(geopolitics)은 '정치적 공간'의 유기체와 그 구조를 탐구하는 학문이라 할 수 있다. 지리적 관점에서 이해된 지역의 본질은 지정학의 틀을 제공하기 때문이다(Flint 2007, 45).

달에 따라 새롭게 창조된 공간이 사이버 공간이다보니, 기존의 근대적 발상을 뛰어넘지 못하는 한계가 존재할 수밖에 없는 것은 사실이다. 주권을 가진 국가가 사이버 공간에서 영토 개념에 근거한 관할권을 행사하려 하는 것이 대표적이다. 영토의 경계가 명확히 존재한다고 보기 어려운 사이버 공간에서 발생한 문제를 영토 개념을 전제로 한 방법을 통해 접근한다면 모순이 발생할 수밖에 없다.

제국주의 등을 통해 영토를 확장하는 것이 가능하던 시대에서조차도 물리적 공간의 영토는 제한적이었으며, 첨단기술의 발달로 우주, 해저 등 인간이 물리적으로 경험할 수 있는 공간이 확장된다고 하더라도 사이버 공간의 확장성과는 구분된다는 점을 인식할 필요가 있다. 따라서, 물리적 영토가 존재하지 않는다는 이유로 사이버 공간을 완전한 무정부 상태라고 정의하는 것 역시 문제를 내포하고 있다. 무정부성 역시 질서를 구성하는 원리 중 하나의 형태라고 할 수 있기 때문이다. 영토에 근거한 근대적 개념인 무정부성을 적용할 수 없다는 것이 무질서로 연결되지 않는다는 의미이다. 무정부적 상태 개념 역시 근대 국제질서의 발상에서 연원하였으며, 탈근대 패러다임으로 사이버 공간을 이해하는 것은 또 다른 차원의 문제이기 때문이다. 물리적 세계와는 또 다른 세계로 지칭하는 점에서 알 수 있듯이, 사이버 세계는 기술 발전에 따라 무한하게 확장될 수 있으며, 엄연히 자체의 논리가 적용되는 영역(domain)으로서 존재할 수 있다.

즉, 현실주의는 국제체제 내 실질적인 불평등 관계를 설명하기 위하여 힘의 배분 상태를 제안한다. 그리고 국가 간 힘의 배분 상태는 구조의 안정성을 결정하는 변수가 된다. 근대의 이분법적 사고의 틀 속에서 구조가 불안정하여 갈등이 발생한 상태를 전쟁 상태라고 한다면, 그 반대인 안정된 구조는 평화 상태를 의미한다고 볼 수 있다. 따라서 구조적 현실주의 이론에서는 주로 힘이 배분된 현재의 상태에 주목하며, 어떻게 힘이 배분되어 있을 때 구조가 안정적인가에 관심을 가진다. 즉, 단극, 양극, 다극과 같은 극성(polarity)에 초점을 맞추어 설명하며, 여기서 파생되는 개념 중 대표적인 것이 세력균형이라고 할 수 있다.

현실주의의 논의를 그대로 사이버 공간에 다시 한번 적용해 보았을 때, 사이버 공간에는 극성이 존재한다고 할 수 있을까? 풀어서 설명하자면, 국가라는 명확한 행위자가 존재하고, 이 국가들의 힘의 배분 상태에 따라 강대국과 약소국이 구분되며, 강대국의 수에 따라 극성이 구분되는, 균형의 여부와 안정성의 여부를 파악할 수 있는 '힘의 배분 상태'라는 것이 사이버 공간상에 존재하는가? 존재한다면 현실세계와 일치하는가? 만약 힘의 배분 상태 혹은 극성이 존재하지 않는다면, 왜 현실세계와 차이가 발생하는 것이고, 무엇이 이러한 차이를 유발하는 것인가? 결론부터 말하자면, 사이버 공간에서 힘의 배분 상태는 존재할 수 있으며, 이는 현실세계와 일치하지 않을 수 있다. 그 이유는 다음에서 찾을 수 있다. 먼저, 힘의 배분 상태에 대한 논의는 공간을 구성하는 행위자를 전제하고 있다. 또한 현실주의의 시각을 그대로 원용하는 경우, 그 행위자는 당연히 국가이다. 하지만 사이버 공간에서의 행위 주체는 국가로 한정되어 있지 않다. 또한 물리적 공간에서 '힘'을 구성하는 요소와 사이버 공간에서 '힘'을 구성하는 요소는 다를 수 있다. 이를 잘 보여주는 것이 '기술 진보의 역설(a paradox of technological advance)'이다. 현실세계에서 군사력과 경제력이 국가가 가진 힘을 판단하는 척도라면, 오히려 이러한 힘을 가진 국가일수록 사이버 공간이 발달되어 있어 저강도의 사이버 공격에도 대규모 피해를 겪을 수 있기 때문이다(나용우 2022, 2).

표 13.1 국가 종합 역량[3]과 국가 사이버 역량[4] 비교

	국가 역량 순위 (Country Power Rankings)		국가 사이버 역량 지수 (National Cyber Power Index)
1	미국	1	미국
2	중국	2	중국
3	인도	3	러시아
4	러시아	4	영국
5	일본	5	호주
6	프랑스	6	네덜란드
7	영국	7	한국
8	브라질	8	베트남
9	독일	9	프랑스
10	캐나다	10	이란
11	사우디아라비아	11	독일
12	호주	12	우크라이나
13	한국	13	캐나다
14	터키	14	북한
15	이탈리아	15	스페인
16	인도네시아	16	일본
17	멕시코	17	싱가포르
18	스페인	18	뉴질랜드
19	나이지리아	19	이스라엘
20	이란	20	스웨덴

출처: ISA(2022); Voo et al.(2022)를 참고하여 저자 작성.

〈표 13.1〉은 힘의 배분 상태가 현실 공간과 사이버 공간 사이에서 일치하지 않을 수 있음을 보여준다. 각 지표에 따라 제시된 25개의 국가 중 미국과 중국을 제외한 23개 국가의 순위가 모두 일치하지 않았으며, 구체적으로 살펴보면 현실 공간에서는 상위 25위 안에 들었던

---

3 한 국가의 전체적인 힘의 수준을 결정하는 요인으로 경제력, 인구수, 군사력, 환경 및 자원, 정치적 권력, 문화적 영향력, 기술력 등 7가지를 선정하여 평가하였다(ISA 2022).
4 〈표 13.2〉에 제시된 8가지 목표(목적)별 의도와 역량을 종합적으로 고려하여 산출한 결과이다.

표 13.2 국가 사이버 역량 지수 내 8가지 목표(목적)별[5] 상위 5개국

	① 금융	② 감시		③ 첩보	④ 상업
1	북한	중국	1	미국	중국
2	중국	베트남	2	중국	미국
3	베트남	이란	3	영국	러시아
4	이란	미국	4	호주	영국
5	미국	사우디아라비아	5	네덜란드	한국
	⑤ 방어	⑥ 정보 통제		⑦ 파괴	⑧ 규범
1	호주	미국	1	미국	미국
2	우크라이나	러시아	2	러시아	영국
3	미국	중국	3	중국	싱가포르
4	프랑스	베트남	4	영국	중국
5	영국	영국	5	이란	네덜란드

출처: Voo et al.(2022)를 참고하여 저자 작성.

인도, 브라질(10위 이내), 이탈리아, 인도네시아, 멕시코, 나이지리아, 파키스탄, 남아프리카 공화국, 아랍에미리트가, 사이버 공간에서는 네덜란드, 베트남(10위 이내), 우크라이나, 북한, 싱가포르, 뉴질랜드, 스웨덴, 스위스, 에스토니아로 변경되었음을 확인할 수 있다. 〈표 13.1〉의 비교는 물리적 공간과 사이버 공간에서 힘의 배분 상태가 다를 수 있음을 보여주기에는 적절했을지 모르지만 사이버 공간에서 힘의 배분 상태를 조사할 때 대상이 국가로 한정됨에 따라 사이버 공간의 주요 행위자들이 제대로 다루어지지 않았다는 점에서 한계가 있다. 〈표

5   8가지 목표(목적): ① 부 축적 및 암호화폐 추출(랜섬웨어 공격 등), ② 국내 집단 감시 및 모니터링(자국민 감시, 해외 정보기관 및 범죄 조직의 탐지 및 교란 등), ③ 국가안보를 위한 해외 첩보 수집(해킹을 통한 접근 등), ④ 성장하는 국가 사이버 및 상업 기술 역량(합법적 사이버 보안 연구개발 투자, 불법적 산업 스파이 행위 등), ⑤ 국가 사이버 방어 강화(정부 및 국가 자산과 시스템 방어력 강화 등), ⑥ 정보 환경 통제 및 조작(국내외 정보 통제, 선전, 허위 정보 생성 등), ⑦ 적의 인프라 및 능력을 파괴 또는 무력화(분산 서비스 거부 공격 등), ⑧ 국제 사이버 규범 및 기술표준 정의(규범 관련 논쟁에 적극 참여, 조약 체결 등)(Voo et al. 2022, 5-6).

13.2〉 역시 국가만을 행위자로 상정하고 있다는 한계가 있긴 하지만 〈표 13.1〉보다 세부 목표(목적)에 따라 순위를 보여줌으로써 현실세계였다면 결코 상위권에서 찾아볼 수 없었던 국가들이 등장함을 더욱 잘 드러내고 있다. 특히 금융, 감시, 정보 통제 등의 목표에서 두드러지게 나타나고 있다. 전통적 관점에서 접근한 국가들의 물질적 자원 순위와 일치하지 않음을 시사하는 것이다.

2. 탈지정학적 관점: 네트워크 이론의 대안적 시각

여기서 다시 한번 질문을 던져볼 수 있을 것이다. 과연 현실세계의 역량으로 북한이 미국을 섣불리 공격할 수 있을까? 9.11과 같이 테러의 형태가 존재하기는 하지만 공격한다고 하더라도 그 이후의 보복을 감당해 낼 수 있다고 보기는 어려울 것이다. 하지만 북한은 미국과의 관계에 있어 물리적 공간에서 비대칭적으로 배분된 힘을 사이버 공간의 특징으로 극복하고자 한다. 국가뿐만 아니라 기업이나 핵티비스트, 해커 등과 같은 새로운 행위자도 사이버 공간이라는 구조 내에서 충분히 힘을 확보하고 있으며, 특정한 경우에는 국가를 능가하는 역량을 보유하기도 한다. 사이버 공간이 진화함에 따라 이를 구성하는 행위자의 범위 역시 확장되고 진화하면서 물리적 공간에서의 극성 혹은 힘의 배분 상태를 그대로 적용하는 데 있어 부족한 부분이 있을 수 있음을 확인할 수 있다.

바로 이 지점에서 사이버 영역을 바라보는 탈근대적 시각의 유용성이 발휘된다. 어떤 현상(A)을 무언가(B)를 부정하는 형태(A=~B)로만 인식하는 것은, 실체에 집중하는 것이 아닌, 문제를 이분법적으로 치환함으로써 단순화하여 인식하고자 하는 언어적 실천으로 인한 것이라는 설명이다(전재성 2014, 32-33). 분명히 사이버라는 공간은 비물리적일지라도 존재하고 있으며, 근대적으로 정의할 수 있는 영토를 가지고 있지 않지만, 그 안에서 다양한 행위자들이 상호작용하며 공간을 구성해 가고 있다. 즉, 사이버 공간은 비어 있는 공간이 아니다. 행위자 간 역학관계가 일어나는 채워진 공간이기에 갈등도 존재하는 것이고, 안보, 전쟁, 평화 등을 논할 수 있게 되는 것이다. 바꾸어 말하면, 나름의 질서를 구성하려는 힘이 존재하는 공간이라는 의미이다. 근대적 의미의 영토는 없을지라도 질서를 구성하는 원리는 작동할 수 있는 공간이라고 할 수 있다.

탈근대 패러다임의 국제정치이론 중 네트워크 이론은 위계성 여부에 매몰되거나 영토 기반 개념에 천착하지 않으면서 사이버 영역의 특징을 잘 설명해 준다. 네트워크는 링크의 맺고 끊기가 유연하므로 끊임없이 형태를 바꿀 수 있으며 영토적 크기나 경계에 구속받지 않는다. 오히려 강한 연결고리를 많이 보유한 노드가 얼마나 중심성을 확보할 수 있는가가 네트워크 세계에서의 위계성을 결정짓는 변수가 되기도 한다(김상배 2008, 53-55). 또한, 네트워크 환경에서 발생하는 이들 분야의 권력은 행위자들이 보유한 자원이나 속성보다는 행위자들이 벌이는 상호작용의 맥락에서 작동한다는 특징을 지닌다. 다시 말해, 단순히 군사력과 경제력과 같은 자원권력에 의지하는 게임이 아니라, 정보·지식·문화·커뮤니케이션 등과 같은 비물질적 자원을 기반으로 작동하는 양상들을 잘 드러내준다(윤정현 2020, 43).

국제정치에서 가장 쉽게 접할 수 있는 현실주의에서 공간의 특성을 설명하기 위해 제시한 개념들을 통해 사이버 공간이 물리적 공간과의 성격이 다른 새로운 공간임을 확인할 수 있었다. 사이버 공간은 그 자체로도 새롭게 창조된 공간이지만 이후에도 계속해서 진화해

온 공간이라고 할 수 있다. 공간이 고전지정학의 전유물이 아닌 탈지정학적 성격을 띨 수 있음을 보인다. 예를 들어, 과거에 거대한 기업들은 대규모 시설과 대규모 인력 등이 필요했지만 현재의 구글이나 메타 등과 같은 거대 기업들은 사이버 공간, 즉 디지털 기반으로 활동하며, 물리적 시설 및 자산은 이전보다 적게 소유하면서 인간에 대한 의존도도 훨씬 낮은 편이며, 지리적 거리의 제약을 받지 않아 확장이 용이하다(Dear 2021, 22). 이러한 특징들은 전형적인 탈지정학적 특징이라고 할 수 있다.

우리가 목도하고 있는 사이버 공간의 또 다른 진화 양상은 평화 논의가 사이버 공간에서만 머물러서는 안 된다는 점이다. 사이버 공간에서는 안보가 생존의 문제로 제한되는 것이 적절하지 않을 수 있고, 평화가 물리적 폭력 상태의 부재로는 설명될 수 없는 것이 사실이다. 하지만 물리적 공간과의 연계가 발생하고 이것이 시차 없이 매끄럽게 전환된다면 두 공간의 복합된 형태의 평화 상태를 고민해야 할 필요가 생긴다. 분명 과거에는 사이버 공간에서 행해진 공격으로 사망한 사례가 없다고 주장하는 것이 가능했다. 하지만 이는 점점 수용되기 어려운 주장이 되어가는 중이다. 2017년에 발생하였던 워너크라이 랜섬웨어 공격으로 인하여 영국의 보건 당국이 피해를 겪었고, 환자들의 예약이 대규모로 취소되는 사태가 발생하기도 하였으며, 코로나19 팬데믹 기간에는 병원, 백신을 개발하는 제약회사, 백신 생산 공장 등이 해커들의 공격 대상이 되기도 하였다(Nye 2022, 34).

동시에 기술의 발전은 사이버 공간을 양적, 질적으로 진화시켰다. 처음 사이버 공간이 등장할 때 비하여 서버가 계속 증축됨에 따라 양적으로 공간이 확장되었다. 또한 통신기술의 발달로 지연 속도가 빠르게 줄어듦에 따라 물리적 공간과 사이버 공간이 주고받는 영향의 시차가 더욱 좁혀지고, 사물 인터넷도 이러한 초연결성을 더욱 강화함에 따라 물리적 공간과 사이버 공간 간 연계를 통해 사이버 공간의 기능이 질적으로 더욱 확장되는 전환이 일어나기도 하였다. 초기에 사이버 공간은 물리적 공간의 보조적 역할만 수행하는 보완적 성격이 강했다면 이제는 일정 부분에 있어서는 대체될 수도 있을 정도로 질적 성장을 이뤄낸 것이다. 데이터센터 화재가 사이버 공간에 영향을 미치고, 분산 서비스 거부(DDoS) 공격으로 인한 사이버 공간 마비가 현실세계에 영향을 주는 사례를 통하여 두 공간이 쌍방향으로 연계된 공간임을 다시 한번 확인할 수 있다(윤정현·이수연 2022, 134-135). 마찬가지로 사이버 공간에서 탈취한 암호화폐를 미사일 개발에 활용하는 북한의 사례 역시 탈지정학적 공간과 지정학적 공간을 넘나드는 안보, 평화 이슈의 대표적 사례라고 할 수 있고, 이를 통해 던질 수 있는 질문이 바로 "사이버 평화는 사이버 공간의 평화만으로 달성할 수 있는 문제인가?"이다. 결국 사이버 공간의 진화 양상에 따라 궁극적으로 사이버 평화는 물리적 공간의 평화와 연계될 수밖에 없는 문제인 것이다. 이러한 이유에서 우리는 동태적인 사이버 공간의 진화적 의미를 포착하는 것이 중요하다.

IV. 사이버 평화를 위한 실천적 접근

1. 다중이해당사자주의적 접근

근대의 가장 대표적인 형태인 국가의 형태가 베스트팔렌 이후 형성되었고 현재에도 그러한 주권국가에 입각하여 논의가 진행되는 경향이 강하다. 사이버 평화의 실현을 위해 행위자의 인정 범위를 확대해야 하는 이유는 무엇일까? 사이버 공간에서는 민간기업, 시민단체, 개인에 더하여 트랜스 휴먼, 포스트 휴먼에 이르기까지 다양한 행위자가 활동하기 때문이다. 비국가 행위자도 위협을 행사할 수 있는 주체가 충분히 될 수 있는 상황이기 때문에 사이버 공간의 평화는 '탈국제정치적(post-international politics)'이라고 할 수 있다(송태은 2023, 354). 따라서 평화 개념을 질적으로 전환시키기 위해서는 국가 중심적, 특히 근대적 국가 개념에 천착한 관점에서 벗어날 필요가 있다. 탈근대적 국가 개념으로 네트워크 국가 논의와의 연결 또한 그려볼 수 있을 것이다.

최근 사이버 공간에서 주목받는 행위자는 국가가 아닌 민간 행위자였다. 하지만 최근에는 국가 지원 해커들이 등장하면서 다시 포스트 모더니즘에서 모더니즘으로 역행하는 현상 역시 나타나기도 한다. 실제로 스위스 연방정보국(FIS) 보고서에 따르면, 최근 외교관이나 정보기관을 통한 첩보 수집 활동이 아닌, 민간인을 활용하는 형태를 보임으로써 행위자의 외연과 권한을 확대하는 양상이 나타나기도 한다(나용우 2022, 2).[6] 그러나 중요한 점은 국가가 전면에 있느냐 배후에 있느냐보다 사이버 공간의 행위자로서 얼마나 다양한 유의미한 주체들을 포함할 수 있느냐이다. 이러한 관점에서 정부와 민간 사이에서 원활히 작동하는 다중이해당사자 간 파트너십의 형성 또한 사이버 평화를 유지 및 실천해 가는 주요한 기제라 볼 수 있다. 즉 다중이해당사자 간의 협력을 촉진함으로써 거버넌스 메커니즘을 강화할 뿐만 아니라 긍정적인 사이버 평화의 토대를 마련함으로써 사이버 전쟁의 발발

---

6   https://m.boannews.com/html/detail.html?idx=119684

을 예방할 수 있다는 시각을 반영하는 것이다.

앞서 설명한 바와 같이 사이버 공간은 역동적이며 시간이 지날수록 네트워크가 기하급수적으로 형성되어 복잡성이 창발한다. 이 같은 사이버 공간의 특성상 평화가 달성되는 특정한 시점이나 고정된 지점이 존재하는 것은 사실상 불가능하다. 그렇다면 끊임없는 평화 추구 과정의 축적을 통해 이상적인 사이버 평화 상태를 달성하고자 지속적인 노력이 필요할 뿐이다. 이처럼 과정으로서의 사이버 평화를 지향하기 위해서는 전방위적인 거버넌스가 필요하다. 국가, 기업, 개인, 포스트 휴먼 등 이해당사자의 다층적인 네트워크 협력이 중요한 것이다. 또한 경계를 초월하는 특성을 기본으로 하는 사이버 공간에 대한 거버넌스를 제대로 구축하기 위해서는 경쟁적, 갈등적 태도보다 협력적 태도가 무엇보다 중요하다.

민간이 주도하였던 규범 형성 노력으로는 디지털 제네바협약이 있다. 2017년에 마이크로소프트는 국가의 지원을 받는 사이버 공격으로 인해 피해받는 민간인을 보호하기 위해 디지털 제네바협약을 제안했고, 구글, 페이스북 등 세계적인 기업들도 이에 동참하였다. 이후 프랑스에서 진행된 회의에서 '파리 콜(Paris Call for Trust and Security in Cyberspace)'이 채택되었고 여기에는 50개 이상의 국가가 참여하였고, 마이크로소프트, 구글, 페이스북 등 기업도 200개 이상 참여하였다. 국가 지원 사이버 공격의 배후로 지목되는 러시아, 중국, 북한 등이 참여하지 않았다는 점에서는 한계가 있긴 하지만 다양한 이해관계를 가진 행위자들이 한자리에 모여 하나의 합의를 이끌어냈다는 데 의의가 있다.

최근 사이버 공간의 공수 비대칭성과 관계정립에 영향을 미치는 기술로서 인공지능과 포스트 휴먼이 회자되고 있다. 포스트 휴먼은 사이버 평화의 대상이 될 수도 있지만 평화에 기여하는 일원이 될 수도 있다. 인공지능은 사이버 공간에서 허위조작정보를 생성하여 확산시키는 역할을 함으로써 평화를 위협하기도 하지만, 이러한 위협에 맞서는 인공지능 역시 존재한다. 사실 확인(fact check)을 임무로 수행하는 인공지능이 이에 해당한다고 할 수 있다. 사이버 공간에서 허위조작정보로 인한 위협이 점증하고 있고, 권위주의 국가들이 민주주의 국가들을 무너뜨리는 방법으로 전시가 아닌 선거 기간과 같은 평시에도 사이버 공간의 불안정은 지속된다. 인공지능을 통한 확산은 너무 방대하기 때문에 인간이 대응하기 쉽지 않으므로 이를 방어하기 위한 용도의 인공지능을 활용하는 것은 향후 필수적일 것으로 전망된다. 이러한 흐름은 향후 국가, 기업, 시민단체와 같은 행위자 이외에 인공지능과 같은 포스트 휴먼도 다중이해당사자 중 하나로서 사이버 평화 구축을 위해 기여할 수 있는 영역을 보다 폭넓게 창출시킬 것임을 예상할 수 있다.

2. 과정으로서의 사이버 평화 지향

조지프 나이(Joseph S. Nye Jr.)는 물리적 공간에서의 핵 공격은 단 한 번의 사건이고, 핵 억지의 목표는 핵 공격이 일어나지 않도록 막는 것인 데 반해, 사이버 공격은 빈도와 강도가 다양하고, 사이버 공격을 막는 것은 미시적 차원에서 일반 범죄를 방지하거나 저지하는 것에 가깝다고 하였다(Nye 2022, 35). 기술 발달에 따라 진화된 사이버 공간은 인간의 일상생활에서 차지하는 비중이 커졌고 물리적 연계까지 긴밀하게 이루어져, 인간이 움직이는 모든 순간이 곧 사이버 평화 상태에서 벗어날 잠재성을 보유하게 된다.

임마누엘 칸트에 따르면, 인간이 존재하는 공간에서 자연 상태 (status naturalis)는 전쟁 상태이다(임마누엘 칸트 2018, 34). 즉, 평화는 자연적인 개념이 아니라 처음부터 사회적인 개념이라고 할 수 있다 (빌헬름 얀센 2010, 12). 따라서 평화를 달성하기 위한 모든 과정에서 인위적인 노력이 필요하다. 자연 상태에 가까울수록 평화에서 멀어 지는 것이고 극도로 사회화된 상태가 완성된 형태의 이상적 평화 상 태라고 할 수 있다. 최근의 신흥평화 논의에서는 동태적 과정으로서 의 평화를 조명한다. 복잡계 이론의 '항상성(homeostasis)' 개념을 도 입하여 항상성을 유지하는 '과정'으로 평화를 정의해야 하며, 여기서 항상성 유지는 곧 지속 가능성을 의미한다고 설명한다(김상배 2023, 241). 신흥평화에서 말하는 항상성 유지는 자연발생적으로만 이루어 지지 않으며 의도적으로 개입해야 한다는 점에서 사회화를 중시하는 평화의 고전적 개념과도 맞닿아 있다고 할 수 있다.

사이버 공간은 양적으로도 변화하고 질적으로도 진화하는 공간 이기에 창발적 성격을 지닌다. 특정한 정태적 순간을 포착하여 평화 인지 아닌지를 단정할 수 없기 때문에 사이버 공간이 위협받는 메커 니즘 전체에 초점을 맞춰서 접근해야 하는 것이다. 즉, 사이버 평화를 고정된 목표가 아닌 '과정'으로 인식할 필요가 있다는 점에 주안점을 둘 필요가 있다. 가변성과 불확실성을 전제로 하는 신흥안보 패러다 임은 주요 위험 이슈가 직간접적인 연계를 통해 거시적 안보 이슈로 증폭되는 역동적인 변화를 강조한다(김상배 2016; 윤정현 2019a, 24). 이는 사이버 공간의 위험과 평화를 바라보는 시각에도 많은 시사점을 준다. 사이버 공격행위의 빈도가 증가함에 따라 질적으로 변화하거나 다른 이슈와 연계되어 외연이 확대되는 과정에서 임계점을 넘어서는 지점이 존재하며, 비로소 체감할 수 있는 사이버 보안의 사고로 이어지거나, 심지어 거시적 안보 이슈로 증폭되기도 한다. 다시 말해 사이버 평화를 위해서는 완벽한 차단이 아닌, 임계점을 넘지 않도록 관리하는 지속적인 노력이 필요한 것이다.

최근 안전한 사이버 공간 구현을 위한 기술적-제도적 보완책이 마련되고 있는 것도 이러한 흐름과 궤를 같이한다고 볼 수 있다. 다양한 행위자들이 지속적으로 정보를 공유하여 불신을 해소하고 안정적인 시스템으로 발전할 수 있도록 지속 가능한 인센티브를 제공하는 데 집중함으로써 가변성과 불확실성에 기반한 위협이 발생할 가능성을 완화하려는 시도인 것이다. 사이버 공간은 시간이 지남에 따라 기하급수적으로 네트워크가 형성되어 복잡성을 야기하는 역동적인 공간이다. 마찬가지로 이는 사이버 공간에서의 평화가 달성해야 할 하나의 고정된 지점이 아니라 불확실한 변화에 대응하여 진화하는 역동적인 과정으로 보아야 함을 재확인시켜 준다.

실제로 같은 맥락에서 최근 사이버 범죄를 예방하기 위한 국제 규범은 프라이버시 보호뿐만 아니라 이해관계자의 적절한 사용을 위한 가이드라인을 명시함으로써 규제와 촉진의 균형을 추구하고 있다(윤정현·이수연 2023, 19-20). 이는 사이버 공간의 특성상 평화가 달성되는 특정 지점이나 고정된 지점이 존재한다는 것은 사실상 불가능함을 시사한다.

3. 항상성 기반의 '사이버 회복력' 강화

과정으로서 사이버 평화를 보는 접근은 사이버 공간의 역동성과 불확실성이라는 양면적 속성을 고려하게 만든다. 이는 완전한 사이버 공간의 안전 확보나 갈등의 부재는 불가능할 수 있으며, 따라서 예기치 못한 사이버 위협에 대한 완벽한 예방과 대응 역시 비현실적임을 시사한다. 그렇다면 끊임없이 갈등과 조정이 일어나는 사이버 공간에서 원활한 기능이 유지되고 문제를 개선해 나아가는 역량을 지속적으로 확보할 수 있는가가 관건이 된다. 이는 곧 사이버 공간의 항상성(homeostasis)을 요구하는 동시에, 급박한 위기상황에도 정상적 단계로 복원할 수 있는 회복력(resilience)의 필요성을 암시하는 것이다.

항상성은 복잡계(complex theory)에서 설명하는 '자기조직화(self-organization)' 혹은 '자기생성(autopoiesis)'과 밀접한 개념이다. 자기조직화는 거시적 시스템과 그 안의 미시적 차원에서 활동하는 행위자들이, '아래로부터 미시적으로' 또는 '위로부터 거시적으로' 서로 영향을 미치면서 지속적으로 시스템을 진화시켜 간다는 의미를 갖는 개념인 것이다(김상배 2023). 회복력은 "본래의 성질에 가해진 부분적인 손상을 대체하는 데 소요되는 복구시간"이라는 공학적 정의와(Walker et al. 2004), "혼란 속에서도 본래의 기능과 구조, 정체성을 유지할 수 있도록 하는 능력"이라는 사회과학적 정의를 내포하고 있는 개념이다(McManus & Polsenberg 2004). 최근에는 살아 있는 시스템이 가진 적응력과 학습능력에 초점을 둔, 사회-생태학적 차원의 복원력을 강조하는 경향이 나타나고 있는데 이러한 관점에서는 복원력을 "혼란에 능동적으로 대처하고 진화하는 시스템의 역동성"으로 설명하고 있다(윤정현 2013, 12).

예컨대 항상성에 기반하여 사이버 회복력을 유지하거나 강화하기 위해서는 크게 두 가지 방향에서 실천 방안이 논의될 수 있다. 하나는 기술에 의한 회복력 유지·강화이며, 다른 하나는 제도에 의한 회복력 유지·강화이다. 예를 들어 집중화된 중앙제어 시스템의 한계를 극복하고 다수의 합의에 의한 무결성을 유지하고자 고안된 블록체인 기술의 경우, 관리자나 제3자가 없는 분산형 네트워크 구조로 이루어져 있기 때문에 사이버 공격의 위협으로부터 중앙의 허브를 공격당하는 치명성에서 안전할 수 있다(윤정현 2019b, 77). 또한, 우크라이나 전쟁에서 보듯이, 러시아는 우크라이나에 침공하기 직전 통신망을 파괴하기 위하여 사이버 공격을 감행, 수도를 포함한 주요 도시에서 통신 장애를 유발하였지만, 우크라이나는 사이버 공간의 회복력을 확보하기 위해서 하나의 도메인에만 의존하지 않고 여러 도메인 간 연계를 통해 이를 극복하였다. 일론 머스크의 스페이스X사를 통하여 우주를 기반으로 제공하는 통신 서비스를 통해 지상을 기반으로 하는 사이버 공간 인프라가 파괴되었지만, 우주 기반 인프라를 통해 회복한 사례이기도 하였다.

제도에 의한 회복력 유지 및 강화의 측면에서는 오바마 행정부였던 2015년 12월, '사이버안보정보공유법(Cybersecurity Information Sharing Act, CISA)'의 시행 사례가 이를 잘 설명해준다. 당시 민간이 자발적으로 피해 사실에 대하여 공유하도록 했기 때문에 실질적인 제도적 성과로 이어지지 않는 문제가 있었다. 사이버 공격에 대한 정보를 공유함으로써 얻게 되는 손실이 있기 때문에 민간은 자발적으로 정보를 공유할 유인이 부재했기 때문이다. 2020년 발행된 솔라리움 보고서에서는 정보 공유를 중요한 비군사적 수단 중 하나로 보고 있다. 사이버 공격에 대한 정보를 신속하고 정확하게 공유하면 비슷한 유형의 공격에 대하여 대응이 더 빠르게 이루어질 수 있고 이는 회복력 강화에 일조하게 된다. 실제로 러시아-우크라이나 전쟁에서 미국의 거대기술 기업인 마이크로소프트는 전쟁에서 이루어지는 사이버 공격을 식별하는 방법에 대해 조언을 주고 복구를 돕는 등의 역할을 수행하였으며, 관련 내용을 보고서로 발표함으로써 모두에게 정보를 공유하였다. 이러한 시도는 러시아에서 발생하는 사이버 공격과 비슷한 유형의 공격에 대한 대비를 우크라이나뿐만 아니라 미국, EU 등 폭넓은 국가들에 공유되었고 사이버 공격에 대한 회복력 유지, 보완, 강화의 표준 매뉴얼로 기능할 수 있게 하였다.

VI. 나오며

탈근대 시대를 맞이하여 표면적으로는 평온해 보이는 상태일지라도 그 이면에 내재된 불확실성과 잠재적 갈등을 생성하는 문제들을 직시해줄 대안적 평화론에 대한 연구의 필요성이 제기되고 있다. 살펴본 바와 같이 사이버 평화에 대한 논의는 탈근대 시대의 신흥안보와 복합지정학의 질서에서 평화에 대한 대안적 시각의 중요성을 극명하게 보여주는 사례라 할 수 있다. 특히, 거의 상시적인 갈등과 긴장의 환경에서도 대화와 공존의 필요성을 주장하는 미중 간의 전략경쟁, 진영 간 구도 등은 거시적 차원에서 물리적 전쟁이 없더라도, 사이버 공간 속의 상황은 여전히 평화와 거리가 멀다는 점을 드러내고 있다.

즉, 사이버 평화론의 현실적인 첫 출발은 사이버 공간과 일반론적인 평화 개념을 단순 연결하는 기존의 접근에서 벗어나 사이버 공간이 가진 존재론적 차별성과 작동 메커니즘을 이해하는 데서 출발한다. 사이버 공간이 지닌 가변성과 공간의 확장, 질적 변환의 속성들이 단순한 전통적 세계의 평화 개념을 접목시키는 것으로는 이해하기 어려운 양상들을 내재하고 있기 때문이다. 사이버 공간의 진화적 속성에 부합하는 '사이버 평화' 개념을 제시하기 위해 우리는 사이버 공간의 조직 원리와 힘의 배분 상태, 사이버 공간의 동태적 특징에 주목하고 그것이 국제정치적 관점에서 갖는 의미를 재해석할 필요가 있다.

결론적으로 사이버 평화에 대한 논의는 사이버 공간의 실질적 안전 확보나 이를 위한 실천 방안에서 보더라도 단순히 적극적 개념이나 소극적 개념의 구분을 넘어설 필요성을 제기한다. 특히 안보와 평화의 불가분한 관계를 설명하는 국제정치이론으로 본 사이버 평화 개념은 단순히 무정부 상태의 질서에 해당하는 의미를 넘어 탈근대적, 신흥안보적 속성을 접목시켜 바라보아야 함을 시사하기 때문이다. 본고는 사이버 공간이 가지는 양질전화, 이슈 연계, 새로운 진화체의 창발과 같은 신흥안보의 관점을 활용하여 기존의 소극적·적극적 평화 개념이 담을 수 없는 사이버 평화의 사각지대가 존재할 수 있음을 확인하였다. 나아가 대안적 사이버 평화론의 정립을 위해 이를 단순히 사이버 전쟁의 대척점으로 바라보는 접근의 한계 역시 존재함을 알수 있다. 안보가 평화를 위한 필요조건으로 간주되며 평화적 상태로 나아가기 위해 우선적으로 달성되어야 하는 단계와 등치되기도 하나, 완전한 갈등의 부재 상태, 혹은 원천적인 사이버 공격에 대한 대비 상태는 불가능하다는 점에서 현실적인 접근을 필요로 한다.

이는 곧 사이버 평화가 안정적인 방향으로 끊임없이 개선되어 가는 과도기적 단계로 존재가능함을 시사한다. 즉, 사이버 공간에서의 평화 또한 궁극적으로 달성해야 하는 어느 한 지점으로 보기보다는, 역동적인 변화에 발맞춰 진화해 가는 동태적 과정으로 봐야 할 필요가 있음을 보여주기 때문이다. 어떠한 완성된 목표 지점까지의 달성이 아니라 평화를 향한 방향과 발전 경로를 끊임없이 맞추어가는 지속적인 '과정'으로서 사이버 평화 개념은 접근할 필요가 있다. 앞서 언급했던 신흥안보 패러다임을 특징짓는 가변성과 불확실성이 높은 환경에서는 주요 위험 이슈들이 직간접적인 연계를 통해 거시적인 초국가 문제로 증폭되는 양상이 목도된다. 이를 관리하기 위해 난제의 속성을 전환시키는 안보화 과정의 동태적 변화에 주목하는 시각도 이와 밀접하다 볼 수 있다. 또한, 사이버 공간에서 발생할 수 있는 위험의 양이 증가함에 따라 질적인 변화를 창출하거나 다른 이슈와 연계되어 외연이 확대되거나 하는 과정에서 임계점을 넘는 지점들이 존재하는데, 사이버 평화를 위해서는 그 지점들을 끊어내려는 노력이 필요하다. 최근 나타나고 있는 안전한 사이버 공간 구현을 위한 기술·제도적 보완은 이 같은 흐름과 궤를 나란히 하고 있음을 알 수 있다.

국가, 기업, 시민단체와 같은 행위자 이외에 인공지능과 같은 포스트 휴먼도 다중이해당사자 중 하나로서 사이버 평화 구축에 중요한 역할을 할 수 있다. 최근 사이버 공간의 공수 비대칭성과 관계 정립에 영향을 미치는 기술로서 각광받고 있는 인공지능과 포스트 휴먼의 존재 역시 갈등뿐만 아니라 장기적으로는 평화에 기여하는 일원이 될 수 있음을 시사한다. 문제는 이처럼 다양한 행위자들이 참여하는 동태적인 사이버 공간의 질서는 역동성과 불확실성이라는 양면적 속성이 존재한다는 점이다. 이는 완전한 사이버 안보 상태란 비현실적이며 끊임없이 갈등과 조정이 일어나는 사이버 공간에서 원활한 기능이 유지되고 문제를 개선해 나가는 역량을 지속적으로 확보할 수 있는 항상성과 회복력이 사이버 평화를 담보하는 중요한 실행 역량이 될 수 있음을 시사한다. 따라서 우리는 사이버 공간이 가진 경계의 모호함과 역동성과 불확실성이 개념적 정립을 어렵게 하지만, 위에서 열거한 특징들을 기반으로 사이버 평화의 실현 조건을 충족한 실행 가치를 탐색하고 실질적 적용 사례와 관행 등을 공유하는 것이 중요하다. 사이버 평화론의 정립과 효과적인 실천 방안과도 맞닿아 있기 때문이다. 나아가, 본고에서 충분히 논의되지 못한 사이버 평화와의 연계 실행 가치에 대해서도 고찰할 필요가 있다. 사이버 평화를 실현함으로써 우리가 기대할 수 있는 '자유'의 확대가 대표적이다. 로마 시대의 평화는 조용한 자유를 의미하였으며, 자유는 곧 평화의 결과로 주어지는 특권으로 간주되었다(이찬수 외 2020, 24). 자유가 평화에 의해 주어지는 특권이라고 한다면 사이버 공간에서 온전한 자유가 의미하는 바는 무엇인가에 대한 논의 역시 필요하다. 만약 개인정보 도용 우려 없이, 행동의 제약 없이 자유롭게 사이버 공간에서 활동하는 것을 들 수 있을 것이다. 이는 표면적으로 사이버 안보 강국으로 언급되는 중국이나 북한, 러시아와 같은 권위주의 국가들이 자유민주주의 국가들에 비해 구성원들이 사이버 평화를 향유하지 못하는 상태에 있음을 시사하기도 한다. 그 외에도 본 연구에서 충분히 논의하지 못한 개념의 더 많은 실질적 사례에 대한 적용은 후속 연구를 통해 발전시켜야 할 부분이다.

참고문헌

김상배. 2008. "네트워크 세계정치이론의 모색: 현실주의 국제정치이론의 세 가지 가정을 넘어서." 『국제정치논총』 48(4): 35-61.

_____. 2016. "신흥안보와 메타 거버넌스: 새로운 안보 패러다임의 이론적 이해." 『한국정치학회보』 50(1): 75-104.

_____. 2023. "신흥평화의 개념적 탐구: '창발(emergence)'의 시각에서 본 평화연구의 새로운 지평." 『한국정치학회보』 57(1): 225-248.

김소정. 2023. "2023 미국 사이버안보 전략의 주요내용과 한국에의 시사점." 『INSS 이슈브리프』 제423호(2023. 3. 8.). 1-9.

나용우. 2022. "사이버공간의 혼돈 속 한반도 사이버평화를 위한 과제." 『JPI Peace Net』 2022-25. 1-6.

문가용. 2023. "전쟁 중인 러시아, 사이버 공간에서의 활동 양상도 변하고 있다." 『보안뉴스』. 6월 29일. https://m.boannews.com/html/detail.html?idx=119684

민병원. 2012. "안보담론과 국제정치: 안보개념의 역사적 변화를 중심으로." 『평화연구』 가을호. 203-240.

_____. 2023. "평화의 형이상학과 경합주의적 개념화." 『국제정치논총』 63(1): 7-42.

박동휘. 2022. 『사이버전의 모든 것』. 서울: 플래닛 미디어.

빌헬름 얀센. 2010. 『코젤렉의 개념사 사전 5: 평화』. 오토 브루너·베르너 콘체·라인하르트 코젤렉 편. 한상희 옮김. 서울: 도서출판 푸른역사.

서보혁. 2022. "양질의 평화." 서보혁·강혁민 편. 『평화개념 연구』. 서울: 도서출판 모시는사람들. 107-134.

송태은. 2023. "평화." 김상배·안태현 편. 『디지털 사회의 기본가치』. 서울: 사회평론아카데미. 349-382.

윤정현. 2013. "미래준비역량으로서 사회적 복원력." 『Future Horizon』 Spring 2013. Vol. 16. 12-13.

_____. 2019a. "신흥안보 거버넌스: 이론적 고찰과 대안적 분석틀의 모색." 『국가안보와 전략』 19(3): 1-46.

_____. 2019b. "인공지능과 블록체인의 도입이 사이버 안보의 공·수 비대칭 구도에 갖는 의미." 『국제정치논총』 59(4): 45-82.

_____. 2020. "신흥안보 위험과 네트워크 거버넌스: 불확실성 시대의 초국가적 난제와 대응전략." 『한국정치학회보』 54(4): 29-51.

윤정현·이수연. 2022. "디지털 안전사회의 의미: 안전과 안보의 복합공간으로서 전환적 특징과 시사점." 『정치·정보연구』 25(3): 123-150.

_____. 2023. "사이버 평화론에 대한 소고: 신흥안보 시대의 대안적 접근." 『정치·정보연구』 26(1): 1-28.

이찬수 외. 2020. 『세계평화개념사: 인류의 평화, 그 거대담론의 역사』. 고양: 인간사랑.

임마누엘 칸트. 2018. 『영구평화론』. 박환덕·박열 옮김. 파주: 범우사.

정영애. 2017. "사이버 위협과 사이버 안보화의 문제, 그리고 적극적 사이버 평화." 『평화학연구』 18(3): 105-125.

전재성. 2014. "국제정치 조직원리 논쟁과 위계론." 『국제정치논총』 54(2): 7-45.

조은정 · 이성훈 · 김성배 · 오일석 · 윤정현. 2023. "2023년 한미정상회담의 성과와 후속과제: 핵
안보, 사이버안보, 기술 · 경제안보를 중심으로." 『이슈브리프』 431. 4월 28일.
허지영. 2022. "일상적 평화." 서보혁 · 강혁민 편. 『평화개념 연구』. 서울: 도서출판 모시는사
람들. 179-204.

Alperovitch, Dmitri. 2022. "The Case for Cyber-Realism: Geopolitical Problems Don't
Have Technical Solutions." *Foreign Affairs* 101(1): 44-51.
Chilton, Jim. "The New Risks ChatGPT Poses to Cybersecurity." *Harvard Business
Review*. 21 April 2023. https://hbr.org/2023/04/the-new-risks-chatgpt-poses-to-
cybersecurity.
Dear, Keith. 2021. "Beyond the 'Geo' in Geopolitics: The Digital Transformation of
Power." *The RUSI Journal* 166(6-7): 20-31.
Flint, Colin. *Introduction to Geopolitics*. 한국지정학연구회 역. 2007. 『지정학이란 무엇인
가』. 서울: 도서출판 길.
Foreign, Commonwealth & Development Office. 2022. "Russia behind cyber-attack with
Europe-wide impact an hour before Ukraine invasion." Press release, 10 May 2022.
https://www.gov.uk/government/news/russia-behind-cyber-attack-with-europe-
wide-impact-an-hour-before-ukraine-invasion
Galtung, Johan. 1969. "Violence, Peace, and Peace Research." *Journal of Peace Research*
6(3): 167-191.
Inversini, Reto. 2020. "Cyber Peace: And How It Can Be Achieved." Markus Christen et
al. (eds.). *The Ethics of Cybersecurity*. New York: Springer Nature.
ISA. 2022. "The ISA 2022 Country Power Rankings." 17 October 2022. https://www.isa-
world.com/news/?tx_ttnews%5BbackPid%5D=1&tx_ttnews%5Btt_news%5D=595&
cHash=d37d2e848d6b79811749a619c74abebc
McManus, J.W. and J.F. Polsenberg. 2004. "Coral-algal shifts on coral reefs: ecological
and environmental aspects." *Progress in Oceanography* 60: 263-279.
NATO. 2019. "Cyberwar: does it exist?" (June 13.)
Nye, Joseph S. 2022. "The End of Cyber-Anarchy?: How to Build a New Digital Order."
Foreign Affairs 101(1): 32-43.
RAND. 2023. "Cyber Warfare." https://www.rand.org/topics/cyber-warfare.html
Roff, Heather M. 2016. "Cyber Peace: Cybersecurity Through the Lens of Positive Peace."
Cybersecurity Initiative.
U.S. government via Department of Homeland Security. 2003. "The National Strategy to
Secure Cyberspace." February 2003. p. 16. Retrieved 2008.05.18.
Voo, Julia, Irfan Hemani and Daniel Cassidy. 2022, "National Cyber Power Index 2022."
Harvard Kennedy School Belfer Center for Science and International Affairs.
September 2022.
Wakefield, Jane. 2022. "Deepfake presidents used in Russia-Ukraine war." *BBC*, 18
March 2022. https://www.bbc.com/news/technology-60780142
Walker, B. et al. 2004. "Resilience, Adaptability and Transformability in Social- ecological
Systems." *Ecology and Society* 9(2).
Waltz, N. Kenneth. 1979. *Theory of International Politics*. Massachusetts: Addison-

Wesley Publishing Company.

The White House. 2023. "National Cybersecurity Strategy." March 1, 2023.

찾아보기